Miami et ses environs

Cofondateurs : Philippe GLOAGUEN et Michel DUVAL

Directeur de collection et auteur
Philippe GLOAGUEN

Rédacteurs en chef adjoints
Amanda KERAVEL
et Benoît LUCCHINI

Directrice de la coordination
Florence CHARMETANT

Directrice administrative
Bénédicte GLOAGUEN

Directeur du développement
Gavin's CLEMENTE-RUIZ

Conseiller à la rédaction
Pierre JOSSE

Direction éditoriale
Hélène FIRQUET

Rédaction
Isabelle AL SUBAIHI
Emmanuelle BAUQUIS
Mathilde de BOISGROLLIER
Thierry BROUARD
Marie BURIN des ROZIERS
Véronique de CHARDON
Fiona DEBRABANDER
Anne-Caroline DUMAS
Éléonore FRIESS
Géraldine LEMAUF-BEAUVOIS
Olivier PAGE
Alain PALLIER
Anne POINSOT
André PONCELET
Alizée TROTIN

Responsable voyages
Carole BORDES

2019/20

hachette

TABLE DES MATIÈRES

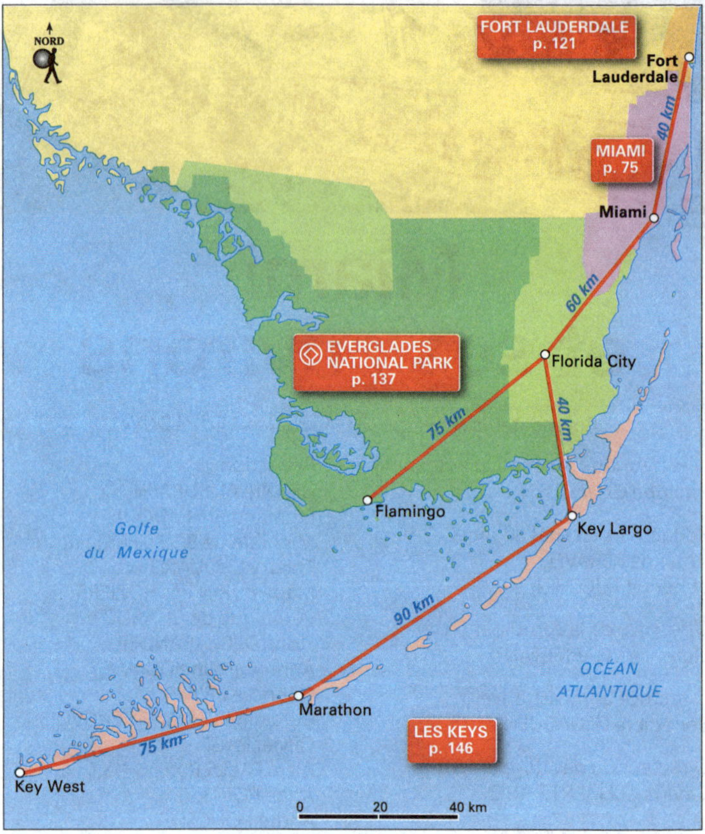

PRÉAMBULE

COMMENT Y ALLER ? ... 36

MIAMI UTILE ... 42

MIAMI ... 75

Important : dernière minute

Sauf rares exceptions, le *Routard* bénéficie d'une parution annuelle à date fixe. Entre deux dates, des événements fortuits (formalités, taux de change, catastrophes naturelles, conditions d'accès aux sites, fermetures inopinées, etc.) peuvent modifier vos projets de voyage. Pour éviter les déconvenues, nous vous recommandons de consulter la rubrique « Guide » par pays de notre site • *routard.com* • et plus particulièrement les dernières ***Actus voyageurs.***

Grande aigrette dans les Everglades

LA RÉDACTION DU ROUTARD

(sans oublier nos 50 enquêteurs, aussi sur le terrain)

Thierry, Anne-Caroline, Éléonore, Olivier, Alizée, Pierre, Benoît, Alain, Fiona, Emmanuelle, Gavin's, André, Véronique, Bénédicte, Jean-Sébastien, Mathilde, Amanda, Isabelle, Géraldine, Marie, Carole, Philippe, Florence, Anne.

La saga du *Routard* : en 1971, deux étudiants, Philippe et Michel, avaient une furieuse envie de découvrir le monde. De retour du Népal germe l'idée d'un guide différent qui regrouperait tuyaux malins et itinéraires sympas, destiné aux jeunes fauchés en quête de liberté. 1973. Après 19 refus d'éditeurs et la faillite de leur première maison d'édition, l'aventure commence vraiment avec Hachette. Aujourd'hui, le *Routard*, c'est plus d'une cinquantaine d'enquêteurs impliqués et sincères. Ils parcourent le monde toute l'année dans l'anonymat et s'acharnent à restituer leurs coups de cœur avec passion.

Merci à tous les Routards qui partagent nos convictions : liberté et indépendance d'esprit ; découverte et partage ; sincérité, tolérance et respect des autres.

NOS SPÉCIALISTES MIAMI

Anne-Caroline Dumas : à 14 ans, premier *Routard* en poche, elle file à Londres sur les traces de David Bowie. Et rejoint la rédaction de son guide favori après une fac d'anglais et d'histoire de l'art. Arpenteuse des villes comme des grands espaces, fan d'architecture et incorrigible gourmande, elle ne part jamais sur le terrain sans cette petite montée d'adrénaline qui fait aussi le piment du voyage.

Éric Milet : né à Saint-Nazaire, il a passé son enfance à regarder s'éloigner les bateaux. Premier voyage à 15 ans. Seul. Depuis, il n'a pas cessé. Voyager, c'est comme une petite vie dans la vie : on naît, on vit, on meurt… et on renaît (ouf !). Juste l'envie de voir, de toucher, de sentir. Envie de raconter, aussi, qu'on arrive du bout du monde ou du fond de son jardin.

Fabrice Doumergue : tous ses chemins mènent… au bout du monde. Passionné d'histoire(s), d'architecture, d'art et de gastronomie, il ouvre à qui veut ses coins secrets, côté nature et côté culture. Et chaque bout du monde en appelant un autre, il a parcouru en 30 ans 70 contrées sur les 5 continents. Son pays préféré ? Heu… tous !

Pierre Mitrano : fils de Marseille, petit-fils des congés payés, Pierre plante sa première tente à 6 mois… et endosse son premier sac à l'âge de la carte Interrail. Puis, de pirogue en cargo, de cheval en van ou en montgolfière, il rejoint l'équipe du *Routard,* conscient de passer de l'autre côté du miroir pour faire partager à d'autres les pays des merveilles.

Pictogrammes du Routard

Établissements

- Hôtel, auberge, chambre d'hôtes
- Camping
- Restaurant
- Spécial burger
- Terrasse
- Pizzeria
- Boulangerie, sandwicherie
- Pâtisserie
- Glacier
- Café, salon de thé
- Brunch
- Café, bar
- Bar musical
- Club, boîte de nuit
- Salle de spectacle
- Boutique, magasin, marché

Infos pratiques

- Office de tourisme
- Poste
- Accès Internet
- Hôpital, urgences
- Adapté aux personnes handicapées

Sites

- Présente un intérêt touristique
- Point de vue
- Plage
- Spot de surf
- Site de plongée
- Recommandé pour les enfants
- Inscrit au Patrimoine mondial de l'Unesco

Transports

- Aéroport
- Gare ferroviaire
- Gare routière, arrêt de bus
- Station de métro
- Station de tramway
- Parking
- Taxi
- Taxi collectif
- Bateau
- Bateau fluvial
- Piste cyclable, parcours à vélo

Tout au long de ce guide, découvrez toutes les photos de la destination sur • *routard.com* • Attention au coût de connexion à l'étranger, assurez-vous d'être en wifi !

Le *Routard* est imprimé sur un papier issu de forêts gérées.

I.S.B.N. 978-2-01-626727-1

Taxi vintage

MIAMI ET SES ENVIRONS

Miami Beach, symbole de la ville

« Là où le soleil passe l'hiver. »
Dicton local.

Sous les sunlights des tropiques, Miami brille au hit-parade des cités multiculturelles. La ville n'a eu de cesse, au fil de son histoire, de connaître périodes d'essor et de déclin. Au boom immobilier initié dans les années 1920 succéda la lente décadence des années 1980. Les images de salsa, de dollars faciles, de villas grandioses, de limousines, Harley et autres top models n'y suffirent point. **Le pastel des immeubles Art déco de Miami Beach** s'affadit... pour renaître une fois encore avec les années 2000. Aujourd'hui plus que jamais, la métropole du Sunshine State entretient l'image d'une **Amérique à la fois glamour et débridée.** L'Art déco a repris de belles couleurs d'ice creams, les **villas de stars** s'arrachent à prix d'or et la grande plage léchée par les eaux tièdes de l'Atlantique ne désemplit pas.
La ***world food*** y a également posé ses valises dans une profusion de restos au langage babélien, de l'italien au péruvien, de l'argentin au français, du cubain au japonais ; **la nuit, la fête s'empare de la rue** et des boîtes. C'est là, dans le célèbre et pittoresque Art Deco District de South Beach (SoBe pour les intimes), que nous vous conseillons de séjourner, afin de profiter au mieux de ce rêve américain – sans oublier toutefois que les prix cognent fort.
Au-delà de la baie de Biscayne, Miami offre un autre visage. Animée par une **vitalité artistique** évidente, elle se targue d'être devenue une plaque tournante de **l'art contemporain** et de la **mode.** Prenant exemple sur le quartier de Chelsea à New York, **Wynwood,** désormais en pleine gentrification, est aujourd'hui *the place to be* de la Magic City. **Bars et restos branchouilles, microbrasseries, friperies vintage, galeries d'art,** marchés communautaires, sans oublier l'univers du street art, dopé par l'Art Basel Miami qui attire chaque année en décembre artistes et collectionneurs du monde entier… À côté des fresques murales de Wynwood, **Fashion District** aligne ses boutiques de créateurs ; quant au très sélect **Design District,** il voit éclore aujourd'hui, outre ses showrooms de designers et ses hauts lieux de l'art contemporain, d'impressionnantes galeries commerciales vouées entièrement au luxe.
Aux portes de Miami, **le parc national des Everglades,** classé au Patrimoine mondial de l'Unesco, est un immense marécage luxuriant peuplé d'alligators, de lamantins et de colonies d'oiseaux. Encore un peu plus au sud, à l'extrémité de la Floride, on découvre un **archipel d'îlots d'origine corallienne, les Keys,** que l'on parcourt en voiture sur une étonnante route panoramique au-dessus de l'eau, conduisant de Key Largo à Key West, sur quelques 170 km et 42 ponts !
Key West, l'île vedette hantée par le souvenir d'Hemingway, vous plonge dans une ambiance tropicale unique : **maisons en bois style Caraïbe** noyées dans la végétation, galeries d'art et bars d'anthologie, certains élevés au rang de monuments historiques !

NOS COUPS DE CŒUR

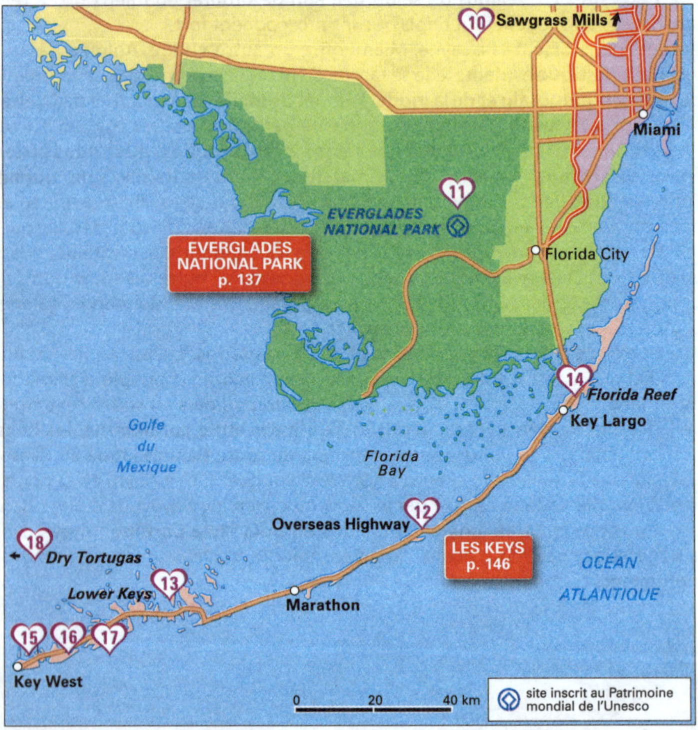

Fondre pour les façades couleur pastel des immeubles Art déco de South Beach.

Miami Beach, c'est la carte postale de Miami : une station balnéaire construite au début des années 1930 pour un tourisme haut de gamme, le long d'une immense plage s'étirant à l'infini vers le nord. Sa grande originalité, c'est cette architecture Art déco unique au monde, combinant éléments géométriques et motifs floraux spécifiques à la Floride. Plus de 800 édifices de ce style ont été recensés ! *p. 103*

Bon à savoir : *des visites guidées de l'Art Deco District sont proposées par des architectes ou historiens de la* Miami Design Preservation League. • *mdpl.org* •

2 Se prélasser sur la plage si caractéristique avec ses célèbres postes de secours en bois, colorés et rétro.

D'un côté, le regard embrasse l'océan, de l'autre l'arrière des hôtels de luxe, avec piscines de rêve et jardins tropicaux luxuriants. Une chouette balade consiste à arpenter le *beachwalk* (la promenade, tantôt en brique, tantôt en bois) qui longe la plage sur des kilomètres depuis la pointe sud de South Beach jusqu'au grand *hotel-resort Fontainebleau.* *p. 103*

© S.Borisov/Shutterstock

3 Faire la fête jusqu'à pas d'heure à Miami Beach, notamment sur Ocean Drive.

Flâner le soir, au milieu des limousines, fait partie des clichés floridiens ! Les enseignes lumineuses des façades Art déco étincellent de mille accents rétro dans une ambiance bling-bling ancrée dans le XXIe s. Plusieurs options pour de folles nuits miamiesques : siroter un cocktail sur un *rooftop* avec vue sur l'Atlantique, se prendre pour une star au bar d'un hôtel design ou danser jusqu'au petit matin dans les boîtes en plein air, face à la mer. *p. 100*

***Bon à savoir :** les parties communes des hôtels design sont accessibles, même sans y résider. N'hésitez pas à entrer pour vous faire une petite idée du luxe démesuré qui y règne !*

© John Kellerman/Alamy/Hemis

4 **Comprendre l'évolution du design au Wolfsonian, un musée d'une grande richesse, dont la vocation est aussi de montrer les relations entre l'art et les contextes socio-politico-culturels.**
Une visite incontournable pour les passionnés de design et de période Art déco, en écho justement au style architectural de Miami Beach. *p. 106*

5 **Passer de l'autre côté du mur à Wynwood, ancien pôle industriel de la ville devenu le quartier du *street art*.**

Entrepôts et usines désaffectés ont été investis par les galeristes et les artistes, qui en ont fait un véritable musée à ciel ouvert. La marque de fabrique de Wynwood, ce sont ses *murals* (murs peints), à découvrir le nez en l'air, en profitant aussi des bonnes petites adresses de bars et restos *hype* et *arty*. *p. 112*

Bon à savoir : *dans la foulée, faites un tour dans le Design District, à quelques blocs au nord, un autre* hot spot *urbain dédié au design et à l'architecture contemporaine.*

6 Découvrir en métro aérien la mixité urbaine de Miami Downtown, entre gratte-ciel, architecture Art déco et mer turquoise.

Un moyen de transport gratuit pour un point de vue en hauteur, original et distrayant, de ce Downtown aujourd'hui en perpétuelle évolution. Les passionnés d'art contemporain en profiteront pour visiter le ***Pérez Art Museum*** et sa façade végétalisée qui fait face à la baie de Biscayne. *p. 109*

7 Goûter à la cuisine cubaine, populaire et bon marché, notamment à Little Havana.

Si la Little Havana de Miami n'a ni le charme ni l'atmosphère de La Havane, la cuisine cubaine est une expérience culinaire à tester. Parmi les spécialités : le sandwich *cubano,* super *popular* à Miami, servi souvent chaud et garni de jambon, rôti de porc (salami parfois aussi), fromage fondu, moutarde jaune et pickles ; les grillades de porc accompagnées de bananes plantains frites *(tostones),* riz et haricots noirs ; et le plat national : la *ropa vieja,* à base de bœuf effiloché aux oignons et poivrons. À faire suivre d'un café cubain, court et très, très sucré ! *p. 94*

8 À Coconut Grove, visiter la fastueuse villa Vizcaya, rêve d'un milliardaire amoureux de la vieille Europe.

La villa Vizcaya fut construite en 1914 dans un style Renaissance italienne par un riche industriel passionné d'art. Malgré la diversité des provenances et le mariage des styles, l'illusion est complète : on a vraiment l'impression d'entrer dans une maison vieille de plus de quatre siècles ! Quant au parc, il rappelle étrangement celui de la villa d'Este, avec ses fontaines, bosquets et statues. Une balade irréelle à deux pas de Miami Beach. *p. 115*

9 Flâner dans le quartier résidentiel et verdoyant de Coral Gables, aux larges avenues bordées de villas luxueuses cachées sous les banians.

Piquer une tête dans la *Venetian Pool,* une étonnante piscine datant des années 1920, creusée dans une ancienne carrière sur un thème… vénitien ! Et terminer la journée par un *long drink* au bar de celle du dément et historique *Biltmore Hotel,* qui fut un temps la plus grande du monde. Johnny Weissmuller (alias Tarzan) y fut même maître nageur ! *p. 117*

10 Profiter des soldes (toute l'année !) en fouinant quelques heures dans un *outlet.*

Les *outlets,* ce sont des *malls* (centre commerciaux) regroupant des magasins d'usine de grandes marques. Vêtements, chaussures, accessoires… y sont vendus à des prix défiant toute concurrence. Les Américains y passent volontiers un après-midi. Le plus grand *outlet* de Floride, *Sawgrass Mills,* se trouve aux environs de Fort Lauderdale. *p. 129*

11 Filer vers l'ouest pour une journée dans les hautes herbes des Everglades, à traquer (sans mal) les alligators et les myriades d'échassiers qui peuplent les marais.

Couvrant tout le sud de la Floride, le parc national des Everglades (classés réserve de biosphère par la communauté internationale et Patrimoine mondial par l'Unesco) est un immense marécage subtropical luxuriant, où la flore et la faune règnent encore en maître, notamment les alligators. Randos (à pied, à vélo ou en canoë), sorties en mer pour aller voir les dauphins, tour en *airboat*… Souvenirs inoubliables assurés ! Mais gare à ne pas se faire croquer par un croco… *p. 137*

© Stephen Frink Collection/Alamy/Hemis

© M. Timothy O'Keefe/Alamy/Hemis

12 Rouler sur l'Overseas Highway, « l'autoroute au-dessus de la mer », comme si on volait au-dessus de l'Atlantique, direction Key West au soleil couchant…

Situées à l'extrême sud des États-Unis, les Keys forment un archipel d'îlots coralliens, que l'on parcourt en voiture sur une route panoramique étonnante conduisant de Key Largo à Key West, sur 175 km et 42 ponts ! Le plus long survole sur 11 km le bleu profond du golfe du Mexique. Impressionnant ! *p. 146*

***Bon à savoir :** compter 4h de route entre Miami et Key West, le point le plus au sud des États-Unis.*

13 **Profiter de la nature sauvage des Lower Keys, les îlots les plus préservés de l'archipel.**

Moins construites, plus déchiquetées et verdoyantes, ces îles offrent un visage naturel et authentique. Très pittoresque avec ses maisons de bois bordant pontons et canaux, Big Pine Key accueille une colonie unique de petits cerfs locaux aux airs de daims, les *Key deers,* qui viennent souvent batifoler dans les jardins en fin de journée. *p. 160*

***Bon à savoir :** possibilité d'explorer la mangrove en kayak de mer, idéalement au coucher du soleil.*

© Incamerastock/Alamy/Hemis

14 **Plonger sur le Florida Reef, la troisième plus grande barrière de corail au monde.**

Les Keys abritent un véritable paradis sous-marin, avec près de 500 épaves qui émaillent la barrière de corail. Certains gros navires ont été coulés volontairement au large des côtes pour créer des récifs artificiels, un must pour les plongeurs de bon niveau. Mais même avec un simple masque et un tuba, les amateurs de *snorkeling* auront des myriades de poissons colorés à observer, parfois aussi des conques et des langoustes ! *p. 182, 202*

***Bon à savoir :** nombreuses activités sous-marines, dont un hôtel délirant à Key Largo (mais hors de prix, on s'en doute) et un festival de musique sous-marin tous les ans à Big Pine Key (mi-juil).*

© Image Source/hemis.fr

15 **Humer l'ambiance Caraïbes de Key West et faire la tournée des vieux rades marins hantés par Hemingway.**

Avec ses charmantes maisons en bois victoriennes noyées dans des jardins tropicaux (les constructions neuves sont interdites !), la légendaire Key West entretient le souvenir d'Hemingway dans un climat chaud toute l'année. Il faut y flâner 2-3 jours au moins, se balader à vélo et prendre du bon temps à l'heure de s'humecter la glotte le soir, dans les vieux bars historiques (et touristiques…) où la *live music* pulse toute la journée en pleine saison. *p. 173*

Bon à savoir : *la vie à Key West est très chère, surtout le w-e et en période de pointe, de Noël à Pâques.*

16 **Se régaler des spécialités des Keys.**
Fruits de mer et poissons sont à l'honneur, forcément. Délicieux quand ils sont simplement grillés. Les pinces de crabe, elles, sont servies avec du beurre fondu (saison du *stone crab* d'octobre à mai), un régal. Tout comme la *conch chowder* (soupe crémeuse de fruits de mer façon chaudrée) et la *Key lime pie* (tarte au citron vert, parfois meringuée), les deux grandes spécialités du coin. À déguster sans modération. *p. 170, 196*

© Hendrik Holler/Look/Age fotostock

17 **Se rejouer *Le Vieil homme et la mer* au large de Key West lors d'une sortie de pêche au gros.**

Une expérience sportive inoubliable, d'autant que ces eaux abritent les poissons les plus recherchés lors des compétitions de pêche avec canne : tarpon, marlin, *bonefish*… Si les formules en bateau privé sont absolument hors de prix, celles en bateau collectif *(party boats)* sont plus abordables. Dans tous les cas, c'est du *catch & release* : une fois les mensurations relevées et la photo prise, on relâche la bestiole ! *p. 181*

18 Sauter dans un hydravion ou un bateau et rejoindre les Dry Tortugas, un archipel de rêve baigné par des eaux turquoise.

Ce petit chapelet d'îles paradisiaques, plantées à une centaine de kilomètres à l'ouest de Key West et dominées par l'énorme fort Jefferson (pénitencier perdu en mer), est classé parc national. On peut même planter la tente sur place, face à une superbe plage de sable blanc. Mais premier arrivé, premier servi (une dizaine d'emplacements seulement, à bon entendeur) ! *p. 183*

Soirée sur Lincoln Road, Miami Beach

ITINÉRAIRES CONSEILLÉS

Miami en 1 jour

Une escale de quelques heures à Miami entre deux avions ? Filez à la **plage (1)** ! De l'aéroport, demandez à un taxi qu'il vous dépose au niveau de 3rd Street, vous y serez en 20 mn. De là, remontez **Ocean Drive (2)** en direction du nord en longeant South Beach et son front de mer bordé d'**immeubles Art déco (3)** version tropicale. Avec son *beachwalk* piqué de cocotiers, les *roller-skaters* et les retraités toujours bronzés qui pratiquent le *running* du matin au soir, vous serez tout de suite en Floride ! Terminez par une petite virée sur **Lincoln Road (4),** l'artère la plus commerçante de Miami Beach. Branché art et *street art* ? Faites-vous ensuite déposer à **Wynwood (5),** véritable musée en plein air du *street art* qui engendre chaque année toujours plus de *murals* (fresques murales) à découvrir le nez en l'air, en butinant de galerie en galerie. Rentrez quand même avant la nuit, ce serait dommage de rater le coucher de soleil depuis le *rooftop* d'un palace design de **South Beach (6),** un cocktail à la main, à la manière des jet-setters qui papillonnent alentour.

Miami en 3-4 jours

Voilà qui vous permettra de véritablement prendre le pouls de la ville en découvrant ses multiples facettes : plage, frime et Art déco à Miami Beach ; ambiance tropicale et villas de luxe à Coconut Grove, Coral Gables et Key Biscayne ; atmosphère *arty* et mode à Wynwood et dans le Design District. Et même une grande bouffée de nature sauvage avec les Everglades, à seulement 1h de route !

Jour 1 : l'incontournable **Miami Beach (1)** demande bien que vous lui consacriez une journée entière à prendre du bon temps, à la plage bien sûr, mais aussi à la découverte de ses **fleurons Art déco (2)** et de l'atmosphère méditerranéenne de **Lincoln Road (3).** Les fêtards enchaîneront sur les folles nuits de SoBe.

Jour 2 : la **villa Vizcaya (4)** séduira les amateurs de belles choses. C'est l'occasion de comprendre qu'avec de l'argent on peut s'acheter pratiquement tout ce qu'on veut : de la vaisselle de Quimper à la porcelaine de Chine en passant par des tapisseries d'Aubusson, et planter tout ça dans un jardin à l'italienne (bluffant !). En repartant, longez la baie de Biscayne jusqu'à **Coconut Grove (5),** pique-niquez dans **The Barnacle Historic State Park (6).** L'après-midi, baladez-vous dans le Kampong Garden ou poussez jusqu'au **Fairchild Tropical Garden (7),** le plus grand jardin tropical des États-Unis, avant de vous payer un cocktail au bar du chiquissime *Biltmore Hotel* de **Coral Gables (8).** Ou allez prendre le soleil sur la plage sauvage du **Bill Baggs Cape Florida State Park (9),** à la pointe extrême de l'île de Key Biscayne.

Jour 3 : architecture, culture et art au programme, avec pour commencer une approche de Downtown en métro aérien, pourquoi pas le **Pérez Art Museum (10)** – dont le bâtiment, réalisé par les architectes suisses Herzog & de Meuron, est à lui seul une œuvre d'art – et si vous êtes en famille, le **Patricia & Philipp Frost Museum of Science (11).** Cap ensuite sur **Wynwood (12),** capitale floridienne du *street art* (voir plus haut « Miami en 1 jour »), où l'on profitera des restos et bars branchés pour passer la soirée.

Jour 4 : pourquoi pas une excursion dans le **Everglades National Park (13),** aux portes de la ville ? Cet immense marais entouré de mangrove est classé réserve de biosphère et Patrimoine mondial de l'Unesco. L'occasion de se retrouver nez à nez avec des alligators de trois bons mètres et de s'émerveiller des rassemblements d'ibis blancs, spatules roses, hérons bleus et autres zoziaux.

Miami et le sud de la Floride en 8-10 jours

La durée idéale pour explorer tranquillement le sud de la Floride : 4 jours pleins à **Miami,** 1 jour à **Fort Lauderdale,** 1 jour dans les **Everglades,** 1 jour dans les **Upper** et **Middle Keys** (Key Largo, Islamorada et Marathon) et 2 jours à **Key West.**

SI VOUS ÊTES...

En famille : la **plage** bien sûr avec, pourquoi pas, une session de **surf,** de **rollers** ou de **streetboard** sur le *beachwalk* à Miami Beach. Pour changer de la mer, un plongeon à la **Venetian Pool** de **Coral Gables,** une piscine rétro inspirée de Venise, avec grottes et ponts des soupirs... Si vous êtes « parcs animaliers », pourquoi pas **Jungle Island** ou **Zoo Miami** ? Sans oublier les **Everglades** pour observer alligators et consorts dans leur milieu naturel. Avec des petits, impossible de rater le **Children's Museum,** un musée ludique comme les Américains savent si bien les faire. Avec des plus grands, l'amusant et interactif **Patricia & Phillip Frost Museum of Science** dans Downtown.

En amoureux : siroter un cocktail au *pool bar* ou bruncher sur le *rooftop* d'un hôtel design dominant l'océan, face à la plage de SoBe, à Miami Beach ; découvrir le remarquable World Erotic Museum avant de plonger dans les nuits *caliente* d'Ocean Drive...

Branché mode, design et art : le Wolfsonian et l'Art Deco District à South Beach, le Pérez Art Museum à Museum Park (Downtown), les quartiers *trendy* de Wynwood et Design District, où sont rassemblés artistes et créateurs.

Tendance nature : le Fairchild Tropical Garden à Coral Gables, un petit tour en bateau autour des îles pour une vision panoramique de Miami (départ de Bayside Market Place), la réserve naturelle de Key Biscayne et sa plage sauvage. En option : une excursion dans les Everglades, aux portes de la ville. L'occasion de se retrouver nez à nez avec des alligators de trois bons mètres !

Fresque dans Wynwood Art District

LU SUR routard.com

Miami, nouvelle vague
(tiré du reportage de Carine Keyvan)

Oubliez le paradis tropical pour retraités pépères, la Riviera américaine est bien plus contrastée. Miami est devenue un véritable melting-pot où se croisent Latinos, Haïtiens, bimbos, rappeurs et branchés. Ses rendez-vous pointus comme la foire d'art contemporain *Art Basel* lui ont permis d'attirer un public plus élitiste. Quant à Miami Beach, elle n'a rien perdu de son attrait sexy et glamour. Elle fait aujourd'hui partie des villes américaines qui ont le plus changé ces quinze dernières années.
Le renouveau de ***Downtown Miami*** est amorcé. Dans les quartiers limitrophes, Miami abrite une communauté hispanophone importante, ainsi que de nombreux immigrés originaires de l'île d'Haïti, qui viennent enrichir sa diversité culturelle légendaire.
Avec ses façades Art déco pastel (édifiées entre 1923 et 1943 et restaurées dès les années 1980), ses voitures de collection et ses pittoresques cabanes de maîtres nageurs, ***South Beach*** incarne à merveille la carte postale de Miami. La douceur du climat floridien donne au quartier des airs de vacances en toute saison.
Bon nombre d'immeubles de ***Collins Avenue*** et d'***Ocean Drive*** sont reconvertis en hôtels chic, où, à défaut d'y passer la nuit, on pourra profiter de l'ambiance des lieux pour boire un apéro.
À quelques blocks au nord de Downtown, ***Wynwood,*** quartier d'entrepôts qui, depuis le départ des industries textiles, était devenu un véritable ghetto, un *no man's land* qui ne voyait guère l'ombre d'un touriste, renaît de ses cendres. C'était sans compter sur le flair de Tony Goldman, un entrepreneur passé maître dans l'art de redynamiser les quartiers en déshérence et qui a su lui redonner des couleurs, en invitant la crème des graffeurs à peindre de grandes fresques. Les *Wynwood Walls* sont nés...
Le ***Design District*** est sorti de sa torpeur au début des années 2000. Il s'agit de quelques blocks de *Buena Vista* (entre la 36e nord et 43e et West 1st Ave et Biscane Boulevard) où les fabricants de mobilier avaient pignon sur rue dans les années 1940. Ils ont déserté le quartier dans les années 1970, préférant s'installer dans les grands *malls.* Cette fois, c'est Craig Robins, un autre investisseur immobilier, qui a mis le paquet en louant des locaux à bas prix à des designers et artistes. À présent, les galeries et ateliers tendent à être remplacés par des grands noms de la mode et de la déco. Les amateurs d'art y trouvent toutefois toujours leur compte.
À quelques pas de là, ***Midtown,*** avec ses restaurants et ses salles de concerts clubs, est en train de devenir le nouveau lieu où sortir...

LES QUESTIONS QU'ON SE POSE AVANT LE DÉPART

ABC de Miami

- ***Surnoms :*** Magic City, Capital of Latin America et the Gateway to the Americas (la Porte des Amériques).
- ***Statut :*** siège du comté de Miami-Dade, le plus peuplé de l'État de Floride.
- ***Superficie :*** 141,3 km² (3 055 pour le comté ; 151 670 pour la Floride).
- ***Population :*** 44e plus grande ville des États-Unis et 2e de Floride avec environ 430 000 habitants (2,7 millions pour le comté ; 20 millions pour l'État).
- ***Densité :*** 4 700 hab./km² (moyenne de la Floride : 136,4).
- ***Maire :*** Francis X. Suarez, Parti républicain ; élu en 2017.

➢ Quels sont les papiers nécessaires ?

Passeport biométrique ou électronique valide (enfants compris), billet aller-retour ou de continuation et une ***autorisation de voyage ESTA*** à remplir sur Internet (14 $), valable 2 ans. Visa nécessaire pour un séjour de plus de 3 mois.

➢ Quelle est la meilleure saison ?

La ***haute saison*** s'étend ***de décembre à avril,*** avec un pic en février-mars. Le climat est doux et sec, mais les prix sont plus élevés. ***L'été est très chaud et humide,*** mais le soleil brille généreusement et ***les tarifs des hôtels chutent presque de moitié !*** À vous de voir selon vos priorités.

➢ Quel budget prévoir ?

Copieux, surtout concernant ***l'hébergement,*** très cher pour des prestations pas toujours à la hauteur. Réservez vos nuitées en amont pour éviter les coups de bambou de dernière minute. Guettez aussi les promos sur les sites internet des hôtels. Aux prix affichés, ***ajouter les taxes*** (entre 5 et 15 %) ***et le pourboire*** dans les restos (15 à 20 % !).

Prévoir aussi un solide budget ***loisirs,*** particulièrement si vous programmez quelques ***activités nautiques*** (plongée, sorties en mer...).

➢ Comment se déplacer ?

À pied, à vélo et ***à rollers*** à Miami Beach (les distances sont modestes et le climat s'y prête). Les transports en commun (bus, métro) permettent de rallier la majorité des quartiers de la ville. Mais comme souvent aux États-Unis, la ***voiture*** s'impose dès que l'on s'éloigne (pour aller aux Everglades et dans les Keys, par exemple) ; locations et essence sont heureusement très abordables. Un ***GPS*** ou une bonne ***appli de navigation*** sur smartphone vous seront utiles.

➢ Y a-t-il des problèmes de sécurité ?

Certains quartiers de Miami sont à éviter la nuit tombée. Mais il suffit de respecter quelques règles de bon sens, valables partout.

➢ Quel est le décalage horaire ?

6h de moins par rapport à l'heure française. Quand il est 12h à Paris ou Bruxelles, il est 6h du matin à Miami.

➢ Quel est le temps de vol ?

Depuis Paris, compter environ ***9h30*** pour Miami à l'aller, 45 mn de moins au retour.

➢ Côté santé, quelles précautions à prendre ?

Être à jour de ses ***vaccinations universelles*** et prévoir un bon répulsif antimoustiques pour les Everglades. De nombreux médicaments sont délivrés sans ordonnance dans les drugstores-pharmacies.

➢ Peut-on y aller avec des enfants ?

Soleil toute l'année, ***plages*** bordées de cocotiers, ***activités nautiques, musées*** spécifiquement destinés aux enfants, ***parcs animaliers...*** Miami et ses environs sont une destination familiale par excellence, même s'il faut prévoir un gros budget à quatre ou cinq.

➢ Quel est le taux de change ? Comment payer sur place ?

1 $ = 0,80 € en 2018. Le plus pratique est de ***payer avec une carte de paiement.*** Elles sont acceptées presque partout, même pour des petites sommes. Distributeurs automatiques de billets partout aussi.

➢ Quelle langue parle-t-on ?

L'***anglais*** mais aussi beaucoup l'***espagnol*** à Miami et dans les Keys.

➢ Combien de jours faut-il prévoir sur place ?

Tout dépend ce qu'on fait. Pour Miami seulement, 3-4 jours est le minimum. En une semaine, on a le temps de pousser jusqu'aux Keys via les Everglades.

➢ Que manger à Miami et autour ?

La cuisine est très variée du fait des influences caribéenne et latino. La douceur du climat permet la culture de nombreux fruits et légumes toute l'année, et les côtes procurent poissons et crustacés, souvent bien préparés mais pas donnés.

➢ Peut-on vraiment voir des alligators en liberté ?

Bien sûr ! Des sentiers aménagés dans les Everglades permettent d'observer en toute sécurité de sacrées bestioles. Il n'est pas rare non plus d'apercevoir des dauphins, et des oiseaux par milliers, surtout en hiver.

COMMENT Y ALLER ?

LES LIGNES RÉGULIÈRES

Compagnies régulières

▲ **AIR FRANCE**
Rens et résas au ☎ 36-54 (0,35 €/mn – tlj 6h30-22h), sur • airfrance.fr •, dans les agences Air France et dans ttes les agences de voyages. Fermées dim.

➢ Toute l'année, Air France dessert ***Miami*** avec 1 vol direct/j. au départ de Paris Roissy-Charles-de-Gaulle. La compagnie dessert aussi, en partenariat avec Delta Airlines, de nombreuses destinations en Floride (avec correspondance), parmi lesquelles ***Orlando, Tampa, Key West, Fort Myers, Tallahassee, Palm Beach*** et ***Sarasota...***
Air France propose à tous des tarifs attractifs toute l'année. Pour consulter les meilleures offres du moment, allez directement sur la page « Nos meilleurs tarifs » sur *• airfrance.fr •* *Flying Blue,* le programme de fidélité gratuit d'Air France-KLM, permet de gagner des *miles* en voyageant sur les vols Air France, KLM, Hop et les compagnies membres de *Skyteam,* mais aussi auprès des nombreux partenaires non aériens Flying Blue... Les *miles* peuvent ensuite être échangés contre des billets d'avion ou des services (surclassement, bagage supplémentaire, accès salon...) ainsi qu'auprès des partenaires. Pour en savoir plus, rendez-vous sur *• flyingblue.com •*

▲ **AMERICAN AIRLINES**
Rens et résas : ☎ 0821-980-999 (0,12 €/mn ; service en français lun-ven 8h-21h, w-e 9h-17h ; en anglais 24h/24). • americanairlines.fr •

➢ American Airlines propose, au départ de Paris-CDG, 1 vol/j. sans escale pour ***Miami.***

▲ **DELTA AIRLINES**
Rens et résas : ☎ 0892-702-609 (0,35 €/mn ; lun-ven 8h-20h, sam 9h-17h30). • delta.com •

➢ Au départ de la France, Delta dessert la Floride en partenariat avec Air France, avec 1 vol direct/j. Paris-Miami, ainsi qu'une douzaine d'autres villes en Floride (dont ***Orlando, Fort Lauderdale, Key West, Palm Beach*** et ***Tampa***) avec escale.

▲ **UNITED AIRLINES**
Résas par tél tlj 8h-16h : ☎ 01-71-23-03-22 ; ou sur Internet : • united.com •

➢ Au départ de Paris-CDG, la compagnie et ses partenaires desservent tlj ***Miami, Orlando, Fort Lauderdale, Tampa, Jacksonville, West Palm Beach*** et d'autres villes en vols non directs.

▲ **XL AIRWAYS**
Rens et résas : ☎ 0892-692-123 (0,35 €/mn – tlj 8h-23h). • xl.com •

➢ La compagnie aérienne française relie d'avril à septembre 1 à 2 fois/sem Paris-CDG à ***Miami*** (bagage enregistré, repas chaud, collation et divertissement inclus).

Compagnies *low-cost*

▲ **NORWEGIAN**
• norwegian.com •

➢ Vols directs entre Paris-CDG ou Orly et ***Fort Lauderdale*** et ***Orlando.***

LES ORGANISMES DE VOYAGES

En France

▲ **BACK ROADS**
– Paris : 14, pl. Denfert-Rochereau, 75014. ☎ 01-43-22-65-65. • backroads.fr • Ⓜ ou RER B : Denfert-Rochereau. Lun-ven 9h30-19h ; sam 10h-18h.

Depuis 1975, l'équipe de Back Roads sillonne les routes américaines. Ils ne vendent leurs produits qu'en direct pour mieux vous faire partager leurs expériences et vous conseiller les circuits les plus adaptés à vos envies. Spécialistes des autotours, ils ont également le grand avantage de disposer de contingents de chambres dans les parcs nationaux ou à proximité. Dans leur brochure, ils proposent également un grand choix d'activités, allant du séjour en ranch aux expéditions à VTT, en passant par le trekking ou le rafting. De plus, Back Roads représente deux centrales de réservation américaines lui permettant d'offrir des tarifs très compétitifs pour la réservation ; *Amerotel* avec des hôtels sur tout le territoire, des *Hilton* aux *YMCA*, et *Car Discount*, un courtier en location de voitures.

▲ CERCLE DES VACANCES

– Paris : 4, rue Gomboust (angle 31, av. de l'Opéra), 75001. ☎ 01-40-15-15-05. • cercledesvacances.com • Ⓜ Pyramides ou Opéra. Lun-ven 9h-20h, sam 10h-18h30.

Le vrai voyage sur mesure, à destination des États-Unis (l'Est et New-York, le Sud et la Floride, l'Ouest et la Californie) et du Canada (voyages d'hiver et d'été, d'est en ouest).

Cercle des Vacances propose un large choix de voyages adapté à chaque client : séjours *city break*, randonnées et séjours ski, voyages au volant d'une voiture de location, croisières, circuits en petits groupes, combinés, voyages de noces... Les experts Cercle des Vacances partagent leurs conseils et leurs petits secrets pour faire de chaque voyage une expérience inoubliable. Cercle des Vacances offre également un service liste de mariage gratuit. Les petits plus qui font la différence : une excursion en motoneige ou avec chiens de traîneau, une balade à cheval au petit matin dans le désert de l'Ouest, un survol du Grand Canyon en hélicoptère, ou encore un parc d'attractions avec un grand huit spectaculaire en Floride.

▲ COMPTOIR DES VOYAGES

– Bordeaux : 26, cours du Chapeau-Rouge, 33800. ☎ 05-35-54-31-40.

– Lille : 76, rue Nationale, 59160. ☎ 03-28-34-68-20.

– Lyon : 10, quai Tilsitt, 69002. ☎ 04-72-44-13-40. Lun-sam 9h30-18h30. Ⓜ Bellecour.

– Marseille : 12, rue Breteuil, 13001. ☎ 04-84-25-21-80. Lun-sam 9h30-18h30. Ⓜ Estrangin.

– Paris : 2-18, rue Saint-Victor, 75005. ☎ 01-53-10-30-15. Lun-sam 9h30 (10h sam)-18h30. Ⓜ Maubert-Mutualité.

– Toulouse : 43, rue Peyrolières, 31000. ☎ 05-62-30-15-00. Lun-sam 9h30-18h30. Ⓜ Esquirol.

Comptoir des Voyages s'impose comme une référence incontournable dans le voyage sur mesure, avec 80 destinations couvrant les 5 continents. Ses voyages s'adressent à tous ceux qui souhaitent vivre un pays de façon simple en s'y sentant accueilli. Les conseillers privilégient des hébergements typiques, des moyens de transport locaux et des expériences authentiques pour favoriser l'immersion dans la vie locale. Comptoir vous offre aussi la possibilité de rencontrer des francophones habitant dans le monde entier, des *greeters*, qui vous donneront, le temps d'un café, les clés de leur ville ou de leur pays. Comptoir des Voyages propose aussi une large gamme de services : échanges par visioconférence, devis web et carnet de voyage personnalisés, assistance téléphonique tous les jours 24h/24 pendant votre voyage.

▲ ÉQUINOXIALES

☎ 01-77-48-81-00. • equinoxiales.fr •

Véritable voyagiste spécialiste du « sur mesure » depuis plus de 30 ans. Leur équipe de conseillers commence par vous écouter et sont là pour vous accompagner et concrétiser vos envies en voyage, adapté à votre personnalité et vos passions. Les destinations fortes d'Équinoxiales : toutes les Amériques (Canada, États-Unis, Mexique, Amérique centrale, Amérique du Sud, Australie et Nouvelle-Zélande, Afrique australe), mais aussi les Caraïbes grâce à leur partenariat avec Sandals, collection d'hôtels-*resorts* de luxe *all inclusive*. Du circuit accompagné au séjour à la carte, tous les types de voyages sont proposés sur chaque destination.

Petit plus : la garantie assistance April offerte à tous les voyageurs.

▲ TERRE VOYAGES

– Paris : 28, bd de la Bastille, 75012. ☎ 01-44-32-12-87. • terre-voyages.com • Ⓜ Bastille. Lun-ven 8h-18h30, sam 10h-18h.

Les créateurs de voyages de Terre Voyages sont des experts des pays proposés, car tous natifs ou passionnés de leur destination. Ils sauront écouter vos attentes pour créer une offre de voyages sur mesure qui réponde à vos envies de découverte et vous proposeront une approche authentique des cultures et des peuples dans le respect de leur environnement naturel et au juste prix. Seul, à deux ou en famille, laissez-vous séduire par le soleil de la Floride, les Everglades et les parcs à thème qui raviront petits et grands. Pour tous les voyageurs qui attendent d'une échappée lointaine plus qu'une simple visite, Terre Voyages est le spécialiste qu'il leur faut.

▲ USA CONSEIL

Devis et brochures sur demande, réception sur rdv, agence à Paris 16ᵉ. Rens : ☎ 01-45-46-51-75. • usaconseil.com • ou • canadaconseil.com •

Spécialiste des voyages en Amérique du Nord, USA Conseil s'adresse particulièrement aux familles ainsi qu'à toutes les personnes désireuses de visiter et de découvrir les États-Unis et le Canada en maintenant un bon rapport qualité-prix. USA Conseil propose une gamme complète de prestations adaptées à chaque demande et en rapport avec le budget de chacun : vols, voitures, hôtels, motels, bungalows, circuits individuels et accompagnés, itinéraires adaptés aux familles, excursions, motor-homes, motos, bureau d'assistance téléphonique francophone tout l'été avec nº Vert USA et Canada. Sur demande, devis gratuit et détaillé pour tout projet de voyage.

▲ USA EN LIBERTÉ

• usa-en-liberte.com •

Contactez USA en liberté, une agence locale de confiance, pour organiser votre voyage sur mesure aux États-Unis. Les conseillers, fins connaisseurs du terrain et de la réalité du pays, vous accompagnent dans la préparation de votre voyage, en couple, en famille ou en groupe d'amis. Vous avez ainsi accès à un service personnalisé en bénéficiant d'un prix accessible. Membre de *bynativ,* la communauté des agences de voyages locales, USA en liberté vous propose un maximum de garanties et de services : règlement de votre voyage en ligne et ce, de façon sécurisée, possibilité de souscrire à une assurance de voyages et de bénéficier de garanties solides en cas d'imprévu.

▲ VOYAGEURS DU MONDE – VOYAGEURS AUX ÉTATS-UNIS, AU CANADA ET AUX BAHAMAS

Rens et résas : ☎ 01-42-86-17-30. • voyageursdumonde.fr •

– Paris : La Cité des Voyageurs, 55, rue Sainte-Anne, 75002. ☎ 01-42-86-16-00. Ⓜ Opéra ou Pyramides. Lun-sam 9h30-19h.

– Également des agences à Bordeaux, Grenoble, Lille, Lyon, Marseille, Montpellier, Nantes, Nice, Rennes, Rouen, Strasbourg et Toulouse ; ainsi qu'à Bruxelles et à Genève.

Parce que chaque voyageur est différent, que chacun a ses rêves et ses idées pour les réaliser, Voyageurs du Monde conçoit, depuis plus de 30 ans, des projets sur mesure. Les séjours proposés sur 120 destinations sont élaborés par leurs 180 conseillers voyageurs. Spécialistes par pays et même par régions, ils vous aideront à personnaliser les voyages présentés à travers une trentaine de brochures d'un nouveau type et sur le site internet où vous pourrez également découvrir les hébergements exclusifs et consulter votre espace personnalisé. Au cours de votre séjour, vous bénéficiez des services personnalisés Voyageurs du Monde, dont la possibilité de modifier à tout moment votre voyage, l'assistance d'un concierge local, la mise en place de rencontres et de visites privées et l'accès à votre carnet de voyage via une application iPhone et Android. Voyageurs du Monde est membre de l'association ATR (Agir pour un tourisme responsable) et a obtenu sa certification Tourisme responsable AFAQ AFNOR.

▲ **WEST FOREVER**
– Strasbourg : 32, rue du Bassin-d'Austerlitz, 67100. ☎ 03-88-68-89-00. • westforever.com • Lun-ven 9h-12h30, 14h-18h (17h ven).
West Forever est le spécialiste français du voyage en Harley-Davidson. Il propose des séjours et des circuits aux États-Unis mais aussi en Australie, en Afrique du Sud, à Cuba, au Japon, en Argentine, au Chili et en Europe (Toscane, route des Alpes...). Agence de voyages officielle Harley-Davidson, West Forever propose une large gamme de tarifs pour un savoir-faire dédié tout entier à la moto. Si vous désirez voyager par vous-même, West Forever pourra vous concocter un voyage à la carte, sans accompagnement, grâce à sa formule « Easy Ride ».

Voir aussi au sein de chaque ville les agences locales que nous avons sélectionnées.

Comment aller à Roissy et à Orly ?

Toutes les infos sur notre site *• routard.com •* à l'adresse suivante : *• bit.ly/aeroports-routard •*

En Belgique

▲ **CONNECTIONS**
Rens et résas : ☎ 070-233-313. • connections.be • Fort d'une expérience de plus de 20 ans dans le domaine du voyage, Connections dispose d'un réseau de 32 *travel shops* dont une à Brussels Airport. Connections propose des vols dans le monde entier à des tarifs avantageux et des voyages destinés à des voyageurs désireux de découvrir la planète de façon autonome. Connections propose une gamme complète de produits : vols, hébergements, locations de voitures, autotours, vacances sportives, excursions...

▲ **GLOBE-TROTTERS**
– Bruxelles : rue Franklin, 15, 1000. ☎ 02-732-90-70. • globe-trotters.be • Lun-ven 9h30-13h30, 15h-18h ; sam 10h-13h.
En travaillant avec des prestataires exclusifs, cette agence permet de composer chaque voyage selon ses critères : de l'auberge de jeunesse à l'hôtel de charme, de l'autotour au circuit accompagné, d'une descente de fleuve en pirogue à un circuit à vélo... Spécialiste du Québec, du Canada, des États-Unis et de l'Australie, Globe-Trotters propose aussi des formules à la carte dans des pays comme l'Inde, l'Islande, le Japon, la Roumaine, la Colombie, ou Madagascar... Assurances voyage. Location de voitures ou motor-homes.

▲ **TAXISTOP**
Pour ttes les adresses Taxistop : ☎ 070-222-292. • taxistop.be •
– Bruxelles : rue Thérésienne, 7a, 1000.
– Gent : Maria Hendrikaplein, 65, 9000.
– Ottignies : bd Martin, 27, 1340.
Taxistop propose un système de covoiturage, ainsi que d'autres services comme l'échange de maisons ou le gardiennage.

▲ **VOYAGEURS DU MONDE**
• voyageursdumonde.com •
– Bruxelles : chaussée de Charleroi, 23, 1060. ☎ 02-543-95-50.
Le spécialiste du voyage individuel sur mesure. Voir texte dans la partie « En France ».

En Suisse

▲ **STA TRAVEL**
Rens et résas : ☎ 058-450-49-49. • statravel.ch •
– Fribourg : rue de Lausanne, 24, 1700. ☎ 058-450-49-80.
– Genève : rue Pierre-Fatio, 19, 1204. ☎ 058-450-48-00.
– Genève : rue Vignier, 3, 1205. ☎ 058-450-48-30.
– Lausanne : bd de Grancy, 20, 1006. ☎ 058-450-48-50.
– Lausanne : à l'université, Anthropole, 1015. ☎ 058-450-49-20.
Agences spécialisées notamment dans les voyages pour jeunes et étudiants. 150 bureaux STA et plus de 700 agents du même groupe répartis dans le monde entier sont là pour donner un coup de main *(Travel Help).*
STA propose des tarifs avantageux : vols secs *(Blue Ticket),* hôtels, écoles de langues, *work & travel,* circuits

d'aventure, voitures de location, etc. Délivre la carte internationale d'étudiant et la carte Jeune.

Au Québec

▲ TOURS CHANTECLERC

● *tourschanteclerc.com* ●

Tours Chanteclerc est un tour-opérateur qui publie différentes brochures de voyages : Europe, Amérique du Nord, Amérique du Sud, Asie et Pacifique sud, Afrique et le Bassin méditerranéen en circuits ou en séjours. Il s'adresse aux voyageurs indépendants qui réservent un billet d'avion, un hébergement (dans toute l'Europe), des excursions ou une location de voiture. Également spécialiste de Paris, le TO offre une vaste sélection d'hôtels et d'appartements dans la capitale française.

MIAMI UTILE

AVANT LE DÉPART

Adresses et infos utiles

En France

■ ***Office de tourisme des USA*** *(c/o Visit USA Committee)* **:** ☎ *0899-702-470 (3 € l'appel + 0,34 €/mn).* ● *office-tourisme-usa.com* ● *Fermé au public, mais rens sur le site internet et par tél.* Bureau d'information privé, donnant accès à de nombreuses infos sur la plupart des États, les conditions d'entrée aux États-Unis et l'ESTA (autorisation de voyage), ainsi que des dossiers thématiques...

■ ***Office de tourisme des Bahamas :*** *113-115, rue du Cherche-Midi, 75006 Paris.* ☎ *01-45-26-62-62.* ● *bahamas.fr* ● Ⓜ *Falguière, Duroc ou Montparnasse-Bienvenüe. Rens par tél et sur Internet, ou sur place en ayant pris rdv.* Cet archipel de rêve est planté devant la Floride, à seulement 2h de bateau de Fort Lauderdale. Brochures et prospectus sur place.

■ ***Ambassade des États-Unis, section consulaire :*** *2, av. Gabriel, 75008 Paris.* ☎ *01-43-12-22-22.* Ⓜ *Concorde. Rens sur les formalités d'entrée dans le pays :* ● *fr.usembassy.gov/fr* ●*, puis cliquer sur « Visas ».*

– Le visa n'est pas obligatoire pour les Français pour un séjour de moins de 90 jours, en revanche ***obligation d'obtenir une autorisation ESTA*** (voir « Formalités d'entrée », plus loin).

En Belgique

■ ***Ambassade des États-Unis :*** *bd du Régent, 27, Bruxelles 1000.* ☎ *32-2-811-4000.* ● *be.usembassy.gov* ●

– Le visa n'est pas obligatoire pour les Belges pour un séjour de moins de 90 jours, mais ESTA nécessaire (voir « Formalités d'entrée »).

En Suisse

■ ***Ambassade des États-Unis :*** *Sulgeneckstrasse, 19, 3007 Berne.* ☎ *031-357-70-11.* ● *ch.usembassy.gov* ●

– Le visa n'est pas obligatoire pour les Suisses pour un séjour de moins de 90 jours, mais ESTA nécessaire (voir « Formalités d'entrée »).

Au Canada

■ ***Ambassade des États-Unis :*** *490, chemin Sussex, Ottawa (Ontario).* ☎ *613-688-5335.* ● *ca.usembassy.gov* ●

■ ***Consulat général des États-Unis :*** *315, pl. d'Youville, Montréal (Québec).* ☎ *514-398-9695.* ● *ca.usembassy.gov/fr* ●

■ ***Consulat général des États-Unis :*** *2, rue de la Terrasse-Dufferin (derrière le château Frontenac), Québec (Québec).* ☎ *418-692-2095.* ● *ca.usembassy.gov/fr* ●

– Le visa n'est pas obligatoire pour les Canadiens pour un séjour de moins de 180 jours (voir « Formalités d'entrée »).

Formalités d'entrée

ATTENTION : les mesures de sécurité concernant les formalités d'entrée sur le sol américain n'ont cessé de se renforcer depuis le 11 septembre 2001. ***Avant d'entreprendre votre voyage, consultez impérativement le site de***

l'ambassade des États-Unis, très détaillé et constamment mis à jour, pour vous tenir au courant des toutes dernières mesures : ● *fr.usembassy.gov/fr* ●, rubrique « Visas ».

– ***Passeport biométrique ou électronique en cours de validité.*** Les ***enfants*** de tous âges doivent impérativement posséder leur propre passeport, bébés inclus. S'ils ne sont pas accompagnés par un de leurs parents, les ***mineurs*** doivent être munis d'une ***autorisation de sortie du territoire (formalité rétablie en France depuis 2017).*** Formulaire téléchargeable (complété et signé par un des parents) à remettre au mineur voyageant seul, avec la photocopie de la pièce d'identité du parent signataire. Renseignements sur ● *service-public.fr* ●

– Les voyageurs (enfants compris) doivent aussi être en possession d'une ***autorisation électronique de voyage ESTA,*** à remplir obligatoirement en ligne sur le site internet officiel (● *https://esta.cbp.dhs.gov/esta* ●) avant d'embarquer pour les États-Unis, que ce soit par voie aérienne ou maritime. ***Coût : 14 $ pour une validité de 2 ans (sauf si le passeport expire avant). Méfiez-vous des sites clandestins d'ESTA (sur lesquels on tombe malheureusement très facilement en « googlisant » le mot ESTA) qui sont, eux, beaucoup plus chers.*** La demande ESTA doit être faite au moins 72h avant le départ – le plus tôt étant le mieux. La réponse est généralement immédiate. En cas de mise en attente d'une demande, il faut aller consulter son dossier sur le site officiel (on ne reçoit rien par mail). Lors de la saisie en ligne, c'est le numéro officiel du passeport à neuf caractères qui doit être inscrit. Les femmes mariées doivent se faire enregistrer sous leur nom complet (nom de jeune fille et d'épouse).

– ***Attention, en cas de refus d'ESTA, aucun recours possible.*** Il faut passer par une procédure d'obtention de visa, coûteuse et parfois longue. Ce refus est quasiment automatique, entre autres, si vous avez visité un pays classé « à risque » par les autorités américaines (Afghanistan, Iran, Irak, Lybie, Somalie, Soudan, Syrie, Yémen...). Vérifiez avant !

– Obligation de présenter un ***billet d'avion aller-retour*** ou un billet attestant l'intention de quitter les États-Unis. Lors du passage de l'immigration, on prendra vos empreintes digitales et une photo.

– Le ***visa*** n'est pas nécessaire pour les ***Français*** qui se rendent aux États-Unis pour tourisme. Cependant, le séjour ne doit pas dépasser 90 jours et n'est pas prolongeable.

Attention : le visa reste indispensable pour les diplomates, les stagiaires, les jeunes filles/garçons au pair, les journalistes en mission, et ceux dont l'ESTA aura été refusé. La procédure nécessite un entretien personnel du demandeur à l'ambassade des États-Unis à Paris (avis aux provinciaux).

– Les conditions d'admission pour les ***Belges*** et les ***Suisses*** sont similaires à celles des Français. Quant aux ***Canadiens,*** ils doivent être munis d'un passeport valide.

– Si vous entrez ***aux États-Unis depuis le Mexique ou le Canada*** par voie terrestre, les conditions sont les mêmes – à cela près qu'il n'est pas, pour l'heure, nécessaire de faire de demande ESTA et qu'une taxe de 6 $, payable en espèces, vous sera demandée.

– Pas de ***vaccination*** obligatoire (lire la rubrique « Santé », plus loin).

– ***Pour conduire sur le sol américain : le permis de conduire national suffit.***

– ***Interdiction d'emporter des denrées périssables non stérilisées*** (charcuterie, fromage, biscuits...) ***et des végétaux.*** Seules les conserves sont tolérées (si à base de viande, la provenance doit être indiquée sur l'emballage) et une bouteille d'alcool fort par personne est autorisée (ou deux de vin), le tout en soute.

– Pensez à ***recharger vos appareils électriques*** (smartphones, tablettes, ordinateurs portables...) avant de prendre l'avion, car sur tous les vols allant ou passant

par les États-Unis et Londres, les agents de contrôle doivent pouvoir les allumer. Par précaution, gardez votre chargeur à portée de main. Si votre appareil est déchargé ou défectueux, il sera confisqué.
– ***Les bagages enregistrés en soute sont souvent inspectés*** par les services de sécurité (surtout s'il y a des liquides). Mieux vaut donc avoir une valise avec système de fermeture intégré et agréé *TSA*, ce qui permet à la *Transportation Security Administration* de les ouvrir sans les endommager.

Pensez à scanner passeport, carte de paiement, billet d'avion et *vouchers* d'hôtel. Ensuite, adressez-les-vous par e-mail, en pièce jointe. En cas de perte ou de vol, rien de plus facile pour les récupérer. Les démarches administratives en seront bien plus rapides.

Assurances voyage

■ ***Assurance Routard par AVI International :*** *40, rue Washington, 75008 Paris.* ☎ *01-44-63-51-00.* • *avi-international.com* • Ⓜ *George-V.* Enrichie année après année par les retours des lecteurs, *Routard Assurance* est devenue une assurance voyage incontournable. Tout est compris : frais médicaux, assistance rapatriement, bagages, responsabilité civile... Vous avez besoin d'un médecin, d'un conseil médical ou d'une prise en charge dans un hôpital ? Appelez simplement le plateau *AVI Assistance* disponible 24h/24, leur réseau est l'un des plus complets actuellement. Vous avez eu des frais de santé en voyage ? Envoyez les factures à votre retour, *AVI* vous rembourse sous une semaine. Avant votre départ, n'hésitez pas à les appeler pour des conseils personnalisés. Ce que l'on a aimé : pas d'avance à faire, ils s'occupent de tout. Un seul réflexe avant de partir : téléchargez l'appli mobile pour garder le contact avec l'assistance 24h/24 et disposer de l'un des meilleurs réseaux médicaux à travers le monde.
■ ***AVA :*** *25, rue de Maubeuge, 75009 Paris.* ☎ *01-53-20-44-20.* • *ava.fr* • Ⓜ *Cadet.* Un autre courtier fiable pour ceux qui souhaitent s'assurer en cas de décès-invalidité-accident lors d'un voyage à l'étranger, mais surtout pour bénéficier d'une assistance rapatriement, perte de bagages et annulation. Attention, franchises pour leurs contrats d'assurance voyage.
■ ***Pixel Assur :*** *18, rue des Plantes, BP 35, 78601 Maisons-Laffitte.* ☎ *01-39-62-28-63.* • *pixel-assur.com* • *RER A : Maisons-Laffitte.* Assurance de matériel photo et vidéo tous risques (casse, vol, immersion) dans le monde entier. Devis en ligne basé sur le prix d'achat de votre matériel. Avantage : garantie à l'année.

ARGENT, BANQUES, CHANGE

La monnaie américaine

En 2018, le dollar ($) valait environ 0,80 €.
– ***Les pièces :*** 1 cent *(penny)*, 5 cents *(nickel)*, 10 cents (*dime*, plus petite que la pièce de 5 cents), 25 cents *(quarter)* et 1 dollar (moins courante que le billet équivalent). Avis aux numismates, les *quarters* font l'objet de séries spéciales.
– ***Les billets :*** sur chaque billet, le visage d'une figure politique des États-Unis : 1 $ (Washington), 5 $ (Lincoln), 10 $ (Hamilton, secrétaire du Trésor et non président), 20 $ (l'abolitionniste et ancienne esclave Harriet Tubman,

première femme et personnalité noire à figurer sur un billet de banque américain), 50 $ (Grant), 100 $ (Franklin).
Pour l'anecdote, ***en argot, un dollar se dit a buck.*** L'origine de ce mot remonte au temps des trappeurs, lorsqu'ils échangeaient leurs peaux de daims *(bucks)* contre des dollars.

Argent liquide et change

Avertissement

Si vous comptez effectuer des retraits d'argent aux distributeurs, il est très vivement conseillé d'***avertir votre banque avant votre départ*** (pays visités et dates). En effet, ***votre carte peut être bloquée dès le premier retrait*** pour suspicion de fraude. Vous pouvez aussi leur demander de ***relever le plafond*** de retrait aux distributeurs et pour les paiements par carte, quitte à le faire rebaisser à votre retour. Utile surtout pour les cautions des locations de voitures et les garanties dans les hôtels.

Pour un retrait, utilisez de préférence les ***distributeurs attenants à une agence bancaire.*** En cas de pépin avec votre carte (carte avalée, erreur de code secret...), vous aurez un interlocuteur dans l'agence, pendant les heures ouvrables.

– Pour les petites dépenses, le plus simple est d'***emporter quelques dollars changés en Europe (ça peut dépanner), de régler ses achats par carte bancaire*** et de ***retirer sur place du liquide,*** toujours avec une carte de paiement. On trouve des ***distributeurs automatiques de billets*** partout (appelés *ATM* pour *Automated Teller Machine* ou *cash machine*), jusque dans certaines petites épiceries ! Cela dit, évitez de retirer de petites sommes à tout bout de champ, car une commission fixe (2-3 $) est prélevée à chaque transaction en plus de celle appliquée par votre banque.
– Si cela vous rassure de partir avec des dollars, vous pouvez en commander en ligne sans commission sur le site de ***Travelex*** *(● travelex.fr ●).* Une fois le règlement effectué, il vous suffira de passer les récupérer directement dans une agence Travelex, par exemple à l'aéroport ou dans une gare en France.
– Et si, ***une fois sur place,*** vous devez quand même ***changer de l'argent,*** adressez-vous aux ***petits bureaux de change en ville***. Évitez ceux des aéroports qui appliquent une commission encore plus élevée et des taux carrément défavorables...

Les cartes de paiement

Aux États-Unis, on parle de « *plastic money* », ou « *plastic* » tout court. ***C'est le moyen le plus simple et à priori le plus économique de payer.*** Les paiements par carte sont acceptés quasi partout, souvent ***sans montant minimum. Gardez toujours votre passeport*** (*ID* en anglais, prononcer « aïdi ») sur vous, il est parfois demandé lors des achats. Les cartes les plus répandues sont la *MasterCard,* la *Visa* et, bien sûr, l'*American Express,* qui applique des commissions très faibles.
Aux États-Unis, ***une carte de paiement est un outil indispensable, pour ne pas dire obligatoire,*** ne serait-ce que pour louer une voiture ou réserver une chambre d'hôtel. Même si vous avez tout réglé avant le départ par l'intermédiaire d'une agence, on prendra systématiquement l'empreinte de votre carte, au cas où vous auriez l'idée saugrenue de partir sans payer les prestations supplémentaires *(incidentals)* genre parking, petit déj, téléphone, minibar...

Dans certains drugstores ou supermarchés, dès que vous présenterez une carte de paiement, on vous posera systématiquement la question : « ***debit or credit ?*** ». Si vous n'avez pas de compte aux États-Unis, la réponse est « *credit* ».
Les ***cartes à puce*** (« *chip cards* ») sont entrées récemment en vigueur aux USA, on compose donc le code pour chaque transaction au lieu de signer comme dans le temps. Et dans de plus en plus de lieux, les additions se font sur ***iPad,*** avec facture envoyée par mail (insistez si vous voulez un reçu imprimé).

En cas de perte ou de vol

Avant de partir, notez donc bien ***le numéro d'opposition propre à votre banque*** (il figure souvent au dos des tickets de retrait, sur votre contrat, ou à côté des distributeurs de billets), ainsi que le numéro à seize chiffres de votre carte. Bien entendu, conservez ces informations en lieu sûr et séparément de votre carte. N'oubliez pas non plus de ***vérifier la date d'expiration de votre carte bancaire avant votre départ !***

En cas de perte, de vol ou de fraude, quelle que soit la carte que vous possédez, chaque banque gère elle-même le processus d'opposition et le numéro de téléphone correspondant.

– ***Carte Visa :*** *numéro d'urgence (Europ Assistance) : ☎ (00-33) 1-41-85-85-85 (24h/24).* • *visa.fr* •
– ***Carte MasterCard :*** *numéro d'urgence : ☎ (00-33) 1-45-16-65-65.* • *mastercardfrance.com* •
– ***Carte American Express :*** *numéro d'urgence : ☎ (00-33) 1-47-77-72-00.* • *americanexpress.fr* •
Il existe un ***serveur interbancaire d'opposition*** qui, en cas de perte ou de vol, vous met en contact avec le centre d'opposition de votre banque : *en France : ☎ 0892-705-705 (prix d'un appel + 0,35/mn) ; depuis l'étranger : ☎ + 33 442 605 303.*

Besoin urgent d'argent liquide

Vous pouvez être dépanné en quelques minutes grâce au système ***Western Union Money Transfer*** présent dans les supérettes *7-Eleven* et les bureaux de change *Forex*. L'argent vous est transféré en moins d'une heure. La commission, assez élevée, est payée par l'expéditeur. Possibilité d'effectuer un transfert auprès d'un des bureaux *Western Union* ou, plus rapide, en ligne, 24h/24 par carte de paiement (*Visa* ou *MasterCard*).
Même principe avec d'autres organismes de transfert d'argent liquide comme ***MoneyGram, PayTop*** ou ***Azimo.*** Transfert en ligne sécurisé, en moins d'une heure. Dans tous les cas, se munir d'une pièce d'identité. Toutefois, en cas de perte/vol de papiers, certains organismes permettent de convenir d'une question/réponse-type pour pouvoir récupérer votre argent. Chacun de ces organismes possède aussi des applications disponibles sur téléphone portable. Consulter les sites internet pour connaître les pays concernés, les conditions tarifaires (frais, commission) et trouver le correspondant local le plus proche :
• *westernunion.com* • *moneygram.fr* • *paytop.com* • *azimo.com/fr* •
– Autre solution, envoyer de l'argent par ***la Poste*** : le bénéficiaire, muni de sa pièce d'identité, peut retirer les fonds dans n'importe quel bureau du réseau local. Le transfert s'effectue avec un mandat ordinaire international (jusqu'à 3 500 €) et la transaction prend 4-5 jours en Europe (8-10 jours vers l'international). Plus cher, mais plus rapide, le mandat express international permet

d'envoyer de l'argent (montant variable selon la destination – 34 pays au total) sous 2 jours maximum, 24h lorsque la démarche est faite en ligne. *Infos :* • *labanquepostale.fr* •

ACHATS

ATTENTION : ***les prix affichés sont toujours hors taxes (ajouter 6 à 7,5 % selon le type d'achat et comté).*** Certains achats restent intéressants aux États-Unis, et ce malgré un taux de change variable suivant les années. Voici donc quelques idées d'articles à rapporter dans vos bagages.

– ***Les maillots de bain, tenues de plage et lunettes de soleil :*** choix énorme et rapport qualité-prix bien meilleur que chez nous dans ce style bling-bling paillettes *so Florida.* L'avantage, c'est qu'ici on peut en acheter toute l'année ! Pensez aussi aux ***vêtements de surf.***

– Les ***jeans,*** bien sûr. Les ***Levi's*** coûtent bien moins cher qu'en France (jusqu'à moitié prix hors soldes), même si vous les achetez dans un *Levi's Store* officiel.

– Le ***prêt-à-porter décontracté,*** particulièrement les T-shirts, sweats à capuche *(hoodies)* et baskets (on dit *sneakers*) notamment *New Balance, Converse* et compagnie. Quelques ***marques*** que l'on retrouve à peu près dans tous les *malls* : pour les jeunes, *Urban Outfitters* (*streetwear* branché tendance *hipster* rock) et *American Eagle Outfitters*. Plus classe, mais coloré et dans un style un peu vintage : *J. Crew*, ainsi que sa déclinaison plus jeune mais pas moins chère, *Madewell.* Dans un style très américain tendance néo-Far West, *Lucky Brand.* Et aussi *Anthropologie,* très original dans le genre bohème chic (pour femmes seulement), avec de superbes boutiques au décor arty. Les ***vêtements pour enfants*** sont également intéressants, à condition d'aimer les couleurs flashy.

HAMILTON FOR EVER

Les montres Hamilton sont mythiques aux États-Unis. Créée en 1892, la marque cessa, pendant la Seconde Guerre mondiale, la vente aux particuliers et ne fabriqua plus que pour les soldats. La légende était née. Depuis, elle apparaît au poignet de la majorité des acteurs américains, dans plus de 300 films. Le jour de son assassinat, Kennedy portait le modèle Linwood Viewmatic.

– ***Les produits dérivés :*** vous noterez bien vite cette pratique typiquement américaine. Pas une auberge de jeunesse qui ne vende un T-shirt à son effigie, pas un resto, un *coffee shop* ou un bar qui n'en fasse de même, sans oublier la fabrication en série du joli mug maison...

– Les ***chaussures et vêtements de sport et de loisirs*** (yoga et Pilates mais aussi *outdoor*).

– Les ***produits de beauté (cosmétiques, maquillage),*** genre *L'Oréal, Maybelline* ou *Neutrogena,* coûtent moitié moins cher qu'en France. On les trouve dans les drugstores type *Duane Reade, CVS, Rite Aid* ou *Walgreens.* Les grandes marques américaines comme *Clinique* ou *Kiehl's* sont également un peu plus intéressantes.

– ***De la « bouffe » typiquement américaine :*** des friandises en tout genre (*M&M's* introuvables en France), des chewing-gums à la cannelle, à la violette et autres parfums insolites, des mélanges d'amandes et autres graines pour l'apéro, des épices pour BBQ, pléthore de produits bio et encore plein d'idées à glaner dans les rayons des supermarchés.

– Les ***smartphones, appareils photo, ordinateurs...*** Avant d'acheter, assurez-vous que ces appareils électroniques peuvent fonctionner en France. Aucun problème pour les ***iPhone*** et ***iPad ;*** par contre pour les ordis, oubliez, les claviers ne sont pas les mêmes. Méfiez-vous des boutiques des quartiers touristiques, en particulier dans le Downtown de Miami, car derrière l'affaire en or se cache souvent une arnaque en béton armé !

Acheter moins cher

Au moment des ***soldes** (sales),* notamment en janvier et l'été, les réductions peuvent atteindre des sommets. Le ***Black Friday,*** lendemain de Thanksgiving (4e vendredi de novembre donc), est aussi une journée de discounts particulièrement exceptionnels destinée à attirer un maximum de clients, les Américains en profitant pour faire leurs courses de Noël.

Très bon plan : les ***factory outlets*** sont d'énormes centres commerciaux situés généralement à la périphérie des villes, accessibles depuis les autoroutes. Très nombreux en Floride, ils regroupent les ***magasins d'usines de grandes marques*** américaines de vêtements et chaussures : *Ralph Lauren, Timberland, Converse, Reebok, Nike, Gap, Levi's, Tommy Hilfiger, J. Crew, Brooks Brothers, OshKosh* (pour les petits)... Les articles sont souvent écoulés toute l'année à des prix défiant toute concurrence (parfois jusqu'à 75 % de réduction en période de soldes !) et proviennent des stocks des collections précédentes. Ils présentent parfois des défauts, mais mineurs (mention *irregular* sur l'étiquette). Le plus grand « temple des soldes » de Floride, le ***Sawgrass Mills Factory Outlet Mall,*** se trouve à Sunrise, à proximité de Fort Lauderdale. Sinon, la chaîne ***Premium*** quadrille aussi stratégiquement la Floride dans des complexes assourdis de musique, où les Américains passent volontiers l'après-midi en famille. Une riche expérience sociologique !

Les tailles US

Les tailles américaines, que ce soit pour les vêtements, les chaussures et même la lingerie, n'ont rien à voir avec nos références. Voici donc un petit ***tableau d'équivalences*** pour vous aider à vous y retrouver.

Femme

Pantalon/Jupe/Robe

France	USA	
34	2	XS
36	4	S
38	6	
40	8	M
42	10	
43	11	
44	12	L
46	14	
48	16	XL

Chemise/Top

France	USA	
34	2	XS
36	4	S
38	6	M
40	8	L
42	10	XL
44	12	XXL
46	14	
48	16	

Chaussures

France	USA	France	USA
35	4	39	7,5
35,5	4,5	39,5	7,5
36	5	40	8
36,5	5,5	40,5	8,5
37	5,5	41	9
37,5	6	41,5	9,5
38	6,5	42	9,5
38,5	7		

Soutien-gorge

France	USA	France	USA
85A	32A	95B	36B
85B	32B	95C	36C
85C	32C	95D	36D
85D	32D	95E	36DD
90A	34A	95F	36E
90B	34B	100A	38A
90C	34C	100B	38B
90D	34D	100C	38C
90E	34DD	100D	38D
90F	34E	100E	38DD
95A	36A	100F	38E

Homme

Pantalon			Chemise			Chaussures	
France	USA		France	USA		France	USA
34	24	XS	36	26	XS	39	6
36	26		38	28		39,5	6,5
37	27	S	40	30	S	40	7
38	28		42	32		40,5	7,5
40	30	M	44	34		41	8
42	32		46	36	M	41,5	8
43	33	L	48	38		42	8,5
44	34		50	40	L	42,5	9
46	36	XL	52	42		43	9,5
48	38		54	44	XL	43,5	9,5
49	39	XXL				44	10

BUDGET

Miami compte ***parmi les villes les plus chères des États-Unis,*** autant le savoir. Mis à part le prix du carburant à la pompe, tout est cher et en particulier le ***logement.*** À titre d'exemple, un simple lit en auberge de jeunesse peut atteindre 110 $ la nuit à certaines périodes ! Il va sans dire que le montant de son séjour peut vite atteindre des sommes astronomiques, d'où la nécessité ***d'anticiper en évitant les période trop chargées,*** telles que les vacances des Américains, les grands événements, etc. Et surtout ***s'y prendre à l'avance !*** Certains hôtels proposent des prix attractifs non remboursables, ce qui peut être une solution intéressante si vous avez calé votre voyage au millimètre près et que vous êtes sûr de votre coup !

Très important : ***les prix affichés (dans les restos, hôtels, boutiques...) s'entendent toujours SANS LES TAXES*** (taxe d'État + taxe locale), qui varient de 7,50 à 14,50 % dans l'hôtellerie et parfois jusqu'à 10 % dans les autres secteurs (restauration, magasins...). Il en va de même pour les parcs d'attractions. Seuls les musées échappent à cette règle. Dans les hôtels, il faudra rajouter la ***taxe de séjour*** et parfois le ***resort fee,*** et dans les restos, le *tip* ou la *gratuity,* c'est-à-dire le pourboire (voir la rubrique « Taxe et pourboire » plus loin).

UN BILLET PLUS VERT QUE VERT

Nul besoin de décimer des forêts pour fabriquer les dollars. Contrairement aux apparences, le célèbre billet vert n'est pas en papier mais en tissu ! Eh oui, il est composé de 75 % de coton et 25 % de lin. Avant la Première Guerre mondiale, des fibres de soie entraient dans sa composition et, depuis 1991, un fil de polyester renforce le billet. Dur d'être faussaire outre-Atlantique !

La voiture de location et les parkings

Si vous prévoyez de bouger un tant soit peu à Miami et autour, la voiture reste le moyen de transport le plus pratique, et certainement le plus rentable (même à deux) en considérant le temps gagné.

– ***Essence :*** plutôt bon marché, autour de 2,85-3,05 $ le *gallon* (3,8 l) d'essence sans plomb *(unleaded).*

– ***Stationnement :*** franchement galère à Miami Beach, particulièrement en haute saison, mais surtout cher ; les ***parcmètres*** poussent comme les cocotiers, il y en a partout ! Souvent limités à 2h, ils coûtent en moyenne entre 1 et 2 $/h. Pratique, la plupart acceptent les cartes de crédit. Et c'est payant en journée, parfois jusqu'à 3h du mat, quand ce n'est pas 24h/24 ! Vérifiez bien ce qui est indiqué sur le parcmètre. Si vous restez une journée au même endroit, utilisez les ***parkings publics*** de préférence, à l'heure *(env 1-2 $)* ou à la journée *(env 10-25 $).* Assurez-vous que, pour le prix, vous aurez le droit de ressortir et revenir *(in-and-out privileges),* sinon il vous faudra repayer à chaque fois ! Il existe également des parkings privés plus chers. Les emplacements gratuits sont extrêmement rares. Dans la plupart des ***hôtels,*** surtout les grands établissements, le parking coûte dans les 30 $ les 24h (voire 45 $ et plus dans les hôtels l'Art Deco District), selon que l'on gare soi-même sa voiture *(self-parking)* ou qu'un portier s'en charge *(valet only).* De même, les parkings des administrations sont parfois payants (y compris ceux des postes et des *Visitor Centers*) et généralement limités à quelques dizaines de minutes. Ne vous amusez pas à vous y garer après la fermeture de ces établissements, votre véhicule partirait automatiquement à la fourrière, même chose si vous vous garez devant une ***bouche d'incendie,*** et il vous en coûterait minimum 300 $ et une perte de temps considérable !

– ***Amendes :*** un vrai business justement ! Si vous écopez d'une amende avec une voiture de location, lisez le paragraphe consacré aux PV plus loin dans « Transports. En voiture. Les règles de conduite ». En Floride, le montant des PV pour horaire dépassé de stationnement tourne autour de 25 $, de 50 $ pour un franchissement de ligne blanche alors que le feu est rouge, et va jusqu'à 300 $ pour un stationnement illicite après mise ***en fourrière***. Les villes n'ont pas toutes le même système de règlement. Pour payer votre contravention, vous avez généralement 1 mois, parfois moins. Pour le règlement lui-même, vous pourrez donner votre numéro de carte de paiement par téléphone au numéro indiqué sur le PV, ou vous rendre directement à la *Court House,* dont l'adresse figure également sur le « papillon ». Bref, autant régler le problème fissa !

L'hébergement

À Miami, ***la haute saison s'étend de novembre à mars,*** avec une pointe *(peak season)* lors des fêtes de fin d'année, à certaines dates de janvier et en février, moment où les prix flambent carrément. Le week-end est toujours plus cher que la semaine. Et les week-ends fériés, le tarif peut se voir multiplié par 2, 3 ou même 4 ! Attention aussi aux cas particuliers : lorsque de grandes manifestations ont lieu en ville, par exemple l'Art Basel début décembre. Même les AJ et les *B & B* appliquent une politique de l'offre et de la demande !

La basse saison s'étale d'avril à octobre, et là, les prix chutent de manière sensible, atteignant en général un plus bas vers mai-juin et septembre-octobre. Dans bien des cas, réservez directement sur le site internet de l'hôtel, les prix sont souvent meilleur marché (l'hôtelier ne reverse pas de commission aux *bookers* en ligne dans ce cas-là). Le cas échéant, n'hésitez pas à négocier, surtout si vous restez plusieurs nuits de suite.

Nous indiquons les ***tarifs pour deux personnes, du prix le plus bas en basse saison au prix le plus haut en haute saison,*** exception faite, naturellement, des AJ (prix par personne) et des campings (prix par emplacement). Tous les prix sont mentionnés hors taxes, il faut donc toujours ajouter entre 10 et 14 % + la taxe de séjour (environ 5 $/j. et par pers) et parfois même un *resort fee* qui varie entre 12 et 25 $/j. et par chambre ! À Miami, la taxe tourne plutôt autour du haut de la fourchette... ***Les prix des nuitées varient selon la saison et le confort*** (différents types de chambres, un ou deux lits doubles, vue, etc.) et ***parfois le jour*** (semaine ou week-end).

En été, les tarifs des hôtels sont les plus bas de l'année, profitez-en !

Voici nos fourchettes indicatives :

– ***très bon marché :*** moins de 20 $ (lit une personne dans certaines AJ) ;

– ***bon marché :*** 20-60 $;

– ***prix moyens :*** 60-130 $;
– ***chic :*** 130-220 $;
– ***plus chic :*** 220-300 $;
– ***très chic :*** plus de 300 $.

Le ***petit déj*** continental (léger, donc) est de plus en plus souvent inclus dans le prix de la chambre. Si ce n'est pas le cas, compter 10-15 $ pour le prendre à l'extérieur. De même, le ***parking*** n'est compris que dans les motels.

Les restos

Ici, on essaie généralement d'indiquer, tout au long du guide, les prix du midi (cuisine plus simple et légère, type salade ou burger) et ceux du soir (cuisine plus travaillée et copieuse), qui varient souvent du simple au double. Les fourchettes suivantes correspondent à un simple plat, généralement assez copieux pour pouvoir se passer d'autre chose, sauf dans les restos un peu chic où les quantités sont plus légères. On peut aussi partager sans problème, voire ne commander qu'une entrée et se contenter d'eau du robinet. ***Ne pas oublier d'ajouter la taxe et le pourboire*** (voir la rubrique « Taxes et pourboires » plus loin) : donc facilement 25-30 % en plus...

– ***Bon marché :*** environ 6 $.
– ***Prix modérés :*** 6-10 $.
– ***Prix moyens :*** 10-20 $.
– ***Chic :*** 20-35 $.
– ***Très chic :*** plus de 35 $.

Les loisirs

Prévoyez un bon petit budget si vous envisagez de pratiquer quelques ***activités nautiques*** : sortie en mer, plongée, *snorkeling*... La Floride est la destination idéale pour ce type de loisirs, mais ça chiffre vite !

CLIMAT

Cas à part aux États-Unis, Miami (et le sud de la Floride en général) bénéficie d'un ***climat subtropical*** : c'est le seul État du pays où l'on se baigne toute l'année. L'été y est chaud et humide, marqué par de courtes et fortes pluies (parfois bienvenues, ouf !). L'hiver est sec et plus frais. À cette époque débarque une importante clientèle de retraités fuyant le froid du reste des États-Unis et du Canada. Au printemps et en automne, douceur et humidité sont au rendez-vous.

UN BONUS POUR CELSIUS

En 1724, le physicien allemand Gabriel Fahrenheit crée une échelle de température qui voit l'eau geler à 32 °F et bouillir à 212 °F. Pas pratique. Fahrenheit prit comme 0 la température la plus basse de sa ville de Dantzig durant l'hiver 1708-1709 et comme point le plus haut celle du sang de cheval ! À se demander pourquoi les Américains utilisent encore cette échelle de fou. En 1742, le Suédois Celsius remporte la mise en étalonnant ces deux phénomènes physiques universels sur des chiffres ronds : quand l'eau gèle, il fera 0 °C, quand elle bout ce sera 100 °C. Personne n'a trouvé mieux !

Spécial cyclones *(hurricanes)*

L'***automne,*** plutôt agréable, est la ***saison des cyclones.*** Sans être fréquents, ils sont récurrents et peuvent se montrer ravageurs. À chaque ouragan, on relève quelques morts, victimes de chutes d'arbres ou frappés par des objets

emportés par le vent, et une lourde facture de dégâts. Miami a été identifiée par un groupe de scientifiques comme la ville la plus vulnérable face aux cyclones, en raison de sa situation géographique et de la faible élévation de ses côtes.
Si vous êtes ***en camping,*** au moindre signe suspect, on conseille de ranger le matériel et de se réfugier à l'hôtel, le personnel étant au courant des manœuvres à suivre en cas d'urgence. Les alertes passent du stade de *hurricane watch* (danger d'ouragan dans les 36h) à celui de *hurricane warning* (arrivée dans les 24h). À ce degré, les autorités décrètent, dans les cas les plus graves, l'ordre d'évacuation des côtes. On vous suggère de reporter vos vols intérieurs en cas de mauvais temps, car les compagnies n'hésitent pas à partir, même dans des conditions météo ahurissantes.
Au cas où vous seriez pris dans un cyclone, le mieux est de vous mettre à l'abri dans une cave (évacuez tente, voiture, maison en bois qui ne deviennent plus que des fétus de paille, et éloignez-vous surtout des fenêtres, qui peuvent exploser et envoyer des projectiles de toutes sortes).
– ***Infos sur la météo :*** • *weather.com* • C'est le site de la chaîne TV *The Weather Channel,* que l'on capte dans tous les hôtels.
– ***Pour suivre les ouragans en temps réel :*** • *nhc.noaa.gov* • C'est le site du National Hurricane Center.

Tableau d'équivalences des températures

Fahrenheit	Celsius	Fahrenheit	Celsius
108	42,2	**60**	15,6
104	40	**56**	13,3
100	37,8	**52**	11,1
96	35,6	**48**	8,9
92	33,3	**44**	6,7
88	31,1	**40**	4,4
84	28,9	**36**	2,2
80	26,7	**32**	0
76	24,4	**28**	- 2,2
72	22,2	**24**	- 4,4
68	20	**20**	- 6,7
64	17,8	**16**	- 8,9

DANGERS ET ENQUIQUINEMENTS

– Pas de parano, si certains quartiers de Miami souffrent d'une insécurité chronique, ce n'est généralement pas le cas des zones touristiques. South Beach vit pratiquement jour et nuit. Là, vous trouverez toujours du monde se baladant, même tard dans la nuit. En revanche, à partir d'une certaine heure, préférez toujours vous rendre en taxi dans les quartiers plus sensibles comme Little Haiti, Downtown, Little Havana ou encore Wynwood, quand bien même ce dernier quartier est en voie de gentrification. Ne perdez pas de vue que la Terre promise n'a pas tenu ses promesses pour tout le monde (particulièrement dans cette Floride où le luxe s'étale à tous les coins de rues) et que Miami est une plaque tournante du trafic de drogue. On vous conseille de lire également le paragraphe « ***Sécurité*** » dans la rubrique « Adresses et infos utiles. Santé, sécurité » au début du chapitre « Miami ».
– Autre nuisance (sans transition) : les ***moustiques,*** redoutables, surtout le soir en été. Le virus Zika a sévi sérieusement en 2016, notamment dans le quartier de Wynwood, lequel a été interdit aux femmes enceintes en août de la même année. Depuis

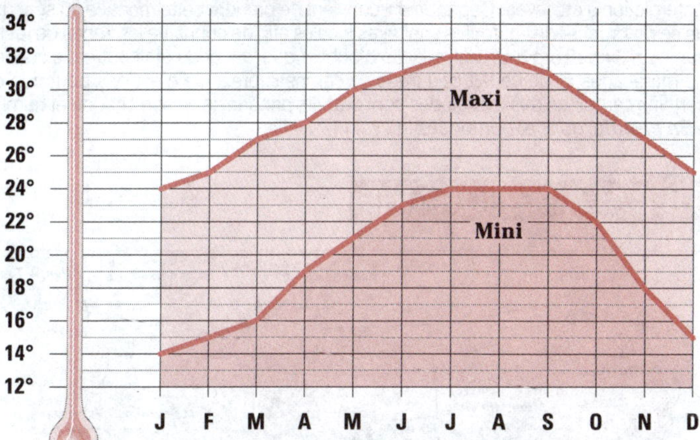

Moyenne des températures atmosphériques

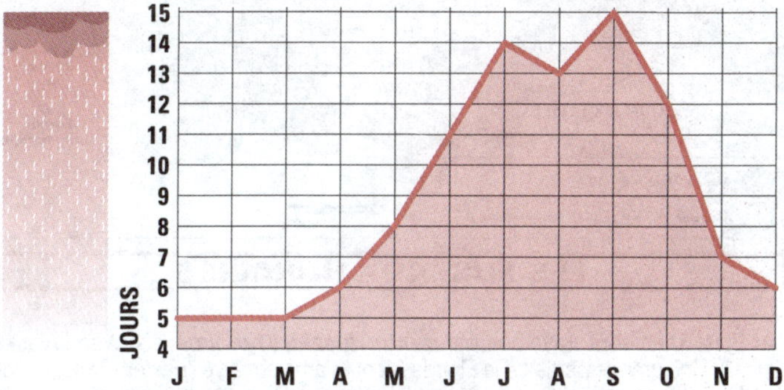

Nombre de jours de pluie

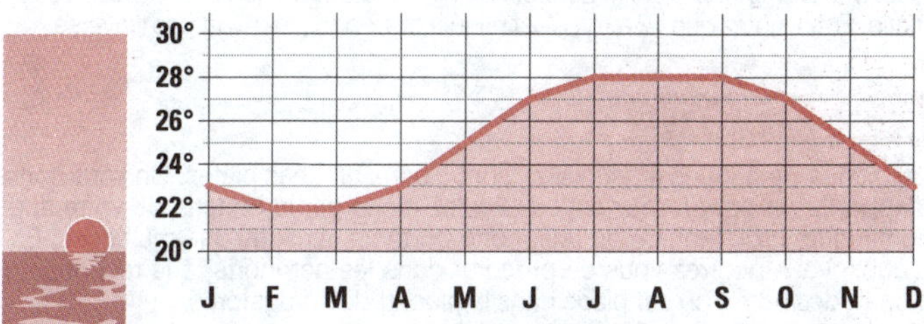

Moyenne des températures de la mer

FLORIDE (Miami)

l'interdiction a été levée. Cependant il convient de prendre cette menace au sérieux et de se rapprocher des autorités sanitaires locales afin de connaître les zones de restriction. • *zikafreefl.org* • Eh oui, difficile d'oublier que la Floride était autrefois couverte de marécages et de ce fait peu peuplée car insalubre... Ce n'est pas pour rien que certains campings des Everglades sont gratuits pendant la saison chaude et humide !
– ***En cas d'urgence,*** composez le ☎ *911.*

DÉCALAGE HORAIRE

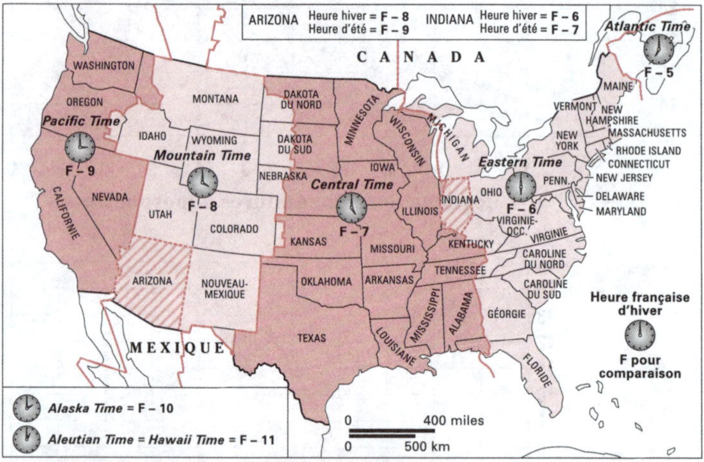

LES FUSEAUX HORAIRES

Les États-Unis sont traversés par ***quatre fuseaux horaires*** (six avec l'Alaska et Hawaii). Une grande partie de la Floride (dont Miami) observe l'*Eastern Time,* en retard de ***6h*** sur l'Europe de l'Ouest. Quand il est midi à Paris, il est 6h du matin à Miami. Attention, comme en Grande-Bretagne, quand on vous donne rendez-vous à 8.30 p.m. *(post meridiem),* cela signifie 20h30. À l'inverse, 8.30 a.m. *(ante meridiem)* désigne le matin. Enfin, notez que 12 a.m., c'est minuit, et 12 p.m., midi... et pas l'inverse.

ÉLECTRICITÉ

Les fiches électriques américaines sont à deux broches plates. On vous conseille d'apporter un ***adaptateur*** si vous voulez recharger la batterie de votre appareil numérique, ordi, tablette ou téléphone portable, ainsi qu'une multiprise. En cas d'oubli, vous pourrez vous en procurer dans les aéroports, à la réception de la plupart des hôtels ou sur place dans la plupart des drugstores.

ENFANTS

Miami est une ***destination de rêve*** pour les enfants, à tous points de vue. Du ***soleil*** toute l'année, des kilomètres de ***plages*** de sable blanc ourlées de cocotiers, une ***piste cyclable qui longe la plage*** où l'on peut faire du vélo, du roller ou du skate, une poignée de ***musées ludiques*** comme le Children's Museum, des

parcs aquatiques et animaliers (Jungle Island, Zoo Miami), un métro aérien qui sillonne Downtown en passant même entre les buildings, sans oublier les activités nautiques et un petit safari-photo à vélo pour découvrir les *murals* de Wynwood Art District... Et si vous êtes prêt à affronter quelques heures de voiture, place aux démentiels parcs d'attractions d'Orlando (voir *Le Routard Floride*).

Conseils pratiques

– ***La période :*** la période idéale, c'est l'hiver (vacances de février). Mais, en famille, ça risque de coincer au niveau du budget. En été, en revanche, pendant juillet et août, les prix sont bien plus accessibles côté hébergement, mais le climat est vraiment chaud et humide, pas forcément l'idéal avec de tout jeunes enfants (à cause des moustiques), sauf si vous vous contentez d'un séjour plage (avec des grands, ça passe très bien toute l'année).
– ***L'hébergement :*** à Miami, c'est vrai que la plupart des ***hôtels*** paraissent être destinés aux couples plutôt qu'aux familles. Certains d'entre eux leur sont même exclusivement réservés. Heureusement, certains établissements proposent des chambres possédant 2 lits *queen-size* (160 cm), ce qui fait qu'on peut y dormir à 4 (avec ou sans supplément de prix, ça dépend des hôtels). Ok, ce n'est pas très glamour pour les parents mais ça évite de louer 2 chambres et le budget s'en ressent. La plupart des hôtels possèdent une ***piscine,*** mais à Miami Beach, ce sont souvent les plus chers. Si vous êtes motorisé et si vous venez surtout pour la plage, vous pouvez aussi poser vos valises à Sunny Isles, l'extension balnéaire de Miami Beach. L'ambiance y est plus calme, certes, beaucoup moins festive, mais plus adaptée à un séjour en famille. En plus, on y trouve quelques hôtels de chaîne moyenne gamme (avec piscine) d'un meilleur rapport qualité-prix. Un bémol maintenant : certains hébergements, en particulier les *B & B* des Keys, refusent les enfants de moins de 10, 12, 14 ou même parfois 18 ans – pour ne pas déranger le sacro-saint calme des *guests*. Un détail qui n'en est pas un ! La ***location d'appartement*** est une solution souvent plus pratique en famille. Pour ça, et si l'on ne veut pas hériter d'un appart à Pétaouchnock dans un quartier craignos qui vous oblige à passer vos vacances dans les transports en commun pour aller à la plage, il faut ***réserver très à l'avance.***
– ***La plage :*** est-il besoin de rappeler que dans Miami Beach, il y a *beach* ! Longue et large, bordée de cocotiers, elle est un terrain de jeux idéal pour les bambins.
– Les ***restos américains*** demeurent des paradis pour enfants. En dehors des restos chic (où il se peut qu'on vous jette un regard de travers), ils seront toujours bien accueillis, le plus souvent avec des coloriages, jeux et crayons de couleur. Et entre les burgers-frites-Coca, les pizzas, les glaces crémeuses et autres milk-shakes, ils ne savent plus où donner de la tête ! En plus, on a le droit de manger avec les doigts, génial ! Dernière chose, la plupart des restos servent des menus-enfants meilleur marché que celui des parents (même au petit déj).

HÉBERGEMENT

Plusieurs types d'hébergements, de l'***auberge de jeunesse*** au ***palace design*** en passant par les ***B & B*** et l'incontournable ***motel,*** si emblématique des *road trips* américains. Si vous partez en haute saison, ***il est fortement conseillé de réserver*** le plus longtemps possible à l'avance. Le plus simple est de le faire via le site internet officiel des établissements. On vous demandera systématiquement votre numéro de carte bancaire. Attention, si vous changez d'avis et si vous n'en informez pas l'hôtel au moins plusieurs jours à l'avance, vous serez débité quand même.
Aux États-Unis, ***les prix varient selon le taux de remplissage,*** et donc, en gros, selon la saison touristique (le système du *yield management*). Les différences peuvent être considérables du jour au lendemain ! Pour plus d'informations, reportez-vous à la rubrique « Budget. L'hébergement » plus haut.

LEXIQUE DE L'HÉBERGEMENT AMÉRICAIN

Double : chambre double avec lit d'environ 1,40 m de large.

Queen : chambre double avec lit d'environ 1,50 m de large.

King : chambre double avec lit d'environ 1,90 m de large.

Two double beds : chambre avec deux lits d'environ 1,40 m, pouvant loger quatre personnes.

Deluxe : chambre un peu plus spacieuse en général (ou avec vue).

Dorm bed : lit en dortoir.

Bunk beds : lits superposés.

Dorm with bathroom ensuite : dortoir avec salle de bains attenante.

Private room with shared bath : chambre double avec salle de bains partagée.

Private room with private bath : chambre double avec salle de bains privée.

Efficiency : avec cuisine (ou kitchenette) équipée.

Les auberges de jeunesse *(youth hostels)*

Espèce en voie de disparition aux États-Unis, les jeunes Américains préférant le *couchsurfing* (logement gratuit chez des particuliers via ● *couchsurfing.com* ●). Il n'y a plus que des ***AJ privées*** à Miami. Comme tout est plus cher, elles le sont aussi. Même si les lits en dortoir individuel peuvent voir leurs tarifs *(env 15-45 $ en temps normal)* s'envoler au moment des jours fériés... Croyez-nous, on en a déjà vu à plus de 100 $ au moment du *spring break* ! Les chambres, elles, sont pratiquement au même prix que celles des petits hôtels ou motels moyens *(env 60-120 $, voire plus selon saison).* On bénéficie cependant d'un environnement pour routards, d'infos en tout genre, et surtout les services ne coûtent pas cher : bar, laverie libre-service, navettes diverses, excursions, BBQ...
Les draps *(linen)* sont souvent inclus, et la plupart des auberges disposent d'une ***cuisine bien équipée*** et d'espaces communs.
Aucune limite d'âge pour y séjourner.

Les motels

Le nom provient de la contraction des mots « *motor* » (moteur) et « *hotel* ». Logique, puisqu'ils sont conçus pour que l'on puisse se garer directement devant sa chambre ! C'est ***le type d'établissement le plus répandu aux États-Unis.*** Un motel, c'est donc un hôtel fonctionnel au bord d'un axe routier... plus ou moins fréquenté, généralement un bâtiment bas autour d'une vaste cour qui fait office de parking (toujours gratuit). D'un confort et d'un âge variables, ils ne brillent pas par leur originalité mais disposent toujours d'une salle de bains, de la clim, TV, souvent d'un frigo, d'un micro-ondes et d'une cafetière. Pas de différence fondamentale entre les motels indépendants et ceux de chaîne. Les tarifs varient le plus souvent selon la taille de la chambre et, surtout, le nombre de lits (un ou deux) et la ***dimension des matelas.*** Dans les chambres à 2 lits, ce sont parfois des *queen size* (env 1,50 m de large) mais le plus souvent des *full size* (plutôt 1,35 m), donc pas très larges. Intéressant cela dit pour les familles avec jeunes enfants, qui peuvent dormir à 4 pour un prix avantageux (en général, les moins de 17 ans ne paient pas s'ils sont dans la chambre des parents).

– ***Les motels de chaîne :*** les budgets plus serrés opteront pour *Econo-Lodge, Super 8* ou *Motel 6,* les chaînes « entrée de gamme » les plus répandues. Un cran au-dessus, on trouve *Days Inn* et *Comfort Inn.* Et puis *Holiday Inn Express, Best Western, Howard Johnson by Wyndham* dans la catégorie moyenne gamme. Dans tous les cas, prix, standing et « fraîcheur » des lieux très variables d'un établissement à l'autre (privilégier ceux qui ont été rénovés récemment).

Quelques infos valables pour les hôtels et les motels

– ***Mieux vaut réserver à l'avance.*** Que ce soit sur Internet ou par téléphone, il vous faudra fournir ***un numéro de carte de paiement.*** À votre arrivée, le réceptionniste***effectuera un prépaiement,*** même si vous avez déjà réglé par agence et arrivez avec des *vouchers.* Cela doit permettre de couvrir les éventuels *incidentals* : frais de téléphone, minibar, *pay TV,* infraction à la consigne non-fumeur, etc.

– Sauf exception (précisée), les prix que nous indiquons s'entendent sans la ***taxe*** d'État (de 7 à 13 %), éventuellement augmentée des taxes du comté et de la municipalité (taxe de séjour) et éventuellement du ***resort fee*** (sorte de forfait que certains hôteliers peu scrupuleux se gardent bien d'annoncer au moment de la réservation). Attention, il peut alourdir considérablement votre note au moment du *check out.*

– Pour faire des économies, vous pouvez consulter le site • *hotelcoupons.com* • et y récupérer des ***coupons de réduction.*** Pas même besoin de les imprimer, vous pouvez juste les charger sur votre téléphone portable ou votre tablette !

– La plupart des hôtels proposent des chambres équipées de ***TV, clim, sanitaires complets*** et ***cafetière, micro-ondes*** et ***frigo,*** voire kitchenette. ***Wifi*** gratuit quasiment partout (avec plus ou moins de réseau). Les ordis à disposition des clients à la réception ont tendance à disparaître.

– ***Certains hôtels proposent un petit déj continental inclus.*** Souvent, on doit se contenter de café, thé et muffins à prendre debout dans le lobby, parfois d'un buffet avec céréales, yaourts, fruits, gaufres, œufs et bacon (qualité pas terrible). Si le petit déj n'est pas compris, allez plutôt prendre un vrai breakfast américain à l'extérieur : les restos dédiés ne manquent pas. En dehors de nos adresses « Spécial petit déjeuner », on trouve des *diners* (restos traditionnels américains) ou des *coffee shops* un peu partout. Indépendamment du petit déj, certains hôtels chic incluent dans le prix de la chambre une ***social hour,*** c'est-à-dire un drink offert (verre de vin ou bière avec un petit en-cas), vers 17h-18h.

– Les hôtels et motels proposant des chambres ***fumeurs*** sont de plus en plus rares. Si vous ne respectez pas la consigne « *no smoking* », comptez 200 ou 250 $ d'amende, qui sera automatiquement débitée sur votre carte de paiement en cas d'infraction !

– Si les appels locaux sont souvent gratuits, ***une communication longue distance depuis un téléphone de chambre d'hôtel coûte horriblement cher*** (lire plus loin la rubrique « Téléphone et télécommunications »).

Les hôtels Art déco de Miami Beach

Les hôtels de Miami Beach méritent une place à part. Beaucoup sont de vénérables établissements Art déco construits dans les années 1930-1940. Les façades et certaines parties communes arborent des éléments décoratifs représentant le milieu, la faune et la flore locales : flamants roses, palmiers, soleils, crustacés, etc. Certains ont été superbement rénovés et transformés en boutique-hôtels au design somptueux (voir ci-après). D'autres sont encore dans leur jus. La plupart, à mi-chemin, ont été plus ou moins bien retapés. Souvent, la peinture fraîche recouvre de vieux lambris, l'électricité date et l'isolation phonique manque. Les doubles vitrages sont rares, le bruit omniprésent, même dans des établissements chers. Détail pratique, le parking (quand il y en a un) est toujours payant et souvent hors de prix.

Les *boutique hotels*

Les premiers boutique-hôtels sont apparus à New York dans les années 1980. Ils ont évidemment proliféré dans les endroits branchés comme Miami Beach, investissant certains buildings Art déco. Fréquentés par une clientèle d'affaires et de voyageurs branchés, ce sont des hôtels souvent indépendants, en principe de petite capacité (mais ça n'est plus forcément le cas), avec un service personnalisé et surtout une déco originale, cosy ou design. Ils sont aussi parfois qualifiés de *small luxury hotels.* Dans les catégories « Chic » et « Plus chic », leur rapport qualité-prix peut s'avérer plus intéressant que les grosses unités aux dizaines de chambres standardisées.

Les *Bed & Breakfast*

On en rencontre ***surtout dans les petites villes historiques*** comme ***Key West.*** Ces établissements occupent pour la plupart de belles demeures anciennes, souvent en bois, parfois classées Monuments historiques. Ils proposent rarement plus d'une dizaine de chambres, souvent beaucoup moins, toutes différentes et meublées dans le style victorien. Le petit déj (maison et souvent très copieux) et le parking sont en principe compris. Les plus grandes maisons ont une piscine, les plus petites un jacuzzi. L'ambiance y est vraiment sympa, et puis c'est un bon moyen pour faire connaissance avec des Américains. Les proprios prêtent souvent des bicyclettes. Bien entendu, la qualité a un prix et ces adresses appartiennent souvent aux catégories « Plus chic » à « Très chic ». Il n'est pas rare que dans certaines adresses (nous le précisons), les ***enfants de moins de 10 ans,*** voire plus grands (jusqu'à 18 ans !), ne soient pas les bienvenus, pour préserver la tranquillité des hôtes... Les parents apprécieront.

La location d'appartements ou de maisons

Une formule intéressante en famille : plus d'espace, la possibilité de prendre des repas sur place représentant une économie non négligeable. Mais à deux, pas forcément beaucoup moins cher qu'un hôtel. Tout dépend encore une fois de la demande pour la période souhaitée et du standing de l'hébergement.
Pour réserver, on peut passer par une ***plate-forme internet de mise en relation entre propriétaires et locataires*** (type *airbnb*). L'offre est très tentante : prix attractifs, choix exponentiel dans tous les styles, du petit studio fonctionnel meublé Ikea au *penthouse* design avec vue sur l'océan en passant par la villa tropicale avec piscine ou carrément la maison d'architecte...

■ ***Airbnb :*** • *airbnb.com* • Des centaines de chambres (avec ou sans salle de bains privative), apparts, lofts et villas à tous les prix (de 60 à plus de 500 $ la nuit). En cherchant bien et en s'y prenant à l'avance, on peut louer des lieux assez étonnants, voire très originaux. On paie en ligne, mais le proprio ne reçoit l'argent qu'après votre arrivée, ce qui limite les risques d'arnaques.

■ ***VRBO :*** • *vrbo.com* • Même genre, mais site en anglais seulement.

L'échange d'appartements

Il s'agit d'échanger son propre logement (que l'on soit proprio ou locataire) contre celui d'un adhérent du même organisme dans le pays de son choix. Cette formule offre l'avantage de passer des vacances aux États-Unis à moindres frais et intéressera en particulier les couples avec enfants. Voici deux agences qui ont fait leurs preuves :

■ ***Intervac :*** *☎ 05-46-66-52-76.* • *fr.intervac-homeexchange.com* • *Adhésion annuelle dès 115 €, mais possibilité de tester gratuitement le service pdt une période limitée.*

■ ***Homelink International :*** *19, cours des Arts-et-Métiers, 13100 Aix-en-Provence. ☎ 04-42-27-14-14.* • *homelink.org* • *Adhésion annuelle env 125 € (pour les mêmes services).*

LANGUE

Pour vous aider à communiquer, n'oubliez pas notre ***Guide de conversation du routard* en anglais.** Sachant qu'une bonne partie de la population de Floride est hispanophone (surtout le sud), vos notions d'***espagnol*** pourront aussi vous servir !

Vocabulaire anglais de base utilisé aux États-Unis

Politesse

S'il vous plaît	*Please*
Merci (beaucoup)	*Thank you (very much) / Thanks*
Bonjour !	*Hello ! (Hi !)*
Au revoir	*Goodbye / Bye / Bye bye*
À plus tard, à bientôt	*See you (later)*
Pardon	*Sorry / Excuse me*

Expressions courantes

Parlez-vous le français ?	*Do you speak French ?*
Je ne comprends pas	*I don't understand*
Pouvez-vous répéter ?	*Can you repeat please ?*
Combien ça coûte ?	*How much is it ?*

Vie pratique

Poste	*Post Office*
Office de tourisme	*Visitor Center*
Banque	*Bank*
Médecin	*Doctor / Physician*
Hôpital	*Hospital*
Supermarché	*Supermarket*

Transports

Billet	*Ticket*
Aller simple	*One way ticket*
Aller-retour	*Round trip ticket*
Aéroport	*Airport*
Gare	*Train station*
Gare routière	*Bus station*
À quelle heure est le prochain bus/train pour... ?	*At what time is the next bus/train to... ?*

À l'hôtel et au restaurant

J'ai réservé	*I have a reservation*
C'est combien par nuit ?	*How much is it per night ?*
Petit déjeuner	*Breakfast*
Déjeuner	*Lunch*
Dîner	*Dinner*
L'addition, s'il vous plaît	*The check, please*
Le pourboire	*The tip / The gratuity*

Les chiffres, les nombres

1	*one*	8	*eight*
2	*two*	9	*nine*
3	*three*	10	*ten*
4	*four*	20	*twenty*
5	*five*	50	*fifty*
6	*six*	100	*one hundred*
7	*seven*		

LIVRES DE ROUTE

– ***Bloody Miami*** (2013), de Tom Wolfe (Pocket). Le 4e roman du journaliste-écrivain auteur du *Bûcher des vanités* décrit les tensions raciales dans les communautés de Miami. Miami détient la plus forte proportion d'immigrés récents. C'est un melting-pot où personne ne se mélange. Un Miami excessif mais fascinant.

– ***Un été à Key West*** (2006), d'Alison Lurie (Rivages, coll. « Rivages-Poche »). Quand Wilkie Walker, éminent naturaliste, tombe dans un mutisme inexplicable, sa femme Jenny lui propose de passer l'hiver à Key West, espérant lui changer les idées. Or c'est pour elle, épouse discrète entièrement vouée à son mari, que le soleil généreux de Floride se révèle le plus bénéfique. L'occasion pour Alison Lurie de laisser libre cours à son humour caustique, auquel n'échappent ni les touristes pâlots, ni les résidents permanents et leurs touchantes excentricités. Une lecture sociologique de la Floride à la fois alerte et distrayante.

– ***La Vérité sur Lorin Jones*** (1990), d'Alison Lurie (Rivages, coll. « Rivages-Poche »). Qui est donc Lorin Jones, cette jeune artiste disparue dans des circonstances mystérieuses à Key West en 1969 ? L'historienne d'art new-yorkaise Polly Alter mène l'enquête. Un roman policier et postféministe qui met en scène le génie comique d'Alison Lurie, une habituée des Keys.

– ***Croco-Deal*** (2010), de Carl Hiaasen (10/18). Ce journaliste et écrivain américain est le spécialiste du thriller écolo-rigolo dont l'action se situe toujours en Floride, où il vit d'ailleurs depuis son enfance. De sa plume grinçante, il s'en prend aux promoteurs qui ravagent la beauté de son pays. Une critique sociale déjantée comme on les aime.

– ***Duma Key*** (2009), de Stephen King (Le Livre de Poche). Une longue île presque inhabitée, du sable fin où s'impriment les empreintes du flâneur, une maison sur pilotis plantée sur des coquillages que viennent lécher les eaux du golfe du Mexique. À quelques pas, Siesta Key, Sarasota et ses galeries d'art. Une Floride idéale, synonyme de douceur de vivre. Ce serait compter sans Stephen King, sa science du fantastique, de l'inquiétant, distillés subtilement au fil des pages. Car Duma Key recèle un étrange pouvoir. Exilé volontaire, Edgar Freemantle va en faire l'expérience, et grâce à l'influence de l'île se révéler d'abord peintre génial puis bien plus que ça encore. L'art quitte alors le beau pour générer l'horreur.

– ***Ça n'existe pas l'Amérique*** (2010), de Dominique Falkner (Arléa Poche). L'auteur reprend la célèbre phrase d'Henry Miller, non pas pour parler de l'Amérique, mais plutôt des Américains qu'il a côtoyés au fil d'un voyage initiatique qui l'a conduit de motel en motel, toujours plus vers l'ouest, sur la route de Kerouac, peut-être...

– ***En avoir ou pas*** (1937), d'Ernest Hemingway (Gallimard, coll. « Folio »). Certainement pas le meilleur bouquin du grand écrivain, mais il raconte les trafics d'un contrebandier dans les Keys, avec, à toutes les pages, le mot *cojones* !

MESURES

Même s'ils ont coupé le cordon avec la vieille Angleterre, même s'ils roulent à droite, pour ce qui est des unités de mesure, les Américains ont conservé un ***système anglo-saxon.*** Après les Fahrenheit (voir la rubrique « Climat » plus haut), les tailles de vêtements (voir le tableau dans la rubrique « Achats » plus haut) et le voltage (voir la rubrique « Électricité » plus haut), voici encore quelques spécificités à assimiler (bon courage pour les calculs) !

Longueur
1 yard = 0,914 m
1 foot = 30,48 cm
1 inch = 2,54 cm
0,625 mile = 1 km

Poids
1 pound = 0,4536 kg
1 ounce (oz) = 28,35 g

1 mile = 1,6 km
1,09 yard = 1 m
3,28 feet = 1 m
0,39 inch = 1 cm

Capacité
1 gallon = 3,785 l
1 quart = 0,946 l
1 pint = 0,473 l

MIAMI GRATUIT

Déambuler dans Miami Beach ou bronzer sur la plage ou dans un parc ne vous coûtera pas grand-chose, si ce n'est un bon tube de crème solaire ! Dans Downtown, les ***trois lignes du métro aérien*** gratuit, le *Metromover,* sont un super moyen de voir les différents buildings et très beaux points de vue de la ville. Même chose avec le ***Miami Beach Trolley*** et autres ***Trolleys*** (fonctionne 7 j./7 6h30-23h30, passe ttes les 20-25 mn), qui permettent d'arpenter la ville de South Beach à Coconut Grove en bouclant par Wynwood et Design District, et tout ça sans bourse délier.
Côté ***musées,*** l'accès à certains (The Holocaust Memorial, The Bay of Pigs Museum, the Frost Art Museum et La Casa de Elian Gonzàles) est gratuit tous les jours. Pour les autres, beaucoup ouvrent leurs portes gratuitement à un moment précis de la semaine ou du mois, que nous indiquons dans le texte descriptif de chaque musée. Par exemple, The Wolfsonian est gratuit le vendredi à partir de 18h, le Miami Art Museum (gratuit toute l'année pour les moins de 12 ans) l'est aussi pour les familles de 13h à 16h le 2e samedi du mois, le Pérez Art Museum les 1er jeudi et 2e samedi du mois, quant au Miami Children's Museum, c'est le 3e vendredi du mois de 15h à 21h. Noter qu'en mai la ville organise le ***Miami Museum Month.*** Le concept est simple : une entrée achetée, une entrée offerte. Une bonne vingtaine de musées et sites y participent, notamment le Miami Children's Museum, le Miami Auto Museum (collection privée de voitures habituellement hors de prix), The Wolfsonian, la Villa Vizcaya...
Côté ***galeries,*** l'accès est évidemment libre, puisque ce sont des lieux d'exposition destinés à la vente. Une balade dans les Wynwood Art District et Design District ne vous coûtera rien, si ce n'est la location d'un vélo si vous n'optez pas pour le Trolley gratuit. Même chose pour les magnifiques ***hôtels design*** de l'Art Deco District, dont les parties communes sont en accès libre (bon, pas la piscine quand même, faut pas pousser !).
Dernière chose, si l'envie vous prenait de vous faire une toile, sachez que, d'octobre à mai (un soir par semaine seulement), un film (ou, parfois, une représentation d'opéra) est projeté gratuitement sur l'immense mur *(The Wall)* du parc du *New World Center* et que les soirs de concert, ce dernier est retransmis en direct sur les murs extérieurs de ce superbe édifice (sur Lincoln Road Mall ; • *newworldcenter.com* •). Sinon, les festivals, comme les *Viernes culturales* à Little Havana (la soirée du dernier vendredi du mois), sont en général l'occasion d'assister à une série d'événements gratuits.
Pensez également à consulter le site • *miamionthecheap.com* • qui, comme son nom l'indique, propose plein de bons plans *cheap* (bon marché).
Bon, vous l'aurez compris, si les hôtels et les restos sont relativement chers à Miami, le budget culture peut être réduit en s'organisant bien.

POSTE

Les ***bureaux de poste*** ont des horaires assez variables. Selon leur taille et leur localisation, ils ouvrent entre 7h30 et 10h jusqu'à 16h30-18h, voire plus tard dans les grandes villes ; les principaux sont aussi ouverts le samedi matin. Les ***timbres*** *(stamps)* s'achètent aussi aux guichets *UPS* ainsi que chez certains vendeurs de cartes postales, drugstores et marchands de souvenirs. ***Compter 1,20 $ pour l'envoi d'une lettre ou d'une carte postale en Europe.***

SANTÉ

La sécurité sanitaire est excellente aux États-Unis, mais elle coûte les yeux de la tête, même pour les Américains. Comme dirait l'humoriste Patrick Timsit : « En Amérique, le médecin te fait un diagnostic en une minute. Il appelle ta banque : t'as pas d'argent, t'es pas malade ! »
Pas de consultation médicale à moins de 150-200 $, et on ne vous parle même pas d'une visite aux urgences, qui, sans assurance, peut coûter (avec les soins qu'elle entraîne) plusieurs milliers de dollars. Pour les médicaments, multiplier par deux au moins les prix français. Voilà pourquoi il est impératif de souscrire avant le départ une ***assurance voyage intégrale*** avec assistance rapatriement (voir plus haut la rubrique « Assurances voyage » dans « Avant le départ »).

Médicaments et consultations

– ***Prévoir une bonne pharmacie de base,*** avec éventuellement un antibiotique à large spectre prescrit par son généraliste, à fortiori si on voyage avec des enfants. Si vous souffrez de petits bobos courants ou facilement identifiables (rhume, maux de gorge...), vous pouvez pratiquer l'automédication. De nombreux médicaments, délivrés uniquement sur ordonnance en France, sont vendus en libre-service aux États-Unis, dans les drugstores type *Duane Reade, Walgreens, CVS* ou *Rite Aid* (certains sont ouverts 24h/24). Si vous cherchez du Doliprane, le nom déposé le plus répandu est Tylenol (le paracétamol se dit *acetaminophen* ici). Vous trouverez les coordonnées des médecins dans les Pages jaunes *(● yellowpages.com ●)* à « Clinics » ou « Physicians and surgeons ». Attention, on le répète : les consultations privées sont très chères !
– Voir aussi la rubrique « ***Urgences*** » plus loin.

Risques et maladies

Si la ***maladie de Lyme*** *(Lyme disease),* transmise par les tiques lors des promenades en forêt, est assez fréquente dans le nord-est des États-Unis, elle est heureusement rare en Floride. Même chose pour le ***virus du Nil occidental*** *(West Nile virus)* et de sa redoutable complication, l'encéphalite. Ce dernier est transmis par les piqûres de moustiques. C'est aussi le cas de la ***dengue,*** qui, en 2010, a fait sa réapparition dans les Keys et dans le comté de Miami, d'où elle avait disparu en... 1934. Le moustique tigre, responsable de la transmission du ***chikungunya*** et du ***virus Zika,*** sévit aussi parfois dans le coin, notamment l'été pendant la saison humide. Merci le réchauffement climatique ! Quoi qu'il en soit, il convient de se renseigner à l'avance sur les risques sanitaires (notamment sur la présence du virus Zika pour les femmes enceintes) et d'éviter à tout prix les ***piqûres de moustiques.*** Même s'ils ne sont pas forcément vecteurs de maladies, ils gâchent parfois un peu le voyage ! Si vous prolongez votre séjour dans des zones « à risques », comme les ***Everglades,*** pensez à emporter dans vos bagages des répulsifs efficaces (par exemple *Insect Ecran*), car ils sont beaucoup plus chers là-bas. Cela peut paraître idiot de vous le rappeler mais gare aux ***alligators*** dans les Everglades ! Conservez vos distances même s'ils vous paraissent totalement inoffensifs, voire assoupis. Ce sont des animaux sauvages qui peuvent se réveiller en moins de deux !
Le site ***Santé Voyages*** *● sante-voyages.com ●* propose la vente en ligne de produits et matériels bien utiles aux voyageurs, parfois assez difficiles à trouver : infos complètes toutes destinations, boutique web, paiement sécurisé, expéditions Colissimo Expert ou Chronopost. ☎ *01-45-86-41-91 (lun-ven 14h-19h).*

Les vaccins

Aucun vaccin n'est exigé sur le sol américain (sauf situations particulières, scolaires et universitaires en particulier), mais, comme partout, soyez à jour de vos ***vaccinations « universelles »*** : tétanos, polio, diphtérie, coqueluche (DTCP) et hépatite A et B.

SITES INTERNET ET APPLIS

Sites internet

• ***routard.com*** • Le site de voyage n° 1, avec plus de 800 000 membres et plusieurs millions d'internautes chaque mois. Pour s'inspirer et s'organiser, près de 300 guides destinations actualisés, avec les infos pratiques, les incontournables et les dernières actus, ainsi que les reportages terrain et idées week-end de la rédaction. Partagez vos expériences avec la communauté de voyageurs : forums de discussion avec avis et bons plans, carnets de route et photos de voyage. Enfin, vous trouverez tout pour vos vols, hébergements, voitures et activités, sans oublier notre sélection de bons plans, pour réserver votre voyage au meilleur prix.

• ***frenchmorning.com/edition/miami*** • Créé par des journalistes francophones vivant aux États-Unis pour la plupart, ce webmagazine s'adresse aux Français s'installant à Miami comme aux visiteurs de passage. Revues de presse, chroniques en tout genre et aussi des tuyaux sur les nouveaux restos, les sorties branchées, les expos du moment... Des articles de fond également très intéressants.
• ***frenchdistrict.com/floride*** • Un site très bien fait destiné aux Français, expats comme touristes. Dossiers thématiques pour les nouveaux arrivants, conseils de sorties et de visites, bons plans, agenda culturel, petites annonces recensant des professionnels (médecins, restaurateurs...) francophones, etc.
• ***visitflorida.com*** • Le site officiel du *Sunshine State* ; la traduction automatique en français est mauvaise, mieux vaut le consulter en anglais. Infos touristiques diverses et variées.
• ***miamiherald.com*** • Le site du plus important quotidien du sud de la Floride. Infos complètes sur les loisirs, *news* locales, petites annonces, etc. Nombreux liens.
• ***timeout.com/miami*** • Actualité culturelle et bons plans de sorties, restos, bars, spectacles, festivals, etc., à Miami et dans ses environs. En anglais.

Applis utiles

Certains forfaits des opérateurs de téléphonie mobile permettent désormais d'utiliser son smartphone aux États-Unis sans surcoût. Sinon, on le répète, de nombreux lieux disposent d'un accès wifi gratuit. Voici une petite ***sélection d'applis gratuites*** à télécharger sur *itunes* ou *google play* qui vous rendront quelques services sur place !
• ***Maps.me :*** appli mobile de navigation. Il suffit de charger la carte de votre itinéraire en wifi. Ensuite, plus besoin de connexion Internet pour se diriger.
• ***Waze :*** appli mobile de ***navigation GPS*** qui a la particularité de s'appuyer sur une cartographie élaborée par ses propres utilisateurs. Très pratique.
• ***Lyft :*** entreprise de mise en contact d'utilisateurs avec des conducteurs réalisant des ***services de transport.*** C'est l'un des principaux concurrents d'Uber.
• ***Best Parking :*** pour trouver ***le parking le plus proche et le moins cher*** en fonction de son heure d'arrivée et de son heure de départ. Dans le même registre, aussi ***ParkMe.***
• ***Tip Calculator Plus :*** permet de ***calculer rapidement le total d'une note de resto*** après y avoir inclus la *gratuity* et de diviser cette note si chacun paye sa part.
• ***Have2p :*** une petite appli participative qui permet de trouver les ***toilettes les plus proches*** de l'endroit où vous vous trouvez.
• ***Cash Now :*** permet de localiser rapidement un ***ATM*** (distributeur de billets).
• ***Mia : Miami International Airport*** est votre assistant personnel de voyage. Que vous soyez en route, en provenance ou à destination de l'aéroport, MIA vous

aide à numériser votre carte d'embarquement, vous donne des infos en temps réel sur les vols et vous aide à vous orienter dans l'aéroport.

- ***Tropical Everglades Visitors Association :*** trouvez facilement les meilleures attractions, magasins, restaurants et parcs nationaux du ***sud de la Floride.*** Cette appli dispose également d'un calculateur qui fournit une estimation des coûts de péages. Sur iPhone uniquement.
- ***Miami-Dade Transit Tracker :*** l'appli indispensable pour se déplacer à Miami. Avec elle, vous pouvez planifier votre voyage, sélectionner vos arrêts, estimer les horaires et, surtout, localiser les attractions autour de chaque arrêt. Pour les personnes à mobilité réduite, l'appli précise aussi s'il y a des escalators ou des ascenseurs.
- ***Wynwood Tour Guide :*** une appli qui permet de localiser les *murals* incontournables du quartier de Wynwood à Miami mais aussi les restos, les bars... Celle-ci est payante, mais à moins de 2 $.

TABAC

Les sévères lois antitabac en vigueur un peu partout aux États-Unis demeurent un poil moins strictes en Floride. Si l'***interdiction de fumer dans tous les lieux publics*** a été promulguée en 2003, il reste possible de le faire dans certains bars (hormis les bars des restos). Pour les irréductibles, les cigarettes sont en vente dans les stations-service, les drugstores type *CVS, Rite Aid, Walgreens* ou *Duane Reade,* et les boutiques d'alcool *(liquor stores).* Il faut avoir au moins 18 ans même pour les cigarettes électroniques.

TAXES ET POURBOIRES

D'abord les taxes...

Dans tous les États-Unis, ***les prix affichés dans les magasins, les hôtels, les restos, etc., s'entendent HORS TAXE(S).*** Celle-ci est ajoutée au moment de payer et varie selon l'État, le comté et le type d'achat. Dans les hôtels, en Floride, elle oscille, en gros, entre 7 et 13 % ; pour tout ce qui est restos, vêtements, voitures de location..., elle varie entre 6 et 8 %. Seuls les produits alimentaires vendus en magasin et la pharmacie sont exemptés.

... puis les pourboires (*tip* ou *gratuity*)

Dans les ***restos,*** les serveurs ayant un salaire fixe ridicule, l'essentiel de leur revenu vient des pourboires. Voilà tout le génie du capitalisme : laisser aux clients, selon leur degré de satisfaction, le soin de payer le salaire des serveurs pour les motiver ! L'avantage, c'est qu'il est plutôt rare d'être mal servi. Bref, ***le tip est une institution à laquelle vous ne devez pas déroger*** (sauf dans les fast-foods et endroits self-service où vous pouvez ne laisser que 1 ou 2 $). Un oubli vous fera passer pour un plouc total ! ***La tradition (disons, l'obligation !) est de laisser 15-20 %*** du montant brut de la note, les Américains, d'un naturel généreux, donnant facilement 20-25 %.

L'ORIGINE DU TIP

*Au XVIII*e *s, le patron d'un café outre-Manche eut l'idée de disposer sur son comptoir un pot portant l'inscription* To Insure Promptness *(littéralement, « Pour assurer la promptitude »). Les clients pressés y glissaient quelques pièces pour être servis plus vite. Les initiales formèrent le mot* tip, *devenu un incontournable du savoir-vivre américain.*

Gardez donc en tête qu'avec la taxe de vente plus le pourboire, vous voilà à 25-30 % de plus que le prix affiché...
Si vous payez par carte, n'oubliez pas de remplir vous-même la case *Gratuity* (un faux ami !) qui figure sur la facturette, ou de bien la barrer si vous laissez un pourboire en liquide. Sinon, le serveur pourrait s'en charger lui-même, ce que vous ne verrez qu'à votre retour, en épluchant votre relevé de compte bancaire (au fait, aux États-Unis, *1* s'écrit *l,* sans « tête », donc attention à ce que votre *1* ne soit pas pris pour un *7* qui, lui, s'écrit sans barre horizontale !). Il arrive aussi – ***en particulier à Miami et à Key West*** – que le service soit ajouté d'office au total, après la taxe. Mais attention, des restaurateurs malins vous donnent une facturette où figure quand même la case « *Gratuity* » à remplir, soyez vigilant pour ne pas le payer une deuxième fois. Dans les ***bars,*** le barman s'attend à ce que vous lui laissiez un petit quelque chose, par exemple 1 $ par bière, même prise au comptoir.
Concernant les ***taxis*** : il est de coutume de laisser 15 à 20 % en plus de la somme au compteur. Là, gare aux jurons d'un chauffeur mécontent ; il ne se gênera pas pour vous faire remarquer vertement votre oubli.
Enfin, ***prévoir des billets de 1 ou 5 $*** pour tous les petits boulots de service où le pourboire est attendu (bagagiste dans un hôtel un peu chic par exemple).

Calculer son pourboire

$	15 %	20 %	$	15 %	20 %	$	15 %	20 %	$	15 %	20 %
1	0.15	0.20	***11***	1.65	2.20	***21***	3.15	4.20	***55***	8.25	11
2	0.30	0.40	***12***	1.80	2.40	***22***	3.30	4.40	***60***	9	12
3	0.45	0.60	***13***	1.95	2.60	***23***	3.45	4.60	***65***	9.75	13
4	0.60	0.80	***14***	2.10	2.80	***24***	3.60	4.80	***70***	10.50	14
5	0.75	1	***15***	2.25	3	***25***	3.75	5	***75***	11.25	15
6	0.90	1.20	***16***	2.40	3.20	***30***	4.50	6	***80***	12	16
7	1.05	1.40	***17***	2.55	3.40	***35***	5.25	7	***85***	12.75	17
8	1.20	1.60	***18***	2.70	3.60	***40***	6	8	***90***	13.50	18
9	1.35	1.80	***19***	2.85	3.80	***45***	6.75	9	***95***	14.25	19
10	1.50	2	***20***	3	4	***50***	7.50	10	***100***	15	20

TÉLÉPHONE ET INTERNET

Les règles de base pour téléphoner des États-Unis

– ***États-Unis → France :*** 011 + 33 + numéro du correspondant à 9 chiffres (sans le 0).
– ***France → États-Unis :*** 00 + 1 + indicatif régional à 3 chiffres + numéro du correspondant.
– ***Tous les numéros de téléphone commençant par 1-800, 1-888, 1-877, 1-866 ou 1-855 (avec ou sans le 1 devant) sont gratuits depuis les États-Unis et le Canada*** (hôtels par exemple). On appelle ça les ***toll free numbers*** : nous les indiquons dans le texte.

– ***Évitez absolument de téléphoner depuis les hôtels,*** qui pratiquent presque toujours des tarifs rédhibitoires. Il arrive souvent qu'une communication téléphonique soit facturée même si l'appel n'a pas abouti ! Il suffit parfois de laisser sonner 4 ou 5 coups dans le vide pour que le compteur tourne.

HALLOD ?

Le premier central téléphonique du monde est monté à Budapest par un ingénieur nommé Puskas, collègue de Thomas Edison. Pour tester la ligne, il crie « Hallod », qui en hongrois signifie « Tu m'entends ? ». Depuis, « Hallod » est devenu « Allô » pour une grande partie du monde.

Le téléphone portable en voyage

De nouvelles mesures de sécurité sont en vigueur depuis 2015 dans les aéroports : les appareils électroniques (smartphones, tablettes, portables...) doivent être chargés et en état de fonctionnement pour tous les vols allant ou passant par les États-Unis et Londres. Les agents de contrôle doivent être en mesure de pouvoir les allumer. Par précaution, ayez votre chargeur à portée de main. Si votre appareil est déchargé ou défectueux, il sera confisqué. Cette mesure étant susceptible d'être étendue à d'autres aéroports, nous vous conseillons de charger vos appareils électroniques avant le vol, quelle que soit votre destination.

Le routard peut utiliser son propre portable en Floride, à condition de posséder un ***téléphone tri-bande ou quadri-bande*** (seuls les mobiles 3G/4G fonctionnent aux USA) avec l'option « International ».
– ***Activer l'option « international » :*** elle est en général activée par défaut. Pensez sinon à contacter votre opérateur pour souscrire à l'option (gratuite) au moins 48h avant votre départ.
– ***Le « roaming » ou itinérance :*** c'est un système d'accords internationaux entre opérateurs. Concrètement, cela signifie que lorsque vous arrivez dans un pays, le nouveau réseau local s'affiche automatiquement. Vous recevez rapidement un sms de votre opérateur qui propose un ***pack voyageurs*** plus ou moins avantageux, incluant un forfait limité de consommations téléphoniques et de connexion internet.
– ***Forfaits étranger inclus :*** certains opérateurs proposent des forfaits où ***35 jours de roaming par an sont offerts*** dans le monde entier. On peut donc cumuler plusieurs voyages à l'étranger sans se soucier de la facture au retour. Attention, si SMS, MMS et appels sont souvent illimités, la connexion internet est, elle, limitée. D'autres opérateurs offrent carrément le ***roaming toute l'année vers certaines destinations.*** Renseignez-vous auprès de votre opérateur.
– ***Tarifs :*** ils sont propres à chaque opérateur et varient en fonction des pays (le globe est découpé en plusieurs zones tarifaires). ***N'oubliez pas qu'à l'international, vous êtes facturé aussi bien pour les appels sortants que les appels entrants,*** idem pour les textos. Donc quand quelqu'un vous appelle à l'étranger, vous payez aussi. Soyez bref !
– ***Acheter une carte SIM sur place :*** une option avantageuse pour certaines destinations. Il suffit d'acheter à l'arrivée une carte SIM locale prépayée chez l'un des opérateurs (*Virgin Mobile, AT&T* ou *T Mobile,* par exemple) : dans les boutiques de téléphonie ou à l'aéroport. On vous attribue alors un numéro de téléphone local et un petit crédit de communication. Attention, on ne peut plus vous joindre sur votre numéro habituel mais uniquement sur ce nouveau numéro. Avant de payer, essayez cette carte SIM dans votre téléphone – préalablement débloqué – afin de vérifier si celui-ci est compatible. Ensuite, les cartes pour recharger votre crédit de

communication s'achètent facilement dans les boutiques de téléphonie mobile, supermarchés, drugstores genre *CVS,* stations-service...

La connexion internet en voyage

– ***Se connecter au wifi*** à l'étranger est le seul moyen d'avoir accès au Web gratuitement si vous ne disposez pas d'un forfait avec *roaming* offert.

Il est important de désactiver la connexion « données à l'étranger » (dans « Réseau cellulaire »). On peut aussi mettre le portable ***en mode « Avion »*** et activer ensuite le wifi. Attention, le mode « Avion » empêche, en revanche, de recevoir appels et messages.

En Floride, une grande majorité d'hôtels, restos, bars et mêmes certains espaces publics disposent d'un ***réseau gratuit.***

– Une fois connecté au wifi, vous avez accès à tous les services de la ***téléphonie par Internet. WhatsApp, Messenger*** (la messagerie de *Facebook*), ***Viber, Skype,*** permettent d'appeler, d'envoyer des messages, des photos et des vidéos aux quatre coins de la planète, sans frais. Il suffit de télécharger – gratuitement – l'une de ces applis sur son smartphone. Elle détecte automatiquement dans votre liste de contacts ceux qui utilisent la même appli.

Urgence : en cas de perte ou de vol de votre téléphone portable

Suspendre aussitôt sa ligne permet d'éviter de douloureuses surprises au retour du voyage ! Voici les numéros des quatre opérateurs français, accessibles depuis la France et l'étranger :

– ***Free :*** *depuis la France : ☎ 3244 ; depuis l'étranger : ☎ + 33-1-78-56-95-60.*

– ***Orange :*** *depuis la France : ☎ 0800-100-740 ; depuis l'étranger : ☎ + 33-969-39-39-00.*

– ***SFR :*** *depuis la France : ☎ 1023 ; depuis l'étranger : 📱 + 33-6-1000-1023.*

– ***Bouygues Télécom :*** *depuis la France comme depuis l'étranger : ☎ + 33-800-29-1000.*

Vous pouvez aussi demander la suspension de votre ligne depuis le site internet de votre opérateur. Avant de partir, notez (ailleurs que dans votre téléphone portable !) votre numéro IMEI utile, pour bloquer à distance l'accès à votre téléphone en cas de perte ou de vol. Comment avoir ce numéro ? Il suffit de taper sur votre clavier *#06# puis reportez-vous au site ● *mobilevole-mobilebloque.fr* ●

Internet

Le wifi est disponible gratuitement dans presque tous les hôtels, *B & B,* cafés, bars, restos, et même dans la plupart des campings, parcs d'attractions d'Orlando... À contrario, il est de plus en plus difficile de se connecter depuis des postes fixes payants, type cybercafés (devenus une rareté aux States). Pour ceux qui n'auraient ni smartphone, ni tablette, ni ordinateur portable *(laptop),* on trouve encore des ordinateurs dans certains hôtels (accès souvent gratuit), mais c'est de moins en moins fréquent.

UN E-MAIL DU MOYEN ÂGE !

Aujourd'hui, le signe @ est entré dans le langage international, mais son origine daterait... du Moyen Âge ! On le trouve dans les écrits à partir du XIIe s, comme abréviation du « ad » latin, avec le « d » entourant le « a ». Puis les commerçants américains le reprirent au XIXe s, comme abréviation de « at » pour désigner un prix. L'arobase a ainsi toujours figuré sur les machines à écrire puis sur les claviers d'ordinateur avant d'être choisi par Ray Tomlinson, l'inventeur de l'e-mail en 1971.

Attention piratage !

Les wifi publics sont devenus de véritables passoires ! Il est devenu très facile, même pour un débutant, de s'introduire sur un réseau. La seule parade véritablement fiable est de ne fréquenter que des sites « certifiés ». Ils commencent par « https:// » et affichent souvent un petit cadenas à côté de l'adresse. Dans ce cas, vos transmissions sont cryptées et donc sécurisées. Les sites les plus sensibles et populaires, comme les banques, ont tous une connexion certifiée.
Enfin, si vous utilisez un ordinateur en libre-service, évitez, dans la mesure du possible, d'entrer votre mot de passe ou toute information sensible ! Une quantité phénoménale de ces postes est infectée par des « enregistreurs de frappes », qui peuvent transmettre vos données à un destinataire mal intentionné. Et si malgré tout, vous utilisez ces postes, pensez à bien vous déconnecter et à ne pas cliquer sur l'option « enregistrer mon mot de passe ».

TRANSPORTS

EN VOITURE

Location de voitures

C'est la ***formule idéale pour circuler*** : les distances sont grandes, la plupart des autoroutes sont gratuites, tout est prévu pour la bagnole et l'essence est bon marché. Cela dit, le stationnement dans les grandes villes – Miami en tête – est enquiquinant et vous causera, outre des nœuds au cerveau, une bonne entorse au budget. Autre casse-tête : circuler sans **GPS** ou une bonne ***appli de navigation*** sur son smartphone, n'est pas toujours simple. On passe parfois d'une ville à une autre sans indications claires, surtout au nord de Miami où les agglomérations se succèdent. Le nom d'une même artère peut changer plusieurs fois à la suite selon la municipalité qu'elle traverse... À titre d'exemple, du sud vers le nord, l'Atlantic Ave(nue) s'intitulera d'abord S(outh) Atlantic Ave(nue), puis N(orth) Atlantic Ave(nue) dans un premier patelin, puis rebelote, S(outh) Atlantic Ave(nue), puis N(orth) Atlantic Ave(nue) dans le suivant... et ainsi de suite ! C'est la Main St(reet) ou la Central St(reet) de l'agglomération qui fait la différence entre N et S.

La location depuis la France

■ ***BSP Auto :*** *☎ 01-43-46-20-74 (tlj 9h-21h30, w-e 20h). • bsp-auto.com •* Les prix proposés sont attractifs et comprennent le kilométrage illimité et l'assurance tous risques sans franchise (LDW). *BSP Auto* propose exclusivement les grandes compagnies de location sur place, assurant un très bon niveau de service. Le plus : vous ne payez votre location que 5 jours avant le départ. Remise spéciale de 5 % aux lecteurs de ce guide avec le code « ROUT19 ».

■ Et aussi : ***Hertz*** *(☎ 0825-861-861, 0,18 €/mn ; • hertz.com •),* ***Avis*** *(☎ 0821-230-760, 0,12 €/mn ; • avis.fr •),* ***Europcar*** *(☎ 0825-358-358, 0,15 €/mn ; • europcar.fr •).*

La location aux États-Unis

Si vous louez votre voiture sur place, un certain nombre de taxes et *surcharges* s'ajoutent, par exemple si vous prenez la voiture à l'aéroport plutôt qu'en ville. Quand on réserve depuis l'étranger, ces frais additionnels sont souvent inclus (vérifiez !), de même que les assurances de base (revérifiez !) et les taxes. Au final, un même véhicule peut parfois coûter deux fois moins cher quand on a fait sa résa en France que quand on le prend sur place avec la même compagnie !

Les voitures de location les moins chères sont les ***economy,*** les ***compact*** (catégorie A) et les ***subcompact,*** avec deux ou quatre portes ; ça suffit bien pour trois personnes si on ne fait pas trop de route. Ensuite viennent les ***intermediate, mid-size, standard-size*** et ***full-size.*** De façon générale, les voitures sont plus spacieuses qu'en Europe, à catégorie égale. Le kilométrage est généralement illimité.

Quelques règles générales

– Difficile voire impossible de louer une voiture si l'on a ***moins de 21 ans,*** et même 25 ans pour les grandes compagnies. Dans le meilleur des cas, en Floride, les moins de 25 ans devront prendre une assurance « Jeunes conducteurs » *(underage surcharge)* qui coûte au moins 25-27 $ par jour.
– ***Carte de paiement internationale*** obligatoire pour la caution (*MasterCard* et *Visa* sont acceptées partout). Avec les cartes prestige comme *MasterCard Gold* ou *Visa Premier,* vous bénéficiez d'une assurance qui couvre en partie les accidents, vols et dégradations (renseignez-vous précisément).
– ***Permis national*** obligatoire mais suffisant pour louer une voiture en Floride.
– Attention, il arrive fréquemment que les loueurs vous incitent à prendre une ***catégorie supérieure*** à celle que vous avez réservée, « pour votre confort personnel », mais le supplément vous sera bien sûr facturé ! Méfiance, donc, et lisez bien le contrat avant de partir avec le véhicule.
– Seules les ***grandes compagnies*** sont représentées dans les aéroports. Les moins chères se trouvent en ville (où il n'y a pas de *surcharge* aéroport), mais si vous arrivez en avion, elles peuvent vous livrer le véhicule.
– On peut rendre le véhicule dans un endroit différent de celui où on l'a pris *(one-way rental),* mais il faut alors payer un ***drop off charge*** (frais d'abandon), qui peut être plus ou moins important. Bonne nouvelle : en Floride, c'est le plus souvent gratuit. Sinon, bien se faire préciser ce tarif et essayer de le négocier ! Ça peut marcher.
– Évitez, si possible (certaines compagnies l'imposent), l'option qui permet de ***rendre la voiture avec le réservoir vide.*** Ce plein d'essence est évidemment facturé, et plus cher que si vous le faisiez vous-même. De plus, comme il est très périlleux de ramener la voiture juste avant de tomber en panne d'essence, il en reste toujours un peu dans le réservoir, ce qui bien sûr profite à la compagnie. Attention cependant, si vous rendez votre voiture à l'aéroport de Miami, faites le plein en ville. Les stations proches de l'aéroport facturent le gallon 1 $ de plus...
– Le ***GPS*** : quelques rares loueurs l'incluent dans le tarif. Souvent il est en supplément (jusqu'à 15 $ par jour), une véritable escroquerie ! Un bon conseil : apportez le vôtre (avec les mises à jour pour votre parcours) ou encore mieux, ***téléchargez la carte de votre zone de voyage sur votre smartphone*** (via une application de navigation type Maps.me) ! Vous pourrez ensuite utiliser la fonction GPS de votre appli, sans wifi !

Les assurances

Elles sont nombreuses et on s'emmêle rapidement les pinceaux. Tout est bon pour essayer de vous vendre le maximum d'options, qui ont vite fait de revenir plus cher que la voiture elle-même ! Renseignez-vous bien aussi sur les ***franchises,*** qui varient d'une compagnie à l'autre.
– ***LDW (Loss Damage Waiver) ou CDW (Collision Damage Waiver) :*** l'assurance tous risques avec suppression de franchise, pour tout dommage occasionné au véhicule *(CDW)* ou pour dommages et perte d'accessoires *(LDW).* Obligatoire avec certaines compagnies et souvent incluse quand on réserve depuis l'Europe. Sinon, compter 20 $ par jour. Elle couvre le véhicule pour tous les dégâts (vol, incendie, accrochages, accidents...), même si vous êtes en tort (hors état d'ivresse), mais pas les dégâts occasionnés aux tiers si vous êtes responsable. Avec une carte de paiement « haut de gamme » *(MasterCard Gold, Visa Premier...),* il est moins utile de prendre l'assurance *CDW* ou *LDW,* car ces cartes couvrent les frais dus aux

dégâts occasionnés aux véhicules. En revanche, elles ne couvrent pas nécessairement le manque à gagner lié à son indisponibilité pendant le temps de réparation, ni la perte de valeur de revente de celui-ci (après un accident par exemple). Là encore, renseignez-vous bien.
- ***LIS ou SLI (Liability Insurance Supplement) :*** une assurance supplémentaire qui augmente le plafond de la garantie civile en cas de dommages corporels aux tiers, si vous êtes responsable de l'accident. Aucune carte de paiement ne l'inclut. Il faut savoir qu'aux États-Unis, si vous renversez quelqu'un et que cette personne est hospitalisée pour 6 mois, votre responsabilité peut être engagée bien au-delà de la garantie civile de base prévue par le loueur. Il est donc important d'avoir une couverture en béton.
- ***PAI (Personal Accident Insurance) :*** assure le conducteur et les passagers pour les frais médicaux liés à un accident. Inutile si vous possédez une assurance personnelle incluant les accidents de voiture. La *PAI* ferait alors double emploi.
- ***PEP (Personal Effect Protection) :*** elle couvre les effets personnels volés dans la voiture. Inutile à notre avis. Il suffit de ne jamais rien laisser de valeur à l'intérieur.

Les loueurs aux États-Unis

■ ***Alamo :*** ☎ *1-844-351-8646.* • *alamo.com* •
■ ***Avis :*** ☎ *1-800-633-3469.* • *avis.com* •
■ ***Budget :*** ☎ *1-800-218-7992.* • *budget.com* •
■ ***Dollar Rent-a-Car :*** ☎ *1-800-800-4000.* • *dollar.com* •
■ ***Hertz :*** ☎ *1-888-654-3131.* • *hertz.com* •
■ ***National :*** ☎ *1-877-222-9058.* • *nationalcar.com* •

Conduire une voiture automatique

Il n'y a que cela aux États-Unis. Voici la signification des différentes ***commandes internes.***
P : Parking (à enclencher lorsque vous stationnez, mais à ne pas utiliser comme frein à main).
R : Reverse (marche arrière).
N : Neutral (point mort).
D : Drive (position de conduite que vous utiliserez quasiment tout le temps).
1, 2 et 3 ou l et L : vous sélectionnez votre propre rapport de boîte (bien utile en montagne ou dans certaines côtes, mais ça consomme plus d'essence).
Pour démarrer, rester obligatoirement sur la position P, sinon le moteur ne se lance pas. Ensuite, pour oublier vos vieux réflexes, calez votre ***pied gauche*** dans le coin gauche et ne l'en bougez plus jusqu'à la fin de votre périple. On se sert uniquement du ***pied droit*** pour accélérer ou freiner. Sachez que les véhicules refusent de quitter la position « P » tant que vous n'avez pas posé le pied sur le frein, non mais !
Autre astuce : les voitures américaines sont souvent équipées d'un régulateur de vitesse ***(cruise control),*** qui se révèle très pratique sur les longues autoroutes et pour éviter les excès de vitesse.

Les règles de conduite

Sachez déjà que l'Américain est civique et qu'il ne lui viendrait pas à l'idée de bloquer en double file la circulation pour acheter son journal. La voiture n'est pas pour eux un engin de course mais un outil pratique de la vie moderne. On roule pépère, on respecte l'autre et on est tolérant.
- ***Feux tricolores :*** ils sont ***situés après le carrefour*** et non avant comme chez nous. Si vous stoppez au niveau du feu, vous serez donc en plein carrefour ! Autant vous dire qu'après une ou deux incartades (et grosse frayeur), on prend vite le réflexe !

– ***De nombreux feux sont dotés de radars*** et certaines bandes blanches derrière lesquelles vous devez vous arrêter sont équipées de capteurs sensoriels asservis avec la couleur du feu. Si vous grillez le feu ou si vous roulez sur la ligne blanche alors que la couleur du feu vous l'interdit, ***votre plaque d'immatriculation est relevée*** et l'amende envoyée illico à votre loueur de voiture qui a précieusement gardé votre emprunte de carte bancaire...
– ***Priorité à droite :*** elle ne s'impose que si deux voitures arrivent en même temps à un croisement et que celui-ci n'a ni feux ni panneaux, ce qui est rare ; la voiture de droite a alors la priorité.
– ***Tourner à gauche avec une voiture en face :*** un tournant à gauche, à un croisement, se fait au plus court. Autrement dit, vous passerez l'un devant l'autre, au lieu de tourner autour d'un rond-point imaginaire situé au centre de l'intersection. Attention : si une pancarte indique « *No left turn* » ou « *No U turn* » (en toutes lettres ou dessiné), poussez jusqu'à la prochaine intersection pour vous engager à gauche ou faire demi-tour ; ou alors, tournez à droite et revenez sur vos pas en contournant le pâté de maisons.
– ***Tourner à droite à une intersection :*** à condition d'être sur la voie de droite, vous pouvez généralement tourner à droite au feu rouge après avoir observé un temps d'arrêt et vous être assuré que la voie est libre, d'abord au niveau des piétons puis des véhicules. Bien entendu, on ne le fait pas si une pancarte indique « *No turn on red* ».
– ***Clignotants :*** facultatifs au regard de la plupart des conducteurs américains, tant pour tourner que pour doubler... Ne vous laissez pas surprendre !
– ***Erreurs de direction sur l'autoroute :*** il n'est pas rare de devoir faire 10, 20, voire 30 km sans pouvoir faire demi-tour...
– Ne quittez pas vos rétros des yeux, les Américains ***doublent indifféremment par la gauche comme par la droite*** et ne se rabattent pas systématiquement. Le conducteur le plus lent de l'État peut très bien squatter la file de gauche indéfiniment...
– ***Sur les routes nationales et les autoroutes,*** les voies perpendiculaires (ou venant de la droite) ont soit un STOP, soit un YIELD (« Cédez le passage »), et la priorité à droite n'a pas cours.
– ***Ronds-points (ou giratoires) :*** plutôt rares, ils donnent la priorité aux voitures qui sont déjà engagées dans le giratoire.
– ***Stops :*** s'il y a plusieurs stops, le premier qui s'est arrêté est le premier à repartir. Le *4-way stop*, qui est un carrefour avec un stop à tous les coins de rue, est très fréquent aux États-Unis. S'il y a une voiture à chaque stop, bien retenir l'ordre d'arrivée et être fair-play !
– ***Car pool :*** sur certaines autoroutes, pour faciliter la circulation et encourager le covoiturage, il existe une voie *car pool* (ou *HOV* pour *High Occupancy Vehicle*), réservée aux usagers qui roulent à 2, 3 ou plus par voiture (toute la journée ou seulement à certaines heures). On en trouve, par exemple, à Miami et dans toute son agglomération. Beaucoup moins de monde que sur les autres voies, donc utile aux heures de pointe ! Ne les empruntez pas si vous êtes seul à bord (amende élevée).
– ***Limitations de vitesse :*** fixées par les États. Maximum 55 mph (88 km/h) sur de nombreuses routes. Mais sur les autoroutes *(interstates),* elle peut atteindre 65 mph (104 km/h), voire 70 mph (113 km/h) en zone rurale. En ville : 15 à 45 mph (24-72 km/h) selon l'endroit et l'importance de la voie. Attention, les radars sont nombreux et la police, vigilante, aime faire mugir ses sirènes.
– ***Stationnement :*** à Miami, se garer sans payer est impossible ; il y a des ***parcmètres*** et des ***horodateurs*** partout (paiement par carte possible), qu'il faut alimenter jusque tard dans la nuit ! Dans tous les cas, à Miami ou ailleurs, faites toujours très attention à l'endroit où vous vous arrêtez, sous peine de voir votre pare-brise décoré d'un PV... ou, pire, la fourrière. ***Lisez bien les panneaux au coin de la rue,*** ce sont eux, surtout, qui y régulent le stationnement. On vous prévient : l'accumulation de restrictions peut rendre leur lecture complexe. La présence de

parcmètres et d'horodateurs ne veut pas forcément dire qu'on peut se garer tout le temps ; là encore, bien vérifier les indications. Si le bord du trottoir est peint en jaune ou en rouge, il indique des restrictions ou interdictions. Dans le doute, garez-vous ailleurs !
Si le parcmètre ou l'horodateur est hors service, ne pensez pas faire une bonne affaire : vous devez alors vous garer devant une machine qui fonctionne ! Enfin, ***ne vous garez JAMAIS*** sur un arrêt d'autobus, ni devant une borne d'incendie *(fire hydrant)*, ni bien sûr s'il y a un panneau « *Tow away* », qui signifie « Enlèvement ». On vous emporterait la voiture en quelques minutes, et la fourrière, couplée à l'amende, est très chère (environ 300 $!).
– ***Bus scolaires à l'arrêt :*** très important, lorsqu'un *school bus* (on ne peut pas les louper) s'arrête et qu'il met ses feux clignotants rouges, l'arrêt est obligatoire dans les deux sens, pour laisser traverser les enfants qui en descendent. Si on le suit, ne ***surtout pas le doubler.*** Tant que les feux clignotants sont orange, le bus ne fait que signaler qu'il va s'arrêter. À l'arrêt, un petit panneau est souvent automatiquement déployé, sur la gauche du véhicule, pour vous intimer l'arrêt. C'est l'une des infractions les plus gravement sanctionnées aux États-Unis.
– ***Respect dû aux piétons :*** vous verrez souvent le panneau ou l'inscription au sol « Xing ». Ce n'est pas du chinois, c'est l'abréviation de *crossing* (croisement)... Ici, le respect des passages protégés n'est pas un vain mot. Dès qu'un piéton fait mine de s'engager sur la chaussée pour la traverser, tout le monde s'arrête (enfin, presque).
– ***PV :*** si vous avez un PV *(ticket* en anglais*)* avec une voiture de location, mieux vaut le payer sur place (par carte de paiement via le site internet indiqué au dos du papier) et non une fois rentré chez vous, car, lorsque vous signez le contrat de location, vous donnez implicitement l'autorisation au loueur de régler les contraventions pour vous (avec majoration plus frais de dossier de la part du loueur, ben tiens !).

Essence

Bonne nouvelle, elle est ***moins chère que chez nous*** (environ 2,65-3,05 $ pour 1 gallon, soit 3,8 l environ). Comme en Europe, les voitures roulent à l'essence sans plomb *(unleaded)*, dont il existe plusieurs qualités. La moins chère, la ***regular unleaded 87,*** convient parfaitement ***pour les voitures de location.***
Dans les stations-service *(gas stations)*, le ***règlement par carte de paiement à la pompe*** ne marche pas toujours avec une carte étrangère. ***Il faut aller prépayer à la caisse*** ou y déposer sa carte de paiement avant de se servir, en indiquant un montant... Si vous avez surestimé le montant de ce plein (par exemple, si vous aviez annoncé 30 $ et que finalement vous n'en avez mis que pour 26 €), les 4 $ de différence vous seront recrédités sur le champ. Vous pouvez aussi proposer de laisser votre carte et de ne payer qu'une fois le plein fait, certains acceptent cette manière de faire, d'autres pas. De toute façon, si la somme indiquée au départ est trop élevée, on vous remboursera la différence quoi qu'il en soit.

Circuler et s'orienter

On distingue les ***freeways*** (larges autoroutes aux abords des grandes villes), les ***interstates,*** qui relient les États entre eux (désignées par la lettre « I ») et les ***routes secondaires*** (numéro à 2 ou 3 chiffres). Elles sont signalisées de manières différentes et faciles à repérer. Simplement, ouvrez bien l'œil et sachez vers quel point cardinal vous vous orientez, car les panneaux font plus souvent état du numéro de la route (avec indication North, South, West...) que du nom des villes. Sur les *interstates,* le numéro de la sortie correspond au mile sur lequel elle se trouve. Ainsi, la sortie après la n° 189 peut très bien être la n° 214. Si vous rencontrez des ***turnpikes,*** sachez que ce sont des autoroutes payantes (lire avec attention la rubrique suivante). Les grands ponts le sont aussi souvent.

Péages autoroutiers en Floride

Certains tronçons d'autoroute et ponts sont payants. Il y en a plusieurs près des îles de la côte, dans les agglomérations d'Orlando et de Miami. L'autoroute (US 75) qui relie Naples à Fort Lauderdale ainsi que celle entre Orlando et Miami, avec prolongation jusqu'à Homestead, sont également payantes. Avis important ! ***Beaucoup d'autoroutes à péage en Floride n'acceptent plus les paiements en espèces ni même par carte,*** et ce système, appelé *cashless,* est en train de se généraliser. Plus de barrière ni de guichet, mais un rack de caméras vidéo reliées à un ordinateur central qui détecte votre plaque d'immatriculation. Si vous louez une voiture, votre loueur vous proposera de ***souscrire un forfait*** **SunPass** (à des tarifs très variables et de plus en plus cher...) censé couvrir vos frais de péage pendant toute la durée de la location. Les prix des péages étant ridiculement bas (1 à 2 $), c'est tout bénef pour eux et la société gestionnaire... Si vous optez pour cette formule, un ***transpondeur*** planqué dans la bagnole sera activé par le loueur, tant et si bien que lorsque vous passerez devant les caméras (souriez S.V.P.), l'ordinateur notera que vous êtes en règle. Si vous avez zappé cette option lors de la prise en main de la voiture, ***tout passage devant une caméra sans que le transpondeur ait été activé par votre loueur vous coûtera une pénalité*** + le prix du péage (ne souriez plus). En résumé, deux solutions. Premier cas de figure, vous êtes un pro, vous avez un GPS et vous vous jurez de ne jamais prendre les autoroutes, donc vous ne prenez pas l'option. Dans ce cas-là, bravo ! Second cas de figure, vous êtes en vacances et vous vous dites que, finalement, cette option apporte un certain confort psychologique, alors vous souscrivez. C'est du racket, oui, mais on a connu des champions (championnes) qui, au retour, ont constaté que plusieurs centaines d'euros avaient été débitées de leur carte de paiement, simplement parce qu'ils avaient oublié de ne pas prendre les autoroutes...

Cartes routières et GPS

Presque toutes les ***stations-service*** en vendent une large gamme à des prix tournant autour de 5-7 $ (notamment la collection *Rand McNally*). Celles des agences de location de voitures, sommaires mais gratuites (et, mine de rien, bien faites), peuvent dépanner, au même titre que celles des offices de tourisme. Lorsqu'on traverse la frontière d'un État, on trouve très souvent aussi un *Visitor Center* où il est possible d'obtenir gratuitement des cartes routières de l'État dans lequel on entre. Mais le plus pratique aujourd'hui, c'est quand même l'***appli de navigation sur smartphone*** (type Maps.me) : encore mieux que le ***GPS*** (on a juste à télécharger les plans avant avec le wifi et ensuite ça fonctionne hors connexion). Veillez juste à ce que la ville entrée soit dans le bon État ou vous risquez de faire beaucoup de kilomètres inutilement !
Les voyageurs au long cours (sans GPS) se procureront le Road Atlas de ***Rand McNally*** : une page par État, très bien fait.

EN BUS *GREYHOUND*

Le ***réseau Greyhound*** couvre la quasi-totalité du pays, et il existe même des accords entre sociétés régionales qui permettent de l'élargir encore. En Floride, correspondances entre les principales villes : Miami, Jacksonville, Orlando, Daytona, Saint Augustine, Tampa, Fort Lauderdale, Naples, Key West... Pour toutes infos sur les destinations et billets *Greyhound* : ☎ *1-800-231-2222 (nº Vert).* • *greyhound.com* •
Les ***billets*** s'achètent dans les stations, dans les agences *Greyhound,* par Internet et par téléphone. Consulter le site internet pour voir les offres spéciales et les billets à prix réduit achetés à l'avance : ***c'est souvent deux fois moins cher !*** Attention, pas de place numérotée sur les billets ; donc, si vous ne voulez pas être

obligé d'attendre le prochain bus, présentez-vous au moins 30 mn à 1h avant le départ, surtout si vous avez des bagages à mettre en soute !

En ***période de fêtes,*** les bus sont souvent pris d'assaut par tous ceux qui ne prennent pas l'avion. Donc, arrivez impérativement à la station en avance et ne vous attendez pas à ce que votre bus parte à l'heure prévue.

Faites attention aux diverses formes de trajet : ***express, non-stop, local...*** Comparez simplement l'heure de départ et l'heure d'arrivée, vous saurez ainsi quel est le plus rapide.

Les bus, rapides, offrent un certain ***confort*** : w-c à bord et AC, ce qui veut dire qu'il peut y faire très frais : prévoyez un pull. Intéressant de nuit, car ils permettent de couvrir des distances importantes tout en économisant une nuit d'hôtel !

Les ***arrêts en route*** ne sont pas mentionnés sur les billets (seuls ceux avec changement de bus sont indiqués). Un conseil : respectez impérativement le temps donné par le chauffeur pour la pause. Ce dernier repartira à l'heure annoncée, sans état d'âme pour ceux qui ne sont pas remontés dans le bus ! En descendant lors d'une pause, relevez aussi le numéro du bus pour bien remonter dans le même, d'autres bus pour la même destination pouvant arriver entre-temps. Lors d'un arrêt prolongé dans une station, le chauffeur vous donnera un *reboarding pass* qui vous permettra de remonter avant les nouveaux passagers pour conserver votre place ou en choisir une meilleure qui se sera libérée.

EN TRAIN

➢ ***Bright Line :*** *• gobrightline.com •* Nouveau train à grande vitesse permettant de mettre West Palm Beach à 1h de Miami et Fort Lauderdale à 30 mn de chacune d'elles. À l'avenir, il est prévu que cette ligne pousse jusqu'à Orlando. Outre la vitesse, la ligne présente l'avantage de desservir directement le cœur de ces centres-villes. Un gros plus surtout à Miami. Le prix s'en ressent bien sûr. Résa obligatoire.

➢ ***Amtrak :*** deux trains, le *Silver Meteor* et le *Silver Star,* relient New York à la Floride via Washington, Charleston, Savannah (Géorgie), Jacksonville, Orlando et Kissimmee. Là, le premier part directement vers la côte est direction West Palm Beach et Fort Lauderdale, et le second (plus long) fait un détour par la côte ouest via Tampa avant d'y passer aussi. Compter entre 27 et 31h30 de trajet tout de même ! *Infos : ☎ 1-800-USA-RAIL (nº Vert). • amtrak.com •*

URGENCES

☎ 911 *(numéro national gratuit).* Si vous ne parlez pas l'anglais, précisez-le à l'opérateur *(« I don't speak english, I am French »),* qui vous mettra en relation, selon votre problème, avec le service adéquat (la police, les pompiers ou les ambulances).

– Voir aussi la rubrique « ***Santé*** » plus haut.

MIAMI

• Pour se repérer, voir le plan d'ensemble et les zooms en fin de guide.

ARRIVER – QUITTER

En avion

✈ ***Miami International Airport*** *(MIA ; plan détachable Miami, A2-3) :* ☎ *305-876-7000 (infos vols).* • *miami-airport.com* • L'aéroport comprend 3 terminaux formant un U : nord (concourse D), central (E, F, G) et sud (H et J). Air France est au H, Swiss et Air Canada sont au J, XL Airways au F, American Airlines au D et United au G. Les arrivées internationales ont lieu au niveau 3. Kiosque d'information (concourse J), de même qu'aux 1er (D) et 2e niveaux (E et H).

Services à l'aéroport

■ ***Location de voitures :*** les principaux loueurs sont ***Alamo*** *(☎ 1-888-891-0547)*, ***Avis*** *(☎ 305-341-0936 ou 1-800-331-1212)*, ***Budget*** *(☎ 305-871-2722 ou 1-800-527-0700)*, ***Dollar*** *(☎ 1-800-800-4000 ou 1-866-434-2226)*, ***Enterprise*** *(☎ 305-633-0377 ou 1-800-325-8007)*, ***Hertz*** *(☎ 305-871-0300 ou 1-800-654-3131)*, ***National*** *(☎ 305-638-1026 ou 1-800-227-7368)*, ***Payless*** *(☎ 305-870-0397 ou 1-800-729-5377)*, ***Sixt*** *(☎ 305-503-9849 ou 1-888-749-8227)* et ***Thrifty*** *(☎ 1-800-367-2277).* Les compagnies sont regroupées au *Rental Car Center,* que l'on rejoint en 5-10 minutes par le *MIA Mover* (métro automatique, niveau 3, gratuit). Elles disposent aussi pour la plupart d'un bureau dans Downtown ou à Miami Beach.

Pour rejoindre Miami

Emprunter le ***Mia Mover*** *(métro automatique, niveau 3, gratuit)* pour *Central Station,* attenante au *Rental Car Center.* Des distributeurs permettent l'achat de billets pour bus et métro, à l'unité (aller simple) ou sous forme de forfaits intéressants si vous comptez vous déplacer beaucoup en transports en commun : voir plus loin « Circuler dans Miami. Transports en commun ». Pour rejoindre un hôtel à Coconut Grove, se reporter aux pages « Où dormir ? ».

➢ ***Metrobus, bus urbains :*** *☎ 311 ou 305-891-3131 (serveur vocal).* • *miamidade.gov/transit/metrobus.asp* • *Tarif : 2,25 $.* Pour Miami Beach, le ***bus nº 150*** *(Airport Flyer)* va jusqu'à South Beach en descendant Collins Ave depuis le nord. Tlj 6h-23h40, ttes les 20-30 mn ; durée du trajet 30 mn-1h. Dans le sens inverse : tlj 5h10-22h55. C'est le meilleur rapport efficacité-prix ! On demande l'arrêt en tirant sur la cordelette jaune (le chauffeur ne marque pas systématiquement tous les arrêts). Pour Downtown, il y a bien le ***bus n° 7*** mais préférer le *Metrorail* (voir ci-après), plus rapide.

➢ ***Metrorail :*** *mêmes coordonnées et tarifs que le Metrobus ci-dessus.* La ligne orange dessert Downtown en 15 mn max (station Government Center) et continue vers le sud. Fonctionne tlj, 5h-minuit (2h ven-sam), ttes les 10-15 mn en journée (30 mn, 20h30-minuit). Le métro ne dessert pas Miami Beach.

➢ ***Navettes Super Shuttle :*** ● *supershuttle.com* ● Minibus privatisés ou collectifs assurant la navette jusqu'à Downtown *(env 16 $/pers)* ou Miami Beach *(21 $/pers).* Réservation et paiement en ligne. Le 2e passager paie moitié prix. Départ niveau 1 des halls D et J, près des taxis.

➢ ***Taxis :*** *au niveau 1. Compter 25 $ pour Downtown, et 35 $ pour Miami Beach.*

➢ ***Voiture :*** l'*Airport Expressway* (payante) est la solution la plus rapide pour gagner l'échangeur de l'autoroute I-95. De là, on prend soit la I-95 (gratuite) vers le sud pour rejoindre *Downtown,* soit la I-195 (gratuite) pour *Miami Beach.* Pour éviter la portion payante, prendre Le Jeune Rd vers le nord puis NW 36th St vers l'est.

MIAMI

En bus

Gare routière Greyhound *(plan détachable Miami, B3) : 3801 NW 21st St (à la Central Station de l'aéroport).* Ⓜ *Miami Int'l Airport.* ☎ *305-871-1810. Ouv 24h/24.*

➢ ***Fort Lauderdale :*** trajet 40-50 mn.

➢ ***West Palm Beach :*** durée 2h.

➢ ***Key West :*** trajet 4h30. Dessert toutes les Keys en chemin.

➢ ***Naples :*** durée env 3h.

➢ ***Tampa :*** trajet 8-9h.

➢ ***Orlando :*** choisissez le bon bus (Express), car trajet de 4h30 à... plus de 10h30 !

En train

Gare ferroviaire Amtrak *(plan détachable Miami, B1) : 8303 NW 37th Ave.* ☎ *1-800-872-7245.* ● *amtrak.com* ● *Au nord-ouest de la ville, à Hialeah. Tri-Rail depuis l'aéroport ou* Ⓜ *Tri-Rail depuis Downtown. Compter 20 mn de trajet.*

➢ 2 trains/j., à 8h10 et 11h50 pour ***Orlando*** (durée 5h-7h30), puis ***Jacksonville*** (8h30-11h), puis ***Savannah*** (11h10-13h30), ***Washington*** (23h-27h) et jusqu'à ***New York*** (27h-31h). Le train de 11h50 passe par Tampa (5h30).

Gare Tri-Rail *(plan détachable Miami, A3) : 3801 NW 21st St (à la Central Station de l'aéroport).* ☎ *1-800-874-7245.* ● *tri-rail.com* ● Ⓜ *Miami Int'l Airport.* Cette sorte de RER relie l'aéroport de Miami à West Palm Beach en passant par Fort Lauderdale et son aéroport. Lun-ven 4h15-21h40, ttes les 20 mn-1h ; we ttes les heures 5h17-21h42. Il n'en coûte que 5 $ pour Fort Lauderdale et 7 $ pour West Palm Beach.

Gare Bright Line *(zoom détachable Downtown D3) : NW 1st Ave (entre NW 3rd St et NW 8th St).* ● *gobrightline.com* ● Mise en service en 2018, la toute dernière et la plus centrale des gares permet de relier Fort Lauderdale en 30 mn et West Palm Beach en un peu plus d'1h par une sorte de TGV. Désormais, cette ligne poussera jusqu'à Orlando. Nombreux trains.

ORIENTATION

La ville est divisée en de nombreux quartiers, comme autant de villages (avec gratte-ciel quand même !). Chacun a ses spécificités et ses transports tantôt purement locaux, tantôt les reliant entre eux.

– ***Miami Beach :*** sur son île longiligne,

c'est LA station balnéaire, bâtie dans les années 1930 pour le tourisme de luxe.
Les avenues y sont orientées nord-sud. Les rues, numérotées, les croisent sur un axe est-ouest. Ainsi, une adresse au 1550 Collins Avenue se trouve entre 15th et 16th Street ; une autre au 532 Washington Avenue se situe entre 5th et 6th Street... Fastoche, non ? Dans le sens est-ouest, c'est Lincoln Road qu'il faut avoir en tête, dont une bonne partie est piétonne.
Au sud de Miami Beach (***South Beach*** ou ***SoBe***) s'étend l'***Art Deco District,*** un ensemble architectural remarquable qui concentre une bonne partie de l'animation nocturne, notamment sur Ocean Drive.
Miami Beach est séparée de Downtown par la baie de Biscayne que traversent 4 grands axes. ***Le seul qui possède une piste cyclable est la Venetian Way.*** On rejoint *SoBe* depuis l'aéroport par le bus n° 150. Depuis *Downtown Omni*, bus C, M, S ou n° 120. Et on circule dans Miami Beach avec les trolleys ou bus SoBe Local.
– ***Downtown*** est veillé par des tours altières, relativement plus modestes que dans de nombreuses grandes villes américaines. C'est ici que la ville a grandi, au débouché de la Miami River dans la baie de Biscayne.
Flagler Street d'est (E) en ouest (W) et ***Miami Avenue*** du nord (N) au sud (S) divisent cette zone en quatre secteurs : NW, NE, SW et SE. Les avenues sont orientées nord-sud, les rues est-ouest ; la plupart sont numérotées, parfois baptisées d'un nom.
Le quartier est en restructuration permanente, bénéficiant d'une belle animation le soir au sud de la Miami River, sur South Miami Avenue (entre 6th St et Brickell d'une part, Brickell Ave et 1st Ave de l'autre). Sans oublier le très populaire ***Bayside Marketplace,*** farci de restaurants et d'où partent les bateaux pour zieuter (de loin) les villas de milliardaires de ***Palm Island, Hibiscus Island et Star Island,*** nichées dans Biscayne Bay.
– ***Wynwood et Design District :*** au nord du Downtown, ***Wynwood*** est un ancien quartier mal famé en plein boom urbanistique. Devenu temple de la création artistique, remarquable pour ses galeries d'art et ses *murals* (murs peints de fresques), il attire aujourd'hui de nombreux visiteurs. On adore son ambiance, de jour comme de nuit (nombreux bars et restos branchés). Juste au-dessus, le bien-nommé ***Design District,*** qui propose galeries et ateliers de design, est aussi, grâce à ses galeries commerciales, la vitrine du luxe à Miami.
De Miami Beach, on se rend sans problème en vélo dans ces 2 quartiers en empruntant la *Venetian Way*. Compter 30-40 mn quand même, mais la promenade est agréable.
Pour s'y rendre depuis Downtown Omni, trolley Biscayne vers le nord ou Ⓜ Government Center puis bus n° 2.
– ***Little Havana :*** à l'ouest de Downtown. Un quartier majoritairement habité par des exilés cubains. Ceux qui connaissent La Havane risquent d'être franchement déçus. Pour les autres, une balade sur la *calle Ocho* le dimanche pour l'ambiance peut s'avérer dépaysante.
Pour y aller depuis Downtown, bus n° 8 depuis Ⓜ Brickell, mais c'est bien plus pratique en voiture.
– ***Little Haiti :*** encore plus au nord, ce quartier déshérité est essentiellement peuplé de Haïtiens, pour la plupart arrivés à Miami de 1975 à 1985.
– ***Coconut Grove et Coral Gables :*** en longeant la côte vers le sud, on rejoint la charmante et verdoyante ***Coconut Grove.*** Jadis repaire des artistes et des intellectuels, elle s'est bien embourgeoisée avec son lot de restos, hôtels ultrachic, *shopping malls* de luxe. Pour s'y rendre depuis Downtown, trolley Coconut Grove Route depuis Ⓜ Douglas Road ou bus n° 48 depuis Ⓜ Brickell. Plus à l'intérieur des terres, ***Coral Gables*** est un quartier résidentiel de style méditerranéen datant des années 1920. Intéressant pour ses résidences splendides, son légendaire hôtel *Biltmore* et le Lowe Arte Museum. Un peu compliqué sans voiture. Depuis Downtown, trolley Coral Way depuis le Metromover Freedom Tower ou depuis le Ⓜ Brickell.

– ***Key Biscayne :*** cette île résidentielle, réputée pour son tournoi de tennis international, est fort prisée des golfeurs et des retraités chicos, qui s'y sentent en sécurité. On aime bien son parc naturel et sa plage, à l'extrémité sud de l'île. L'accès se fait par le pont Bear Cut Bridge (payant) depuis le sud de Downtown.

– ***Palm Island, Hibiscus Island et Star Island :*** îles de milliardaires nichées dans Biscayne Bay. L'accès en est interdit, mais des bateaux au départ de Bayside proposent d'en faire le tour pour « admirer » les villas de stars.

CIRCULER DANS MIAMI

MIAMI

En transports en commun

Miami bénéficie d'un excellent réseau de transports en commun géré par le comté. Pratique intra-muros, mais galère quand il s'agit de sortir de la ville en raison des temps de trajet. Les tarifs sont très accessibles. ***Le EASY Ticket coûte le même prix quelle que soit la distance*** : 2,25 $ (2,65 $ pour les bus express) et donne accès à tous les changements pour une durée de 3h. Si vous comptez bouger pas mal, autant acheter un forfait, ***EASY Card*** valable 1 j. (5,65 $) jusqu'à 2h le lendemain matin, ou 7 j. consécutifs (29,25 $). On se les procure ***dans toutes les stations de métro*** ou chez des distributeurs agréés (liste sur Internet).

– ***Renseignements sur les transports en commun de Miami (Miami Dade Transit) :*** *Transit Service Center (111 NW 1st St, 1er étage ; lun-ven 7h-18h)* attenant à la station Government Center *(zoom détachable Downtown, D4)* ☎ *311 ou 305-891-3131 (serveur vocal).* ● *miamidade.gov/transit/* ● Se procurer la *Transit System Map* très bien faite et le petit *Visitor Guide* reprenant les itinéraires les plus utiles. Sinon, le plus pratique si vous possédez un smartphone ou une tablette est de ***télécharger l'appli « Miami-Dade Transit Tracker »***.

➢ ***Metrorail :*** ce métro aérien compte 2 lignes. La ***ligne orange*** relie l'aéroport à Dadeland South via le Downtown, Brickell, Vizcaya et Coconut Grove. La ***ligne verte*** emprunte le même itinéraire dans sa partie sud et remonte au nord-ouest, desservant la gare *Amtrak*. Sur le tronçon commun, les trains passent ttes les 5-7 mn de 5h à 20h30, puis ttes les 15 mn jusqu'à minuit (15 mn également le w-e). Sur le reste du réseau, le temps d'attente est double (10-30 mn). Au sud, au-delà de la station Dadeland South, le bus n° 34, en site propre, prend le relais pour rallier Florida City.

➢ ***Metrobus :*** ce vaste réseau d'une centaine de lignes de bus couvre tout Miami et même tout le comté de Miami-Dade. On peut payer à bord (appoint exigé). En cas de correspondance, favoriser le *EASY Ticket*. Nous indiquons les lignes et correspondances avec le métro pour chaque site éloigné.

➢ ***Metromover :*** *tlj 5h-minuit.* Interconnecté au *Metrorail* et aux bus, ce joli métro aérien automatisé dessert gratuitement le centre-ville en trois lignes. La ***Inner Loop*** tourne sur elle-même autour de l'hyper-centre ; correspondance avec *Metrorail* et bus pour l'ouest à Government Center. La ***Omni Loop*** monte au nord jusqu'à l'*Omni Bus Terminal* desservant Miami Beach et le nord de la ville. La ***Brickell Loop*** s'arrête, elle, à Brickell (sans blague !) ; correspondance avec *Metrorail* et bus pour le sud. Nous indiquons les stations les plus proches de chacune de nos adresses et sites à voir. Ce métro est quasiment une attraction touristique en soi (voir plus loin, dans « À voir. À faire », rubrique « À Miami Downtown »).

➢ ***Trolleys :*** ☎ *311.* • *miamigov.com/trolley* • En tout, une douzaine de lignes de ***bus gratuits*** et relookés en trolley d'antan. Principales lignes : ***Biscayne,*** qui relie *Omni* au Design District en remontant Biscayne Blvd ; ***Coral Way,*** qui va de Coral Gables au port en longeant Downtown et enfin ***Coconut Grove Route,*** qui part du métro Douglas Rd pour rejoindre l'est de Coconut Grove. À Miami Beach, les lignes les plus utiles pour les routards sont celles de *Central Beach* et *West Beach*. Les trolleys passent ttes les 20-30 mn et fonctionnent dès 6h30 pour s'arrêter entre 19h et 23h30 selon les lignes. Celles de Downtown font relâche le dimanche, celles de Miami Beach fonctionnent tous les jours.

➢ ***SoBe Local :*** ce bus effectue une boucle complète dans la zone la plus touristique de Miami Beach entre South Pointe Dr au sud et Collins Park au nord (17th St) ; il emprunte Washington Ave et passe ttes les 13-20 mn, 7h40 (10h dim)-minuit. Gros bonus : il ne coûte que 25 cents ! Idéal pour sillonner l'Art Deco District sans se ruiner. On peut même y embarquer son vélo. Cette ligne est tracée sur le plan détachable *(zoom Miami Beach)*.

MIAMI

À pied

Le meilleur moyen pour découvrir Miami Beach !

À vélo et rollers

Complètement adaptés à l'exploration de Miami Beach, notamment grâce à la ***piste cyclable en site propre*** qui longe la plage du sud au nord.

Port du casque obligatoire pour les moins de 18 ans.

■ ***CitiBike :*** ☎ *305-532-9494.* • *citibikemiami.com* • *Tarif (30 mn-24h max) : 4,50-24 $.* Vélos en libre-service 24h/24, dans une centaine de stations. Attention, il faut avoir au moins 18 ans pour en bénéficier. On prend son vélo directement après avoir fait glisser sa carte de paiement dans la fente et choisi sa durée de location. Si vous dépassez le temps imparti, il vous en coûtera 4,50 $ par tranche de 30 mn, donc privilégier les sauts de puce...

■ ***Miami Beach Bicycle Center*** *(zoom détachable Miami Beach, G4,* ***4****) :* *746 5th St (angle avec Meridian Ave).* ☎ *305-674-0150.* • *bikemiamibeach.com* • *Tlj 10h-19h (17h dim).* Un loueur sérieux et gentil, qui propose des vélos électriques ou non : 5-20 $/h et 18-50 $/j. Matériel bien entretenu.

■ ***Fritz's*** *(zoom détachable Miami Beach, G3,* ***5****) :* *1620 Washington Ave.* ☎ *305-532-1954.* • *fritzsmiamibeach.com* • *Tlj 10h-21h (20h dim).* Location de vélos *(env 24 $/j.),* rollers et... *long boards* (longs skates très populaires ici).

En taxi

Très nombreux (particulièrement à Miami Beach), ils fonctionnent 24h/24. Vous pouvez les prendre n'importe où, ou en appeler un ***(Central Cab,*** ☎ *305-532-5555 ;* • *centralcab.com* •*).* Les tarifs sont de 2,95 $ pour le 1er sixième de mile, puis 40 cents pour chaque sixième de mile supplémentaire, plus 40 cents par minute d'attente. Les éventuels péages routiers sont en supplément. Au moment de régler la note, n'oubliez pas de ***rajouter 15 % de pourboire*** au prix affiché au compteur (sauf si le chauffeur l'a déjà intégré en vous annonçant oralement le montant, ce qui arrive souvent quand ils prennent des étrangers).

En voiture

Utile et idéale pour rayonner dans les environs, mais ***à proscrire si vous restez au centre de Miami*** car, côté parking, c'est l'enfer ! Les ***parcmètres*** et ***horodateurs*** sévissent de 8h à 2h du matin (bien se renseigner sur les gratuités nocturnes qui varient d'une rue à l'autre) à raison de 1,75 $/h voire 4 $/h à Miami Beach. Les horodateurs acceptent les cartes de paiement mais plus rarement les billets. Le moindre oubli ou stationnement gênant (bien lire les instructions sur chaque place) est aussitôt sanctionné par une prune, voire la ***fourrière*** (fuyez les panneaux *Tow away* ou *Tow zone*) ; c'est un vrai business ! Si vous ne pouvez vous passer de votre auto, le plus pratique est d'utiliser les ***parkings municipaux*** *(• miamibeachfl.gov/parking •)* de Miami Beach, assez nombreux. Ils sont situés notamment : 210 7th St, à l'angle de Collins Ave ; à l'angle de 13th St et Collins Ave ; à l'angle de 16th St et Collins Ave (l'un des moins chers, y compris dans la journée si l'on arrive avant 10h) ; ou encore 640 17th St. Compter ***16-30 $/j.*** Pour une courte durée, misez sur le parking du centre commercial situé sur 5th St et Alton : c'est gratuit pendant 2h ! Enfin, la plupart des ***hôtels*** vous permettent de faire le grand seigneur en confiant vos clefs au *valet* qui la parquera pour vous : compter alors ***40-45 $ les 24h...***

ADRESSES ET INFOS UTILES

Informations touristiques et services

🅸 ***Visit Miami Beach Welcome Center*** *(zoom détachable Miami Beach, G3, **1**) : 530 17th St (2nd étage). ☎ 305-672-1270. • miamibeachguest.com • Tlj 10h-16h.* Une foule d'informations et de brochures délivrées par un personnel efficace. Donne des coupons de réduction, organise d'intéressantes visites guidées ou des excursions à la journée.

🅸 ***Art Deco Welcome Center*** *(zoom détachable Miami Beach, G3, **2**) : 1001 Ocean Dr. ☎ 305-763-8026. • mdpl.org/welcome-center • Dans le hall du musée. Tlj 9h-17h (19h jeu).* Renseignements sommaires, brochures (en français) et plans.

🅸 ***Greater Miami Convention & Visitors Bureau*** *(zoom détachable Downtown, D-E4, **3**) : 701 Brickell Ave, suite 2700 (dans le building de la Bank of America) dans Downtown. ☎ 305-539-3000 ou 1-800-933-8448. • miamiandbeaches.com • Metromover : 8th Street. Lun-ven, 8h30-18h.* Renseignements sommaires, cartes, infos et brochures sur Miami.

– ***Bons plans :*** procurez-vous l'hebdomadaire gratuit *New Times* *(• miaminewtimes.com •)* et le supplément du vendredi du quotidien *Miami Herald* (payant ; *• miamiherald.com •*), pour connaître les dernières adresses tendance et les manifestations culturelles du moment. Dans la même veine, la brochure *Welcome,* disponible dans tous les lieux touristiques, fournit de nombreuses informations utiles aux touristes. Également *• miami.com • timeout.com/miami •* et *• miamiandbeaches.com •* pour leurs calendriers d'événements. Voir aussi les journaux en ligne *• courrierdefloride.com •* et *• frenchdistrict.com •* pour les événements dans la sphère francophone.

Consulats

■ **France** (zoom détachable Downtown, D4) : 1395 Brickell Ave, immeuble du Conrad Hotel, suite 1050. ☎ 305-403-4150. ● miami.consulfrance.org ● Metromover : Financial District. Lun-ven 9h-12h30. En cas d'extrême urgence slt (perte de passeport, décès, arrestation ou accident grave), le consulat est joignable après 17h au ☎ 786-390-5539. Le consulat peut, en cas de difficultés financières, vous indiquer la meilleure solution pour que des proches vous fassent parvenir de l'argent (avec *Western Union* par exemple), ou encore vous assister juridiquement en cas de problème.

■ **Canada** (zoom détachable Downtown, E4) : 200 S Biscayne Blvd, Wachovia Financial Center, suite 1600. ☎ 305-579-1600. En cas d'urgence : ☎ 1-888-949-9993 ou 613-996-8885 (appel à frais virés accepté). ● international.gc.ca ● Metromover : Bayfront. Lun-ven 8h30-12h, 13h-16h.

■ **Suisse** (hors plan détachable par A6) : 1561 Agua Ave, Coral Gables. ☎ 404-870-2000. ● miami@honrep.ch ● Pas de bureaux ouverts au public.

■ **Belgique** (zoom détachable Downtown, E4) : 990 Biscayne Blvd, suite 701. ☎ 305-600-0982. ● consulmiami@gmail.com ● Pas de bureaux ouverts au public.

MIAMI

Santé, sécurité

✚ ***Mount Sinai Medical Center*** (plan détachable Miami, F-G2) : 4300 Alton Rd, à Miami Beach. ☎ 305-674-6464 ou 674-2200 (urgences). ● msmc.com ● Bus M, depuis Downtown Omni ou South Beach.

✚ ***Jackson Memorial Hospital*** (plan détachable Miami, C-D3) : 1611 NW 12th Ave, à Miami Downtown. Ⓜ Civic Center ou bus M depuis Miami Beach. ☎ 305-585-1111. C'est le plus grand hôpital du comté de Miami Dade.

– ***Sécurité :*** si les autorités ont pris des mesures efficaces pour enrayer l'insécurité, évitez de traîner dans certains coins peu fréquentés de Downtown ou de Miami Beach après 18h et, de jour comme de nuit, dans les quartiers au nord de Downtown, tels que Little Haiti, Biscayne Boulevard (entre 64th et 79th Street), Allapattah (en particulier Liberty City) et Opa Locka.

Culture, visites guidées

■ ***Art Deco Welcome Center*** (zoom détachable Miami Beach, G3, **2**) : 1001 Ocean Dr, au sein de la Miami Design Preservation League. ☎ 305-763-8026. ● mdpl.org/welcome-center ● Tlj 9h-17h (19h jeu). Infos sur l'Art déco et South Beach en général. Différents tours thématiques y sont proposés, à Miami Beach et dans les autres quartiers de la ville : l'architecture moderne de Miami, Miami juif, gay & lesbien, *food tour*... Résa en ligne possible pour certains tours. Propose aussi un audioguide (durée de la visite env 1h30, prix 20 $, dépôt de garantie 50 $).

■ ***Miami Culinary Tours :*** ☎ 786-942-8856. ● miamiculinarytours.com ● Départs tlj à 12h et 17h pour explorer South Beach ; à 12h30 pour Little Havana et 12h et 18h pour Wynwood. Durée : 2h-2h30. Compter 40-70 $ (dégustations incluses). Résa conseillée, 1-2 j. avt. Une manière amusante de découvrir Miami, son histoire et son architecture, à travers sa cuisine ! Excellents guides.

■ ***City Tours – HistoryMiami*** (zoom détachable Downtown, D4) : 101 W Flagler St, au Miami Dade Cultural Center. ☎ 305-375-1492. ● historymiami.org ● Metromover : Government Center. Résa par mail, tél, ou au comptoir du musée. Compter 30-60 $ selon la balade. Itinéraires à la découverte des quartiers ou de sites spécifiques. Balades thématiques (architecture, histoire, musées, etc.) à pied, à vélo et également en bateau.

OÙ DORMIR ?

Miami Beach concentrant l'essentiel de l'intérêt de la ville, c'est surtout ici qu'il faut dormir, particulièrement dans les charmants hôtels de l'***Art Deco District,*** plantés au cœur de l'activité nocturne (prévoyez des bouchons d'oreilles, les doubles vitrages sont rares). Le ***Downtown,*** en plein essor, offre une possible alternative urbaine. Peu d'intérêt à séjourner dans les autres quartiers, hormis éventuellement ***Coconut Grove*** pour son ambiance tranquille.
Autant vous prévenir, ***les prix à Miami Beach sont carrément élevés*** (trop, même, pour la qualité), mais en basse saison ils baissent facilement de 25 à 50 %. Les fourchettes données le sont à titre indicatif : la loi de l'offre et de la demande entraîne des écarts parfois considérables selon le jour de la semaine et les événements (concerts, parades, expos, etc.). Comme partout aux États-Unis, on peut souvent obtenir de bonnes ***réductions*** en réservant directement sur les sites internet des hôtels (surtout en basse et moyenne saisons).

À Miami Beach
(South Beach)

Bon marché (auberges de jeunesse)

Si les ***dortoirs*** des auberges de jeunesse restent en catégorie « Bon marché », les chambres individuelles tapent vite dans la catégorie « Prix moyens », voire « Chic ».

🏠 🍸 ***Rock Hostel*** *(zoom détachable Miami Beach, G3,* ***32****)* **:** *1351 Collins Ave. ☎ 305-763-8146. • rockhostel.com • Dortoir (6-10 lits) 25-41 $/pers ; petit déj inclus. Transfert gratuit depuis l'aéroport (pour s'y rendre, compter 10 $).* Le hall est vraiment super agréable avec son bar et son balcon-terrasse regardant la rue. On le recommande chaleureusement pour sa riche carte de cocktails très abordables. Ensuite, un long couloir veillé par d'immense portraits de stars du showbiz distribue les dortoirs, chacun doté de sa propre salle de bains, d'un mini coffre-fort et d'une table (et fer) à repasser. Les filles disposent même d'un dortoir de 10 lits aménagé spécialement pour elles. Cuisine commune pour faire sa tambouille et nouer des contacts. Propre, c'est un excellent point d'ancrage à Miami Beach !

🏠 ***Freehand Miami*** *(plan détachable Miami, G2-3,* ***39****)* **:** *2727 Indian Creek Dr (angle 28th St). ☎ 305-531-2727. • freehandshotels.com • Lits en dortoir 4-8 pers 26-36 $. Doubles et bungalows avec sdb 110-250 $; petit déj inclus.* Une AJ nouvelle génération qui a investi les locaux de l'ancien hôtel Art déco *Indian Creek*. L'ensemble a été entièrement relooké, et le résultat est plutôt pas mal. Dortoirs (spacieux) avec sanitaires, chambres pour 2 ou 4 et même bungalows avec cuisine, sont tous parquetés et décorés avec goût dans un style coloré. Grande salle commune très bien aménagée et copieusement climatisée comme souvent (franchement, ça caille). Cuisine, prêt de vélos et diverses activités au programme. Toujours beaucoup de monde autour de la piscine, point de ralliement des résidents. Le bar du *Freehand, The Broken Shaker,* est réputé pour ses cocktails d'anthologie. Ambiance incroyable le soir dans le jardin. Voir plus loin « Où boire un verre ? Où écouter de la musique ? À Miami Beach ». Bon resto aussi le soir, le *Twenty Seven.* Petite faiblesse sur la propreté et sur l'insonorisation... Mais on vient surtout ici pour y faire des rencontres !

SoBe Hostel *(zoom détachable Miami Beach, G4,* ***12****) : 235 Washington Ave. ☎ 305-534-6669. • sobe-hostel.com • Dortoir (4-12 lits) 20-40 $/pers (dépasse les 100 $ pdt le spring break !) ; petit déj et dîner inclus. Moins de 18 ans refusés, même accompagnés des parents.* Une auberge de jeunesse située à 2 blocs de la plage, hyper clean et agréablement décorée, dans un style design épuré façon boutique-hôtel. Lobby blanc et noir, avec bar ouvert jusqu'au petit matin (très bruyant...), billard et ordis. Dortoirs de 4 à 12 lits (filles ou mixtes), avec sol façon parquet cérusé et sanitaires partagés, dans les tons blanc et gris. Cuisine commune, ouverte sur une salle TV conçue comme une petite salle de ciné, laverie. Quelques animations, sorties en groupe organisées. Navette gratuite depuis l'aéroport. Accueil inexistant.

Miami Beach International Hostel *(zoom détachable Miami Beach, G3,* ***11****) : 1051 Collins Ave (entre 10th et 11th St). ☎ 305-534-0268. • hostelmiamibeach.com • Lits en dortoir de 4-10 lits 18-40 $; doubles (jusqu'à 4 pers) 85-120 $; petit déj et dîner inclus.* Très centrale, cette AJ fleure bon les rencontres improvisées autour d'une gratte, d'une partie de billard, de babyfoot ou d'un débriefing de session de surf. Ici les murs sont joliment décorés et les lourdes portes s'ouvrent sur des dortoirs bien équipés (clim, *lockers,* coffre-fort). Une dizaine de chambres privées du même acabit, toutes avec commodités. Beaux espaces communs avec balcon sur Collins St. Machines à laver. Petit café au rez-de-chaussée. Bref, de quoi prendre racine, d'autant que l'accueil est vraiment top.

Jazz on South Beach *(zoom détachable Miami Beach, G4,* ***14****) : 321 Collins Ave. ☎ 305-672-2137. • jazzhostels.com • Lits en dortoir de 4-12 pers 20-30 $ (jusqu'à 105 $ pdt le spring break !) ; doubles à partir de 100 $; petit déj léger compris.* Tout proche de la plage et de ses starlettes, un petit *hostel* tranquille dont la façade à faux colombages détonne un peu dans le quartier. À l'intérieur, dortoirs aux murs acidulés vert amande, avec casiers et salle de bains attenante ou chambres privées assez confortables (TV, frigo). Cuisine et laverie à dispo. Pas mal d'animations. Bien situé mais le bâtiment tend à vieillir.

Tropics Hotel *(zoom détachable Miami Beach, G3,* ***16****) : 1550 Collins Ave. ☎ 305-531-0362. • tropicshotel.com • Nuitée 14-35 $/pers en dortoir de 4-8 pers. Doubles 60-140 $.* Situation impec, à deux pas d'Ocean Drive et donc de la plage. Chambres doubles de bonne taille, pas trop chères pour Miami Beach hors saison, et dortoirs 4-8 lits – le tout un peu daté et pas toujours très propre, malheureusement. Grande cuisine extérieure avec d'immenses frigos pour stocker vos denrées. Belle piscine.

De prix moyens à chic

El Paseo Hotel *(zoom détachable Miami Beach, G3,* ***13****) : 405 Española Way. ☎ 305-400-0012. • elpaseohotel.com • Doubles 100-150 $; resort fee env 22 $.* En plein cœur de Miami, dans ce qui fut, dans les années 1920, le centre mondial de la rumba. Ce vieil hôtel entièrement relooké dans une dominante taupe rehaussée de pointes de couleur et de céramiques, semble tout droit sorti d'un tableau de Hopper. Certaines chambres possèdent un petit balcon sur Española Way, idéal pour un apéro le soir. Dans le bâtiment attenant, quelques apparts avec cuisine tout équipée et 2 chambres. La plage ? À moins de 5 mn à pied ! Bon accueil.

President Hotel *(zoom détachable Miami Beach, G3,* ***18****) : 1423 Collins Ave, Miami Beach. ☎ 844-768-9738. • presidentsouthbeach.com • Doubles 110-280 $. Cet agréable hôtel Art déco est idéalement situé,* à la charnière des deux parties de la plage, permettant de la remonter dans sa partie la plus large comme de s'ébattre dans la verdure de Lummus Park. Lobby avenant, chambres vastes et claires tout de blanc vêtues. On peut ne pas aimer la déco à base de photos de nature un peu kitsch, mais pour le prix en basse saison, on fermera les yeux... Attention en revanche au breakfast (non compris) : c'est la cohue, à oublier si on est pressé. Ceci mis à part, c'est une bulle de repos au cœur de la ville.

🏠 ***Stardust Apartments*** *(zoom détachable Miami Beach, G3,* ***17****) : 910 Collins Ave. ☎ 305-695-4458. • stardustmiami.com • Doubles 125-200 $ (3 nuits min) ; petit déj continental inclus. Attention, frais de ménage 40 $ en fin de séjour.* Fort bien situé, ce petit complexe dispose de chambres assez spacieuses d'un bon rapport qualité-prix si l'on fait abstraction des portes métalliques moches et des baies vitrées donnant sur les coursives qui obligent à tirer le rideau pour plus d'intimité. Certaines chambres pas encore rénovées ont un mobilier un peu désuet, mais il y a tout ce qu'il faut : une kitchenette et une salle de bains aux tonalités rose et bleu clair très Miami Beach ! On vous conseille la 205, bien calme et sans vis-à-vis, à l'arrière. En bonus : l'excellent accueil.

🏠 ***La Flora*** *(zoom détachable Miami Beach, G3,* ***23****) : 1238 Collins Ave. ☎ 305-531-3406. • laflorahotelsouthbeach.com • Doubles 140-240 $; petit déj continental (léger) compris + resort fee 10 $. Avantageuses promos de dernière minute.* Voilà un hôtel très central qui, derrière sa façade Art déco assez sévère, s'est offert quelques touches de folie dans le lobby. Les chambres restent simples mais de bon confort, assez classiques (parquet, frigo), à des prix encore raisonnables. Celles de l'arrière sont bien calmes, mais assez sombres.

🏠 ***Villa Paradiso*** *(zoom détachable Miami Beach, G3,* ***18****) : 1415 Collins Ave. ☎ 305-532-0616. • villaparadisohotel.com • Résa indispensable. Studios et suites 110-250 $.* Au cœur de l'Art Deco District, une *guesthouse* de charme tranquille, donnant sur un luxuriant patio tropical, en longueur sur le côté de l'immeuble. Propose des studios aux tons pastel avec parquet et cuisine. Également des suites (plus chères et 5 nuits minimum) avec 2 *queen beds*. Demandez à être le plus loin possible de la rue pour davantage de calme. Déco sobre et joli mobilier. Une atmosphère à mi-chemin entre les Caraïbes et la Méditerranée.

🏠 ***The Julia*** *(zoom détachable Miami Beach, G4,* ***15****) : 336 Collins Ave. ☎ 888-336-9841. • thejuliahotel.com • Doubles 130-330 $ (+ resort fee 19 $), petit déj inclus ; hôtel réservé aux plus de 21 ans.* Un peu à l'écart de l'animation, cet hôtel entièrement refondu par un designer sur la base d'un antique hôtel Art déco de 1932, est un petit bijou de simplicité. Édifié en l'honneur de Julia Tuttle, la fondatrice de Miami, il offre une trentaine de chambres au design épuré mêlant le gris souris aux teintes corail. Toutes sont très soignées, à l'image de ces quelques papillons flottant au ciel de certaines chambres, découpés dans du papier par une artiste japonaise. De la literie à mémoire de forme à la salle de bain high-tech, tout est très classe. Machine à expresso, télé grand écran, atmosphère adoucie par de nombreux jeux de lumière naturelle. Petit déj continental d'inspiration française. Terrasse. Vin offert au retour de la plage. Les amoureux, vous allez être comblés !

– Et aussi : ***Freehand Miami*** (voir plus haut), pour ses chambres doubles et ses bungalows.

De chic à très chic

🏠 ***Pelican Hotel*** *(zoom détachable Miami Beach, G3-4,* ***28****) : 826 Ocean Dr. ☎ 305-673-3373. • pelicanhotel.com • Doubles 165-235 $ (vue océan jusqu'à 365 $) + 20 $ de resort fee ; petit déj léger inclus.* Un coup de cœur pour l'aménagement intérieur de ce petit hôtel Art déco, appartenant à la marque de vêtements italienne *Diesel*. Les 30 chambres sont toutes uniques (on peut s'amuser à les visualiser une à une sur leur site internet), décorées dans un esprit vintage. Parquet ancien, mobilier et objets de déco chinés pièce par pièce dans des brocantes de Floride, beaucoup de caractère et d'humour. La douche est un pur plaisir aussi. Quant aux 2 *penthouses*, absolument sublimes (mais inabordables), ils arborent un look fifties que Jacques Tati n'aurait pas renié ! Plage privée pour les clients de l'hôtel, mais pas de piscine.

Sense Beach House (*zoom détachable Miami Beach, G4,* ***36****)* : *400 Ocean Dr. ☎ 305-538-5529. • sensebeachhouse.com • Doubles 165-450 $.* Petit boutique-hôtel frais et coloré à 100 m de la mer, dans la partie tranquille d'Ocean Drive. La petite vingtaine de chambres fleure bon la fibre écolo. Déco façon *Côté Sud,* avec juste ce qu'il faut de lumière et de couleurs douces pour arrondir les angles d'un mobilier contemporain. Évidemment, tout confort : thé-café-tisane, et même un siège relaxant pour détendre son corps meurtri par une pleine journée de bronzette. Sur le toit, piscine et terrasse permettent de profiter des derniers rayons qui, en hiver, s'écrasent derrière les grues du port. Excellent accueil. *The Local House,* le resto du rez-de-chaussée, sert salades et sandwichs.

Albion Hotel (*zoom détachable Miami Beach, G3,* ***19****)* : *1650 James Ave. ☎ 305-913-1000 ou 1-877-782-3557. • rubellhotels.com • Doubles 140-290 $. Parking 35 $.* Cet hôtel Art déco, surmonté d'une tourelle avec son enseigne en néon, ne manque pas d'élégance. Malgré les 100 chambres (tout rond) au compteur, il y règne une atmosphère paisible qui contraste avec l'animation du quartier. Déco élégante inspirée des bateaux de croisière des années 1930, agrémentée des œuvres d'art de la famille Rubell (voir Wynwood Art District). Attention, les chambres standard sont petites, préférez la taille au-dessus. La piscine, entourée de verdure et de murs blancs, rappelle les toiles de David Hockney. Accueil irréprochable et bar à cocktails pointus.

Cadet Hotel (*zoom détachable Miami Beach, G3,* ***41****)* : *1701 James Ave. ☎ 305-672-6688 ou 1-800-43-CADET. • cadethotel.com • Doubles 145-250 $.* Construit en 1941, l'hôtel accueillit jusqu'en 1949 les Cadets de l'armée de l'air US sous les commandes du capitaine Clark Gable (oui, l'acteur), dont la photo trône dans le lobby. Voilà pour la petite histoire. Aujourd'hui, ce charmant boutique-hôtel situé à 100 m de la plage propose des chambres cosy décorées avec un raffinement somme toute assez classique. Petite piscine et spa. Bar à whisky et très bon restaurant de cuisine française, *Pied à Terre,* mais pas donné !

Urbanica – The Meridian (*zoom détachable Miami Beach, G4,* ***25****)* : *418 Meridian Ave. ☎ 305-495-5362 ou 305-961-1762 (résa). • urbanicathehotels.com • Suites 150-350 $. Petit déj en sus.* À vrai dire, la façade sur rue ne paie pas de mine, austère et blanche comme un cierge de Pâques. Pourtant, le lieu ravira les amateurs d'intérieurs minimalistes et de design pointu. Sur les quatre types de chambres, toutes estampillées suites, on retiendra que la « mini » est vraiment petite mais très avantageuse, vu la catégorie de l'hôtel. Les autres vont de la taille moyenne à la vraiment grande (terrasse privée, jacuzzi... on se fait vraiment plaisir) à des prix plus proches de ce qui se fait à Miami Beach. Jolie (petite) piscine, situation un peu à l'écart.

Gale South Beach Hotel (*zoom détachable Miami Beach, G3,* ***42****)* : *1690 Collins Ave. ☎ 305-673-0199. • galehotel.com • Doubles 155-350 $ (studios jusqu'à 550 $ pour 2 pers).* Né de la réunion de deux hôtels Art déco, cet établissement a fait l'objet d'une rénovation de qualité, intégrant des éléments contemporains aux richesses de son passé architectural. Le hall est la réplique de celui d'origine, avec des bois chauds, des meubles d'inspiration Art déco et des photos noir et blanc regardant avec nostalgie la splendeur de la Miami des 40's. Dans les chambres, assorties de leur salle de bains en marbre, l'élégance à l'italienne est de mise et le confort très haut de gamme. Superbe piscine à débordement sur le toit. Très bon restaurant *Dolce Italian* (voir plus loin « Où manger ? Chic ») et un bar-lounge boisé, très cosy.

Lord Balfour (*zoom détachable Miami Beach, G4,* ***29****)* : *350 Ocean Dr. ☎ 305-673-0401. • room-matehotels.com/fr/lordbalfour/ • Doubles 160-360 $, resort fee env 12 $.* À deux pas de la plage, il règne dans cet hôtel, qui porte le nom d'un ancien homme politique britannique, une ambiance décontractée. Toutes les chambres sont décorées avec soin (tons blancs et partie boisée), parquet ciré et imposantes photos colorées de femmes tatouées en guise de tête de lit. Chic juste ce qu'il faut. À l'extérieur, patio ombragé avec chaises en osier.

Townhouse *(zoom détachable Miami Beach, G3,* ***20****) : 150 20th St, à l'angle de Collins Ave. ☎ 305-534-3800. • townhousehotel.com • Doubles 105-275 $; petit déj inclus.* Construit en 1939 avec une façade dominée par une sorte de kiosque, cet hôtel a bénéficié d'un lifting design d'un blanc immaculé, tempéré par des notes de rouge de la réception aux chambres. Épurées, confortables, avec pour la plupart une banquette en L qui peut faire office de lit gratuit pour invité surprise ! Également 2 *penthouses* avec terrasse privée. Sur le toit, terrasse en teck au-dessus de la mêlée mais sans vue sur mer, avec parasols et coussins gris et blanc. Location de vélos. Une adresse branchée à deux pas de la plage qui bénéficie d'un accueil sympa mais qui mériterait d'être mieux entretenue.

The Marlin Hotel *(zoom détachable Miami Beach, G3,* ***48****) : 1200 Collins Ave. ☎ 305-695-3000. • themarlinhotel.com • Doubles 155-380 $; sérieuses promos si vous optez pour les prix non remboursables en réservant à l'avance.* Voilà un drôle d'oiseau : cet hôtel de poche de 14 studios (22 ou 40 m²), installé dans un édifice typique des années 1930, a subi un lifting asiatisant (version contemporaine, bien sûr), mais un peu surprenant dans cet écrin Art déco. Lobby, resto et bar assument un style un peu chargé à dominante rouge, noir et or. Plus de zénitude dans les chambres, aux tons clairs et doux. Pour la petite histoire, la maison abrite depuis plus d'un demi-siècle un studio d'enregistrement qui a vu passer les plus grands.

Blanc Kara *(zoom détachable Miami Beach, G4,* ***26****) : 205 Collins Ave. ☎ 786-216-7205. • blanckara.com • Doubles 130-320 $. Moins de 21 ans refusés.* Petit boutique-hôtel très smart dont la proprio belge a fait designer par un compatriote les 25 chambres-appartements – toutes assez spacieuses et avec cuisine complète (4 ont même un balcon). Dès le lobby, peau de vache au sol, chaises recouvertes de moumoute et bibelots présentés comme dans une bijouterie donnent le ton. Au-delà, les touches colorées franches tranchent sur un élégant fond noir-blanc épuré soulignant un lit immaculé. Grande douche tropicale vitrée. Une adresse qu'apprécieront les amoureux – d'ailleurs, toutes les chambres sont limitées à 2 personnes et interdites aux mineurs.

Surfcomber *(zoom détachable Miami Beach, G3,* ***33****) : 1717 Collins Ave. ☎ 305-532-7715 ou 1-800-994-6103. • surfcomber.com • Doubles 200-510 $.* On aime bien ce boutique-hôtel de 200 chambres pratiquement sur la plage, à la déco pêchue et colorée, à l'image de la chaîne *Kimpton* qui a repris les lieux. Éclairage zénithal, petits coins propices aux papotages et beaux volumes rehaussés par quelques sculptures bizarroïdes. Des couloirs longs comme des tunnels mènent aux chambres, très belles, dont la déco privilégie confort et modernité, sur des tons vert et blanc. Tout un tas de petits plus : peignoirs, chaussettes, parapluie (eh oui, même ici !). Les stores vénitiens permettent de doser la lumière extérieure. Pour ne rien gâcher, une belle piscine. Côté papilles : le *Social Club* sert une cuisine fusion au wok et le *High Tide* fait plus resto-bar de plage.

Essex House *(zoom détachable Miami Beach, G3,* ***22****) : 1001 Collins Ave, à l'angle de 10th St. ☎ 305-532-4006. • clevelander.com/essex-house.htm • Doubles 170-450 $.* À un bloc de la mer, un boutique-hôtel au cachet indéniable, édifié en 1938 par le fameux architecte Art déco Henry Hohauser, avec une façade écrue soutenue d'un liseré rose, et un toit qui se prolonge par une mâture de néons. Dans le lobby, une cheminée surmontée d'une fresque mettant en scène des Indiens séminoles, joli bar intime. Chambres classiques dans les tons crème-chocolat avec double vitrage et tout le confort du XXIe s. Nos préférées donnent sur le jardinet tropical. Bar-lounge sur la jolie terrasse devant, prolongée par une minipiscine mais donnant sur la rue. Dommage que l'accueil ne soit pas toujours à la hauteur des prix.

Spécial folie

Miami Beach compte de (très) nombreux ***hôtels exceptionnels par leur***

passé, leur architecture et leur aménagement intérieur souvent confié à de grands noms de la déco et du ***design.*** Hormis quelques salutaires promos sur Internet, c'est évidemment trèèèèèès cher. Mais si vous avez décidé de ne pas être regardant, lâchez-vous ! Et sinon allez-y en simple visiteur, pour vous rincer l'œil tout en épargnant le portefeuille.

SLS *(zoom détachable Miami Beach, G3,* ***33****)* **:** *1701 Collins Ave. ☎ 305-674-1701. • slshotels.com/southbeach • Doubles 200-815 $.* SLS ? *Something Lovely's Started. Lovely indeed.* Avec Starck à la déco – entre baroque et design –, la patte de Lenny Kravitz dans les suites du dernier étage et une piscine veillée par un canard géant (!), cette vieille dame Art déco a subi un sacré lifting. Trendy. Flashy. Superficiel. Ludique. Le *SLS* est tout cela et plus encore : beaucoup de caractère et disposé à faire la fête. Les chambres, ornées de trompe-l'œil « starckiens », ne sont pas bien grandes pour le prix – mais qu'est-ce que l'argent, après tout ?... On ne compte pas quand on fait la nouba. En prime : 2 restos renommés et des cerbères aux portes pour chasser les mal lookés et les mal friqués.

Delano *(zoom détachable Miami Beach, G3,* ***30****)* **:** *1685 Collins Ave. ☎ 305-672-2000. • morganshotelgroup.com/delano/delano-southbeach • Doubles 350-950 $.* Datant des années 1940, celui qui fut le 1er grand hôtel design de South Beach semble droit sorti de l'univers de *Batman,* surmonté qu'il est d'une curieuse tourelle « ailée ». Philippe Starck a dirigé son relooking au début des années 1990. Entrée théâtrale et lobby grandiose, tout en longueur, avec voilages et mobilier design (comme ce piano à queue transparent !) menant à un bar à sushis très conceptuel. L'impression d'être coupé du monde. Comme la façade, les chambres sont d'un blanc immaculé. Côté farniente : piscine ourlée de palmiers fins comme des mikados et bordée de salons individuels avec écrans plats, spa avec solarium à fleur de ciel, plage privée et salle de sport.

The National Hotel *(zoom détachable Miami Beach, G3,* ***30****)* **:** *1677 Collins Ave. ☎ 305-532-2311. • nationalhotel.com • Doubles 200-500 $.* Hôtel Art déco grand luxe, joliment rénové. Dans la salle du petit déj, mosaïque de Tamara de Lempicka et piano à queue. Réparties sur 11 étages, les chambres sont classiques et cosy, avec meubles d'époque en acajou pour certaines. Également des *cabanas* entièrement relookées, plus chères mais plus spacieuses, disposées dans un plus petit bâtiment qui donne sur l'immense piscine. Pour compléter le paradis, palmiers et hamacs dans le jardin, en accès direct à la plage. Terrasse pour déjeuner. Cours de yoga. Accueil et service impeccables.

Dans Downtown

De prix moyens à chic

The Langford Hotel *(zoom détachable Downtown, E4,* ***44****)* **:** *121 SE 1st St. ☎ 305-420-2200. • eurostarshotels.fr/eurostars-langford.html • Metromover : Bayfront Park. Doubles 95-350 $.* Ce sont bien les marches de feue la *Miami National Bank* que vous gravirez pour passer la nuit. La frise du lobby et les ascenseurs rappellent les splendeurs et décadences passées de cette institution. Les chambres, quant à elles, ont tout ce qu'il faut : un style classique de bon ton, un joli niveau de confort, une taille honorable, un personnel aux petits soins et surtout un prix tout à fait raisonnable (le week-end, les tarifs font néanmoins la culbute). Pour compléter le tableau, ne manquez pas d'aller boire un coup au bar situé sur le toit de l'hôtel : on s'y rince l'œil devant l'impressionnante crête des gratte-ciel de Downtown.

Aloft Miami *(zoom détachable Downtown, D4,* ***45****)* **:** *1001 SW 2nd Ave. ☎ 305-854-6300. • aloftmiamibrickell.com • Metromover ou Ⓜ Brickell. Doubles 180-290 $.* Les hôtels *Aloft* sont les *lowcost* (toutes proportions gardées !) de la chaîne de luxe *W.* On retrouve dans celui-ci, situé au cœur de Downtown, les principaux ingrédients qui font son succès auprès des urbains branchés. Design pop dans les parties communes,

MIAMI

touche vintage chic dans les chambres spacieuses qui n'en oublient pas pour autant d'être fonctionnelles en plus d'être classe et high-tech. Certaines ont même un balcon. Petite piscine.

À Coconut Grove

Chic

Commodore Inn The Grove *(plan détachable Miami, B6, **49**) : 3162 Commodore Plaza (local 1H). ☎ 305-448-2757 ; résa ☎ 786-671-8884. • commodoreinnthegrove.com • Ⓜ Brickell puis bus n° 48. Bureau ouv lun-ven 9h30-17h30. Studios dès 140 $; parking inclus.* En plein cœur de The Grove, la vingtaine de studios et apparts (1 ou 2 chambres) conviendra idéalement à ceux qui comptent rester un petit moment. Spacieux, excepté la salle de bains, ils sont confortables et bien équipés (cuisine, salon, machine à laver, *stereo system*). Les *1-bedroom* ont un balcon et les 4 plus grands disposent même de 2 salles de bains et d'un *sundeck* avec jacuzzi ! Magasins et restos sont à deux pas. Réserver à l'avance, surtout en haute saison.

OÙ MANGER ?

Attention, ***réservation indispensable*** dans la plupart des restos chic. À Miami, le pourboire (*tip* ou *gratuity*) est presque systématiquement inscrit d'office sur la note (vérifiez pour éviter de généreusement le payer 2 fois !). En août-septembre, ne pas manquer le ***Miami Spice,*** durant lequel les grands restos proposent des menus 3 plats à environ 40 $ le soir (25 $ le midi). À quelques rares exceptions, les ***restos racoleurs d'Ocean Drive*** sont très décevants. En revanche, les ***food trucks,*** toujours plus nombreux à sillonner les rues de Miami (voir la rubrique « Cuisine » dans « Hommes, culture, environnement » en fin de guide), sont une parade idéale pour soulager une faim et le porte-monnaie.

À Miami Beach *(South Beach)*

Spécial petit déjeuner

Une bonne raison de se lever tôt : le breakfast. L'occasion de profiter des charmes de Miami et de l'Art Deco District à la fraîche, sans la foule et sans trop casser sa tirelire.

Sur Ocean Drive, séquence racolage avec les restos à touche-touche, dont le très touristique ***News Cafe*** *(zoom détachable Miami Beach, G4, **81**)*. Ailleurs à Miami Beach, voir également ***La Sandwicherie*** *(zoom détachable Miami Beach, G3, **64**)* ; ***Juice & Java*** *(zoom détachable Miami Beach, G3, **82**)* ou ***Whole Foods Market*** *(zoom détachable Miami Beach, F-G3, **74**)* pour un petit déj sain et vitaminé ; le ***11th Street Diner*** *(zoom détachable Miami Beach, G3, **72**)* où l'on sert des breakfast typiquement ricains 24h/24 ; ***Las Olas Café*** *(zoom détachable Miami Beach, G4, **83**)* et ***Puerto Sagua*** *(zoom détachable Miami Beach, G4, **71**)* pour la version cubaine ; ***Joe's Stone Crab*** *(zoom détachable Miami Beach, G4, **90**)*. Voir plus loin pour les descriptifs de ces adresses. Sans oublier ***Books & Books*** *(zoom détachable Miami Beach, G3, **160**)*, café-librairie ouvert du matin au soir (voir plus loin « Achats »).

Bon marché

Bodega *(zoom détachable Miami Beach, F3, **73**) : 1220 16th St. ☎ 305-704-2145. Tlj midi-5h. Tacos 4-5 $.* Attention les p'tits cocos, l'armée mexicaine qui œuvre jour et nuit dans sa roulotte alu n'a pas l'habitude de décevoir son monde. La preuve : la queue qui s'allonge sur le trottoir jusqu'au bout de la nuit. Une fois servi et après avoir pioché une Corona dans le bac à glace, poussez donc la porte de la chambre froide et vous nous en direz des nouvelles... (voir plus loin « Où boire un verre »).

Rosetta *(zoom détachable Miami Beach, G3,* ***60****) : 1666 Collins Ave. ☎ 725-319-8411. Tlj 7h30-21h30. Sandwichs 7-10 $.* Cette boulangerie italianisante propose de délicieux sandwichs, frais et copieux. Pain aux céréales, *rosetta* (de petites miches typiques à la Botte) ou parts de *focaccia*. Également *cornetti* (croissants à la crème) et tartelettes.

La Sandwicherie *(zoom détachable Miami Beach, G3,* ***64****) : 229 14*[th] *St. ☎ 305-532-8934. Tlj 8h-5h (6h ven-sam). Sandwichs et salades copieuses 9-11 $.* Pour les nostalgiques, voici des croque-monsieur comme chez nous ! Et aussi une large variété de sandwichs préparés à la demande, sans oublier les *smoothies, shakes,* jus de fruits frais (à l'*açaï*, un délice !) ou de légumes à déguster sur un petit comptoir bariolé directement dans la rue, avec des tabourets hauts.

Juice & Java *(zoom détachable Miami Beach, G3,* ***82****) : 1346 Washington Ave. ☎ 305-531-6675. Lun-sam 9h-22h, dim 10h-18h. Plats 8-13 $.* Ici tout est frais, bio, bon pour la santé et préparé à la demande : du breakfast aux pitas en passant par les *wraps*, les salades, les *smoothies* et autres cocktails aux vertus antioxydantes, digestives, etc. Rien d'artificiel, que du naturel on vous dit ! Service un peu lent mais l'attente vaut vraiment le coup.

Las Olas Café *(zoom détachable Miami Beach, G4,* ***83****) : 644 6*[th] *St (angle avec Euclid Ave). ☎ 305-534-9333. Tlj 6h-20h. Tt à moins de 10 $.* Snack sans façon qui débite des plats cubains présentés en vitrine, face à une poignée de tables. Ambiance néons et assiettes (en plastique) bien garnies, avec *chuleta* (côtelette), *tamales, ropa vieja* (porc émincé aux oignons et tomate) et autre *lechón* (cochon de lait). Tout dépend du jour et de l'heure. On vous conseille le jus de canne, un bon carburant pour débuter la journée. Un lieu simple et populaire qui prolonge le voyage dans le voyage.

Five Guys *(zoom détachable Miami Beach, G3,* ***65****) : 1500 Washington Ave. ☎ 305-538-3807. Tlj 11h-4h du mat. Env 12 $ pour un burger-frites.* Un bon fast-food de chaîne (originaire de Washington DC), plébiscité pour ses burgers, copieusement garnis et servis avec de vraies frites. Les pommes de terre viennent de l'Idaho (les sacs sont entassés dans l'entrée), et tous les ingrédients sont frais, pas de surgelés. Zéro cadre dans ce décor carrelé rouge et blanc, mais côté rapport qualité-prix, ces cinq gars sont imbattables ! Cacahuètes entières à dispo, pour picorer en attendant sa commande.

Prix modérés

Mister 01 *(zoom détachable Miami Beach, G3,* ***68****) : 1680 Michigan Ave (si si, c'est bien là). ☎ 305-397-8189. Tlj Midi-minuit. Pizzas 5-17 $, selon taille et garniture. Salades 8-14 $.* Cette pizzeria perdue au fond d'un immeuble d'habitation fait partie de ces lieux d'initiés dont on se passe l'adresse sous le manteau (plutôt sous la serviette de bain à Miami). Cuisine ouverte, petite salle aseptisée, déco minimaliste et clim réglée sur polaire (finalement, venez avec votre manteau). Les pizzas tiennent toutes leurs promesses : fines, goûteuses et croustillantes, préparées avec des ingrédients bio et délicieusement présentées. Aussi des salades à confectionner selon ses goûts, burrata et mozzarella... Miam !

11th **Street Diner** *(zoom détachable Miami Beach, G3,* ***72****) : 1065 Washington Ave, à l'angle de 11*[th] *St. ☎ 305-534-6373. Ouv 24h/24 (7h-minuit lun-mer). Burgers 10-15 $, plats 15-20 $.* Le *diner* comme on se l'imagine, dans un authentique wagon en aluminium de 1948 transporté de Pennsylvanie et restauré. Il a préservé ses néons fifties, chromes lustrés, alcôves de moleskine rouge, un vrai décor de film. À la carte, une honnête cuisine

MIAMI

américaine : burgers à gogo, salades, pâtes, grillades et poisson du jour (pas donné).

Tap Tap *(zoom détachable Miami Beach, G4,* ***76****) : 819 5th St. ☎ 305-672-2898. Tlj 12h-23h (minuit ven-sam). Plats 13-18 $.* Ce resto haïtien bariolé est une perle. Côté décor, c'est un festival de couleurs et de fresques murales. Tables, chaises, murs, coins et recoins... tout est recouvert de peintures naïves, avec du reggae en fond sonore. Dans l'assiette, vous avez le choix entre les *ti-plats* et les *gwo-plats* (en créole dans le texte), bref, une généreuse cuisine des îles, servie vraiment sans stress : crevettes sauce créole, poulet boucané accompagné de riz et bananes plantain frites ou de *mayi moulen* (sorte de polenta de maïs avec haricots noirs), blanc-manger coco et excellent mojito. *Live sessions* de folk jazz haïtien les jeudi et samedi à partir de 20h30.

Suviche *(zoom détachable Miami Beach, F3,* ***62****) : 1119 16th St. ☎ 305-777-3555. Tlj 11h30-23h (12h30 sam-dim). Ceviche en 2 portions, 8-16 $.* Dans cet intérieur de bois patiné, on s'assoit où l'on veut. En face de la cuisine ouverte, c'est mieux, on peut regarder les mirlitons jouer du couteau. Ici, on marie allégrement le quinoa au *tataki* de thon ou aux sushis, la cuisine de la Cordillère à celle du Soleil-Levant, dans une fusion péruano-nipponne qui en étonnera plus d'un. C'est bon, c'est frais et c'est régime ! Attention tout de même à la bière locale, elle cogne fort, à la fois en degrés et en prix !

Sweet Liberty *(zoom détachable Miami Beach, G3,* ***85****) : 237-B 20th St. ☎ 305-763-8217. Tlj 16h (12h dim)-5h. Plats 18-25 $.* Intérieur feutré souligné par quelques néons rouges, tables en formica imitation bois, banquettes de moleskine, vaisselle en émail, torchon en guide de serviette... Nous voilà dans les années 1960 ! Dans l'assiette, une douzaine d'huîtres, un bol poké hawaïen ou un hamburger servi avec des pommes-allumettes croustillantes. La carte des desserts se limite aux 3 suggestions maison du jour. Musique vers 17h30 le dimanche pour le brunch, sinon le lundi à 22h, c'est plutôt *Motown*, histoire d'être raccord avec la déco.

Spris *(zoom détachable Miami Beach, G3,* ***70****) : 731 Lincoln Rd. ☎ 305-673-2020. Tlj 12h-2h. Pizzas 12-16 $.* Une pizzeria qui se défend en plein cœur de ce quartier animé où les prix des restos flambent. Une trentaine de pizzas taille XXL à la pâte aussi fine que légère, carpaccios, salades et *bruschette.* À l'intérieur, vue sur le four à bois et les pizzaïolos, à l'extérieur, large terrasse parsemée de parasols bleus.

Puerto Sagua *(zoom détachable Miami Beach, G4,* ***71****) : 700 Collins Ave. ☎ 305-673-1115. Tlj 7h-2h. Plats 10-12 $ au déj, le soir 12-25 $.* Resto cubain ouvert depuis 1962, réputé et très populaire. Grosse carte, à prix variés : cochon, poulet, bœuf, accompagnés de riz et *frijoles negros* bien sûr, mais aussi quelques incontournables américains (burgers, T-bone). Le tout servi au comptoir ou sur les tables en bois verni de la petite salle sans chichis (et un peu sombre, on le reconnaît) où se pressent habitués latinos, familles, touristes, fêtards...

News Cafe *(zoom détachable Miami Beach, G4,* ***81****) : 800 Ocean Dr. ☎ 305-538-6397. Ouv 24h/24. Salades, paninis, burgers, pizzas et pâtes 12-15 $, plats 17-24 $.* Depuis 1988, la terrasse du *News Cafe* est presque devenue une institution, un peu comme le *Sénéquier* à St-Tropez ! Gianni Versace y avait ses habitudes. Mais honnêtement, on y vient plus pour s'y montrer que pour la qualité de la cuisine, bien surfaite. Tables bistrot à l'ombre de petits arbres et terrasse ensoleillée très agréable en hiver. Grand choix de salades, sandwichs, pâtes, pizzas, plats méditerranéens et, pour les plus fortunés, viande et poisson grillés. Service escargot en pleine saison.

Jimmy'z Kitchen *(zoom détachable Miami Beach, F3,* ***80****) : 1542 Alton Rd. ☎ 305-534-8216. Tlj 11h-22h (23h ven). Plats 10-20 $.* Café-resto avec ses chaises en plastique multicolores, sans prétention et donnant sur un parking, mais servant une petite cuisine équilibrée et de qualité :

des plats cubains et portoricains bien ficelés, des salades copieuses, le tout à base de bons produits. Ne manquez pas le *mofongo,* leur spécialité de bananes plantain frites, avec poulet ou crevettes.

IOI ***Whole Foods Market*** *(zoom détachable Miami Beach, F-G3,* ***74****) : 1020 Alton Rd. ☎ 305-938-2800. Tlj 8h-23h. Prix du buffet au poids.* On ne présente plus cette chaîne de supermarchés presque exclusivement bio, qui connaît un succès fou aux États-Unis. Superbes rayons de fruits et légumes, et coin traiteur des plus alléchant : buffet de salades, soupes, plats chauds délicieux et originaux (végétariens, méditerranéens, asiatiques...). Boulangerie top aussi (bagels, *scones...*), bien pour le petit déj. Tables à l'intérieur et à l'extérieur où se poser pour dévorer ses emplettes. En plus de ça, parking gratuit.

De prix moyens à chic

IOI ***Sylvano*** *(zoom détachable Miami Beach, G3,* ***78****) : 1925 Liberty Ave (perpendiculaire à 19th St). Tlj 12h-minuit. Pizzas et pâtes 10-15 $, plats 20-30 $ en moyenne.* Un petit resto italien à l'écart des foules. L'ambiance fleure bon les retrouvailles entre amis, en salle, autour du bar au coude à coude avec vue sur les cuisines, ou, mieux, dans le jardin, sur des tables en zelliges comme sorties du souk de Marrakech. Le chef, originaire de Bergame, propose une cuisine de trattoria bien ficelée : raviolis aux truffes noires, *linguine* aux palourdes ou au crabe et une des meilleures pizzas de tout Miami Beach ! Seul bémol : la carte des vins ruineuse.

IOI ***Pane e Vino*** *(zoom détachable Miami Beach, G3,* ***63****) : 1450 Washington Ave. ☎ 305-535-9027. Tlj 17h30-minuit. Plats 20-36 $.* Oubliez bien vite la mini-terrasse à même l'avenue (vraiment trop passante !), et optez pour la petite salle coquette et chaleureuse. Une belle collection de vins habille les murs, mais ce nectar-là pousse un peu trop le bouchon côté prix. Non, ce qui brille ici, c'est un choix original d'antipasti et surtout de *pasta fatta in casa* (devant vous en vitrine). Le chef a plus d'une botte secrète : *canellone ricotta e spinacci, gnocchi alla sorrentina,* mais aussi tagliatelles, macaronis maison, à compléter d'un (bon) tiramisù. Bref, un vrai goût d'Italie mais attention, l'addition risque d'être salée quand même !

IOI ***CVI.CHE105*** *(zoom détachable Miami Beach, F3,* ***66****) : 1245 Lincoln Rd. ☎ 786-534-8651. Tlj 12h-22h30 (minuit ven-sam). Ceviche 15-25 $, plats un peu plus chers.* On aime beaucoup le *CVI.CHE* de Downtown, mais celui-ci aussi. Similaires en tous points : déco franchement moderne, qualité du service et des *ceviche.* Fraîcheur garantie pour un moment d'anthologie à la gloire de cette spécialité péruvienne.

IOI ***Yardbird Southern Table & Bar*** *(zoom détachable Miami Beach, F-G3,* ***61****) : 1600 Lenox Ave. ☎ 305-538-5220.Tlj 11h30 (8h30 we)-23h (minuit ven-sam). Plats au déj et brunch dès 15 $, le soir 18-36 $.* Dans un décor actuel, voici un resto de cuisine du sud revisitée par un ancien du « Top Chef » américain. *Ribs* à la mode de St Louis, *chicken'n'waffles,* poulet au BBQ, *grits* (sorte de polenta) aux crevettes, tous les classiques sont là. Et les becs sucrés n'en sortent pas lésés avec les *sundays* au beurre de cacahuète ou le *cheese cake Southern style.* Attention, l'addition peut vite monter.

Chic

IOI ***Joe's Stone Crab*** *(zoom détachable Miami Beach, G4,* ***90****) : 11 Washington Ave. ☎ 305-673-4611. Tlj 17h-22h (23h ven, sam), plus 11h30-14h30 mar-sam. Fermé 15 août-15 oct. Pas de résas, 1er arrivé, 1er servi. Plats 20-40 $, prix du crabe selon marché.* Si vous voulez vraiment essayer ce temple de la *seafood,* allez-y dès le retour de plage, sinon c'est minimum une heure d'attente sur le trottoir en regardant les nombreuses tablées se régaler devant vous ! Ici, depuis 1913, on en pince pour *Joe's* et son crabe. Mais seulement pendant la saison (le resto est fermé sinon). Sa sauce (dont la recette est jalousement gardée) attire les amateurs des 4 coins du pays. Pourtant, le secret de *Joe's* est ailleurs : depuis plus de 100 ans, il a compris qu'il était inutile de tuer les crabes (tant mieux, vu les quantités servies chaque jour !). Il suffit de leur prendre une seule pince et de les rejeter à la mer : le membre repousse en 18 mois et sans catastrophe écologique ! *Dress code* chicos à respecter le soir. Au ***take-away*** juste à côté *(tlj 8h-21h, 22h ven-sam),* on sert des plats plus simples (*fish & chips,* salades...), moins chers, et de succulents petits déj. Si vous désirez épater vos proches en leur rapportant des pinces de crabe, Joe propose un *airplane pack* pour une dizaine de dollars en plus.

|●| *Baires Grill* *(zoom détachable Miami Beach, F3,* ***84****) : 1116 Lincoln Rd. ☎ 305-538-1116. Tlj 12h-minuit env. Plats 15-17 $ le midi (skirt steak 24 $), 19-36 $ le soir.* Un resto argentin réputé pour ses viandes grillées savoureuses et généreusement servies (qui ne viennent pas de la pampa, mais du Texas), accompagnées de petites sauces maison plus ou moins relevées. Fameux *skirt steak.* Pour les gros mangeurs, on conseille aussi le *ribeye steak,* servi avec l'os à moelle. Petite terrasse sur la rue piétonne et salle élégante avec ses casiers à bouteilles au fond (la carte des vins compte près de 40 références !). Une adresse qui fera le bonheur des carnivores de tout poil.

|●| *Dolce Italian* *(zoom détachable Miami Beach, G3,* ***42****) : 1690 Collins Ave. ☎ 786-975-2550. Tlj 11h-23h (minuit ven-sam). Plats 15-24 $ le midi, 27-44 $ le soir.* C'est le restaurant du *Gale South Beach Hotel,* un italien partagé entre une salle lumineuse à l'atmosphère bistrot-branché au rez-de-chaussée, tournée face au bar, et une seconde à la déco cosy en mezzanine, sans compter la terrasse sur rue aux beaux jours. Des serveurs souriants en tablier. Délicieuse cuisine traditionnelle revisitée par le chef italien : pâtes fraîches maison et pizzas au feu de bois (très abordables), risotto au poisson, veau et autre, bar au citron, viandes grillées (nettement plus chères), et bien sûr tiramisù !

Dans Downtown

De prix moyens à chic

|●| *CVI.CHE 105* *(zoom détachable Downtown, E4,* ***109****) : 105 NE 3rd Ave. ☎ 305-577-3454. À deux pas de Biscayne Blvd. Metromover : First Street. Tlj 11h30 (12h we)-22h (23h ven-sam). Ceviche 15-25 $, plats cuisinés jusqu'à 35 $.* OK, cette cantine design et branchée sur le thème du poisson fait un peu usine quand la salle est pleine, mais c'est plus calme à l'heure du déjeuner. Ici, le *ceviche* (spécialité péruvienne de carpaccio de poisson cru mariné avec des oignons dans une sauce citronnée) et son alter ego le *tiradito* (même chose mais sauce au pesto et huile d'olive remplacent le citron), occupent la majeure partie de la carte. C'est bien présenté, copieux et le service est ultra-rapide. Bon rapport qualité-prix !

|●| *Fratelli Milano* *(zoom détachable Downtown, E4,* ***111****) : 213 SE 1 St. ☎ 305-373-2300. Metromover : Bayfront Park. Tlj sauf dim 11h-22h (23h ven-sam). Le midi, salades et paninis 10-15 $, plats 18-24 $; le soir, 20-30 $.* Bon resto italien tenu par des frères jumeaux. Pizzas, risottos, pâtes, mais aussi salades et paninis pour un déjeuner rapide ; plats de viande et de poisson pour le dîner. Quelques tables en terrasse vite prises d'assaut quand il fait beau. À l'intérieur, grande salle avec de belles photos noir et blanc aux murs. Beaucoup de monde le midi, attiré par le bon rapport qualité-prix.

|●| ☂ *Garcia's* *(zoom détachable Downtown, D4,* ***112****) : 398 NW North River Dr. ☎ 305-375-0765. Prendre NW 3rd St vers l'ouest, jusqu'à la rivière, puis prendre à droite : c'est ensuite indiqué. Ⓜ Government Center puis bus nº 77. Tlj 11h-22h. Sandwichs et salades 13-15 $, plats 22-35 $.* Ouvert en 1966 par une famille de pêcheurs cubains tout juste débarqués en Floride, c'est toujours un des bons spots de Miami pour déguster une *seafood* d'une fraîcheur garantie. Délicieux crabes et *ceviche* (poisson ou crustacés crus marinés dans du citron avec des oignons), huîtres et tous les poissons de Floride au gré de la pêche du jour : marlin, daurade, mérou, espadon, etc. Chouettes terrasses en bois sur la Miami River, sur 2 niveaux. Attention, beaucoup de monde le week-end, réserver ou prendre son mal en patience.

Jamón Iberico Pata Negra *(zoom détachable Downtown, D4,* ***110****) : 10 SW South River Dr. ☎ 305-324-1111. Ⓜ Government Center puis bus nos 11 ou 51. Tlj 12h-22h (23h ven-sam et 21h dim). Tapas 12-15 $. Menu déj en sem 18 $.* Difficile à trouver, au milieu de nulle part, mais vaut le détour. Un authentique bar à tapas, comme en Espagne, avec ses immenses casiers à bouteilles tout le long du mur. Au menu, *jamón,* fromage, chorizo, paella... et une très belle carte de vins ibériques.

À Wynwood et dans le Design District

Bon marché

Miam Café Boutique *(zoom détachable Wynwood, D3,* ***113****) : 2750 NW 3rd Ave, suite 21. ☎ 786-703-1451. Tlj 8h (9h we)-19h. Petit déj et sandwichs 8-10 $.* Derrière sa devanture toute zébrée, le décor du *Miam* se veut industriel dans l'air du temps : chaises et tables blanches sur sol en ciment, hauts plafonds noirs métalliques. Large choix pour le petit déjeuner (pâtisseries, croissants, bons expressos...), mais aussi salades, tartes salées et sandwichs. Fait encore épicerie fine avec une sélection de thé, chocolat et vins californiens. Une bonne halte avant d'aller explorer les murs peints de Wynwood.

Wynwood Yard *(zoom détachable Wynwood, D2-3,* ***114****) : 56 NW 29th St. Tlj 10h-23h (2h ven-sam). Compter 8-12 $.* Une quinzaine de vieux trucks et containers éventrés se sont donné rendez-vous dans une sorte de cour des miracles bobo. Au centre, un grand bar attenant au *Vodka Stage,* plaque tournante de la programmation musicale. Un jardin de curé accueille de longues tables et bancs en plein air et des baignoires en inox où poussent des légumes bio. Tout autour : ***Yōko*** et ses boissons au thé vert, ***House of Mac*** pour des burgers à gogo, ***Shitz n' Fritz*** qui débite ses *Schnitzel and chips,* ***The Lone Wolf*** (tacos), ***Kuenko*** (asiat'), ***Brazilia*** qui fait tourner ses poulets à la broche... tandis que ***M' Bing*** propose des glaces. L'économie du système se veut plus ou moins participative, on y vend des produits locaux, on y cuisine *vegan* (avec des cours à la clé), on y pratique le yoga et quand vient la nuit, on y danse sur du gazon artificiel !

De prix moyens à chic

1-800-Lucky *(zoom détachable Wynwood, D3,* ***96****) : 143 NW 23rd St. ☎ 305-768-9826. Tlj 12h-2h (3h sam). Plats 10-16 $.* D'abord un magasin de vinyles, puis à l'arrière un petit *food-court* dont on a vite fait de faire sa cantine pour peu que l'on aime la sauce aigre-douce, la cuisine au wok, les nouilles et le piment. Chinoise, vietnamienne, nipponne ou des îles pacifiques, cette cuisine-là est préparée devant vous à la demande, bien servie et à un prix tout à fait démocratique. Reste à savourer tout ça sur les grandes tables pour lier connaissance ou en terrasse. DJ en soirée.

Mister 01 *(zoom détachable Wynwood, D3,* ***68****) : 2751 N Miami Ave. ☎ 786-991-9343. Lun-jeu 11h30-23h (minuit ven-sam), 12h-23h dim. Pizzas 8-16 $, antipasti et salades 8-14 $.* Dans cet intérieur qu'on dirait scandinave, la pizza est le produit phare, puisque c'est ici même que tous les pizzaiolos en devenir du coin viennent se former. Faut dire que le résultat est là, avec des pâtes extrêmement bien travaillées et un savoir-faire dans le choix et la présentation de la garniture rarement vus. Les « plutôt salades » pourront la confectionner eux-mêmes.

Suviche *(zoom détachable Wynwood, D3,* ***62****) : 2315 N Miami*

Ave. ☎ 305-501-5010. Tlj 11h30-23h (12h-minuit sam, dim). Ceviche en 2 portions, 8-16 $. Point de ralliement des amateurs d'art, ce *Suviche,* situé dans le Midtown en plein boom urbanistique, offre une carte de produits péruano-nippons à moins de 500 calories ! Tartare de thon, *lomo saltado,* tout ce qui se découpe en rondelles, se hâche ou s'émince, finit immanquablement mariné dans du citron. Cuisine *healthy* ou *gluten-free* aussi, à consommer dans la grande salle avec clim réglée sur polaire ou en terrasse. Ici il n'y a guère que le *pisco* ingurgité sur les balancelles au bar qui puisse vous faire prendre des hanches ! Musique en live certains soirs.

Wynwood Kitchen & Bar *(zoom détachable Wynwood, D3,* ***92****) : 2550 NW 2nd Ave (à l'angle de NW 26th St). ☎ 305-722-8959. Tlj sauf dim soir 11h30-15h30, 17h30-23h (minuit ven-sam). Salades et plats 10-24 $.* Mosaïque de couleurs sur les *murals* de ce bar-resto branché et emblématique de l'esprit arty du quartier. Le point de ralliement des galeristes du coin. À la carte : soupes, salades et viandes dans des assemblages mêlant le tex-mex à la Méditerranée, pour des portions goûteuses et bien présentées quoique assez chiches. Excellents cocktails maison, dont la signature est à mettre au crédit des artistes qui ont peint les fresques alentour, à déguster en terrasse, au bar, ou calé dans un des box qui courent autour de la grande salle.

Sugarcane *(zoom détachable Wynwood, D2,* ***94****) : 3252 NE 1st Ave. ☎ 786-369-0353. Lun-ven 11h30-minuit (1h jeu et 2h ven), sam 10h-2h, dim 10h-minuit. Brunch le we. Au déj en sem, plats 10-22 $, 12-24 $ le soir.* Immense salle à la déco stylée, haute de plafond, avec gros ventilos, cuisine et bar ouverts sur la salle. Banquettes en moleskine rouge et tables blanches à l'intérieur. Grande terrasse également. La carte regarde le pays du Soleil-Levant, malgré quelques tapas et plats plus locaux. Une ambiance moderne et beaucoup de monde le week-end. Sympa aussi pour boire un verre et grignoter en début de soirée.

Estefan Kitchen *(zoom détachable Wynwood, D2,* ***87****) : 140 NE 39th St. ☎ 786-843-3880. Tlj 11h30-23h (minuit ven, sam). Sandwichs (lunch slt) 11-15 $, plats 24-28 $.* Planqué dans un coin du *palm court* de Design District, un resto à l'intérieur noir et blanc, souligné par un éclairage bleu. Le midi, les cadres accoudés au bar transpirent en pensant à la tache de ketchup sur leur chemise blanche. Le soir, c'est nettement plus guindé. On est de sortie pour goûter la cuisine cubaine de haute volée des frères Estefan. Et comme Cuba se déguste toujours en musique, quelques *guitarristas* triés sur le volet viennent tous les vendredis à 17h habiller les lieux de quelques suaves rumbas.

À Little Havana

Bien entendu, on vient dans ce quartier surtout pour ***la cuisine centre et sud-américaine.*** Ici, les cartes sont en espagnol avec quelques plats « sous-titrés » en anglais.

Bon marché

Yambo *(plan détachable Miami, C4,* ***101****) : 1643 SW 1st St. ☎ 305-649-0203. Ⓜ Government Center puis bus nos 11 ou 51. 24h/24. Env 8 $. CB refusées.* Ici, on sert des spécialités du Nicaragua, entre autres le *puerco asado* (porc grillé). On se croirait vraiment en Amérique centrale, entre les poteries pendues au plafond par dizaines, les objets décoratifs et fétiches en tout genre et les tables en mosaïque, le tout un peu kitsch. Sans oublier la radio en espagnol comme bruit de fond et les habitués qui font partie du décorum.

De bon marché à prix moyens

Exquisito Restaurant *(plan détachable Miami, C4,* ***102****) : 1510 SW 8th St, entre 15th et 16th St. ☎ 305-643-0227. Ⓜ Brickell puis bus n° 8. Tlj 7h-23h. Breakfast 7h-10h30, 5-7 $; plats 5-10 $ au déj en sem et 10-12 $ sinon.* Coincé au pied d'un mignon ciné Art déco, un resto à 2 entrées : à gauche, le comptoir pour les pressés ; à droite une salle carrelée, décorée de toiles cubaines. Ouvert en 1976, il a été primé meilleur *breakfast* de Miami. Chaque jour des plats différents, et une carte où foisonnent les spécialités cubaines *(churrasco, bistec de pollo, costilla de puerco...)*, accompagnées d'*arroz blanco, frijoles negros,* bananes plantain ou encore *papas fritas.* Le vendredi, c'est le jour de la morue ou des filets de poisson. Portions très généreuses, bonnes et à prix doux.

La Boulangerie – Boul' Mich *(plan détachable Miami, C-D5,* ***108****) :* *1242 Coral Way.* ☎ *305-858-1080.* Ⓜ *Vizcaya. Tlj 7h30-20h30 (16h dim). Petits déj et plats 10-15 $.* Le *Boul' Mich* s'est invité à ce carrefour passant du début de Coral Way, face au Cuban Diaspora Museum. Les baguettes trônent dans des panières, croissants et pâtisseries crânent derrière d'alléchantes vitrines. Et, pour les appétits plus conséquents, la maison propose aussi sandwichs, pâtes et salades. C'est frais, bon et servi avec le sourire dans une salle décorée de bric et de broc.

Versailles *(plan détachable Miami, B4,* ***103****) : 3555 SW 8th St, au niveau de 35th Ave.* ☎ *305-444-0240.* Ⓜ *Brickell puis bus n° 8. Tlj 8h-1h (2h ven-sam). Plats du jour 7-15 $; spécialités 10-26 $. Dim, breakfast à volonté env 10 $.* Voici une institution de Little Havana... Façade classique surmontée de balustres et d'angelots, déco intérieure pleine de miroirs (idée lointaine de la galerie des Glaces), voilà le nom explicité... Pour le reste, c'est une banale cafétéria des 70's. Longue liste de spécialités cubaines pour tous les budgets, mais aussi des poissons et viandes à la créole, de bonnes soupes et grosses salades, et les plats du jour. Le tout est complété par une **boulangerie-café** *(lun-sam 8h-1h du mat, dim 9h-22h)* attenante, dont les vitrines regorgent de gâteaux et où se bousculent les gens du quartier pour prendre leur *café con leche* (café au lait) à prix doux et très sucré.

À Coconut Grove

El Carajo *(plan détachable Miami, C5,* ***105****) : 2465 SW 17th Ave.* ☎ *305-856-2424.* Ⓜ *Vizcaya puis bus n° 17. Tlj 10h (11h sam-dim)-23h. Tapas 4-10 $, plats 10-17 $ au déj, 15-25 $ le soir. Verres de vin 5-10 $.* Un caviste réputé planqué à l'intérieur d'une station-service *Mobil* ! L'adresse mérite le détour. Italiens, espagnols, chiliens, français, argentins, californiens, tous ces vins se dégustent sur place, au verre (choix réduit) ou à la bouteille, accompagnés de délicieuses tapas (crevettes à l'ail, chorizo sauce au vin, etc.), d'un bon plateau de charcuterie, fromages ou... fruits de mer, voire encore d'une vraie paella.

Peacock Garden Cafe *(plan détachable Miami, B-C6,* ***97****) : 2889 McFarlane Rd.* ☎ *305-774-3332.* Ⓜ *Brickell puis bus n° 48. Brunch sam, dim 9h-15h30, lunch lun-ven 11h30-17h, dîner tlj 17h-22h (23h ven-sam). Salades et burgers 14-18 $ le midi, plats 22-34 $ le soir.* Avant d'entrer, notez à droite la tombe de la pionnière de ce quartier. Après quoi, quelle belle oasis vous découvrirez là ! Des tables en fer forgé blanches se blottissent dans une cour charmante encadrée de verdure. L'intérieur flirtant avec l'ambiance d'un *club house* à l'anglaise. Dans l'assiette, salades bio très généreuses le midi, bons sandwichs, poissons grillés et risottos, steaks aussi – dont la variété s'accroît au dîner. Le fond jazzy aide à digérer et, le week-end, les musiciens débarquent en live *(19h-22h).*

The Spillover *(plan détachable Miami, B-C6,* ***104****) : 2911 Grand Ave, suite 400D.* ☎ *305-456-5723.* Ⓜ *Brickell puis bus n° 48. Tlj 11h30-22h (23h mer-sam). Salades et burgers 10-18 $, plats 15-25 $.* Dans le complexe *Mayfair in the Grove* que ne renierait pas Gaudí, se trouve cette grande salle dominée par un faux mur de brique bien patiné. La carte lance ses lignes vers la mer, mais aussi vers des salades, sandwichs et autres plats plus ou moins élaborés et coûteux. Le crabe se met en cake, l'alligator étale ses *ribs* aux côtés d'autres viandes honorablement apprêtées. Service efficace.

OÙ FAIRE UNE PAUSE SUCRÉE AUTOUR D'UN JUS OU D'UN CAFÉ ?

À Miami Beach (South Beach)

The Frieze Ice Cream Factory *(zoom détachable Miami Beach, G3,* ***121****) :* *1626 Michigan Ave. ☎ 305-538-0207. Tlj 12h-minuit (1h ven-sam).* Cet artisan à l'ancienne fabrique ses glaces et sorbets uniquement avec des produits naturels : au champagne (déroutant !), au citron vert des Keys, à la noix de coco fraîche ou à la passion, etc. Gage de qualité, il livre l'*Eden Rock*, le *Ritz Carlton* et le *Mandarin Oriental* ! Le tout à petit prix.

The Smoothie Shop *(zoom détachable Miami Beach, G3,* ***123****) : 1229 Washington Ave. ☎ 305-532-4440. Tlj 10h-22h (minuit ven-sam).* La maison propose une vingtaine de *smoothies* avec ou sans lait. Également des jus de légumes et quelques *wraps*. Tout est préparé sous vos yeux, à la demande et avec le sourire. Y'a bon vitamines !

À Wynwood et dans le Design District

Zak The Baker Deli *(zoom détachable Wynwood, D3,* ***86****) : 405 NW 26th St. ☎ 786-294-0876. Lun-ven 10h-15h, dim 9h-17h. Fermé samedi (shabbat). Soupes 4-7 $, plats 12-15 $.* Zak, c'est THE boulanger du quartier. Au 295 de la même rue, on voit d'ailleurs toute l'équipe dans le pétrin puisqu'on mange en les regardant travailler. Zak, la céréale, c'est son truc, tout comme la charcuterie casher, le pastrami et plus généralement la cuisine ashkénaze, somme toute minoritaire dans la Miami majoritairement séfarade. Résultat, du bon, du surprenant, du « goûtu ». Une adresse à l'image du renouveau du quartier. Ah oui, on oubliait : ses brioches babka sont une tuerie !

Panther Coffee *(zoom détachable Wynwood, D3,* ***125****) : 2390 NW 2nd Ave. ☎ 305-177-3952. Tlj 7h (8h dim)-21h.* Un des meilleurs cafés de Miami. Pas moins de 7 moutures venues de 5 pays (pour les cafés longs) et 2 qualités pour l'expresso. Cappuccino, *americano, macchiato, cortado* se pressent aussi pour donner la pêche à la *panther*. Également une belle carte de thés et autres boissons. À siroter dans la salle emplie d'effluves de torréfaction, ou sur une terrasse-jardin donnant sur la rue et ses fresques. Super pour un petit déj (bonnes viennoiseries) ou marquer une pause en journée.

The Salty Donut *(zoom détachable Wynwood, D3,* ***93****) : 50 NW 23rd St. ☎ 305-925-8126. Tlj sauf lun 7h30 (8h we)-18h. Moins de 8 $.* Ce petit *coffee-bar* grand comme un mouchoir de poche, prolongé sur l'extérieur par de solides tables de pique-nique, passe pour être la référence aux USA en matière de beignets (donuts) maisons et revisités avec légèreté (si, si). Les assemblages sont surprenants et le café (équitable) un must. N'y allez pas trop tard car ça ferme quand tout est vendu !

OTL *(zoom detachable Art et Design Districts, D2,* ***126****) : 160 NE 40th St. ☎ 786-953-7620. Tlj 8h (9h sam-dim)-18h.* Un haut espace blanc, rose, vert d'eau, au mobilier en bois latté comme un showroom suédois. Terrasse à même la rue piétonne, protégée du soleil par une galerie à colonnade blanche. Et qu'est-ce qu'on y sert ? Gâteaux, salades, cafés et thés (chauds ou glacés). À déguster dans une ambiance zen très actuelle.

À Little Havana

Los Pinareños Fruteria *(plan détachable Miami, C4,* ***122****) : 1334 SW 8th St. Ⓜ Brickell puis bus n° 8. ☎ 305-285-1135. Tlj 7h-18h (15h dim). CB refusées.* Un primeur plutôt original puisqu'en plus des fruits et légumes de saison on y trouve aussi quelques objets de broc à vendre. Excellents jus de fruits frais, de noix de coco, avocat ou encore gingembre... On peut aussi boire un *café con leche* et grignoter des gâteaux. Le rendez-vous des aînés du quartier. Bonne atmosphère le dimanche matin.

OÙ BOIRE UN VERRE ? OÙ ÉCOUTER DE LA MUSIQUE ?

Attention, de nombreux lieux de sortie ont un ***minimum de paiement de 30 $ par carte bancaire,*** venez avec du ***cash*** ! Et faites gaffe... les prix des *happy hours* facturés plein pot et les arnaques sur les notes sont routinières ici (contrôlez bien le pourboire, il est facturé d'office). On ne vous parle même pas de l'attitude souvent détestable des videurs et du temps interminable à poireauter devant les entrées de boîtes. Pour une première approche, vous pourriez vous offrir un ***pub crawl*** (tournée des bars) ; plusieurs organisateurs locaux en proposent, comme *Miami Club Crawl (● miami.worldcrawl.com ●) ;* départ du mardi au dimanche vers 20-22h pour un programme de 4 ou 5 bars, lounges et clubs servis dans la foulée, sans avoir à faire la queue... Quelques boissons sont incluses. Compter 85 $ pour 1 nuit, mais il existe des forfaits de plusieurs jours.

Les ***parkings*** de SoBe pratiquent pour la plupart des ***forfaits nocturnes*** intéressants *(env 10 $)* du vendredi au dimanche soir, à condition d'entrer vers 21h et de repartir avant 5h du matin (à jeun évidemment).

À Miami Beach (South Beach)

À la cool

🍸 ***Bodega*** *(zoom détachable Miami Beach, F3, **73**) : 1220 16th St. ☎ 305-704-2145. Tlj midi-5h.* Entrez donc au *Meat Market*, après avoir poussé la lourde porte de la chambre réfrigérée située à droite du petit *trailer* en alu où l'on sert des tacos. Vous y découvrirez un *lounge* du genre speakeasy, avec mezzanine, long bar illuminé et quelques sofas qui vous tendent les bras. Intéressant choix de cocktails, bon mojito et musique qui sonne bien. *Gratuity* (pourboire) facturé d'office, attention !

🍸 ***The Broken Shaker*** *(plan détachable Miami, G2-3, **39**) : 2727 Indian Creek Dr. ☎ 305-531-2727. Tlj 18h (we dès 14h)-2h.* C'est le bar de la néo-AJ *Freehand Miami* (voir plus haut « Où dormir ? »), réputé comme l'un des meilleurs de la côte pour ses cocktails de mixologues, élaborés avec les herbes et épices de leur propre jardin (très tendance), des fruits frais et des ingrédients exotiques du monde entier. Ici on n'est pas snob. On trouve juste les plus belles filles et les plus beaux gars du coin. Installé au bord de la piscine à siroter son breuvage, l'ambiance vacances est assurée. *Great vibe,* comme on dit ici (et bondé en fin de semaine).

🍸 ***Kill Your Idol*** *(zoom détachable Miami Beach, G3, **136**) : 222 Española Way. ☎ 305-672-1852. Tlj 20h-5h. Live ou DJ surtout le we à partir de 23h.* Ici, quoi de spécial ? Tout. Un astronaute au plafond, la tête en bas. Un juke-box déglingué et un vrai flipper qui fonctionne (gratos). Des tags déjantés. Un cabinet de curiosités improbable derrière le bar qui débite sa bière à la pression. Clientèle métissée, sans complication ni *dress code*. L'endroit est réputé pour ses soirées à thèmes qui se déroulent toujours dans la bonne humeur.

🍸 ***Mac's Club Deuce*** *(zoom détachable Miami Beach, G3, **130**) : 222 14th St. ☎ 305-531-6200. Tlj 8h-5h du mat. Happy hours tlj 8h-19h !* Ce bar à l'ancienne, aux sols en damier noir et blanc, avec billard, néons à papa et lumières tamisées, attire des habitués réfractaires au *glitz* (faste) outrancier des rues voisines. Idéal pour ceux qui ne veulent pas (forcément) se mettre sur leur trente et un. *Cool tunes,* billard et atmosphère enfumée garantis.

🍸 ***Purdy Lounge*** *(zoom détachable Miami Beach, F3,* ***133****) : 1811 Purdy Ave. ☎ 305-531-4622. Tlj 15h (17h le we)-5h du mat. Entrée libre.* Ce bar-lounge très sympa – alias *Dirty Purdy* – tourne ostensiblement le dos aux foules et à la frime d'Ocean Drive. Le prix des consos est d'ailleurs beaucoup plus abordable ! Décor vintage de bric et de broc, style loft new-yorkais, assez sombre. Le DJ aux manettes *(most nights)* balance une musique éclectique, tendance top 40 des deux décennies écoulées, saupoudré de hip-hop, de rock et reggae le lundi. Ambiance décontractée et très enfumée, sandales ou talons aiguilles (*no dress code,* ça change !), canapés et billard, pour un public cosmopolite plutôt jeune.

🍸 ***Radio Bar*** *(zoom détachable Miami Beach, G4,* ***135****) : 814 1st St. ☎ 305-397-8382. Jeu-sam 18h-5h du mat.* Le nom vient de la grande antenne blanche dressée au-dessus. Tranquille en début de soirée, le long bar cosy, au mobilier dépareillé de grand-mère, s'anime doucement après le dîner. Les cocktails maison donnent le sourire, les DJs débarquent et le son monte, tendance *best of* des années 1990 et 2000. Pas de chichis, pas de snobinards, juste des gens qui ont envie de rire, de boire et de danser un peu.

🍸 ***Wet Willie's*** *(zoom détachable Miami Beach, G4,* ***131****) : 760 Ocean Dr. ☎ 305-532-5650. Tlj 11h-2h du mat (3h ven-sam).* Prenez soin de vous saper un minimum, sinon le grand monsieur avec une oreillette ne vous laissera pas entrer (et si vous avez vos tongs ou des baskets aux pieds, un short ou une casquette, après 20h, c'est niet !). Tout en couleurs acidulées et ouvert en balcon sur l'animation de la rue, façon pont de paquebot (c'est là son intérêt majeur), ce bar très prisé de la jeunesse débite non-stop des cocktails glacés décoiffants – puisés aux *dispensers* alignés tout au long des bars veillés par des fresques psychédéliques. Le choix sera difficile entre les 25 mixtures proposées.

Sur un *rooftop*

Impeccable en fin de journée pour profiter du coucher du soleil. Mais, n'oubliez pas : les prix aussi prennent de la hauteur ! Voici une sélection non exhaustive de quelques lieux branchés.

🍸 ***La Côte*** *(plan détachable Miami, G2,* ***142****) : 4441 Collins Ave. ☎ 305-674-4710. Tlj 11h-19h.* C'est le *rooftop* du *resort Fontainebleau.* Vue imprenable sur l'océan azur pour une pause paradisiaque autour d'un verre de rosé ou d'un cocktail, avant d'aller danser au *LIV,* le club de l'hôtel.

🍸 ***Townhouse*** *(zoom détachable Miami Beach, G3,* ***20****) : 150 20th St, à l'angle de Collins Ave. Voir plus haut « Où dormir ? À Miami Beach ».* Terrasse ouverte aux non-résidents *(tlj 20h-2h)* qui attire du beau monde, surtout les week-ends en haute saison. Longues banquettes colorées, vue plongeante sur les palmiers et l'océan... Il y a de quoi séduire.

🍸 ***Juvia*** *(zoom détachable Miami Beach, F3,* ***138****) : 1111 Lincoln Rd (angle avec Lenox). ☎ 305-763-8272. Tlj 18h-23h (plus 12h-15h sam-dim).* Mur végétal, terrasse en teck et dominante pourpre et blanc pour habiller cet original *rooftop* surmontant un parking. La vue panoramique embrasse la fameuse Lincoln Road, jusqu'à l'Art Deco District.

Pour s'éclater

🍸 ***Mango's Tropical Cafe*** *(zoom détachable Miami Beach, G3,* ***10****) : 900 Ocean Dr. ☎ 305-673-4422. Tlj 11h-5h (DJ tlj dès 13h30). Entrée : 5-20 $ selon show (qui s'enchaînent 21h-2h du mat).* Sur des rythmes salsa et percussions africaines endiablées, *bombas latinas* et chippendales trémoussent leurs corps de rêve jusqu'au bout de la nuit dans une ambiance tropico-déjantée inondée de lumière noire. Ce n'est pas le Brésil, mais l'un des endroits les plus *caliente* de SoBe ! Cocktails décevants, en revanche.

🍸 ***Clevelander*** *(zoom détachable Miami Beach, G3,* ***134****) : 1020 Ocean Dr. ☎ 1-877-532-4006. Tlj 11h-4h.* Un lieu incontournable, avec sa petite piscine et son enseigne lumineuse fifties, telle un phare éclairant la nuit. S'il vous faut une île, dirigez-vous vers le *dance*

mer. En journée, c'est plutôt pépère, champ' au frais dans le seau à glace et bronzette. Le soir, en revanche, les play-boys, top models et autres jet-setters s'y retrouvent pour des fiestas complètement débridées, entre cocktails, petites tenues et musiques de tout poil. Le dimanche, brunch dès 11h où l'on croise du beau monde.

LIV at Fontainebleau *(plan détachable Miami, G2,* ***142****)* **:** *4441 Collins Ave. ☎ 305-674-4680. • livnightclub.com • En général, mer-sam 23h-5h. Entrée : 30-80 $!* Énorme boîte sophistiquée et glamour, située dans l'hôtel *Fontainebleau*, emblématique des années 1950. Pour y entrer, un seul secret : sortir le cash ou chausser ses stilettos les plus affutés et son plus beau *make-up*... Les filles (jeunes de préférence) les mieux galbées s'en tirent souvent gratos, tant mieux pour elles. Comme dit la formule : *dress to impress*. Plusieurs bars, giga piste de danse baignant dans des *lights* rouges et bleues, DJ de renom et ambiance de FO-LIE. Concerts certains soirs, programme sur le site. Toujours *the place to be in Miami*.

Story *(zoom détachable Miami Beach, G4,* ***149****)* **:** *136 Collins. ☎ 305-479-4426. • storymiami.com • Ouv jeu-ven 23h-5h du mat. Entrée variable : 20-60 $.* Conçue par François Frossard, designer d'hôtels 5 étoiles, le *Story* est certainement la plus grande boîte de South Beach. Les jeunes du coin et les touristes s'y pressent (dans tous les sens du terme), surtout le samedi. Rançon du succès, il faut prévoir une longue attente avant d'entrer. Si on entre !

Twist *(zoom détachable Miami Beach, G3,* ***143****)* **:** *1057 Washington Ave. ☎ 305-538-9478. • twistsobe.com • Tlj 13h-5h. Twist*, c'est LA boîte gay de SoBe, quasi 2 décennies de fiesta ininterrompue autour de ses 7 bars (oui, 7 !) aux ambiances toutes différentes – dont le tropical *Bungalow Bar* avec strippers de rigueur... Le *Main Room* résonne sur des rythmes *tribal house* endiablés et le *BarFive* ouvre grand les écoutilles à la salsa et aux sons latinos. Les hétéros des deux sexes sont les bienvenus et ne s'en privent d'ailleurs pas. En bonus : l'entrée toujours gratuite.

À Wynwood

L'aller est possible en transports en commun, mais selon l'heure, le retour se fera probablement en taxi ! ***Évitez de traîner à pied la nuit*** dans les rues désertes de ce secteur.

The Electric Pickle Company *(zoom détachable Wynwood, D2-3,* ***129****)* **:** *2826 N Miami Ave. ☎ 305-456-5613. • electricpicklemiami.com • Mer-sam 22h-5h.* Le club branché de Wynwood. Très bonne programmation et sono digne des soirées berlinoises. Sur 2 niveaux, mais l'étage est difficile à atteindre car plus exigu. Voir le programme des DJ sets sur le site internet.

Dans Downtown

Blackbird Ordinary *(zoom détachable Downtown, D4,* ***146****)* **:** *729 SW 1st Ave. ☎ 305-671-3307. • blackbirdordinary.com • Metromover : 8th Street. Tlj 15h (17h we)-5h.* Une taverne branchée qui se remplit très (trop ?) rapidement. Panneaux de bois et banquettes noires. Tous les soirs, DJs, concerts live, karaokés, etc. Terrasse agréable.

E11even *(zoom détachable Downtown, D3,* ***147****)* **:** *29 NE 11th St. ☎ 305-570-4803. • 11miami.com • Metromover : 11th Street. Tlj 24h/24.* LE club de la ville qui ne ferme jamais ses portes ! Et tout un programme pour divertir les noctambules, même en pleine journée : prestations d'artistes, shows de danseurs, écrans géants avec projections de clips, sets de DJ... Plusieurs espaces VIP, 4 bars à disposition. Bref, une grosse machine pour faire la fête, sans jamais faire de pause.

À Little Havana

Dans un autre genre, les amateurs de vraie ambiance latino ne manqueront pas les ***Viernes culturales.*** Se reporter plus loin à la rubrique « À voir. À faire » dans les environs de Miami Beach, sinon voici une adresse qui vaut le détour.

Ball & Chain *(plan détachable, C4,* ***150****)* **:** *1513 SW 8th St. ☎ 305-643-7820. Tlj 12h (11h sam-dim)-minuit (2-3h jeu-sam).* C'est l'exact remake

MIAMI

d'un *hotspot* des années 1930. Ici même se sont produits jadis Count Basie, Billie Holiday, Chet Baker, Nat King Cole et quelques autres grands noms du jazz. Mélange d'influences juives et cubaines, la maison a ressuscité d'anciennes recettes. On ne saurait trop vous conseiller quelques cocktails d'inspiration cubaine, et d'éponger le tout avec des tapas et des morceaux de porc aux frites de plantain. Côté zik, c'est jazz à 18h du jeudi au samedi. Soirée salsa hyper *caliente* le samedi à partir de 21h.

CENTRE CULTUREL

Adrienne Arsht Center *(plan détachable Miami, D-E3,* ***153****) : 1300 Biscayne Blvd. ☎ 305-949-6722. • arshtcenter.org • Metromover : Omni. Dans Downtown. Visites guidées gratuites sur résa, lun et sam à 12h. Durée : 1h30.* Dessiné par César Pelli, ce centre culturel très design est le plus grand des États-Unis après le Lincoln Center de New York. Il propose une programmation éclectique : opéras, comédies musicales, théâtre, concerts. Bon ***café-resto-librairie*** sur place *(tlj 11h-20h)* avec *live music* lundi *(16h-19h)* et samedi soir *(21h-minuit).* Et ***farmers market*** le lundi *(16h30-20h30).*

MIAMI

ACHATS

Livres

Books & Books *(zoom détachable Miami Beach, G3,* ***160****) : 927 Lincoln Rd. ☎ 305-532-3222. • booksandbooks.com • Tlj 10h-23h (minuit ven-sam).* Librairie avec petit ***café-resto*** et terrasse, en plein cœur du quartier animé de Lincoln Road. Produits locaux pour une cuisine fraîche dans l'esprit « *farm to table* », servie du matin au soir (et à prix raisonnables).

Vêtements, chaussures

Sneak Attack *(zoom détachable Wynwood, D3,* ***161****) : 2519 NE 2nd Ave. ☎ 786-536-9909. Tlj 12h-20h (21h ven, sam).* Autour du billard central de cette petite boutique s'alignent les sneakers les plus dans le vent. Des séries limitées, de l'inédit, du sweat à la casquette, que des fringues choisies. De l'occasion aussi. Bref, du jamais vu, du rare, à l'image de ces bustes en vinyle customisés, sans parler de cette paire de sneakers montante truffée de diodes électroluminescentes portées dans le film *Retour vers le Futur*. Vendues 12 000 $!

Grooveman Music *(zoom détachable Miami Beach, G3,* ***162****) : 1121 Washington Ave. ☎ 305-535-6257. Tlj sauf dim 12h-22h.* Adeptes de l'*urban wear* et de la *street*, vous voulez soigner votre look ? C'est ici qu'il faut venir. T-shirts à messages, sneakers, accessoires, gadgets, tout est là.

À South Beach, les grandes enseignes comme *Urban Outfitters, Banana Republic, Levi's, Ralph Lauren, Victoria's Secret...* sont regroupées dans le bas de **Collins Avenue, entre 5th et 9th Street** surtout *(zoom détachable Miami Beach, G4).* Également pas mal de boutiques sur ***Lincoln Road Mall*** *(zoom détachable Miami Beach, G3)* : *Anthropologie, J. Crew, Lucky Brand, American Eagle Outfitters, Urban Outfitters, Havaianas,* les cosmétiques new-yorkais *Kiehl's...* À Coral Gables, on les retrouve dans le *mall* ***Shops at Merrick Park*** *(plan détachable Miami, B5) : SW 42nd Ave. Ⓜ Douglas Rd puis 800 m à pied. • shopsatmerrickpark.com • Tlj 10h-21h. Parking payant.* Agréablement articulé autour d'une pelouse et de hauts palmiers.

Pour les *fashion addicts*, au nord de Miami Beach, juste après Sunny Isles, l'***Aventura Mall*** *(19501 Biscayne Blvd ; bus S ou n° 120 depuis Downtown Omni et Miami Beach ; également accessible par le bus n° 1* *de Fort Lauderdale)* regroupe encore plus d'enseignes. Pour des prix un peu plus intéressants, nous vous conseillons plutôt, si vous le pouvez, de vous rendre au ***Sawgrass Mills*** (voir plus loin « Fort Lauderdale. Achats »).

Miami Design District *(zoom détachable Wynwood, D2, **163**)* **:** *dans la série de blocs compris entre NE 1rst St et NE 2nd Ave, et 41st et 38th St. ☎ 305-722-7100. Lun-sam 11h-20h, dim 12h-18h.* Accolé à Wynwood, ce quartier rassemble une bonne quarantaine de showrooms de designers et au moins autant de grandes enseignes du luxe. On y va pour s'offrir une séance de lèche-vitrines au sens propre car ces boutiques de mode rivalisent de créativité dans leurs aménagements. Quelques galeries d'art, aussi. Bon, d'accord, ça fait un peu zoo pour milliardaires, mais c'est ça aussi, Miami !

À VOIR. À FAIRE

À MIAMI BEACH

(South Beach ; zoom détachable Miami Beach, F-G3-4)

Le ***prix d'accès aux musées et sites*** est conséquent à Miami. Établissez un « business plan » pour ne pas vous retrouver trop vite sur la paille. Et pour amoindrir la douloureuse, pensez aux coupons de réduction disponibles dans les brochures et sur Internet.

The beach* :** dans Miami Beach, il y a « *beach* », et c'est vrai qu'on parle toujours en premier de l'architecture Art déco du quartier en oubliant d'évoquer cette longue et magnifique plage sans laquelle ce décor de rêve ne serait pas ce qu'il est. Côté décor, justement, les ***postes d'observation des maîtres-nageurs aux allures de vaisseaux spatiaux des années 1950 font aussi partie intégrante du cliché floridien. La plage est artificielle : elle exige d'être réapprovisionnée chaque année en sable frais (mais assez grossier) pour compenser l'érosion naturelle ! Fréquentation cosmopolite, familiale avec quelques particularités : les surfeurs jusqu'au niveau de 5th Street, les apollons préférant les apollons au niveau de 12th Street et au nord de Lummus Park les personnes âgées qui conversent en yiddish... Les States découpés selon les pointillés, quoi !

Une chouette balade consiste à arpenter la ***beachwalk (la promenade du front de mer),*** cyclable de la pointe sud de South Beach jusqu'à la 24th St., puis pédestre jusqu'au grand hôtel-*resort Fontainebleau.* Elle se poursuit encore plus au nord, de façon discontinue. Le regard embrasse l'océan d'un côté et, de l'autre, l'arrière des hôtels de luxe, avec piscines de rêve et jardins tropicaux.

Plus au nord de Miami Beach, ***Haulover Beach*** *(au niveau des numéros 14000 Collins Ave),* une des seules plages de la ville considérée comme nudiste, entourée de dunes. Et aussi en allant vers le sud, à Key Biscayne, la ***plage de Crandon Park*** *(vers le 4000 Crandon Blvd)* avec aires de barbecue, sentiers de balades, location de kayaks...

Art Deco District *(zoom détachable Miami Beach, G3-4)* **:** *essentiellement entre 5th St et Lincoln Rd.* Les édifices les plus représentatifs sont situés sur Ocean Drive, Collins Avenue et Washington Avenue. Plusieurs possibilités pour découvrir en détail les richesses architecturales du quartier.

■ ***Miami Design Preservation League*** organise différentes formules de visites guidées de l'Art Deco District. Départs de l'***Art Deco Gift Shop/Welcome Center*** *(zoom détachable Miami Beach, G3, **2**)* : *1001 Ocean Dr.* ☎ *305-763-8026.* ● *mdpl.org* ● Voir aussi plus haut « Culture, visites guidées » dans « Adresses et infos utiles ».

– ***Visites guidées à pied :*** *tlj à 10h30 (et 18h30 jeu) arriver 15 mn avt l'heure (résa possible in situ mais pas nécessaire). Bon niveau d'anglais requis. Durée : 1h30. Tarif : 25 $; réduc.* Guidées par des historiens ou des architectes. Avantage : on pénètre l'intimité de certains bâtiments.

– ***Audioguide format iPod :*** *disponible en français (entre autres), tlj 9h30-17h (dernier départ à 15h30). Durée 1h30 env, mais rien n'empêche d'interrompre l'audioguide pour boire un coup – sauf s'il y a beaucoup de monde qui attend, auquel cas on ne vous donnera pas de rab de temps... Tarif : 20 $; réduc.* Le commentaire est bien fait et l'équipement est fourni avec un plan.

– ***Art Deco Museum :*** *dans le bâtiment du Miami Design Preservation League. Tlj sauf lun 10h-17h (19h jeu). Tarif : 5 $; réduc (entrée incluse dans le prix des visites guidées).* Un petit musée présentant pas mal de vidéos sur le travail de conservation du quartier. Quelques plans et objets de la vie quotidienne durant les années 1930.

UNE VILLE QUI A DU STYLE

Le style Art déco tire son nom du style en vogue lors de l'Exposition internationale des Arts décoratifs de 1925 à Paris. Il allie la géométrie cubique à des motifs égyptiens et floraux. L'Art déco floridien est appelé Tropical Art Deco, en raison de l'apport de motifs spécifiques à la région. Miami Beach est l'endroit au monde qui rassemble le plus d'immeubles (800 au total) de ce style très uniforme car tout a été construit en même temps (1926-1943).

L'histoire de ce quartier débute véritablement ***après le passage de l'ouragan de 1926,*** qui détruisit la plupart des bâtiments de Miami Beach. Tout fut donc rebâti à la même époque, dans un style très en vogue. Les hôtels étaient conçus pour les séjours balnéaires de la *middle class*. Un des architectes les plus prolifiques de cette époque fut ***Henry Hohauser.***

L'appellation *Art Deco* lui fut donnée tardivement, en 1968. D'ailleurs, à l'intérieur de cette définition, plusieurs sous-styles se dégagent : *Mediterranean Revival, Zig-zag Moderne, Streamline* et *Depression Moderne* : celui de Miami Beach est plus simple que le style européen, plus dépouillé, et avec des décors s'inspirant de l'environnement. Délaissé, délabré, ***le quartier était menacé de démolition dans les 70's.*** Plusieurs promoteurs courageux se regroupèrent en 1976 dans la ***Miami Design Preservation League.*** Grâce à des aides fiscales et à des crédits avantageux, cette association investit dans la rénovation des façades aux formes arrondies, aux stucs blancs qui alternent avec toutes les teintes des *ice creams,* et aux néons étincelants (il faut absolument faire une promenade de nuit !). À l'intérieur, les marbres côtoient les céramiques aux couleurs pastel, le bronze et le fer forgé. Après une première vie et une première mort, l'Art Deco District renoue aujourd'hui avec son passé prestigieux comme en témoignent les façades, maintenues « en équilibre », des bâtiments en cours de rénovation.

Le caractère unique du quartier réside dans sa cohérence et sa surface. ***À l'origine, les bâtiments étaient enduits de blanc, seuls les éléments décoratifs étant peints de couleurs vives.*** Dans les années 1980, le designer Leonard Horowitz impose, malgré des controverses, le ***Deco dazzle,*** une ***palette de tonalités pastel*** qui sert de modèle obligé à chaque rénovation de façade. Il en résulte un véritable plaisir pour les yeux.

Côté ambiance au menu du jour, ***SoBe est le grand rendez-vous de la frime internationale.*** Les retraités qui viennent ici en hivernage y foisonnent aussi. Mélange curieux, juxtaposition cocasse, passage instantané entre l'esbroufe, l'insouciance la plus totale et la dure réalité de la marque du temps avec aussi quelques *homeless* squattant le gazon sous les cocotiers.

Quelques édifices remarquables sur Ocean Drive (du sud au nord)

- ***Imperial,** au n° 650 :* construit par Murray Dixon en 1939. Sa façade en trois parties, aux couleurs blanc-bleu-mauve-vert, avec baie centrale, reliefs et « brise-soleil » couvrant les fenêtres d'angle, est un classique du style. L'*Imperial* est surmonté d'un fronton à hublots inspiré de l'architecture navale.
- ***Majestic,** au n° 660 :* Albert Anis l'a bâti en 1940, tout comme les hôtels *Avalon* et *Waldorf*. Rainures de couleur pour accentuer la verticalité et balustrade de terrasse à la romaine.
- ***Avalon,** au n° 700 :* érigé en 1941. Son esthétique asymétrique, fonctionnaliste, et son absence d'ornementation sont souvent compensées par la présence d'une voiture de collection des années 1950-1960 au bord du trottoir.
- ***Beacon,** au n° 720 :* date de 1936. Asymétrie et motifs abstraits entre le rez-de-chaussée et le 1er étage. Un flamant rose est gravé sur la porte vitrée du hall.
- ***Colony,** au n° 736 :* encore une réalisation de Hohauser (1935) ; son enseigne aux néons bleus et tout en verticalité est un des phares de la nuit sur Ocean Drive. Les « bandeaux » bleu et blanc sont typiques du style *streamline.* Une cheminée du lobby est garnie d'une œuvre du muraliste mexicain Diego Rivera, époux de Frida Kahlo.
- ***Waldorf Towers,** au n° 860 :* construit en 1936, il évoque incontestablement le domaine maritime avec sa tour-lanterne d'angle.
- ***Breakwater,** au n° 940 :* d'Anton Skislewicz (1939). Un des plus spectaculaires d'Ocean Drive et représentatif du style *streamline* avec sa façade en rayures horizontales, ses rambardes de toit comme celles d'un pont de navire et son impressionnante tour qui évoque la majesté des totems indiens.
- ***N° 960 et n° 1060 Ocean Drive** :* Hohauser, en 1935, s'est essayé là au style *Mediterranean Revival* avec des fenêtres sous arcades et galerie romane. Il avait été précédé dans cette inspiration par l'architecte du n° 1060, qui avait même ajouté des tuiles de terre cuite sur le toit. Ces deux réalisations tranchent nettement sur le style environnant.
- ***Casa Casuarina,** au n° 1116 :* aussi appelée *Amsterdam Palace,* la tristement célèbre demeure de Gianni Versace (qu'il occupa de 1992 à son assassinat en 1997) s'inspire de l'*Alcazar* de Christophe Colomb, érigé à Saint-Domingue au début du XVIe s et reconstruit ici à South Beach en 1930 dans le style *Mediterranean Revival.* Richement restauré et redécoré par le couturier italien à grand renfort d'or, de mosaïques et de colonnes à l'antique, de soieries chamarrées et de marbres de Carrare, le palais accueille maintenant un hôtel-resto de grand luxe, mais rien ne vous empêche d'y jeter un œil depuis les grilles, celles-là mêmes devant lesquelles Versace fut assassiné. La coupole sur le toit était à l'origine un planétarium, transformé en bar-*party room* par Versace. Notez aussi que le propriétaire a pris quelques libertés avec la cohérence architecturale de la villa en construisant une piscine au détriment de la maison latérale.
- ***Leslie,** au n° 1244, et son voisin le **Carlyle** :* ils sont typiques du style classique Art déco. Trois étages, éléments verticaux, couleur jaune vif, le premier assez sobre, le deuxième tout en exubérance avec brise-soleil aux fenêtres d'angle du plus pur arrondi.
- ***The Cavalier,** au n° 1320 :* l'architecte en est Roy Frances, en 1936. Superbe façade polychrome avec incrustation d'ornementations de pierre d'inspiration aztèque. La lettrine en fronton est d'une délicatesse admirable.
- ***Collins et Washington Avenues*** sont également bordées d'édifices remarquables : ne manquez pas d'y faire une balade. Et si vous avez le temps, n'hésitez pas à sortir des sentiers battus et faites un tour vers les rues de l'arrière (Euclid, Pennsylvania, Meridian, Michigan), qui recèlent quantité de trésors moins connus et quelques maisons particulières. Souvent plus modestes, elles sont par certains détails ou coloris un vrai ravissement pour les amateurs.

Les hôtels design de South Beach : Miami Beach s'est spécialisé dans ce créneau d'établissements de luxe, conçus pour satisfaire la clientèle jet-set. Si les prix des chambres sont inaccessibles au commun des routards, n'importe qui en revanche peut entrer et jeter un œil dans les parties communes. Et ça vaut le coup ! Voici nos préférés, du nord au sud le long de Collins Avenue. On commence avec ***The Setai*** *(zoom détachable Miami Beach, G3, **152** ; 2001 Collins Ave),* extérieurement austère, intérieurement luxueux dans un style asiatique (voir plus haut « Où boire un verre ?... À Miami Beach »). On continue avec le ***Shore Club*** *(zoom détachable Miami Beach, G3, **132** ; 1901 Collins Ave, au niveau de 18th St),* un hôtel à la façade Art déco, dont le jardin, avec ses poteries bleues et jaunes, rappelle le jardin Majorelle de Marrakech. Yves Saint Laurent, un ami du propriétaire d'origine, Ian Schrager, a d'ailleurs dessiné le bar, à l'ambiance lupanar oriental. Un bloc plus bas, le ***SLS*** *(zoom détachable Miami Beach, G3, **33** ; 1701 Collins Ave),* ouvert sur le site de l'ancien *Ritz Plaza,* le dernier bâtiment Art déco historique de son genre sur Collins Avenue. C'est à Philippe Starck, l'initiateur des premiers boutique-hôtels dans les années 1980, que l'on doit la déco intérieure et les superbes dessins oniriques. Le musicien et designer Lenny Kravitz a aussi mis sa patte dans la rénovation. Juste au-dessous, le ***Delano*** *(zoom détachable Miami Beach, G3, **30** ; 1685 Collins Ave),* toujours à la pointe de la branchitude (voir « Où dormir ? À Miami Beach. Spécial folie »), et tout à côté, le ***Sagamore*** *(zoom détachable Miami Beach, G3 ; 1671 Collins Ave),* au concept arty très pointu. Le lobby, où se trouve exposée la collection privée des proprios, est une vraie galerie d'art contemporain. Tout autour de la piscine, des aires de repos diffusent des vidéos genre happenings. Enfin, pour terminer, le ***Dream South Beach Hotel*** *(zoom détachable Miami Beach, G3 ; 1111 Collins Ave).* Né de la réunion de deux déjà très beaux ensembles Art déco *streamline* conçus par L. Dixon Murray, le *Palmer House* et le *Tudor,* cet hôtel d'une blancheur éclatante recèle une déco époustouflante d'élégance arabo-mauresque, elle-même rehaussée par un zeste d'ambiance 70's (ce qui lui confère tout son charme). Sur le toit, une piscine à débordement semble vouloir remplir l'océan. Cette boîte à bijoux est, en outre, émaillée d'œuvres d'art contemporain.

Lincoln Road Mall *(zoom détachable Miami Beach, G3)* **:** *au nord-est de Flamingo Park.*

Créée à l'origine pour rivaliser avec la 5e Avenue de New York, voire Rodeo Drive à Los Angeles, cette ***large rue piétonne axée sur le shopping*** est aujourd'hui le deuxième pôle d'animation de South Beach avec Ocean Drive. Ici aussi, on a restauré les façades Art déco, planté des palmiers, ouvert des galeries d'art, des boutiques, des petits bistrots et des restos en terrasse. Un dimanche sur deux, très chouette ***marché aux puces*** (entre Meridian et Lenox Avenue et aussi sur Michigan), avec des stands variés, vraiment vintage, et quelques artistes contemporains. Et tous les dimanches, un petit ***marché aux fruits et fleurs exotiques.*** Des architectes de renom sont même venus poser leur griffe ici : le cabinet suisse Herzog & De Meuron, qui a signé un spectaculaire parking tout en hauteur (à l'angle d'Alton Road). Depuis le dernier étage, beau panorama sur tout le sud de Miami Beach (accès par l'ascenseur au n° 111). L'animation de Lincoln Road Mall (piétonne entre Washington Avenue et Alton Road) est à son comble le soir et le dimanche toute la journée. Au n° 530, notez la mignonne ***église*** de style colonial espagnol et au n° 511 l'ancien ***Lincoln Theatre,*** investi par un magasin de prêt-à-porter.

The Wolfsonian *(zoom détachable Miami Beach, G3)* **:** *1001 Washington Ave. ☎ 305-531-1001. • wolfsonian.org • Tlj sauf mer 10h (12h dim)-18h (21h ven). Entrée : 12 $; gratuit pour ts ven après 18h ; réduc.*

Ouvert en 1995, ce musée-fondation qui possède un alter ego à Gênes, en Italie, montre ***l'évolution du design*** ainsi que les relations entre l'art et les contextes socio-politico-culturels.

Le bâtiment lui-même est exceptionnel avec sa façade et son long hall, tous deux Art déco en diable. Au fond du hall, un superbe bassin hérité de la façade du Norris Theatre en Pennsylvanie.
Les niveaux 6 et 7 accueillent des expos temporaires en grande partie alimentées par le fonds du musée.
Au 5e niveau, l'impressionnante collection de Mitchell Wolfson Jr établit un parallèle entre l'évolution du design et le développement de la société industrielle. Elle réunit des objets d'origines américaine et européenne allant du XIXe s tardif au milieu du XXe s. La collection regroupe près de 300 pièces : livres, affiches de propagande politique ou commerciale, cartes postales, tableaux, sculptures et objets design ayant présidé à leur fabrication en série, etc. Parmi les œuvres les plus remarquables, de jolies pièces de mobilier et d'art décoratif. Plus loin, un miroir d'Archibald Knox, l'un des artistes les plus emblématiques de la période Art nouveau. Puis, pêle-mêle, des objets du quotidien : une superbe gazinière émaillée *Magic Chef,* annonce de l'ère des cuisines aménagées, un mini aspirateur Westinghouse, des *toasters* très... design, etc. Un vitrail en allégorie à l'indépendance irlandaise précède une inattendue représentation de la France d'outre-mer à l'Exposition universelle de 1937. Une très agréable visite pour ceux qui s'intéressent à la période ***Art déco.***

★★★ ***World Erotic Art Museum*** *(zoom détachable Miami Beach, G3)* **:** *1205 Washington Ave. ☎ 305-532-9336. • weam.com • Tlj 11h-22h (minuit ven-dim). Entrée (réservée aux plus de 18 ans) : 20 $.* Pas de confusion malgré le nom mal choisi de cet établissement. Ici rien de tendancieux, de vulgaire, ni de porno. C'est avant tout un ***musée d'art incroyable,*** réunissant une collection allant de la haute Antiquité, voire de la sortie du Néolithique, aux dernières productions en matière d'art érotique. Un vrai hymne à l'Amour. La visite débute par une série de peintures représentant des scènes de Walt Disney, revisitées de façon olé-olé. Puis une série de toiles et de lithos de différentes époques, suivis de quelques beaux objets bibliques en relation avec le péché originel : notez les sculptures en forme de pomme, dont le cœur est un vagin. Attardez-vous près du siège de la Grande Catherine et, non loin de là, apprenez tout sur Lady Godiva et les penchants des Anglais pour la chose, qui déclinèrent le mythe sur un tas d'objets usuels, allant du dé à coudre au tire-bouchon. On remarquera ensuite un très bel assortiment de fétiches africains, puis indonésiens, presque au garde-à-vous, oserait-on dire...
On savait l'Orient porté sur les délices, alors musardez dans la salle consacrée à la Chine, à l'Inde et au Japon. Un ravissement pour l'œil : godemichets d'ivoire, statuaire polymorphe (merci Vishnou d'avoir autant de bras !), etc. Passez dans la salle des antiquités, vous y découvrirez de remarquables amulettes, des Priapes miniatures et tout un tas de talismans symboles de fertilité. Poursuivons avec cette superbe collection de statuettes ithyphalliques (dotés d'un phallus en érection, quoi) en terre cuite datant de la période gréco-romaine. Plus loin, des centaures, des satyres, une très belle collection de bronzes des XVIIIe et XIXe s, une remarquable *Léda et le cygne* en porcelaine, thème ô combien cher à la période Art déco, des miniatures du dieu Pan et même (ni très sexy ni très antique) Homer Simpson à poil... Ne négligez pas l'Europe, siège de toutes les transgressions envers le christianisme, à l'image de ces curés pour le moins bien équipés. Impressionnant lit gravé des 38 positions du *Kama Sutra,* et encadré de quatre piliers phalliques. Enfin, finissez de vous rincer l'œil avec des toiles de maîtres (originales) : Dalí, Picasso, Matta, Klimt, Schiele et même Dubout qui s'est fendu de quelques dessins croquignolets ! Sans oublier une litho de Botero et un dessin sans doute de Cocteau (repérez la signature « Jean * ») dans la section gay !

★ ***Española Way*** *(zoom détachable Miami Beach, G3)* **:** relookée en 2017, c'est ***la plus ancienne rue de Miami.*** Construite à l'origine un peu dans l'esprit de Greenwich Village à New York pour recevoir les artistes, elle a gardé son sympathique petit côté kitsch. Son architecture s'inspire des rues de San Sebastian, au Pays basque. Au départ, la rue était bordée de magasins, de bars plus ou moins fréquentables, de night-clubs et d'hôtels. Al Capone y avait même ses habitudes.

Pendant la Seconde Guerre mondiale, un quart des soldats en partance pour le front étaient regroupés en Floride et de nombreux hôtels de Miami, en particulier ceux d'Española Way, furent réquisitionnés pour les loger. Puis, dès la fin de la guerre, la musique a réinvesti les lieux, à tel point qu'Española Way était connue comme la capitale mondiale de la rumba ! Aujourd'hui ce sont les Italiens et leurs restaurants qui ont investi la rue. Certes très touristique, elle n'en demeure pas moins un excellent point de départ pour commencer une soirée.

New World Center (zoom détachable Miami Beach, G3) **:** *500 17th St. ☎ 305-673-3330. • nws.edu/tours • Visites guidées (30-45 mn) en général mar et jeu à 16h, ven à 13h et sam à 15h. Sur résa slt. Tarif : 5 $.* Ce bâtiment destiné à l'école de musique de la ville, œuvre de l'architecte ***Frank Gehry,*** est un monument d'ingéniosité. Il est posé sur le *Miami Beach Soundscape,* un parc ouvert à tous vents, planté d'une forêt de cocotiers et de structures métalliques vampirisées par les bougainvillées. L'édifice, avec son enveloppe lisse et blanche, se jette littéralement sur l'extérieur grâce à une baie vitrée de plus de 25 m en façade. La lumière en profite alors pour inonder les volumes répétitifs, dessinant, suivant les moments de la journée, des rais de lumière qui font écho aux volumes abstraits d'une blancheur éclatante. Dans la salle de concerts proprement dite, les fauteuils, positionnés en « feuille de vigne », sont distribués de telle manière qu'ils demeurent en relation constante avec les musiciens et ne sont jamais éloignés de plus de 13 rangées de la scène. Le plafond, quant à lui, finit d'habiller les sensations des spectateurs par une série de voiles curvilignes servant d'écrans de projection. ***Les soirs de concerts, les images diffusées sont reproduites simultanément en façade (Wallcast Concerts), ce qui permet à tout le monde d'en profiter gratuitement !*** D'octobre à mai, un ***film*** est projeté gratuitement sur ce mur *(ts les mer 20h).*

Bass Museum (zoom détachable Miami Beach, G3) **:** *2121 Park Ave, tt près de Collins Ave et de 21st St. ☎ 305-673-7530. • bassmuseum.org • Tlj sauf mar 10h-17h. Entrée : 10 $; réduc ; gratuit moins de 12 ans.* Élégant bâtiment en pierre de corail devancé par un parc où s'exposent des œuvres monumentales et colorées d'art contemporain. Le musée propose surtout des expos temporaires. La collection permanente, elle, est assez riquiqui et sert de point de départ aux différentes expos. L'intérêt de ce musée dépend néanmoins de la qualité des œuvres présentées lors des expos temporaires.
Jolie petite ***cafétéria*** à prix raisonnables.

Holocaust Memorial (zoom détachable Miami Beach, F-G3) **:** *1933-1945 (sic) Meridian Ave (angle avec Alton Rd). ☎ 305-538-1663. • holocaustmemorialmiamibeach.org • Tlj de 9h30 au coucher du soleil. GRATUIT.* Ce mémorial est un hommage très fort aux six millions de juifs victimes de la Shoah. Des passages cloisonnés, des couloirs favorisent l'intimité, le pèlerinage, la prière, le chagrin. On chemine sous des tonnelles le long de murs en marbre noir incrustés de photos très dures. Ce parcours mène à un tunnel qui descend, au son de chants d'enfants en hébreu se transformant peu à peu en sanglots, vers la sculpture centrale en partie cachée des regards de la rue : du trottoir, on ne voit qu'une main s'élevant vers le ciel. Dans la cour circulaire, des corps d'hommes, de femmes et d'enfants de tous âges, dans des poses torturées et insoutenables, accrochés le long du bras tendu. Une mise en scène grandiloquente (sujette à polémique lors de l'inauguration) pour tenter de transcrire la violence et l'horreur inouïes.

Jewish Museum of Florida (zoom détachable Miami Beach, G4) **:** *301-311 Washington Ave. ☎ 305-672-5044. • jmof.fiu.edu • Tlj sauf lun 10h-17h. Entrée : 6 $; réduc ; gratuit jusqu'à 5 ans et pour ts le sam.* Complémentaire de l'Holocaust Memorial, ce musée est un hommage à la communauté juive de Floride, à son histoire et sa culture de 1763 à aujourd'hui. Le bâtiment Art déco qui sert d'écrin à ses collections fut autrefois une synagogue orthodoxe, avant d'être transformée en musée en 1996. D'intéressantes expos temporaires complètent l'important fonds permanent. Ne manquez pas de poser toutes vos questions aux volontaires qui seront ravis d'y répondre.

À MIAMI DOWNTOWN

(zoom détachable Downtown, D-E3-4)

Visite du Downtown en métro aérien *(zoom détachable Downtown, D-E3-4)* **:** *plan des lignes (Transit Map) auprès des points d'information touristique ou sur • miamidade.gov/transit •*

Les trois lignes de métro aérien gratuit ***(Metromover)*** qui parcourent Downtown au milieu des buildings sont devenues une vraie attraction touristique ! Même si le centre-ville de Miami n'est pas le plus excitant des États-Unis, le point de vue en hauteur magnifie le panorama sur cette mixité urbaine entre buildings modernes et architecture Art déco. Certains passages entre – voire à travers – les immeubles ajoutent un peu de sensations à la balade. On conseille de la faire plutôt en journée le week-end, car le Downtown est alors plus calme, déserté par les employés des bureaux. Éviter d'y aller en soirée, car le quartier n'est pas *safe* à certains endroits.

Les trois lignes accomplissent trois boucles distinctes : ***Inner Loop*** (la plus petite, parcourt le cœur de Downtown), ***Omni Loop*** (c'est par là qu'on commence en arrivant en bus de Miami Beach) et ***Brickell Loop*** (pour traverser la Miami River et visiter Brickell Village). On peut les enchaîner entre elles en changeant aux stations Government Center ou Bayfront Park, voire descendre en cours de route histoire de faire un bout de chemin à pied (les 21 stations ne sont pas très éloignées les unes des autres).

Pérez Art Museum Miami *(PAMM ; zoom détachable Downtown, E3)* **:** *1103 Biscayne Blvd (dans le Museum Park). ☎ 305-375-3000. • pamm.org • Metromover : Omni. Tlj sauf mer 10h-18h (21h jeu). Entrée : 16 $; réduc ; gratuit 1er jeu et 2e sam du mois. Visites guidées incluses (en anglais, thèmes variés) tlj sauf mer à 11h, 12h, 14h30 plus jeu à 18h30 (sans résa) ; durée : 45 mn. Parking sur place (2 $/h).*

Inauguré en 2013, le PAMM est l'œuvre du cabinet d'architecture suisse ***Herzog & De Meuron.*** Ouvert sur la baie de Biscayne, face au port, le bâtiment, de trois étages, repose sur une plate-forme surélevée en partie végétalisée faisant écho à des « lianes » de béton grimpant vers le toit. Un investissement de quelque 220 millions de dollars, dont 40 versés par le seul Jorge Pérez, le « roi du condo », un milliardaire d'origine cubaine grand amateur d'art contemporain – une partie du fonds est issue de sa collection personnelle.

Si l'unité semble faire défaut, c'est que Pérez se fait le chantre de l'art contemporain des rivages de l'Atlantique. C'est ainsi que sont exposées côte à côte des œuvres d'artistes européens, nord-américains et surtout latinos – une sorte de ***miroir de la diversité culturelle de Miami.*** Parmi les 1 300 pièces du fonds (peintures, sculptures, photos, vidéos, installations...), on retrouve ainsi beaucoup d'œuvres d'artistes et designers du sud de la Floride, de Cuba et des Caraïbes. On croise Botero, mais aussi Rauschenberg, Matta, Lichtenstein, Ai Weiwei, Duchamp... et beaucoup d'inconnus du grand public. Rien n'est définitif ici : la présentation des expositions change régulièrement.

Verde : *☎ 786-345-5697. Tlj sauf mer 11h-17h (21h jeu), café 10h-18h. Plats 12-25 $.* Le cadre est minimaliste et la salle de resto, très lumineuse mais coincée au fond du musée, n'est pas la plus avenante – l'immense terrasse, encore moins bien lotie, donne sous le MacArthur Causeway... Bref, on vient ici principalement pour la cuisine gérée par le restaurateur vedette de Philadelphie, Stephen Starr, et ses petits plats simples et frais. Fait ***café*** aussi pour les pressés *(salades, sandwiches et bowls 10-12 $).*

Patricia & Phillip Frost Museum of Science *(zoom détachable Downtown, E3)* **:** *Biscayne Blvd, dans le Museum Park (à côté du Pérez Art Museum).* ☎ *305-434-9600.* • *frostscience.org* • *Metromover : Omni. Tlj 9h30-17h30. Billet (musée, aquarium, planétarium) : 29 $; 20 $ 3-11 ans. Parking : 8 $ la 1re heure, 4 $/h au-delà.*
Ce musée scientifique, une des plus anciennes institutions de Miami, a fait peau neuve pour devenir une composante high-tech du Museum Park Downtown, quartier voué à la culture et à l'apprentissage. Le bâtiment, sorte de paquebot des temps futurs, est signé *Grimshaw's Architects*. Baies vitrées, voûtes arrondies et bassins reflètent l'atmosphère accueillante et tropicale de la Floride. Ce lieu pédagogique et interactif explore les concepts clés de la science, de la technologie et des enjeux écologiques du XXIe s. Accessibles à tous publics, les expositions souvent digitales font cogiter petits et grands sur le devenir d'un monde de plus en plus sophistiqué dans un environnement naturel à respecter. En plus des galeries, on y trouve ***deux aquariums*** impressionnants. L'un nous plonge au plus de près de coraux vivants. L'autre au milieu de poissons nageant dans un fascinant décor ultra-réaliste : 1 200 pièces de corail artificiel, fabriquées dans des matières organiques et mises en lumière de manière à reproduire leur exacte apparence dans leur milieu naturel. Ces espaces sont agrémentés de plus petits aquariums où l'on observe par le menu les multiples hiérarchies de la faune marine de l'océan Atlantique. Les spécimens présents ont été collectés aux abords du port de Miami. À l'extérieur, un immense et innovant ***planétarium*** de 250 places offre une projection panoramique 3D, agrémentée d'un *Sound Sytem* du tonnerre pour une expérience mémorable dans la nébuleuse d'Orion. Idéal pour une sortie ludique avec les enfants (on a le droit de toucher plein de choses et mettre ses doigts partout !).

HistoryMiami *(zoom détachable Downtown, D4)* **:** *101 W Flagler St.* ☎ *305-375-1492.* • *historymiami.org* • *Metromover : Government Center. Tlj 10h (12h dim)-17h. Fermé lun. Entrée : 10 $; réduc ; gratuit moins de 6 ans.*
Un petit musée qui retrace l'avènement de la ville depuis le Paléolithique. Ça commence par un gros caillou repêché au large de la baie de Biscayne, puis on enchaîne sur des vestiges préhistoriques mis au jour dans les marigots de la région : tessons de poteries, armes en os, pointes de flèche, hachereaux. Ensuite, on passe directement à l'arrivée des Européens (large place faite aux Français, belles cartes de 1650), non sans avoir salué le mode d'existence de la communauté séminole, avec quelques beaux objets de leur quotidien : vêtements, armes, bijoux. On poursuit par l'ère industrielle avec l'arrivée de la loco, de la marine à vapeur. Avec les villes naît un certain art de vivre (dont l'époque Art déco), le confort urbain est là, à l'image d'un wagon de trolley (l'anecdote veut qu'on ait construit le musée autour). L'après-guerre et le baby-boom annoncent l'Amérique florissante. Belles photos, documents d'époque et quelques objets cultes, comme les radeaux sur lesquels les Cubains arrivèrent. Bref, une visite instructive, adaptée aux familles, car nombre de sections sont interactives. Au rez-de-chaussée, des expos temporaires relatives à Miami, souvent de qualité.
– Originales et ludiques, les ***visites à thème,*** animées par des historiens, à travers la ville (à pied, à vélo, en bateau...), faisant revivre des pans de son histoire. Voir plus haut la rubrique « Culture et visites guidées » dans le chapitre « Adresses et infos utiles ».

L'ART DE L'ESCROQUERIE

Elmyr de Hory (1905-1976) fut l'un des meilleurs faussaires du monde. Si talentueux qu'il peignait des Modigliani ou des Matisse que s'arrachaient les collectionneurs avertis. Installé à Miami, il s'allia à un grand escroc, Fernand Legros. Orson Welles tourna un documentaire sur lui. Clifford Irving écrivit sa biographie et subit certainement son influence car il publia, ensuite, les mémoires du milliardaire Howard Hughes, qui étaient... bidon.

MIAMI

Gesu Church *(zoom détachable Downtown, D-E4) : 118 NE 2nd St. ☎ 305-379-1424. • gesuchurch.org • Metromover : 1st Street.* Une église catholique jésuite jadis en bois, totalement rebâtie en 1925 dans un style néoroman ponctué de quelques touches Art déco. Forcément. On ne peut pas la louper avec sa façade miamiesque rose bonbon. L'intérieur allie marbre, vitraux, stuc et murs rose pastel, très kitsch tout ça !

Jungle Island *(plan détachable Miami, E3) : 1111 Parrot Jungle Trail ; McArthur Cswy (route 395). ☎ 305-400-7000. • jungleisland.com • Bus C, M, S ou nº 120 depuis Downtown Omni ou Miami Beach. Tlj 10h-17h. Entrée très chère : 53 $; 40 $ 3-10 ans (réduc sur le site officiel). Visite VIP pour jouer avec des lémuriens en petit comité : 40 $ en plus. Parking : 10 $.* Dans ce fameux jardin tropical fondé par un Autrichien en 1936, on peut voir des centaines de perroquets de toutes les couleurs et de tous les pays, mais aussi des reptiles (dont un alligator albinos), des animaux sauvages de tous poils et plus de 500 espèces de plantes (parmi lesquelles un curieux arbre à saucisses originaire d'Afrique, qu'on trouve dans les îles des Caraïbes). À heures fixes, un show de perroquets dressés, de reptiles ou de primates plutôt futés... Et encore plein d'attractions qui raviront certainement les enfants. Le tout dans une jungle artificielle à l'américaine, très (voire trop) organisée, avec en bruit de fond le flux continu de la rocade. Pour tout vous dire, on n'a pas craqué, d'autant que le porte-monnaie en prend un sérieux coup.

Miami Children's Museum *(plan détachable Miami, E3) : 980 McArthur Cswy (route 395), entre Downtown et le sud de Miami Beach. ☎ 305-373-5437. • miamichildrensmuseum.org • Bus C, M, S ou nº 120 depuis Downtown Omni ou Miami Beach. Tlj 10h-18h. Fermé à Thanksgiving et Noël. Entrée : 20 $ (gratuit bébés de moins d'1 an). Attention, les adultes sans enfants ne sont pas acceptés et les enfants sans adulte non plus !* Même si l'entrée est chère, on aime bien ce musée didactique dont l'ambition est de familiariser les enfants à la vie quotidienne (ses métiers, ses institutions, ses médias, ses arts et son environnement) de manière ludique et colorée, à travers jeux, maquettes, photos... Au rez-de-chaussée, dans le *Kidscape Village,* on joue au pompier, au policier, au dentiste ou au médecin, avant de passer par la banque, de faire ses courses au supermarché et de prendre des cours de diététique pour garder la ligne. Tout un programme ici ! On peut aussi passer à la télé et présenter les *news.* Ensuite, dans *The Sea and Me,* les gamins s'offrent une séance de pêche à la ligne et découvrent les habitants du monde marin... Au 1er étage, ambiance *La croisière s'amuse* avec le *Port of Miami,* ses maquettes de bateaux radiocommandées, son cargo à charger et son paquebot en partance pour les Caraïbes. Puis déluge de peinture, feutres et autres crayons dans le *Museum of Art,* véritable atelier de création où les enfants laissent libre cours à leur créativité. Enfin, karaoké et instruments de musique du monde entier dans le *World Music Studio.* Les gamins s'amusent comme des fous et peuvent tout toucher sans restriction. À visiter absolument si vous avez de jeunes enfants.

Bayside Market Place *(zoom détachable Downtown, E3-4) : 401 Biscayne Blvd. • baysidemarketplace.com • Metromover : College Bayside. Accès tlj 10h-22h (23h we). Horaires des boutiques variables.* Cet important centre commercial ouvert aux quatre vents est l'endroit le plus visité de Miami... Touristique en diable, il a été construit pour la clientèle des énormes bateaux de croisière qui desservent les Caraïbes. Boutiques moyenne gamme et restos de chaînes, petits concerts de rues... L'exemple type de l'animation « fabriquée » pour redonner vie au Downtown, qui avait depuis longtemps perdu son pouvoir d'attraction.

– C'est de Bayside Market Place que partent les ***tours en bateau*** à la découverte de la baie de Biscayne (voir plus loin « Dans les environs de Miami »).

– À proximité, on peut apercevoir ***les plus beaux paquebots du monde.*** Le meilleur endroit pour les admirer est le McArthur Causeway (route US 41), le pont qui relie le Downtown à Miami Beach. Tout près se trouve aussi

MIAMI

l'*American Airlines Arena,* la grande salle de spectacle de Miami et le repaire de l'équipe de basket-ball des *Miami Heat.*

UN PEU AU NORD DE MIAMI DOWNTOWN
(plan détachable Miami, D-E2-3)

On peut facilement ***louer un vélo à South Beach et se rendre dans le quartier de Wynwood*** pour un petit safari-photo de ses *murals* en empruntant la piste cyclable matérialisée en vert qui emprunte la *Venetian Way*. Compter 30-40 mn de vélo pour y aller. Du loueur de vélo situé au 746 5th St (***Miami Beach Bicycle Center,*** *zoom détachable Miami Beach, G4,* ***4****),* remonter Meridian Ave jusqu'à 17th St, puis prendre à gauche vers la *Venetian Way,* qui se transforme ensuite en NE 15th St. Une fois arrivé dans *Downtown,* prendre à droite la N Miami Ave.

Wynwood Art District (zoom détachable Wynwood, D-E2-3) **:** *au nord de Downtown, autour de N Miami Ave, entre NW 20th et 29th St. Trolley Biscayne depuis Downtown Omni ou bus nº 2 depuis Ⓜ Government Center.*
Les entrepôts de Wynwood ont connu une cure de jouvence avec l'arrivée massive d'artistes et de galeries (en quelques années, pas moins de 70 y ont vu le jour). Dans ce quartier en plein boom, des lieux de rencontre ou expérimentaux, des espaces de projets et des ateliers d'artistes, des petits *food-courts,* des bars, des restos. Bref une Miami artiste et bosseuse, innovatrice et tournée vers demain qui n'a pas grand-chose à voir avec la Miami bling-bling qui fait la une des magazines en papier glacé. Ici, à la différence de South Beach, on fait plutôt dans l'économie participative, le bio, l'échange, la fusion. Même si on renifle quand même l'odeur des investisseurs (Tony Goldman, qui investit depuis 2006 sur Wynwood, est aussi celui qui relooka Soho à New York dans les années 1970, puis South Beach dès 1980). Depuis quelques années, Wynwood, aujourd'hui qualifié par les magazines *Forbes* et *Vogue,* « d'un des endroits les plus cool de la planète », est devenu un véritable musée à ciel ouvert. ***Les grands noms du Street Art*** y ont pignon sur rue (c'est le cas de le dire) à l'image d'Eduardo Kobra, Evoca Uno, La Pandilla, Shepard Fairey, Miss Van, Ron English, Omnione, Faith 47, Kashink et bien d'autres... Un quartier très agréable à découvrir à vélo en journée. Par contre le soir, mieux vaut prendre un taxi ou un Uber pour rentrer. Dans ce dédale de rues tracées à l'équerre, les collections privées les plus réputées sont la ***Margulies Collection at the Warehouse*** *(591 NW 27th St ; ☎ 305-576-1051 ; • margulies warehouse.com • ; mar-sam 11h-16h ; fermé mai-oct ; entrée : 10 $, réduc),* un énorme espace d'expo d'art contemporain faisant la part belle à la photo, et la ***Rubell Family Collection*** *(95 NW 29th St ; ATTENTION, déménagement prévu courant 2019 dans le quartier d'Allapattah ; ☎ 305-573-6090 ; • rfc.museum • ; déc-août slt, mer-sam 10h-17h30 ; entrée : 10 $, gratuit moins de 18 ans ; visite guidée gratuite tlj à 15h),* qui présente, dans un superbe bâtiment, une vaste sélection, différente chaque année, d'œuvres d'artistes de tous les pays.
Autre temps fort, historique celui-là puisque c'est d'ici que tout est parti, ***Bakehouse Art Complex*** *(561 NW 32nd Ave, entre NW 6th et NW 5th Ave ; ☎ 305-576-2828 ; • bacfl.org • ; tlj 12h-17h GRATUIT),* un espace entièrement dédié à la création géré par une association à but non lucratif. Expos temporaires.
Pour un concentré de l'esprit du quartier, rendez-vous aux ***Wynwood Walls*** *(entrée au niveau du 2520 NW 2nd Ave, entre NW 25th et 26th St ; tlj 10h30-23h30 (minuit ven, sam, 20h dim) ; visite guidée tlj à 14h),* un espace clos à ciel ouvert, couvert de magnifiques *murals.* Un hangar-boutique sur place propose à la vente des bribes de graffs sous forme de tableaux... Sympa comme souvenir si vous avez une grande valise.
Wynwood est également un quartier qui bouge le soir. Voir les quelques pistes qu'on vous donne plus haut dans les rubriques « Où boire un verre ? Où écouter de la musique ? ».

– ***Wynwood Art Walk :*** *210 NW 22nd Lane. • wynwoodartwalk.com •* Le 2e samedi du mois, les galeries et boutiques des Wynwood Art et Design Districts ouvrent leurs portes et, ce jour-là, c'est l'effervescence dans les rues et les restos du quartier avec, quelquefois, des milliers de personnes, principalement entre 20th et 40th Street ! Les rues sont alors interdites aux voitures. Les *food trucks* pullulent, en plus des nombreux vernissages dans les galeries, souvent accompagnés d'un cocktail. Une nouvelle façon de voir l'art, très rafraîchissante. Aussi de nombreuses options de ***tours guidés du quartier*** *(25-40 $/pers ; rens sur le même site internet),* certains en ***individuel*** *(téléchargeables sur smartphone)* pour découvrir une vingtaine de *murals* dans tout Wynwood.

Les collectionneurs se donnent aussi rendez-vous début décembre à l'***Art Basel Miami Beach,*** qui se tient à Miami depuis 2001, alter ego de la Foire internationale d'art contemporain de Bâle.

The Wynwood Market Place *(zoom détachable Wynwood, D3,* ***154****) :* *2250 NW 2nd Ave. ☎ 305-461-2700 • wynwood-marketplace.com • Jeu 12h-18h, ven 16h-3h du mat, sam 12h-3h du mat, dim 12h-22h.* Un marché qui cherche à soutenir l'innovation et le dynamisme des vendeurs locaux en partageant leurs créations et leur style de vie. Des groupes s'y produisent régulièrement. Stands de bouffe, bars à cocktails, *food trucks* mais aussi marché aux puces, stands de créateurs de mode. Bref, un fort esprit communautaire. Programmation sur leur site internet ou sur leur page Facebook.

Fashion District *(zoom détachable Wynwood, D2-3) :* prolongement naturel de Wynwood, NW 5th St est en quelque sorte la colonne vertébrale du quartier où sont concentrées les boutiques de créateurs de mode et d'accessoires, principalement entre 27th et 29th St. On trouve dans le secteur quelques beaux *murals,* notamment au débouché de NW 26th St sur NW 5th St, ainsi que sur NW 6th Ave. Sans compter les murs de la *Jose Diego Middle School* et du *Bakehouse Art Complex* et des entrepôts alentour, où se sont exprimés Pixel Pancho, ZED 1 et Paola Delfin pour ne citer qu'eux.

Design District *(zoom détachable Wynwood, D-E2) : entre Wynwood Art District et Little Haiti. • miamidesigndistrict.net • Bus n° 2 depuis le Ⓜ Government Center.*

Longtemps abandonnée, cette zone a commencé à être réhabilitée dans les années 1990 par le promoteur Craig Robins, déjà à l'origine de la revitalisation du quartier Art déco de South Beach. Son objectif était de créer un centre d'art et de design pour la ville dans le sillage de la foire Art Basel, en misant sur une consommation urbaine des riches habitants et des touristes de Miami. Pari gagné : le Design District, qui compte une bonne quinzaine de blocs compris surtout entre NE 2nd Avenue, N Miami Avenue, NE 38th Street et NE 42st Street, est devenu l'un des quartiers urbains d'Amérique qui concentrent le plus grand nombre de showrooms de designers et de boutiques de luxe ! Des architectes audacieux ont été sélectionnés pour transformer le secteur, reconfigurant d'anciens buildings ou créant de nouveaux espaces pour accueillir des boutiques de mode et de luxe, jusque-là reléguées dans les *malls.* Le tout saupoudré d'œuvres d'art contemporain en plein air comme l'habillage du parking situé à l'angle de 41st St et de NE 1st Ave.

Palm Court est l'épicentre du Design District, entre NE 38th, 39th Street et NE 2nd Avenue. Cette place piétonne plantée de palmiers est bordée par le centre commercial en panneaux de verre bleutés de Sou Fujimoto, au pied duquel trône un « dôme géodésique », une géode, quoi, conçue en 1965 comme une maison du futur *lowcost* par l'architecte américain Buckminster Fuller. En mezzanine, de fines et élégantes ***balancelles*** en métal (œuvre du designer allemand Konstantin Grcic). À l'étage, sur la gauche après avoir pris l'escalator, un ***buste monumental de Le Corbusier*** en fibre de verre, dessinant à même le sol, créé par l'artiste français Xavier Veilhan. De là, on domine la très moderne ***Jungle Plaza*** avec ses structures en métal rouillé en forme de vagues, jouxtées par une immense peinture murale de jungle à faire pâlir le Douanier Rousseau. Tout autour de Palm Court, pléthore

MIAMI

de restos branchés (et chers), de showrooms de luxe (sur 40th Street, concentration des grandes maisons françaises, comme *Chanel, Hermès, Dior, Christian Louboutin, Louis Vuitton...*) et de galeries d'art. Comme le turn-over est important, procurez-vous le bimensuel *Art Districts Florida* ou consultez le site • *artdistricts.com* • pour localiser les galeries et connaître leurs heures d'ouverture (certaines sont fermées le dimanche).
Voir aussi les expositions temporaires de l'***ICA*** (Institute of Contemporary Art ; *61 NE 41st Str ; • icamiami.com • ; tlj sauf lun 10h-18h ; GRATUIT*). Dans ce grand espace modulable ouvert sur le vert et le ciel, les œuvres se répartissent sur 3 niveaux. Juste à côté, la **Delacruz Collection** *(23 NE 41st St ; • delacruzcollection.org • ; tlj sauf dim-lun 10h-16h ; GRATUIT)* expose sur 3 niveaux et près de 3 000 m^2 une riche collection d'art contemporain : pour moitié permanente (Dalí, Wifredo Lam, Tamayo, Laura Owens, Mark Bradford, entre autres...), l'autre moitié étant renouvelée chaque année au moment de l'Art Basel. À voir aussi, la galerie située au 4141 NE 2nd Avenue, qui abrite quelques grands noms du design.

DU CÔTÉ DE NORTH MIAMI

Museum of Contemporary Art (MoCA) : *770 NE 125th St, à l'angle de NE 8th Ave. ☎ 305-893-6211. • mocanomi.org • Downtown Omni puis bus n°s 10 ou 16 jusqu'à NE 125th St. Tlj sauf lun 10h (11h we)-17h (22h dernier ven du mois). Entrée : 5 $; réduc. Le dernier ven du mois, donation libre musée 17h-22h et concert de jazz inclus. Parking gratuit à l'arrière.* Du fait de la qualité de ses expos temporaires, ce musée joue un rôle de première importance dans la mouvance artistique de Miami depuis 1996. Implanté non loin du quartier défavorisé de Little Haiti, son intervention dans le domaine de l'éveil des plus jeunes est reconnue. Sa vocation est de promouvoir les jeunes talents ou de confirmer certaines valeurs sûres. Vu son éloignement, on conseille de consulter le site internet avant de s'y rendre. Boutique aux objets originaux et rigolos.

The Ancient Spanish Monastery : *16711 W Dixie Hwy. ☎ 305-945-1461. • spanishmonastery.com • Downtown Omni puis bus n°s 3 ou 93 jusqu'à NE 163th St et enfin, env 10 mn à pied. Ouv en principe tlj 10h (11h dim)-16h30, fermetures exceptionnelles sur le site internet. Entrée : 10 $; réduc ; gratuit pour ts le dim.* Construit au XIIe s en Espagne (bien avant la découverte des États-Unis, donc), converti en grenier à grain dans les années 1830, il fut racheté par William Randolph Hearst, un magnat de la presse américaine, et reconstruit pierre par pierre ici, à Miami. Les caisses contenant les pierres furent bloquées à New York en raison d'une épidémie de fièvre aphteuse. Hearst est malheureusement mort avant leur arrivée à Miami, dans les années 1950. Deux ans plus tard, le cloître était érigé. Visite très agréable, en dehors de la cohue de Miami Beach, beau monastère et promenade paisible dans les jardins luxuriants.

À COCONUT GROVE *(plan détachable Miami, B-C-D5-6)*

Promenade dans le quartier : *Trolley Coconut Grove Route depuis Ⓜ Douglas Road ou bus n° 48 depuis Ⓜ Brickell.*
Surnommé « The Grove », Coconut Grove était au XIXe s le quartier des immigrants des Bahamas. C'est aujourd'hui un coin résidentiel à la mode, passé en quelques années de l'atmosphère bohème à l'ambiance bourgeoise tout court. Ce n'est plus que boutiques chic, hôtels haut de gamme et restos chers dans le centre piéton aux allures de centre commercial espagnol *(le **Coco Walk,** 3015 Grand Ave ; • cocowalk.net •)*. L'ambiance y est nettement plus calme qu'à SoBe, mais en réalité pas grand-chose à voir mis à part le *Barnacle Historic State Park* (voir plus loin) et, pour les inconditionnels de Michael Jackson, le *Bahamian Cemetery* (nommé aussi

Charlotte Jane Memorial Park), situé au 3650 Charles Avenue. Selon la tradition des Bahamas, les cercueils n'y sont pas enterrés mais construits en surface, pour éviter qu'ils soient immergés à la moindre montée des eaux (la nécropole étant située pile au niveau de la mer). Pour la petite histoire, c'est aussi à Coconut Grove que vit Dexter Morgan dans la série TV culte (en réalité, la plupart des scènes ont été tournées à Los Angeles...).

LE CIMETIÈRE DES MORTS-VIVANTS

C'est au Bahamian Cemetery de Coconut Grove que Michael Jackson a tourné, en 1983, son clip interplanétaire Thriller. *Ce minifilm d'horreur de 14 mn, révolutionnaire pour l'époque, est une œuvre marquante de la culture américaine. Il a coûté la bagatelle d'un million de dollars, un budget record. Quant au célèbre rire guttural final (ahh ahhh ahhh ahhh...), on le doit à l'icône du cinéma d'épouvante des années 1960, Vincent Price.*

*** ***Vizcaya Museum and Gardens*** *(plan détachable Miami, D5)* **:** *3251 S Miami Ave. ☎ 305-250-9133. • vizcaya.org • Ⓜ Vizcaya. Tlj sauf mar 9h30-16h30. Entrée : 18 $; 6 $ 6-12 ans. Plan en français. Audioguide en français : 5 $ (durée de la visite : 1h30).*

Dans un parc à l'italienne, cette superbe villa fut érigée en 1914 par James Deering, un fabricant de machines agricoles. Les nouveaux riches américains du début du XXᵉ s, sans doute frustrés d'être privés d'un patrimoine multicentenaire, se sont approprié celui des familles nobles européennes appauvries. À coups de millions de dollars, ils se sont de la sorte façonné des intérieurs imprégnés d'une histoire prestigieuse que leur patrie n'avait pas vécue. Ainsi en fut-il de ce James Deering, dans son délire de posséder une demeure à la mesure de son rang. Amoureux d'art et d'architecture, c'est du côté de Florence, en Italie, qu'il craqua pour le ***style Renaissance italienne.*** La construction de Vizcaya, qui a requis la participation de près de 1 000 artisans, s'est échelonnée ***entre 1914 et 1916*** alors que Miami comptait moins de 10 000 habitants...

Pour la petite histoire, le président Reagan et le pape Jean-Paul II se sont rencontrés ici en 1987 pour un entretien privé. En 1994, le Sommet des Amériques, conduit par Bill Clinton, y a accueilli les représentants de 35 pays. Élisabeth II et Juan Carlos y ont dormi (pas ensemble, bien sûr !)... Et pour couvrir des frais d'entretien colossaux, le site est souvent loué comme décor de cinéma, pour les mariages de la jet-set ou autres réjouissances comme la grande fête gay *The White Party,* chaque année en novembre.

Il faut bien avouer que l'illusion est complète : on a vraiment l'impression que cette maison est vieille de plus de quatre siècles. Ce qui étonne, c'est la cohérence de l'ensemble, malgré la diversité des provenances et le mariage des styles. L'intérieur de la villa est une oasis de fraîcheur et de beauté. La visite débute par la ***salle de réception*** et se poursuit par le ***living-room,*** dans lequel on notera une très étonnante tenture murale exécutée dans le style du XVᵉ s où se mêlent symboles juifs et chrétiens, le tout bordé d'écritures coufiques. Le ***patio à la romaine*** (couvert d'un toit) est plutôt sobre avec son dallage de calcaire incrusté de coraux. Dans la ***salle de musique,*** une harpe confectionnée par le luthier privé de Marie-Antoinette (XVIIᵉ s). Dans la ***salle à manger,*** levez les yeux pour admirer les plafonds. Le salon de thé est lumineux, il fait écho à la loggia située à l'est et s'ouvrait, à l'époque, sur le petit jardin à la française. Juste à côté, ne manquez pas ***la cuisine et sa belle collection de faïences de Quimper.***

Prenez la peine de monter dans les étages pour découvrir les chambres, toutes traitées différemment, allant ***du néoclassique au style chinois*** dans la *Cathay guest room.* Pour sa chambre personnelle, Deering avait choisi le style Empire avec une tapisserie d'Aubusson et des éléments de décor faisant référence aux conquêtes napoléoniennes. Les robinets de sa baignoire sont en or et distribuent

MIAMI

aussi de l'eau de mer. Il faut dire que l'appétit de notre homme pour les belles choses ne cédait en rien à son désir d'imposer sa patte, ce qui le conduisait parfois à « forcer » l'académisme des styles. Ainsi nombre d'objets, chinés lors de ses nombreux voyages en Europe (portes, panneaux muraux, plafonds et manteaux de cheminée), furent-ils adaptés « à la hussarde », comme en témoignent les rafistolages qu'on a fait subir au superbe portail en fer forgé – trop grand pour la place prévue – et à la toile du XVIIe s coupée en deux pour couvrir les deux panneaux d'une porte... Enfin, faites un tour par la salle du petit déjeuner, ornée d'une splendide peinture murale du XVIIIe s, française mais d'inspiration chinoise.

La villa Vizcaya est bien une œuvre d'art à elle seule. Cela dit, quand bien même ses architectes ont tenu compte des particularités climatiques du sud de la Floride, elle a souffert de l'action combinée de l'air salin et de l'humidité floridienne. Le terrible ouragan qui a frappé Miami en 1926, un an après la mort de son propriétaire, avait déjà malmené ce chef-d'œuvre. C'est particulièrement notable dans le jardin, où la pierre calcaire est rongée. Au bord de l'eau, en guise de ponton, ***un étonnant bateau en pierre,*** copié sur la fontaine de la ***piazza di Spagna à Rome...***

Ne résistez pas à l'envie de vous promener dans le parc, qui rappelle furieusement celui de la villa d'Este : fontaines, petits ponts, gloriette, bosquets, statues... Une balade improbable à deux pas de la plage de Miami Beach. À côté, une cafétéria avec sandwichs et boissons chaudes.

MIAMI

Ermita de la Caridad *(plan détachable Miami, D5)* **:** *3609 S Miami Ave. Trolley Coconut Grove Route depuis Ⓜ Douglas Road ou bus n° 48 depuis Ⓜ Brickell. Tlj 8h-21h.* En bordure de la Biscayne Bay, une église à l'architecture conique étonnante, lieu de culte privilégié des Cubains de Miami. À l'intérieur, une réplique de la statue de « Lady of Charity » de Notre-Dame del Cobre, à Cuba, très vénérée par tous les Cubains. Derrière l'autel, une fresque retrace l'histoire de l'île.

The Barnacle Historic State Park *(plan détachable Miami, B-C6)* **:** *3485 Main Hwy. ☎ 305-442-6866. • floridastateparks.org • Trolley Coconut Grove Route depuis Ⓜ Douglas Rd ou bus n° 48 depuis Ⓜ Brickell. Mer-lun 9h-17h. Entrée : 2 $ pour le parc, 3 $ de plus pour la maison ; gratuit moins de 6 ans. Visites guidées à 10h, 11h30, 13h et 14h30 : 3 $; réduc.* C'est ici que Ralph Middleton Munroe, pionnier devenu riche négociant, s'installa en 1886 et construisit la maison que l'on visite – l'une des plus vieilles de la région (1891). De style bahaméen, adaptée au climat tropical, elle conserve son mobilier d'époque. Le parc est un bel endroit pour pique-niquer. Tout au bout se dresse la *boathouse,* avec sa rampe faite de traverses de chemins de fer.

The Kampong Garden *(plan détachable Miami, B6)* **:** *4013 Douglas Rd. ☎ 305-442-7169. • ntbg.org/gardens/kampong.php • Ⓜ South Miami puis bus n° 37.* ***Visite sur rdv slt.*** *Visites libres mer-sam 9h (10h sam)-15h, 15 $; 5 $ 4-12 ans. Visites guidées jeu et sam à 10h et 12h, 20 $; 10 $ 4-12 ans.* Superbe jardin d'arbres fruitiers, de fleurs et de plantes tropicales (plus de 2 000 espèces différentes), que l'on doit au botaniste David Fairchild (le même que celui du *Fairchild Tropical Garden,* voir plus loin à Coral Gables). Son nom signifie « village » en malais, les premières plantations du jardin venant en effet d'Indonésie et de Malaisie. Une belle balade offrant une vue d'anthologie sur la baie depuis l'extrémité du parc, mais un peu chère tout de même !

À LITTLE HAVANA *(plan détachable Miami, B-C-D4)*

Découverte du quartier : *Ⓜ Brickell puis bus n° 8.* La révolution castriste en 1959 a engendré, dans les années et décennies qui ont suivi, un afflux de réfugiés, une loi fédérale américaine garantissant l'asile politique à tous ceux qui fuyaient un régime communiste. Le cœur de ce quartier est ***SW 8th Street,***

également appelée ***Calle Ocho.*** Cela dit, quoiqu'estampillé « Trésor National » depuis 2017, Little Havana n'a malheureusement rien à voir avec La Havane, ni dans l'architecture ni dans l'ambiance. Une petite balade dans le quartier reste agréable même si, entendons-nous bien, il n'y a pas grand-chose à faire. Juste regarder les anciens jouer aux dominos et aux échecs le dimanche, dans le petit square sur SW 8th Street, à la hauteur de SW 15th Avenue. Se payer (pour rien du tout) un repas typiquement cubain. Et puis faire un tour dans les boutiques ouvertes et les ***fabriques de cigares,*** bien sûr. Les passionnés d'histoire cubaine trouveront aussi deux musées : l'***American Museum of the Cuban Diaspora*** *(musée américain de la Diaspora cubaine ; plan détachable Miami, D5 ; 1200 Coral Way. ☎ 305-529-5400. • thecuban.org • Ⓜ Vizcaya. Ouv we slt 10h-16h. Entrée : 12 $; réduc).* Un musée qui a posé ses valises ici en 2017, tout comme les innombrables réfugiés qui bravèrent les éléments pour fuir la dictature castriste. On y voit principalement des expositions d'art contemporain ayant trait à Cuba (les artistes sont majoritairement cubains), la fuite, les Droits de l'homme. Quelques vidéos et même des conférences. Également le ***Bay of Pigs Museum*** *(musée du Débarquement de la baie des Cochons ; plan détachable Miami, C4 ; 1821 SW 9th St [et SW 18th Ave]. ☎ 305-649-4719. Ⓜ Brickell puis bus n° 8. Lun-ven 9h-16h. GRATUIT).* Un musée qui retrace, à travers moult documents, photos et articles de journaux, la tentative manquée de la reconquête de Cuba en 1961 par les anticastristes soutenus par la CIA. Enfin et surtout, les ***Viernes culturales*** : *le dernier ven du mois, 19h-23h.* La *calle Ocho,* ce soir-là, est animée par des artistes, marchands et musiciens, entre 14th et 17th Avenue. Y participent aussi des galeries d'art et centres culturels. Plus d'infos : *• viernesculturales.org •*

À CORAL GABLES *(plan détachable Miami, A-B4-5-6)*

La ville fondée dans les années 1920, sur un plan urbain très aéré, abrita dès 1925 l'université de Miami. Son architecture est presque entièrement de style méditerranéen. Le quartier était autrefois desservi par un trolley gratuit (principe maintenu aujourd'hui encore) dont on peut voir aujourd'hui une voiture au musée History-Miami. Désormais, Coral Gables est connu pour ses rues bordées de demeures époustouflantes de richesse, à peine abritées des regards, où le plus grand raffinement côtoie le pire mauvais goût.

The Biltmore Hotel *(plan détachable Miami, A5)* **:** *1200 Anastasia Ave. ☎ 855-311-6903. • biltmorehotel.com • À 2 km du terminus du Trolley Coral Way, sinon Ⓜ University puis bus n° 56. Visite guidée en anglais dim 13h30 et 14h30. Gratuit. Résa via • dadeheritagetrust.org •*
Construit en 1926, ce gigantesque hôtel (on le voit de loin) aligne un style espagnol (la tour de la façade est la réplique de la Giralda de Séville) avec des accents italiens et mauresques. Il a hébergé nombre de célébrités : Ginger Rogers, Judy Garland, Bing Crosby, Al Capone (l'une des chambres les plus luxueuses porte le nom de « Suite Al Capone »)... Ce dernier y aurait même possédé un bar clandestin. Le duc et la duchesse de Windsor y chassaient le renard dans le parc (on s'amuse comme on peut !). Depuis, le parc est devenu un golf de 18 trous. Transformé en hôpital pendant la Seconde Guerre mondiale, il fut occupé par l'université de médecine de Miami jusqu'en 1968, avant que la ville ne décide, en 1987, d'en refaire un hôtel de prestige.
Outre les immenses salons, les plafonds à caissons, les salles de réception aux planchers éclatants, le bijou du *Biltmore,* c'est sa ***piscine,*** mise en valeur quand le soleil se couche. Un gigantesque bassin (le plus grand jamais construit dans un hôtel américain), entouré de colonnes, où se sont déroulés de nombreux shows aquatiques, dont un avec Johnny Weissmuller, le premier Tarzan. L'ensemble fait quand même un peu décor de théâtre : imitations de pierres et de marbres anciens, nombreux stucs, mélange de styles.

MIAMI

Coral Gables Congregational Church *(plan détachable Miami, A5) : 3010 De Soto Blvd. ☎ 305-448-7421. En face du Biltmore Hotel.* C'est la belle église jaune toute meringuée de style *Mediterranean Revival* à une portée de regard du *Biltmore.* Vaut surtout le détour pour ses concerts de jazz et de musique classique qui profitent de l'acoustique exceptionnelle *(20-30 $).*

Venetian Pool *(plan détachable Miami, A5) : 2701 De Soto Blvd. ☎ 305-460-5306. • coralgables.com • Prendre la rue à droite de l'église jusqu'au grand rond-point, puis encore 1 bloc sur De Soto. Horaires variables selon saison, voir site internet. Fermé lun et nov-fév. Fermée pour travaux de rénovation déc 2018 et janv 2019. Entrée : 15-20 $ selon saison (10-15 $ 3-12 ans). Enfants de moins de 3 ans non admis.* La Venetian Pool a été aménagée dans une ancienne carrière dont les pierres ont servi à construire, au début des années 1920, les belles demeures qui l'entourent. Le trou est devenu piscine avec plagette de sable, escaliers dans la roche, grottes, pont des soupirs, passages, douches d'une autre époque, etc., le tout dans un style vénitien et dans un écrin de verdure. À côté de la billetterie, jetez un coup d'œil sur les vieilles photos d'élections de miss dans les Années folles. Johnny Weissmuller et Esther Williams y ont donné des exhibitions nautiques. Les maillots de bain, euh... on veut dire les chaussettes de bain sont vraiment poilantes !

Lowe Art Museum *(plan détachable Miami, A6) : 1301 Stanford Dr. ☎ 305-284-3535. • lowe.miami.edu • Ⓜ University. Tlj sauf lun 10h (12h dim)-16h. Fermé vac scol universitaires. Entrée : 12,50 $; réduc ; gratuit jusqu'à 11 ans.* Implanté sur le campus de l'université de Miami, cet intéressant musée d'art présente des collections très variées. On commence directement dans le moderne et le contemporain, avec Stella, Lichtenstein et des œuvres assez surprenantes – comme ce joueur de football américain grandeur nature en polyvinyle ! Une digression mène à la belle galerie consacrée à la verrerie contemporaine du *Palley Pavilion.* Puis retour aux choses sérieuses : les grandes civilisations d'ici et d'ailleurs. On passe ainsi en revue Amérique précolombienne, îles du Pacifique (beaucoup d'objets du Sépik papou), Asie, Afrique (drôle de masque We à la barbe... faite de cartouches !), puis Amérique du Nord amérindienne, en s'étonnant régulièrement de la qualité de certaines pièces. On termine par les salles de peinture, avec quelques toiles notables de la Renaissance italienne, un beau portrait de savant attribué à Cranach l'Ancien et un de jeune homme attribué au Tintoret – vous noterez la prépondérance du terme « attribué à »... Également des expositions temporaires.

Fairchild Tropical Botanic Garden *(hors plan détachable Miami par B6) : 10901 Old Cutler Rd. ☎ 305-667-1651. • fairchildgarden.org • À env 8 km en voiture au sud de Coral Gables par Old Cutler Rd. Sinon, Ⓜ Douglas Rd, puis bus n° 136. Tlj 7h30 (9h30 pdt les festivals, voir calendrier sur site internet)-16h30. Entrée : 25 $; 12 $ 6-17 ans.* Le plus grand jardin tropical des États-Unis, créé en 1936 par le botaniste David Fairchild. Très bien entretenu et balisé, mais ne pas hésiter à sortir des chemins goudronnés dont les visiteurs s'éloignent généralement peu. On peut ainsi faire des rencontres amusantes avec des iguanes qui vous filent entre les jambes ou admirer tranquillement des ibis. Petit tour de 45 mn en train électrique, touristique mais pas inutile *(ttes les heures 10h-15h, 16h le we)* pour avoir une vue d'ensemble du parc, très étendu. Également, de novembre à mai, des visites guidées à pied de 45 mn *(en sem, 10h15, 11h15, 13h15 et 14h15).* On observe différents aspects de la végétation tropicale selon l'écosystème (sec, humide, mangrove, etc.), des fleurs (orchidées ou autres), des fruits, des bambous... Ne pas hésiter à demander quelles sont les éclosions du jour. Restauration possible et boutique. Nombreux concerts, conférences, expositions, salons, lectures et projections vidéo ; consulter leur site internet pour la programmation.

LES ÎLES DE LA BISCAYNE BAY

Key Biscayne *(hors plan détachable Miami par F6)* **:** *• key-biscayne.com • En voiture, de Downtown, route US 1 vers le sud et, après 2 km, à gauche sur le Rickenbaker Cswy (péage : 1,75 $, SunPass accepté) ; passer la 1re île, Virginia Key, sur laquelle se trouve le Seaquarium, avt d'arriver à Key Biscayne. Sinon, Ⓜ Brickell puis bus B (direction Crandon).* L'île la plus au sud de la baie forme une longue langue de terre, bien connue pour son tournoi de tennis. On y trouve aussi, au centre, une sorte de petite ville de villégiature pour retraités.

– À l'extrémité sud de l'île, le beau **Bill Baggs Cape Florida State Park** *(☎ 305-361-5811 ; • floridastateparks.org/capeflorida • ; ouv de 8h au coucher du soleil ; entrée : 8 $/voiture, 4 $/conducteur seul, 2 $/piéton ou vélo)* est réputé pour sa grande plage de sable blanc, sauvage et pas trop fréquentée (7 espèces différentes de tortues y pondent toujours). Si vous venez le matin, en semaine, vous serez presque seul(e) ! On y trouve des emplacements pour pique-niquer, des transats et vélos à louer et un grand phare tout blanc datant de 1825 *(visites guidées tlj sauf mar-mer à 10h et 13h)* avec, à côté, la maisonnette en bois restaurée de son gardien. Le chenal est aussi réputé pour servir de couloir de passage aux lamantins...

MIAMI

Key Biscayne Chamber Visitors Center : *Village Hall, suite 100, 88 W McIntyre St. • keybiscaynechamber.org • Bus B depuis le Ⓜ Brickell. Lun-ven 9h-17h, mais le sas d'entrée reste ouv tlj 24h/24 !* Documentation sur Key Biscayne et le sud de la Floride. Aussi des coupons de réduction pour les attractions.

Lighthouse Café : *☎ 305-361-8487. Tt au bout de la route, entre plage et parking. Tlj 9h-19h. Salades et sandwichs 7-15 $, pâtes et viandes 15-20 $, poissons et paellas 15-30 $.* Un café tout en bois, séparé de la plage par une dune. Pour le coup, on entend le ressac sans voir les flots bleus depuis la grande terrasse surélevée. Ne vous attendez pas à de la grande cuisine et soyez patient. Le mieux : privilégier les plats cubains ou venez juste pour boire une bière bien fraîche.

Rusty Pelican *(plan détachable Miami, E5, **91**)* **:** *3201 Rickenbaker Causeway, **Virginia Key.** ☎ 305-361-3818. Fléché à gauche en arrivant sur Virginia Key, à la sortie du pont à péage. Tlj 11h-23h (minuit ven-sam). Happy hours tlj 16h-19h : snacks 5-10 $ et certains plats du resto à -50 %.* Fini le temps béni où des papys en tablier vous régalaient ici pour pas trop cher. Après rénovation, le *Rusty* s'est dérouillé, a pris un côté chicos, et c'est le porte-monnaie qui dérouille. Mais la vue, et quelle vue, sur la skyline du Downtown est demeurée la plus belle qui soit. Parfait pour boire un verre au bar, face à ce spectacle, en profitant éventuellement de l'avantageuse *happy hour,* et en laissant les autres se ruiner au resto dont les prix volent décidément trop haut.

Miami Seaquarium *(plan détachable Miami, E-F5)* **:** *4400 Rickenbacker Cswy, sur **Virginia Key.** ☎ 305-361-5705. • miamiseaquarium.com • Tlj 10h-18h. Entrée : 46 $; 36 $ 3-9 ans. Essayer de trouver des coupons de réduc ! Parking : env 10 $ (espèces slt).* Une institution à Miami, créée en 1955. Shows toute la journée (les derniers vers 16h) pour voir évoluer dauphins, orques et otaries. On y rencontre aussi des tortues de mer, des crocodiles, des lamantins, d'impressionnants lions de mer, mais également des oiseaux en liberté et des plantes tropicales à profusion. En fin de compte, difficile de se défaire de cette impression de parc vieillot – pour ne pas dire complètement *has been.* Sans compter qu'on peut voir ces mêmes animaux en Floride dans la vraie nature...

La Biscayne Bay en bateau : *au départ de Bayside Market Pl (voir plus haut « À voir. À Downtown »).* On n'est à priori pas fans de ce genre de balade touristico-nautique, mais voici quand même l'occasion de découvrir le port de Miami (spectaculaire lors de la sortie de nuit) et de mesurer le gigantisme de la ville, de ses gratte-ciel et de ses palaces flottants. C'est aussi, pour le commun des mortels, le seul moyen d'approcher des îles de milliardaires et d'espérer apercevoir Julio Iglesias en train de boire un verre sur sa terrasse ou Al Pacino barbotant dans sa piscine. Préparez vos jumelles et vos appareils photo, le bateau longe les rives et détaille une à une les villas de stars – et barons de la drogue... – construites sur ces îles complètement artificielles. Au premier ou au second degré, on s'amuse bien. Il faut entendre les « oh ! » d'admiration quand le capitaine annonce les tarifs des baraques. Qu'on se rassure, on ne voit que ce qu'ils veulent montrer, et l'intimité de nos stars est préservée.

PALM ISLAND, LE CRIME NE PAIE PAS !

Al Capone ne fit que 8 ans de prison puisqu'il fut condamné pour fraude fiscale et non pour crime. Ensuite, il passa les 8 dernières années de sa vie dans sa magnifique villa de Palm Island (au nº 93 Palm Avenue ; ne se visite pas). Il y mourut en 1947, à 48 ans, d'un infarctus... et non de remords.

Island Queen Cruises *(zoom détachable Downtown, E4)* **:** *401 Biscayne Blvd, Bayside Market Pl. ☎ 305-374-3344. • islandqueencruises.com • Plusieurs types de croisières (45 mn-3h), la plus populaire étant le tour des milliardaires (1h30) ! Départ ttes les heures 10h30-19h. Tarif : 30 $; enfants 19 $, réduc de 3 $ en réservant en ligne. Commentaires en anglais et en espagnol.*

D'autres compagnies proposent des excursions équivalentes, comme ***Aquatours*** *(• miamiaquatours.com • ; tour de 90 mn : 27 $ ou 15 $ enfant, bonne réduc si résa en ligne)* ou ***Bayride*** *(• bayride.com • ; même prix grosso modo).* ***Thriller Miami*** fait les mêmes circuits en hors-bord *(• thrillermiami.com • ; tour de 45 mn : 38 $ ou 24 $ 3-11 ans).*

Croisière Privée Miami : *Marina Waterways, 3585 NE 207th St. ☎ 305-785-0040. • croisiereprivee miami.com • Résa par mail ou tél. Compter 89-149 $ selon formule ; remise de 5 % sur présentation de ce guide.* Sandrine et Christophe – un couple sympathique et amoureux de la mer (lui est ancien sauveteur de la SNSM) – proposent des sorties dans la baie de Miami (demi-journée, journée, coucher de soleil ou sortie *snorkeling*) sur leurs deux bateaux à moteur (8 et 13 m), repas parfois inclus ! L'occasion de découvrir la ville à travers ses canaux, ses dauphins et ses maisons de stars.

AU NORD DE MIAMI : FORT LAUDERDALE

FORT LAUDERDALE

165 500 hab.

• Plan *p. 122-123*

On est loin du petit fort édifié par un certain major William Lauderdale en 1838 pour se protéger des Indiens séminoles... La « Venise de l'Amérique », comme on l'appelle ici, aligne aujourd'hui quelque 265 km de canaux lagunaires bordés de splendides villas devant lesquelles s'amarrent de luxueux bateaux. La raison ? Le soleil ! Il brille ici plus de 240 jours par an et attire dans la région plus de 10 millions de vacanciers. Avec cet engouement, son flot de spéculation immobilière et urbanistique : plus grands, plus hauts, plus luxueux, plus tape-à-l'œil, les résidences et les condominiums poussent comme des champignons. La ville, tentaculaire, ne cesse de s'étendre et de bien sages retraités remplacent peu à peu les étudiants venus en masse mettre un grain de folie sur ce bout de Floride au moment du *spring break*.

Fort Lauderdale, seulement à 40 km de Miami, peut constituer un bon camp de base pour rayonner dans la région et farnienter quelques jours.

SPRING BREAK

Vers la mi-mars, les étudiants débarquent de tout le pays pour s'éclater quelques jours entre clubs et plage. Au fil des ans, la température grimpe, entre musique assourdissante, beuveries et sexualité à fleur de peau.

Arriver – Quitter

✈ ***Fort Lauderdale – Hollywood International Airport*** *(hors plan par A3)* **:** *100 Terminal Dr, à 5 km au sud du centre-ville. ☎ 1-866-435-9355.* • *broward.org/airport* • 4 terminaux, reliés par navette. Vols quotidiens en provenance de nombreuses grandes villes américaines (dont Key West) et canadiennes, l'Amérique latine et les Caraïbes. Pour Paris-CDG, vols assurés par *Norwegian Airlines*. 2-3 vols/sem.

➢ ***Pour gagner le centre,*** le bus n° 1 dessert le terminal *Broward Central Transit*, situé au 101 NW 1st Ave *(plan A2)* d'où partent la plupart des lignes. *Tlj ttes les 20-30 mn 5h50-23h45 (dim 21h45) ; prix : 2 $ (paiement à bord en espèces).* Il existe aussi le Trolley Airport Link gratuit mais aux horaires restreints. Autres options : la navette *Go Airport Shuttle (☎ 844-787-1670 ;* • *goairport shuttle.com* • *Résa en ligne. Compter 12-20 $/pers)* et enfin le taxi 25-30 $ selon le quartier où l'on se rend.

➢ Pour rallier directement Miami compter 25-35 $ par personne ***en navette*** et env 80 $ ***en taxi.*** En transport, privilégier le Tri-Rail qui relie les 2 aéroports. En voiture, prendre l'autoroute I-95 (gratuite).

■ Adresses utiles

- ℹ Greater Fort Lauderdale Convention & Visitors Bureau (A-B2)
- 1 Gare ferroviaire Amtrak et Tri-Rail (hors plan par A2)
- 2 Gare ferroviaire Bright Line (A2)
- 3 Water Taxi et Riverfront Cruises (B2)
- 4 Water Taxi (D1)
- 5 Jungle Queen River Boat (D3)

Où dormir ?

- 10 The Hotel Deauville (hors plan par D1)
- 11 Victoria Park Hotel (C1)
- 14 Premiere Hotel (D1)
- 15 Casa del Mar et The Granada Inn (D1-2)
- 16 The Aqua Hotel (D1)
- 17 The Pillars Hotel (D2)
- 18 The Drift (D2)

Où manger ?

- 29 Gran Forno Bakery (B2)
- 30 The Floridian Restaurant (B2)
- 31 Euro Bread & Café (D1)
- 32 Lester's Diner (hors plan par A-B3)
- 33 Lulu's Bait Shack (D2)
- 35 Rok Brgr (A2)
- 36 Greek Islands Taverna (hors plan par D1)
- 39 Casablanca Cafe (D2)
- 40 Southport Raw Bar (B3)
- 41 Seasons 52 (C-D1)
- 42 Rustic Inn Crabhouse (hors plan par B3)
- 44 Canyon Southwest Cafe (C1)

Où manger une bonne glace ? Où boire un café ?

- 50 Kilwins (B2)
- 51 Ann's Florist & Coffee Bar (B2)

Où boire un verre ? Où écouter de la musique ?

- 61 Blue Martini (D1)
- 62 Original Fat Cat's (A2)
- 63 5 O'Clock Charlie's (D2)

Achats

- 70 The Swap Shop (hors plan par B1)
- 71 Sawgrass Mills et Colonnade Outlets (hors plan par B1)

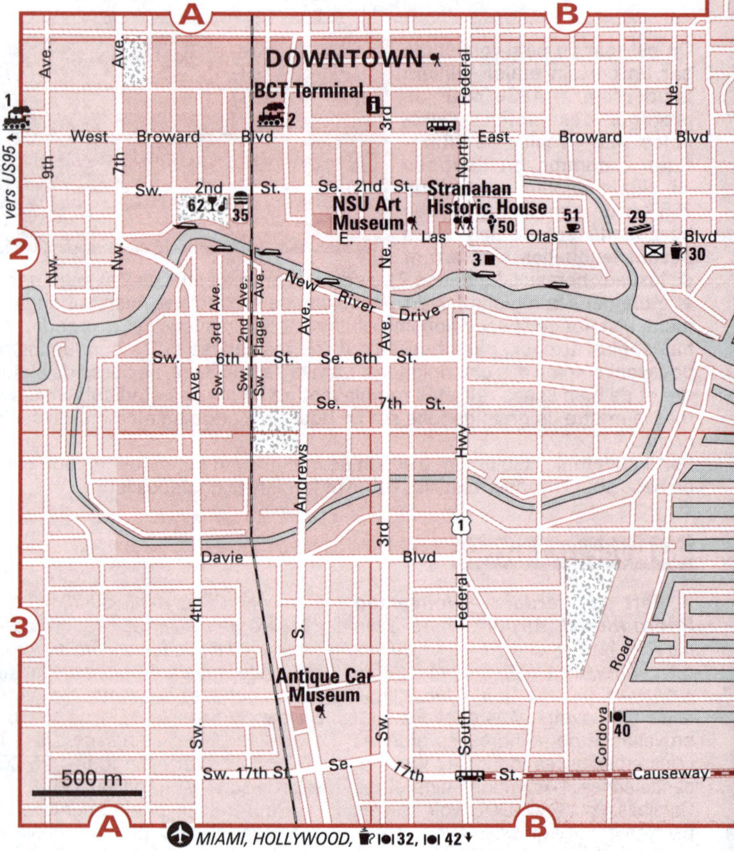

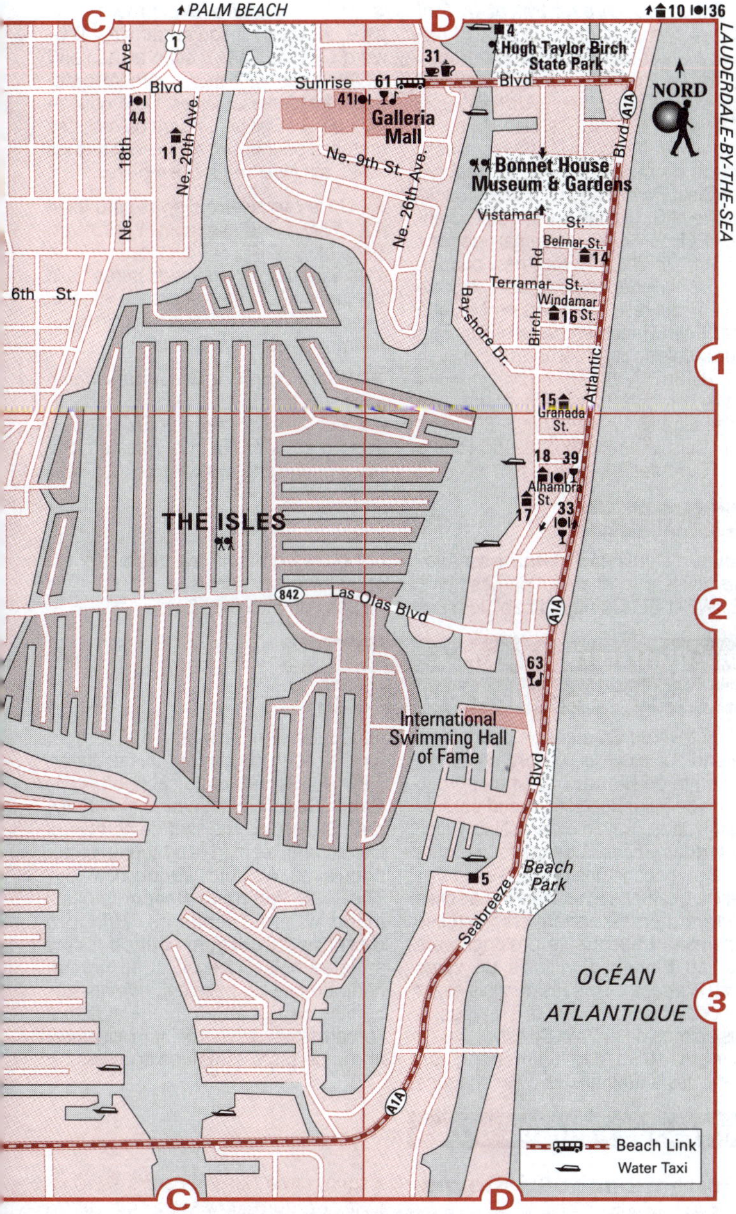

FORT LAUDERDALE

***Gare ferroviaire Amtrak et Tri-Rail** (hors plan par A2, **1**) : 200 SW 21st Terrace, à 3 km à l'ouest de Downtown, de l'autre côté de l'autoroute I-95. ☎ 1-800-872-7245 (Amtrak) ou ☎ 1-800-874-7245 (Tri-Rail). • amtrak.com • tri-rail.com •* L'*Atlantic Coast Service* d'Amtrak propose 2 liaisons/j. vers West Palm Beach, Orlando, Jacksonville et Savannah sur le trajet reliant Miami à Boston (et vice versa) ; départs 8h50 et 12h30. Le *Tri-Rail,* géré par une compagnie indépendante, est une sorte de RER qui relie l'aéroport de Miami à West Palm Beach en passant par Fort Lauderdale (dont l'aéroport). *Lun-ven ttes les 30 mn-1h, 5h-22h47 en allant vers le nord (5h-21h45 vers le sud) ; w-e et j. fériés ttes les 1-2h, 6h05-22h30 en allant vers le nord (6h56-22h06 vers le sud). Compter 5 $ pour Miami.*

➢ Pour ***rejoindre Downtown,*** bus nos 9, 22 ou 81 jusqu'au terminal *Broward Central Transit,* situé au 101 NW 1st Ave *(plan A2)* où convergent pratiquement toutes les lignes. Ceux qui arrivent par *Tri-Rail* bénéficient de navettes gratuites pour le centre, lun-ven ttes les 10-25 mn (w-e fréquence réduite).

***Gare ferroviaire Bright Line** (plan A2, **2**) : NW 2nd Ave (entre W Broward Blvd et NW 4th St). • gobrightline.com •* La dernière-née des gares de la ville accueille la ligne à grande vitesse. Plusieurs trains/j. Trajet : 30 mn pour Miami et West Palm Beach.

***Gare routière Greyhound** (plan B2) : 515 NE 3rd St. ☎ 954-764-6551. • greyhound.com • Tlj 5h30-1h30.* Bus pour Miami, Tampa, Atlanta... Sur place : consigne, distributeur de billets.

FORT LAUDERDALE

Orientation

Broward Boulevard et ***Andrews Avenue*** divisent la ville en 4 parties : NW, NE, SW et SE. Comme d'hab', les rues et boulevards sont orientés est-ouest et les avenues nord-sud. Attention de ne pas confondre les 2 !

Les quartiers de Fort Lauderdale et les plages de la Gold Coast

Le territoire du Greater Fort Lauderdale s'étend sur plus de 100 km² au centre du comté de Broward, avec au nord le comté de Palm Beach et au sud celui de Miami-Dade. Traversé par la New River, ***Downtown,*** hérissé de quelques tours de verre, occupe une position centrale ; c'est le quartier des affaires, et Las Olas Boulevard en est l'artère commerciale principale. L'avenue se prolonge vers l'est au travers d'un lacis de voies d'eau bordées d'îlots résidentiels avant d'aboutir au front de mer et à la plage, la plus animée de la ***Gold Coast.***

Au nord et au sud s'égrènent, sur 37 km, les autres plages avec chacune son caractère propre. Vers le sud, tout au long de l'Intracoastal Waterway, les kilomètres de sable blanc de ***Dania Beach, Hollywood*** et ***Hallandale Beach,*** où résident de nombreux Canadiens, sont des stations plutôt populaires. Au nord, ***Lauderdale-By-The-Sea, Pompano Beach*** (capitale mondiale de l'espadon), ***Hilsboro Beach*** et ***Deerfield Beach,*** avec sa jetée poissonneuse et sa promenade bordée de palmiers, mènent aux confins de Boca Raton, une station à l'urbanisation galopante, qui rassemble une importante communauté juive.

Adresses et infos utiles

Informations touristiques et services

***Greater Fort Lauderdale Convention & Visitors Bureau** (plan A2) : 101 NE 3rd Ave. ☎ 954-765-4466. • sunny.org • Dans le centre administratif. Prendre le passage qui part à droite de l'inscription BB&T ; suite 100, au rdc. Lun-ven 8h30-17h.* Infos et brochures, notamment sur les transports.

Transports

■ ***Broward County Transit Terminal*** *(BCT Terminal ; plan A2)* **:** *101 NW 1st Ave et Broward Blvd.* ☎ *954-357-8400.* ● *broward.org/bct* ● *Ticket : 2 $; réduc ; pass journée 5 $.* Pour ceux qui ne sont pas véhiculés, le bus s'avère indispensable tant les distances sont grandes. Le réseau est tentaculaire mais on se contente de slt 2-3 lignes en tant que touriste. La ligne n° 11 relie le terminal BCT à Lauderdale-By-The-Sea via le boulevard Las Olas et le front de mer où se situent la plupart des hôtels.

■ ***Sun Trolley :*** ☎ *954-761-3543.* ● *suntrolley.com* ● Parmi les 7 lignes existantes, 2 sont particulièrement intéressantes pour les visiteurs *(billet : 1 $; pass 1 j. : 3 $)* : la ligne *Las Olas (ttes les 30 mn ; ven-lun 9h30-18h30)* qui relie le Downtown à la plage et la *Beach Link (ttes les 30 mn ; tlj 9h30-18h30)* qui part de l'US 1 *(plan D3),* prend la SW 17th St Causeway puis longe la plage jusqu'au Galleria Mall *(plan D1).* Cette ligne est tracée sur le plan.

■ ***Water Trolley*** *(plan A-B2)* **:** ☎ *954-761-3543.* ● *riverwalkwatertrolley.com* ● *Tlj 11h-20h (21h jeu-sam) ; ttes les 30 mn ; gratuit.* Petit bateau-taxi qui parcourt New River dans Downtown entre SW 4th Ave et US 1. Plus plaisant qu'utile et pour prolonger la balade vers l'est et ses canaux, il faut passer à la version Water Taxi, plutôt un promène-touriste lent qu'un taxi rapide. Toutefois envisageable pour qui veut aussi visiter les canaux (voir plus loin « À voir. À faire »).

■ ***Broward B Cycle :*** ☎ *754-200-5672.* ● *broward.bcycle.com* ● Vélos en libre-service au tarif exorbitant de 5 $/30 mn ! Environ 25 stations, dont une sur Las Olas et plusieurs autres sur la plage. Le *pass* à 25 $/sem permet de bénéficier de 30 mn gratuites, puis 1 $/30 mn à chaque prise en charge.

■ ***Voiture :*** la circulation est plus fluide qu'à Miami mais les ***stationnements*** sont vraiment problématiques car hors de prix ! Les horodateurs travaillent tlj, 24h/24 pour minimum 1,50 $/h, 4 $/h à proximité des plages. Dans un parking privé, compter 8 $ la « nuit »... mais seulement jusqu'à 2h-4h... pour y passer vraiment la nuit entière il en coûte plutôt 30 $! Quelques rares hôtels proposent un parking gratuit.

Où dormir ?

Bon marché

🏠 ***The Hotel Deauville*** *(hors plan par D1,* ***10****)* **:** *2916 N Ocean Blvd.* ☎ *954-568-5000.* ● *thehoteldeauville.com* ● *Bus n° 11. Dortoir 30-45 $; doubles 95-130 $.* Chambres et dortoirs (sans oublier les transats) se répartissent autour de la piscine. 4 ou 6 lits gigognes dans chaque mini-appart, non mixte, avec salle de bains et kitchenette (au minimum un réfrigérateur). Pour son frichti, on peut aussi compter sur la cuisine commune. Côté chambres, elles sont sans histoire et de bon confort. L'ensemble est propre, convivial et calme (certes, le boulevard est passant). Et pour parfaire le tout, bienveillance de Priscilla et tout le staff.

De prix moyens à chic

🏠 ***The Drift*** *(plan D2,* ***18****)* **:** *3005 Alhambra St.* ☎ *954-774-2061.* ● *thedrifthotel.com* ● *Doubles 95-125 $. Parking gratuit.* 2 bâtiments jumeaux, symétriques et Art déco servent d'écrin à ce cosy boutique-hôtel. On se repose dans un agréable patio verdoyant et ombragé. Coursives et escaliers mènent aux chambres décorées avec goût, persiennes et plafonniers-ventilo rajoutant à l'atmosphère années 1950, époque Hemingway en Floride. Également des suites avec cuisine pouvant recevoir une famille.

🏠 ***Premiere Hotel*** *(plan D1,* ***14****)* **:** *625 N Fort Lauderdale Beach Blvd.* ☎ *954-566-7676.* ● *premierehotel.com* ● *Bus n° 11. Doubles 110-200 $. Parking gratuit.* Cet hôtel occupe un bâtiment tout blanc récemment retapé et profite de 2 piscines les jours où la mer, pourtant à 50 m, fait la grimace. Il abrite aussi des chambres de différentes catégories : assez petites avec juste un lit *queen* ou nettement plus grandes avec 2 *queens,* une cuisine et un balcon, et même de vrais apparts. Le tout est fonctionnel et parfaitement tenu même si l'accueil peut être parfois blasé.

The Aqua Hotel *(plan D1, **16**) : 3016 Windamar St. ☎ 954-565-5790 ou 1-800-888-2639. • aquafortlauderdale.com • Bus n° 11. Doubles 110-250 $. Parking payant.* Bon début : la plage est à seulement 100 m et l'hôtel bien au calme, en retrait du front de mer. On dirait un peu un paquebot rétro, tout de blanc vêtu, avec sa piscine sur le pont. L'accueil est de bon aloi et les chambres ne déçoivent pas. Immaculées, *white on white,* ponctuées de touches turquoise, elles semblent déjà voguer vers les tropiques (tiens, un surf au mur !). Les *standard* sont belles et même spacieuses, avec TV et frigo.

Victoria Park Hotel *(plan C1, **11**) : 885 NE 20th Ave. ☎ 754-888-5002 ou 1-800-888-2639. • thevictoriaparkhotel.com • Doubles 115-200 $.* Petit bâtiment d'un étage tout vert pastel replié sur sa piscine et son jacuzzi. En plus des chambres doubles, également des familiales avec kitchenette, là aussi de tailles variables. Toutes sont de style contemporain, tapis colorés et miroir dynamisant le parti pris du blanc. Bar cafétéria sur place. Accueil agréable. Une bonne alternative au front de mer.

Casa del Mar et The Granada Inn *(plan D1-2, **15**) : 3003 et 3011 Granada St. ☎ 954-467-2037 ou 1-877-800-5552. • thegranadainn.net • lacasadelmar.com • Bus n° 11. Réception à la Casa del Mar. Doubles 120-190 $; 2 nuitées min de mi-nov à fin mai. Parking gratuit.* Ces hôtels jumeaux occupent deux petits édifices attenants, dans une rue très calme, à deux pas de la plage. La *Casa del Mar,* recouverte de bois, a plus de cachet que le *Granada Inn,* en béton, mais l'un et l'autre bénéficient d'un même cadre charmant – petite piscine avec chaises longues et jardinet noyé de végétation tropicale et de fleurs. Chambres, *junior suites* et suites sont toutes différentes, de taille variable, possédant tantôt 1 ou 2 *queen beds,* tantôt un *king size,* parfois une kitchenette, parfois pas. La déco est lumineuse et soignée.

De plus chic à très chic

The Pillars Hotel *(plan D2, **17**) : 111 N Birch Rd. ☎ 954-467-9639. • pillarshotel.com • Bus n° 11. Doubles 230-530 $. Parking gratuit.* Cette élégante demeure aux faux airs de petite plantation coloniale appartient aux très réputés *Small Luxury Hotels of the World.* On y trouve une petite vingtaine de chambres et suites cossues, décorées avec beaucoup de goût : parquet ou moquette, cheminées, tableaux exotiques, mobilier d'antiquaire, salles de bains en marbre, etc. Le magnifique petit jardin, à la piscine ombragée de palmiers, donne directement sur l'*Intracoastal Waterway*. Espaces communs au diapason des chambres, resto.

Où manger ?

Spécial petit déjeuner

The Floridian Restaurant *(plan B2, **30**) : 1410 E Las Olas Blvd. ☎ 954-463-4041. Bus n° 11. Ouv 24h/24. Plats 7-17 $.* On l'appelle tout simplement *The Flo.* Une institution datant de 1937 pour engloutir, à toute heure, un *breakfast* américain grassouillet à souhait. Non, ce n'est pas bien fin, mais tout y est, à commencer par la déco : photos de stars, bar aux tabourets chromés, mobilier dépareillé, moquette datant de JFK (au moins), TV aux murs... Vous êtes d'humeur festive ? Commandez le *fat cat breakfast* à 370 $... qui pour accompagner des œufs bien gras est servi avec une bouteille de Dom Pérignon (le pauvre !). Sinon, spécialité de burgers et d'omelettes (œufs *Benedict* aussi), sandwichs et *wraps.*

Euro Bread & Café *(plan D1, **31**) : 1000 Seminole Dr, suite 100. ☎ 954-568-3876. Tlj 7h30 (8h dim)-18h (17h w-e).* Une *chti'te boulange* comme à la maison, avec son décor aux accents méditerranéens, ses tables bistrot et le coin lecture. Les vitrines alléchantes proposent viennoiseries, pâtisseries, salades, quiches... Le sirop Monin ne trompe pas, cette petite entreprise est bien *frenchy*. La clientèle américaine habituée des lieux s'y fend même d'un sympathique « bonjour ». Parfait pour commencer la journée ou y faire une pause.

On recommande aussi ***Lester's Diner*** *(hors plan par A-B3,* ***32****)* : *voir plus loin.*

De bon marché à prix moyens

Gran Forno Bakery *(plan B2,* ***29****)* : *1235 E Las Olas Blvd.* ☎ *954-467-2244. Tlj 7h-20h (22h ven-dim). Bus nº 11. Un autre au 704 E Las Olas Blvd.* Focaccie, *panini, biscotti, cappuccini* et autres *macchiati* costauds, tout ici a un bon goût d'Italie. Les quiches et gros sandwichs façon pan bagnat valent aussi le détour, mais attention aux prix (ça grimpe vite).

Rok Brgr *(plan A2,* ***35****)* : *208 SW 2nd St.* ☎ *954-525-7656. Tlj 11h30-minuit (2h ven-sam, 23h dim). Burger 15-16 $. Happy hours lun, burger 10 $.* L'endroit idéal pour se réconcilier avec le burger. Excellent pain, brioché ce qu'il faut, cuisson à la commande, garnitures onctueuses et originales dont un surprenant aïoli truffé. On apprécie tout ça au comptoir sur rue ou dans la salle toute en longueur et bordée de banquettes. Et puis les amateurs de whisky ne seront pas déçus par la centaine de bouteilles proposée *(½ tarif mer à partir de 19h).*

Lulu's Bait Shack *(plan D2,* ***33****)* : *17 S Atlantic Blvd.* ☎ *954-463-7425. Bus nº 11. Tlj 11h-2h (1h dim, 3h ven-sam).* Populaire, jeune et animé à souhait, *Lulu's* regarde depuis son perchoir du 1er étage le boulevard, la plage, l'océan. Le soir venu, les groupes font péter les décibels en live (country les jeudis). Et dans tout ça, le miam-miam ? Une *food pub* à la mode cajun : alligator, *jambalaya* et *Bourbon Street Entrées* à grignoter à table (penser à réserver) ou autour du bar. Même les bien élevés pourront y mettre les doigts, il y a d'énormes rouleaux d'essuie-tout sur les tables !

Lester's Diner *(hors plan par A-B3,* ***32****)* : *250 W State Rd 84, à l'angle avec SW 3rd Ave.* ☎ *954-525-5641. Bus nº 6. Ouv 24h/24. Burgers 7-11 $, plats 15-20 $.* Jerry Lewis et Bill Clinton sont tous deux venus y tâter du juke-box. Ouvert depuis 1967, ce *diner* populaire est le grand rendez-vous d'une clientèle hétéroclite venue se gaver des classiques de la bouffe américaine. Ici on en a pour son argent. Carte-catalogue (dont des plats grecs) et décor des sixties : chromes rutilants, banquettes en moleskine... une vraie tranche de sociologie. Un bon choix : les gros sandwichs et la myriade de petit déj avec *cup of coffee* de 400 ml !

Southport Raw Bar *(plan B3,* ***40****)* : *1536 Cordova Rd.* ☎ *954-525-2526. Bus nº 40. Tlj 11h-2h (3h ven-sam). Plats 8-14 $ le midi, 16-20 $ le soir, sauf poisson du jour au poids.* Pas besoin de se saper pour s'attabler ici : le look ambiant est plutôt *middle class* et retraités en goguette – sans oublier les *yachties* qui débarquent de leur bateau amarré face à l'étroite terrasse du resto. Servis dans des assiettes en plastique, poissons frits, crustacés, salades aux coquillages, poisson-chat, huîtres et moules s'engloutissent à grandes lampées de bière. Vins médiocres (mais pas chers !) et musique envahissante.

Seasons 52 *(plan C-D1,* ***41****)* : *2428 E Sunrise Blvd, à l'entrée monumentale du Galleria Mall (parking gratuit).* ☎ *954-537-1052. Bus nº 40. Tlj 11h30 (10h dim)-22h (23h ven-sam). Plats 15-35 $. Happy hours 15h-19h ; lun-ven, petits plats 5 $.* Le créneau de *Seasons 52* ? Une cuisine fraîche et saine, et une carte des vins à rendre jaloux un sommelier français (pas tous, quand même !). Chaque plat fait moins de 475 calories et les légumes sont de saison. La recette est un succès et la maison a essaimé dans tout le pays. Ici, on choisit entre 2 grandes salles – l'une face à la vaste cuisine ouverte, bruyante en diable, l'autre plus intime avec piano-bar (chantant) le soir. Petite terrasse côté rue. Au dessert, ne passez pas à côté des mignardises...

De prix moyens à chic

Greek Islands Taverna *(hors plan par D1,* ***36****)* : *3300 N Ocean Blvd.* ☎ *954-568-0008. Bus nº 11. Lun-sam 11h-22h30 (12h-22h dim). Mezze 3-17 $, plats 10-16 $ le midi, 15-35 $ le soir.* Le moins qu'on puisse dire, c'est qu'il y a des

Grecs qui ne connaissent pas la crise ! Ici, c'est *full* de chez *full.* En terrasse, le long du boulevard, dans la grande salle qui tourne autour du bar ou au bar même, ça socialise dans toutes les langues. Au menu, au moins autant de *mezze* et de plats à la carte que de perles dans un *komboloï* : soupes, feuilles de vignes farcies, poulpe, côtelettes d'agneau, moussaka (excellente), *gyros...* Tout y est ! Juste deux bémols : le vin maison un peu sucré et les prix un peu salés.

Casablanca Cafe *(plan D2,* ***39****) : 3049 Alhambra St (à l'angle du front de mer). ☎ 954-764-3500. Bus nº 11. Tlj 11h30-2h, musique live jeu-dim 20h-minuit. Plats 12-25 $ le midi, 15-35 $ le soir.* Jouant la carte du romantisme, le *Casablanca* est réputé pour son bar à cocktails bercé chaque soir par un pianiste, ses coins intimes et, à l'étage, son aguicheuse déco orientale et sa terrasse donnant sur la plage (et la route). C'est l'une des seules adresses recommandables du secteur et encore, la cuisine, d'inspiration méditerranéenne et mexicaine, n'a rien de génial non plus. Clientèle sur son trente et un le soir.

Canyon Southwest Cafe *(plan C1,* ***44****) : 1818 E Sunrise Blvd. ☎ 954-765-1950. Bus nº 10. Tlj à partir de 17h30. Pas de résa.* Small plates *12-20 $,* large plates *25-35 $.* La petite salle, plongée dans la pénombre, résonne de bonne humeur, entre tintements de verres, conversations enlevées et bar où s'attablent les retardataires. On se met sur son trente et un pour venir déguster une excellente (on pèse nos mots) cuisine fusion, mêlant influences méditerranéennes et *South West* sur un fond de produits frais de qualité. On s'en lèche encore les babines ! Certains préfèrent toutefois commander un assortiment de petits plats et les partager entre amis, façon tapas.

Rustic Inn Crabhouse *(hors plan par B3,* ***42****) : 4331 Anglers Ave. ☎ 954-584-1637. Prendre l'autoroute I-95 (sortie 23) puis suivre Griffin Rd et enfin tourner à droite sur Anglers Ave. Tlj 11h30 (12h dim)-22h45 (21h dim). Plats 22-30 $ le soir (crabes env 50 $) ; lunch specials 10-15 $.* C'est loin, impossible d'accès en transports, mais le lieu, fondé en 1955, est une institution avec ses spécialités de fruits de mer et poissons d'une grande fraîcheur, à dévorer sur une vaste terrasse couverte jetée au bord d'un canal. Des gars comme Mohamed Ali et Jake LaMotta en avaient fait leur cantine ! Faut dire qu'ils ne manquaient pas de punch pour massacrer leurs pinces de crabe à coups de maillet !

Où manger une bonne glace ? Où boire un café ?

Kilwins *(plan B2,* ***50****) : 809 E Las Olas Blvd. ☎ 954-523-8338. Bus nº 11. Tlj 11h-22h30 (minuit ven-sam).* Fondé dans l'immédiat après-guerre dans le Michigan, *Kilwins* a conquis tout le pays, et particulièrement la Floride. Ses glaces sont riches et onctueuses, comme celle, excellente, au *dulce de leche* (la confiture de lait sud-américaine). Les becs sucrés pourront aussi craquer pour les délicieux chocolats maison.

Ann's Florist and Coffee Bar *(plan B2,* ***51****) : 1001 E Las Olas Blvd. ☎ 954-761-3334. Bus nº 11. Tlj sauf dim 9h-17h30.* Ceux qui ont du nez aimeront ce lieu cosy qui contraste avec le bouillonnant Downtown. On plonge dans le jardin secret d'une (vraie) fleuriste qui a aménagé la moitié de son oasis avec vieux fauteuils, tables rétro, objets de broc. Un bien original décor pour déguster pâtisseries et autres thés ou cafés. Un petit côté chic sur fond jazzy cool.

Où boire un verre ? Où écouter de la musique ?

Original Fat Cat's *(plan A2,* ***62****) : 320 Himmarshee St. ☎ 954-467-5867. Tlj 17h (13h le w-e)-4h.* Son nom dit bien de quoi il retourne : c'est un classique, un bon vieux *dive bar* (rade), où l'on descend une bière (80 sortes, dont pas mal sont artisanales) pas bien chère. Les groupes y débarquent chaque jour vers 23h – à moins qu'un DJ ne prenne le relais. Pas de trucs commerciaux ici, mais du bon rock et du reggae le mercredi. L'entrée est toujours gratuite, l'ambiance chaleureuse et la soirée réussie. Billard. Voilà qui donne le ton à ce micro-quartier branché de Downtown, très populaire dès la fin d'après-midi.

5 O'Clock Charlie's *(plan D2,* ***63****) : 425 S Fort Lauderdale Beach Blvd. ☎ 954-533-4480. Bus nos 11 ou 40. Dans une allée perpendiculaire au front de mer. Tlj 12h-2h (3h ven-sam).* Dans un bout de ruelle déserte, à deux pas du très animé front de mer, un petit bar sans style particulier, outre son billard central, ses jeux de fléchettes, ses banquettes rouges et ses néons vantant des marques de bières. Il y en a 22 qui jaillissent des robinets, à la pression ! Quant à la clientèle, elle est normale et populaire : presque inespéré en Floride. *In the event of,* il y a quelques snacks pour aider le foie à éponger.

Blue Martini *(plan D1,* ***61****) : 2432 E Sunrise Blvd. ☎ 954-653-2583. Bus no 40. Au rdc du Galleria Mall. Tlj 14h (16h dim)-2h (3h ven-sam). Parking gratuit à côté.* L'un des *happening places* de la ville, où il faut venir se montrer autour du bar bleu fluo ou sur la large terrasse. Musique live tous les jours dès 20h, puis DJ jusqu'à plus soif, toutes tendances mêlées (reggae, rock, international...). Plein de monde, on danse un peu où l'on peut, entre les tables. Restauration légère.

Achats

The Swap Shop *(hors plan par B1,* ***70****) : 3291 W Sunrise Blvd (entre le Florida Turnpike et l'autoroute I-95 – sortie 29B). ☎ 954-791-7927. • floridaswapshop.com • Bus no 40. Tlj 9h -17h30, jeu et w-e 7h30-18h30.* Cette ***méga-brocante*** se répand sur un énorme parking envahi d'étals en plein air et d'immenses hangars abritant des échoppes et boutiques où l'on vend absolument de tout : fleurs, fruits, légumes, fringues à 5 $, valises, CD, appareils électroniques, électroménager, et tout un bazar qu'on trouve généralement en vente par correspondance dans des magazines très, très grand public. Ajoutez à cela une ***fête foraine*** permanente ultra-rétro qui sent le pop-corn (surtout animée le week-end) et un ***mini-musée automobile*** *(hangar 12 ; gratuit)* où s'expose une kyrielle de Ferrari... Dans son genre, c'est le plus grand barnum commercial du monde. Le soir, les parkings se vident pour se métamorphoser en ***Drive-in Theater.*** Si vous maîtrisez assez l'anglais, c'est l'occase de se rejouer les films des années 1960 au volant de votre voiture de loc. Le site possède 14 écrans et propose une dizaine de films différents *(ts les soirs ; entrée : 7 $, 2 $ 5-11 ans).* Le son s'obtient alors sur votre autoradio en le réglant sur la fréquence FM inscrite en bas de l'écran. Une expérience amusante.

Sawgrass Mills et Colonnade Outlets *(hors plan par B1,* ***71****) : 12801 W Sunrise Blvd. ☎ 954-846-2300. • simon.com/mall/sawgrass-mills • À env 25 km à l'ouest de Fort Lauderdale ; en bus nos 10, 14, 20 ou 31 jusqu'à Sunrise Blvd, puis bus no 36 ; en voiture, suivre le Sunrise Blvd (route 838) jusqu'à N Flamingo Rd. Lun-sam 10h-21h30 ; dim 11h-20h.* Ces 2 centres commerciaux jumeaux, parmi les plus grands des USA, regroupent quelque chose comme 420 boutiques – les plus classiques et sportswear côté *Sawgrass Mills,* les plus chic et fashion côté *Colonnade Outlets.* Les affaires se font aussi chez les « dégriffeurs généralistes » comme *Ross* ou *Marshalls.* Un lieu incontournable pour les féru(e)s de shopping. Tout un tas de restos de chaînes bien sûr et un *food court* sur place.

À voir. À faire

La **plage** *(bus no 11 ou Trolley Beach Link),* soulignée par une belle et large promenade, est un peu un cliché de Floride avec ses cocotiers altiers, ses cahutes de sauveteurs, ses tables de pique-nique en bois peintes en vert turquoise et, *last*

but not least, son très large tapis de sable blanc (particulièrement fin du côté de South Beach Park). On pourrait parler d'institution, depuis que l'équipe de natation de la *Colgate University* de New York décida de venir ici faire quelques brasses en 1936. Boostée en 1960 par la voix sirupeuse de Connie Francis dans le film *Where the Boys Are,* qui mettait en image la sexualité émergente d'une bande d'adolescents, la plage de Fort Lauderdale est rapidement devenue *the place to be* pour la jeunesse américaine.
Ainsi commença jusque dans les années 1980, le phénomène ***spring break*** (les vacances de printemps). Aujourd'hui la plage est plus calme, même si une version édulcorée du *spring break* a toujours lieu chaque année. Elle attire aussi beaucoup de retraités qui disputent aux goélands leur part de pizza. Pas de lumière le soir entre mars et octobre ? C'est pour les tortues, qui viennent parfois encore pondre dans le sable chaud.

Hugh Taylor Birch State Park *(plan D1)* **:** *3109 E Sunrise Blvd. ☎ 954-564-4521. • floridastateparks.org • Bus nos 11 ou 40. Tlj de 8h au coucher du soleil. Entrée : 6 $/véhicule 2-8 pers, 4 $/pers seule ou 2 $/piéton.* Protégée des promoteurs depuis sa création, cette vaste réserve de 113 ha s'étire entre la plage et un canal. Elle a été léguée par un avocat de Chicago qui avait acheté le terrain en 1893 pour... 280 $! Sa maison Art déco est devenue *Visitor Center.* Une route en boucle de 3 bons miles, très appréciée des joggeurs et cyclistes, fait le tour du parc, donnant accès à quelques petits sentiers et de jolis sites de pique-nique côté canal (face aux résidences luxueuses). Pour l'apprécier, on peut aussi louer un kayak et découvrir la mangrove.

Bonnet House Museum & Gardens *(plan D1)* **:** *900 N Birch Rd. ☎ 954-563-5393. • bonnethouse.org • Bus nos 11 ou 40. Entrée au nord par Sunrise Blvd, parking gratuit ou au sud par Bermar St. Tlj sauf lun 9h-16h (dernière admission à 15h30). Visite guidée (durée : 1h30) obligatoire pour la maison à la demie de chaque heure : 20 $; 10 $ jardins seuls ; réduc ; gratuit moins de 6 ans. Brochure en français.* La maison Bonnet est nichée dans un parc de 18 ha étiré juste en retrait du front de mer, accessible par voie d'eau depuis le *waterway*. Dessinée puis construite en 1921 par l'artiste Frederic Clay Bartlett (1873-1953), elle doit son financement à son premier beau-père, comme cadeau de mariage (pas mal !). Tout en roche corallienne et pin, elle compte une trentaine de pièces et des balcons en fer forgé qui rappellent un peu ceux de La Nouvelle-Orléans. À l'intérieur, meubles, orchidées, coquillages et peintures murales, ainsi qu'une importante collection de tableaux postimpressionnistes. Verger planté de manguiers, avocatiers et agrumes. Également un jardin sec avec agaves et plantes acclimatées au désert. Le reste du parc ressemble à une oasis rafraîchie par des plans d'eau, piqués de nénuphars à bonnet (d'où le nom de la villa) et sur lesquels se penchent de vénérables palmiers. Visite très intéressante (révisez votre anglais !) qui permet de se plonger dans l'Amérique des années 1920-1940.

The Isles *(plan C1-2)* **:** c'est le quartier chic et résidentiel de la ville, créé artificiellement par l'excavation de canaux dans les années 1920, entre le front de mer et Downtown. Pour se balader dans cette marina démesurée, le bateau est indispensable. La navigation se fait alors sous les commentaires, très bavards, de l'équipage invitant à admirer les demeures incroyables et les yachts de cette Amérique opulente où l'on

RÉGIME SANS SEL POUR MR GATOR

La bande littorale qui jouxte la plage était jadis coincée entre lagune et océan : les alligators aimaient s'y dorer la couenne. Lors de la création des Isles, le creusement des canaux l'a isolée de la terre par un bras de mer... avec une eau salée que n'apprécient guère ces sauriens-là. Aussi ont-ils définitivement laissé la place aux vacanciers et aux requins... de l'immobilier.

compte en millions de dollars. Ici le bateau de Spielberg, là la villa de Johnny Depp... ou l'inverse en fonction du marché immobilier et du Bottin Mondain.

Water Taxi : *☎ 954-467-6677. • watertaxi.com • Tlj 10h-22h, ttes les 25-35 mn. Pass de 1 j. 28 $ (14 $ moins de 12 ans ; 18 $ après 17h).* Relie Downtown *(Las Olas Riverfront ; plan B2,* ***3****)* au Hugh Taylor Birch State Park *(plan D1,* ***4****).* Une quinzaine d'arrêts dont certains facultatifs. Une fois le *pass* en poche, on adopte le principe du *hop-on hop-off* en s'aidant du plan pour monter et descendre selon ses centres d'intérêt (musées, *malls,* bars, restos...).

Jungle Queen River Boat *(plan D3,* ***5****)* ***:*** *départ du Bahia Mar Yachting Center, 801 Seabreeze Blvd, juste au sud de l'hôtel Bahia Mar. ☎ 954-462-5596. • junglequeen.com • Bus n° 40. Tlj 11h, 16h30 et 19h, durée 90 mn ; 25 $, réduc. Résa en ligne conseillée.* Touristique à souhait. Globalement même parcours que le précédent, la souplesse de montée-descente en moins mais le look *steamboat* des temps modernes en plus ! Le départ de 13h30 comprend en plus la visite d'un mini-zoo (avec supplément)... *mouais* !

Riverfront Cruises : *départ de Las Olas Riverfront (plan B2,* ***3****). ☎ 954-463-3440. • riverfrontcruise.com • Tlj 11h, 13h, 15h et 17h, durée 90 mn, 26 $, réduc.* Prestations similaires, le look du bateau New Orleans en moins.

Downtown *(plan A-B2)* ***:*** on s'attardera surtout au musée d'Art et à la maison Stranahan avant de flâner sur le chic ***Las Olas Boulevard*** bordé de boutiques à la mode, restos dans le vent et bars animés. Les Américains s'y retrouvent en nombre le week-end pour faire la fête jusqu'à pas d'heure.

Stranahan Historic House *(plan B2)* ***:*** *335 SE 6th Ave. ☎ 954-563-5393. • stranahanhouse.org • Bus n° 11. Tlj, visite guidée obligatoire (durée 1h) à 13h, 14h et 15h : 12 $; réduc.* Franck Stranahan est l'un de ces pionniers pur jus qui ont fait l'histoire de la Floride, et que l'Histoire a quasiment oublié. En 1897, il installe un traversier sur la New River (l'actuel canal du *downtown*), sur la route reliant les villes du nord à Key West. Rapidement, des fermes s'installent alentour et un village s'agglomère autour du bac, signant la naissance de Fort Lauderdale, avec sa première école (1899) et sa maîtresse, Ivy, que Frank épousera en 1900. L'année d'après, il remplace sa cahute d'origine par la maison aujourd'hui visible. Le 1er étage sert de salle des fêtes aux villageois, le rez-de-chaussée aux activités commerciales de Franck : postier, banquier, épicier... Les affaires fleurissent jusqu'en 1926. Les cyclones de 1928 puis la crise de 1929 ruinent cet élan et Franck se suicide dans la rivière même qui fut source de sa prospérité. Ivy occupera la maison jusqu'à sa mort en 1971, louant les étages inférieurs pour payer les dettes. Le rez-de-chaussée sera ainsi transformé en restaurant *(The Pioneer House)* de 1939 à 1979. Les intérieurs sont parfaitement conservés, lambrissés de pin, meublés et décorés avec des objets offerts ou ayant appartenu aux Stranahan. Noter le coffre-fort enchâssé dans la base de l'escalier.

NSU Art Museum *(plan A2)* ***:*** *1 E Las Olas Blvd. ☎ 954-525-5500. • nsuartmuseum.org • Bus n° 11. Mar-dim 11h (12h dim)-17h (20h jeu), gratuit 16h-20h le 1er jeudi du mois. Entrée : 12 $; réduc, mais peut doubler suivant les expos.* Outre de grandes expos temporaires de qualité, consacrées aux grands noms tels que Picasso, Renoir, Frida Kahlo (voir le site), le musée dispose d'un riche fonds. Il est exposé de façon tournante et composé notamment de toiles de l'impressionniste américain William Glackens, ainsi que des œuvres du mouvement Cobra, bien représenté par Karel Appel, Alechinsky, Asger Jorn... Très bel espace sur deux étages.

Antique Car Museum *(plan A3)* ***:*** *1527 SW 1st Ave. ☎ 954-779-7300. • antiquecarmuseum.net • Bus n° 40. Lun-ven 10h-16h (appeler avant, parfois fermé pour des événements privés). Entrée : 10 $; réduc ; gratuit moins de 5 ans.* Les amateurs de *belles Américaines* y découvriront une superbe collection de 35 Packard (la Rolls américaine de la première moitié du XXe s), toutes en parfait état de marche. En vedette, la voiture du président Calvin Coolige (1923-1929), un très beau camion de 1915, la décapotable dans laquelle Einstein et Lindberg paradèrent à New York, ou encore cette voiture de 1909, avec l'ancêtre du pare-brise : une simple petite vitre ronde face au chauffeur. Vaut le coup d'œil.

DANS LES ENVIRONS DE FORT LAUDERDALE

LAUDERDALE-BY-THE-SEA

À 8 km au nord de Fort Lauderdale, cette petite station balnéaire s'articule autour d'un long *pier* en bois typique et de bar-restos de plage.

Adresse et info utiles

Lauderdale-By-The-Sea Chamber of Commerce Welcome Center : *4201 Ocean Dr. ☎ 954-776-1000. • lbts.com • Lun-sam 9h-17h en hte saison (réduit le reste de l'année).* Infos, brochures et même le magazine *Le Soleil,* édité en français. Accueil très serviable.

Où dormir ? Où manger ? Où boire un verre ?

Côté restauration, ne vous attendez pas au coup de foudre. Pas grand-chose d'autre que des restos et bars de plage où la quantité de plats l'emporte sur leur qualité. N'hésitez pas à filer à Fort Lauderdale pour améliorer le quotidien.

The Castle by the Sea : *4520 N Ocean Dr. ☎ 954-772-8337. • thecastlebythesea.com • À 300 m au nord de Commercial Blvd. Doubles 115-210 $.* En guise de « château », voici plutôt un motel, flanqué d'une piscine bordée de palmiers un peu trop proche de l'avenue à notre goût mais l'océan est à une centaine de mètres, un véritable atout. Les chambres sont fraîches et colorées, avec réfrigérateur, micro-ondes et kitchenette pour les plus chères. Accueil chaleureux, encore un bon point.

The Southern Seas : *4520 El Mar Dr. ☎ 954-772-1660. • southern-seas.com • À 200 m au nord de Commercial Blvd. Doubles, suites avec kichenette et apparts 140-260 $.* Côté rue, le grand mur blanc ne laisse rien présager de cette très agréable adresse directement sur la plage, les pieds dans le sable blanc. Les chambres et appartements, répartis entre rez-de-chaussée et 1er étage, ne brillent pas par leur style mais la vue sur le large est incroyable ! Piscinette entourée de transats mais encore une fois, la mer vous tend les bras !

Laspada's Original Hoagies : *233 E Commercial Blvd. ☎ 954-76-7893. À env 400 m du front de mer. Tlj 10h (11h dim)-20h. Hoagies 8-13 $.* Ce petit snack prépare d'énooormes *hoagies,* les fameux sandwichs de Philadelphie. Le midi, l'ambiance est survoltée : la charcuterie vole derrière le comptoir et atterrit directement entre deux morceaux de pain. Ensuite, on choisit : du fromage, des légumes marinés, des tomates, des oignons, de la laitue... Le tout bien roulé, coupé en 2 et emballé dans de grandes feuilles de papier ! Faut se décider vite quand arrive son tour *(small or large ? wheat or white ?),* car derrière, ça pousse un max !

Cocoyogurt : *107 Commercial Blvd. ☎ 954-835-5687. À 50 m du Pier. Tlj 10h45-22h30.* Voilà un glacier rigolo : on choisit sa *cup,* on se sert soi-même aux manettes, on ajoute les *toppings* que l'on veut et on fait peser le tout. Parmi les nombreux parfums, on a même vu du *taro* et de l'*açaï* (fruit d'un palmier brésilien) ! Quelques tables à l'intérieur et d'autres sur le trottoir.

Aruba Beach Café : *1 E Commercial Blvd. ☎ 954-776-0001. Face au Pier. Tlj 11h (9h dim)-1h (2h mer-sam).* Ce vaste bar-resto aux couleurs vives donne sur la plage et son *pier.* L'endroit est très populaire pour boire un verre ou manger un morceau, d'autant qu'il y a de la *live music* pratiquement tout le temps, y compris le dimanche pour le brunch.

À voir, un peu plus loin

Butterfly World *(hors plan par A1) :* *Tradewinds Park, 3600 W Sample Rd,* ***Coconut Creek.*** *☎ 954-977-4400. • butterflyworld.com • À env 25 km au nord de Fort Lauderdale. Bus n° 10 jusqu'à Sample Rd, puis n° 34. En voiture, prendre l'autoroute I-95, sortie 39 ; le parc se trouve à 6 km à l'ouest. Tlj 9h (11h dim)-17h (dernier accès à 16h). Entrée : 30 $; 22 $ 3-11 ans. Supplément (!) de 1,50 $/pers les w-e et j. fériés pour l'accès au Tradewinds Park. Feuillet en français.* Ce parc est peuplé d'environ 20 000 papillons (quelque 150 espèces issues des 5 continents) qui virevoltent joyeusement dans une végétation luxuriante sur fond de musique douce. Les volières abritent également des oiseaux exotiques en « liberté », colibris, perroquets et *oiseau soleil* venu spécialement d'Afrique, sans oublier plantes et fleurs magnifiques. Le labo du parc en a déjà vu naître plus d'un million. On peut d'ailleurs observer la métamorphose des cocons en direct. Les enfants aiment bien la rencontre avec les loriquets australiens, qui n'hésitent pas à venir se percher sur la main, et le *Bug Zoo,* vivarium avec scorpions, araignées...

AU SUD DE MIAMI : LES EVERGLADES ET LES KEYS

• Carte *p. 135*

Aux portes de Miami, le parc national des Everglades est un immense et luxuriant marécage subtropical, riche d'une dense végétation de palétuviers, de cyprès, de pins, etc. Outre les alligators, qui sont les animaux emblématiques du parc, ces marais sont peuplés par une faune très diverse : oiseaux (ibis, pélicans, spatules roses, balbuzards), mammifères (rares panthères de Floride, ratons laveurs, lynx, lamantins), nombreuses espèces de poissons, mais aussi une myriade d'insectes, dont les moustiques, vraiment virulents les soirs d'été...
Encore un peu plus au sud, à l'extrémité de la Floride, s'étire un archipel d'îlots d'origine corallienne, appelés *Keys,* que relient 42 ponts et une superbe route panoramique, sur 110 miles ! Key West, l'île vedette des Keys, vous plonge dans l'univers d'Ernest Hemingway et de Tennessee Williams, qui y ont écrit leurs plus belles œuvres. C'est aussi l'un des lieux paradisiaques les plus prisés et l'atmosphère qui y règne n'incite guère à la mélancolie. Fêtards, à vos marques !

SUR LA ROUTE DES EVERGLADES

Zoo Miami *(hors plan détachable Miami par A6)* **:** *12400 SW 152nd St, à env 35 km au sud-ouest de Downtown. ☎ 305-251-0400. • zoomiami.org • En voiture par le Florida Turnpike (payant), sortie 16 ou par la US 1 puis la SW 152nd St (gratuit). Faisable en transports en enchaînant métro jusqu'à Dadeland South, puis bus nos 34 ou 38 jusqu'à l'arrêt SW 152nd St puis bus no 252 ; mais compter 1h-1h30 depuis Downtown. Tlj 10h-17h (dernier billet à 16h). Compter bien 3h de visite. Entrée : 23 $; 19 $ 3-12 ans ; gratuit moins de 3 ans.* Un beau et vaste zoo avec peu de cages. Classés par continents, les animaux sont pratiquement tous installés dans des espaces entourés d'un fossé qu'ils ne peuvent franchir. On y voit pas mal de bestiaux rares, tels ce grand gorille mâle et ses femelles qu'il honore sans pudeur en public (à la sauce Brassens), ainsi que panthère nébuleuse, okapi, rhinocéros d'Inde, oryx d'Arabie et lycaons. On peut s'amuser à nourrir soi-même différents animaux *(horaires spécifiés à l'entrée et sur internet ; supplément : 5 $)* : girafes, chameaux, perroquets, rhino (pas si féroce !). Un monorail *(3 $/j. en*

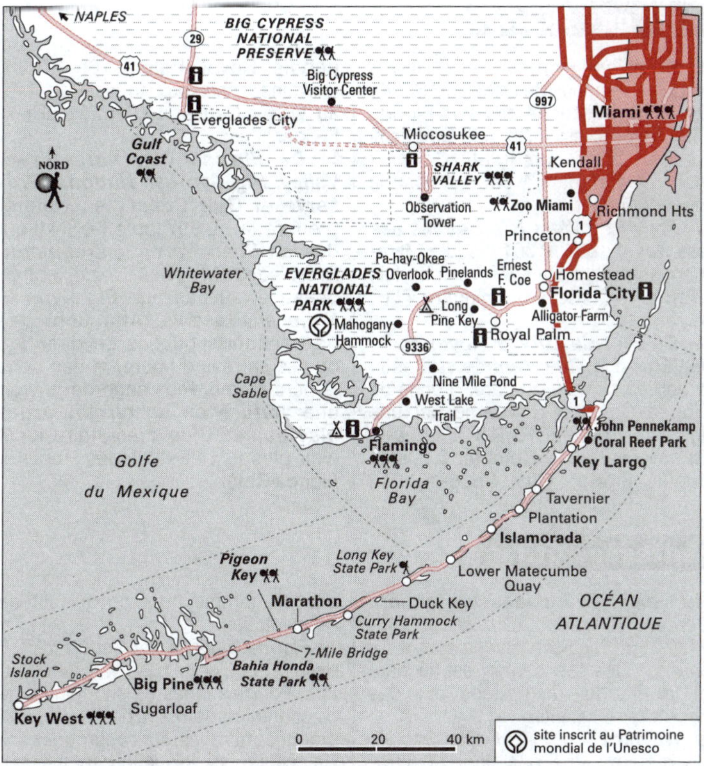

LES EVERGLADES ET LES KEYS

supplément) et des trams *(tours tlj à 12h, 13h30 et 15h ; tarif : 6 $)* permettent de rallier les différents secteurs du zoo.

FLORIDA CITY – HOMESTEAD

11 980 et 64 100 hab.

Florida City et Homestead sont deux bourgades jumelles qui constituent la meilleure base arrière pour découvrir le parc des Everglades dont l'entrée sud-est ne se trouve qu'à 17 km. Contrairement à Florida City (sans intérêt), le centre-ville de Homestead a un petit cachet avec ses devantures anciennes alignées sur Krome Avenue. La plage de Homestead Bayfront Park n'est pas désagréable non plus, avec ses postes de secours en bois coloré.
Cette région rurale est aussi connue pour ses fermes établies au XIXe s pour alimenter Miami. Aujourd'hui encore, on s'y régale de fruits et légumes, et d'excellents jus et smoothies frais ! La plupart sont malheureusement fermées l'été, entre mai et octobre. Saison des fraises entre décembre et avril.

Arriver – Quitter

➢ ***De Miami :*** prendre le *Metrorail* jusqu'au terminus de *Dadeland South.* De là, le bus nº 34 dessert Florida City. Trajet total : 1h30, 3 $. De Miami Beach, bus S jusqu'au *Government Center* puis *Metrorail* comme précédemment.

➢ ***Pour Key West (via ttes les îles des Keys) :*** bus nº 301 jusqu'à Marathon, puis bus de la KWT. Voir plus loin « Arriver – Quitter » au chapitre « Les Keys ».

➢ ***De Florida City à Royal Palm** (via Ernest F. Coe – entrée sud-est) :* la partie orientale du parc, proche de Florida City, est desservie par une ligne de trolley (GRATUIT). Le w-e, fin nov-fin avr slt. Compter 8 bus/j. : depuis Florida City, 9h26-16h04 ; depuis Royal Palm, 10h-17h26. Certains, mais pas tous, s'arrêtent au *Visitor Center* de l'entrée Ernest F. Coe.

➢ ***De Florida City vers Shark Valley, Big Cypress National Preserve et Gulf Coast :*** en voiture, prendre la FL 997 puis l'US 41 qui dessert *Shark Valley* (entrée nord), *Everglades City* (*Gulf Coast,* entrée ouest) et au passage *Big Cypress National Preserve*. Attention, peu de transports publics en direction de ces entrées du parc, et rien dans le parc même. Plus sage de prévoir une ***voiture*** ou un ***circuit organisé*** auprès d'un prestataire local (voir plus loin l'Everglades Hostel à Florida City).

Adresses utiles

Tropical Everglades Visitor Info Center : *160 SE 1st Ave. ☎ 305-245-9180. • tropicaleverglades.com • Tlj 8h-17h.* Des tas d'infos sur le parc et la Floride, distribuées par des volontaires souriants.

Walmart : *sur l'US 1. Ouv 24h/24.* Un hypermarché pas cher et ultra-populaire chez les Américains car on y trouve de tout, mais assez bas de gamme pour ce qui est de l'alimentation.

Florida Keys Outlet Center : *250 E Palm Dr. Lun-sam 10h-21h ; dim 11h-20h.* Pour les fanas de shopping, une cinquantaine de magasins d'usine de grandes marques sont regroupés ici. Ça occupe une fois le jour tombé, car, côté animation, Florida City, ce n'est pas ça.

Où dormir ?

De prix moyens à chic

Everglades Hostel : *20 SW 2nd Ave. ☎ 305-248-1122 ou 1-800-372-3874. • evergladeshostel.com • Lit en dortoir 30 $; double avec sdb commune 75 $, avec sdb privée 125 $. Camping possible dans le jardin : 15-18 $/pers. Prévoir de quoi se faire son petit déj.* Seule AJ à proximité du parc, elle occupe une vieille maison des années 1930, qui a épongé bien des cyclones. Nombreux types d'hébergements, cuisine tout équipée, chouettes parties communes avec meubles anciens chinés. Le tout est propre et bien tenu. Jardin sous les arbres très bien aménagé, avec « cascade » où l'on peut faire trempette. Grandes tentes orientalisantes pour se prélasser sur les coussins et canapés... et même des cabanes dans les arbres... En été (sur réservation le reste de l'année), organise des randos à pied, à vélo ou en canoë dans le parc. Location de vélos *(15 $/j.)* ou de canoës *(30 $/j.)*. Accueil très sympa. Une excellente adresse.

Baymont by Wyndham : *553, N 1st Ave. ☎ 305-248-9300. • wyndhamhotels.com • Doubles 60-100 $, petit déj inclus.* Posé au cœur d'un nœud routier, un motel aux chambres spacieuses et fraîchement rénovées. Du coffre-fort au coin repas, en passant par le micro-ondes et le réfrigérateur, il y a tout... avec des prix qui restent sages. Un plus, le petit déjeuner en libre-service qui offre un choix correct. On appréciera la piscine séparée du parking par une haie bienvenue.

Best Western Gateway to the Keys : *411 S Krome Ave. ☎ 305-246-5100 ou 1-888-981-5100. • bestwestern.com • Doubles 75-160 $.* Un hôtel de chaîne fort bien rénové, tout confort et sans surprise proposant des chambres claires. Piscine (bon, l'environnement n'est pas super sexy). Idéal pour passer une bonne nuit avant d'attaquer les randonnées dès potron-minet...

Où manger ? Où boire un jus frais ?

Farmer's Market Restaurant : *300 N Krome Ave. ☎ 305-242-0008. Tlj 5h30-21h (ferme parfois plus tôt). Salades et plats 10-20 $.* Une coopérative montée à l'origine par des pêcheurs qui ne proposent que des produits de la mer ou de la ferme cuisinés maison. Le cadre est peu avenant, parmi les hangars, et l'accueil façon cantoche, mais c'est dans l'assiette que tout se passe, du petit déj au dîner, une cuisine qui tient au corps. Les locaux le savent bien, c'est souvent plein.

Ristorante Capri : *935 N Krome Ave. ☎ 305-247-1544. Service tlj jusqu'à 22h (21h lun). Plats du jour (sem slt) 8-10 $, salades, pâtes ou pizzas 10-20 $.* Salle classique (tables rondes nappées de blanc et tableaux aux murs suggérant la patrie de Dante) pour une cuisine italienne traditionnelle convenable. Service à l'ancienne, un peu maniéré.

El Toro Taco : *1 S Krome Ave. ☎ 305-245-8182. Tlj 11h (10h dim)-21h (22h ven-sam). Plats 10-15 $.* Un petit resto mexicain renommé pour sa bonne cuisine traditionnelle et *casera*, à engloutir pour pas cher. Pas de licence d'alcool, donc pensez à *bring your own bottle (BYOB)* ! Une adresse pour caler une faim d'alligator après une rude randonnée dans le parc.

Robert is Here : *au coin de SW 344th St (Palm Dr) et de la 197th Ave. Tlj 8h-19h. Fermé sept-oct.* Une institution que ce *Robert*, qui propose, derrière un étal coloré, un vaste choix de fruits frais, exotiques ou locaux, en smoothies et milk-shakes. À déguster dans le jardin, devant les perroquets multicolores. Également des confitures et marmelades. En fin de journée, quelques personnes viennent chanter, guitare à la main.

EVERGLADES NATIONAL PARK

• Carte *p. 135*

« **Le temps est venu de se préoccuper de ce qui se passera lorsque nos forêts auront disparu.** »
Théodore Roosevelt (1908).

Une expédition dans la nature à ne pas manquer ! *Everglades* signifie « eau herbeuse » dans la langue des Indiens séminoles qui occupaient jadis cette partie de la Floride. Ce gigantesque marais, vieux de 6 000 à 8 000 ans, couvre la pointe sud de l'État sur 200 km de long et 80 km de large, ourlé de mangrove sur son pourtour littoral. Alimenté par l'immense lac Okeechobee à l'ouest de Palm Beach, cet écosystème unique au monde a été partiellement classé parc national en 1947 et, plus récemment, réserve de la biosphère, par la communauté internationale, ainsi que Patrimoine mondial de l'Unesco. Pourtant, cet écosystème d'une richesse

particulièrement précieuse est menacé par la pollution due aux phosphates de l'industrie de la canne à sucre, qui s'étend au nord de la région depuis les années 1950. Les constats pleuvent, et les mesures gouvernementales pour endiguer un futur désastre se heurtent encore au puissant lobby sucrier, appelé ici « Big Sugar »... Résultat, l'Unesco a inscrit le parc des Everglades dans sa liste du Patrimoine mondial en péril...
Au fait, entre nous, l'hiver est la meilleure saison pour explorer les Everglades : la chaleur y est agréable (19 à 24 °C), la vie sauvage s'affiche au grand jour, les pluies tropicales, voire les cyclones et autres moustiques marquent à cette époque-là une pause salutaire.

LES INDIENS SÉMINOLES

À l'origine, les Indiens séminoles étaient ***les seuls habitants de la région,*** peuplant quelques villages à l'embouchure des cours d'eau. Au XVIe s, les Espagnols fraîchement débarqués estimaient leur nombre à 2 800... Au XIXe s, la plupart furent massacrés, et les survivants transférés dans des réserves en Oklahoma. Seuls 200 membres de la tribu ***Miccosukee*** purent fuir et se réfugier dans les marais des Everglades. Ils n'ont toujours pas signé de traité de paix... Plusieurs villages indiens essaiment toujours l'US 41 et arborent leur bannière assez semblable au drapeau allemand, une bande blanche couvrant les bandes horizontales noir-rouge-jaune.
Chaque année, durant la dernière semaine de décembre, des Indiens de toutes les tribus américaines se retrouvent ici : Sioux, Séminoles, Apaches, et même Aztèques du Mexique. Défilés, danses rituelles, chants de guerre... mieux qu'au cinéma !

LA REVANCHE DES SÉMINOLES

Dans les années 1960, les survivants des Indiens séminoles ont construit une salle de bingo dans un marigot des Everglades, malgré l'interdiction du jeu par l'État de Floride. Saisie, la cour suprême à Washington a décidé que les lois de la Floride n'étaient pas applicables dans les réserves. Depuis, ces indiens ont fait fortune avec les casinos et sont devenus les principaux actionnaires de la chaîne Hard Rock Cafe. *Bingo !*

ALLIGATOR MODE D'EMPLOI

Sous ses airs préhistoriques, l'alligator est une bête de course parfaitement adaptée à son milieu. Quand il s'enfonce dans l'eau, des clapets empêchent l'eau de pénétrer dans ses oreilles et dans sa gorge. En hiver, l'alligator réduit son activité et peut survivre plusieurs mois sans manger. Comme c'est un animal à sang froid, la chaleur extérieure est nécessaire pour accélérer les fonctions de son organisme. Voilà pourquoi il ne copule que le jour et au soleil (*sea, sex and sun !*). Aux alentours de juin, madame pond de 20 à 60 œufs. Si vous croisez une nichée de mignons petits alligators de quelques dizaines de centimètres, gardez

ALLIGATOR OU CROCODILE ? CAÏMAN LA MÊME CHOSE ?

Connaissez-vous la différence entre un alligator et un crocodile ? La tête du premier est en forme de U, plus large et plus courte que celle du second. Et puis le gator n'a que 92 dents, quand le croco en a 120 (on ne les a pas comptées personnellement), dont seules les supérieures restent visibles quand sa mâchoire est fermée ; chez le crocodile, toutes le sont. Si l'alligator n'évolue que dans des eaux claires, le crocodile s'accommode très bien d'une eau saumâtre. Enfin, l'alligator a la réputation d'être moins dangereux pour l'homme. On n'a pas non plus vérifié !

une distance de sécurité raisonnable (les rangers conseillent 5 m) : maman, jamais très loin, risque d'avoir une dent contre vous... D'ailleurs, de façon générale, si ce vorace saurien a un air assoupi, c'est un sprinter hors pair qui peut bondir en un instant et monter en vitesse de pointe à 17 km/h sur une dizaine de mètres (dans l'eau, il peut atteindre 30 km/h). Il happe sa proie et l'enserre entre ses puissantes mâchoires, l'attire dans les eaux boueuses, la noie, et la coince sous l'eau pour la laisser faisander et mieux la déguster quelques jours plus tard. Pas de parano, mais soyez attentif, on tient à vous ! Et puis, dernière précision, inutile de nous envoyer des lettres d'injures si vous ne rencontrez pas d'alligators en été : en régime de basses eaux, ils se regroupent dans des zones à l'écart des routes et sont donc peu visibles.

Infos préliminaires

– ***Site officiel du parc :*** *• nps.gov/ever •* Très bien fait. Possibilité de réserver un camping via ce site.
– ***4 entrées*** donnent accès au parc. Au sud-est, à 17 km de Florida City, l'entrée principale ***Ernest F. Coe*** *(tlj 24h/24)* avec son grand *Visitor Center,* puis de là on rejoint *Royal Palm* et *Flamingo.* Juste au nord de Florida City, ***Chekika*** *(ouv slt de mi-déc à mars)* nous l'évoquons ici, sans plus de développement. Au nord, un autre accès à ***Shark Valley*** *(tlj 8h30-18h),* situé sur la route US 41. Enfin, également accessible par l'US 41, la dernière entrée se situe à l'ouest, à ***Everglades City,*** sur le golfe du Mexique, d'où son nom : ***Gulf Coast*** *(tlj 24h/24).*
– ***Tarifs :*** *25 $/véhicule et 8 $/piéton et vélo. Ticket valable 7 j. pour ttes les entrées du parc. Pensez à le conserver... Entrée gratuite avec l'Interagency Annual Pass (pass des parcs nationaux américains).*
– ***Avant d'entrer dans le parc :*** faites le plein d'argent, de nourriture pour pique-niquer et d'essence. Prévoir également eau, chapeau, crème solaire protectrice, vêtements légers mais couvrants, ainsi qu'un ***répulsif anti-moustiques efficace,*** surtout en été. Les moustiques font partie du décor des Everglades. Ils sont virulents, surtout au lever et au coucher du soleil, et après de grosses pluies. En journée, l'hiver, il semble qu'ils prennent des vacances ailleurs. N'oubliez pas non plus jumelles, appareil photo, etc.
– ***Interdit de fumer*** sur les sentiers du parc, à cause du risque d'incendie.
– ***Urgences 24h/24 :*** *☎ 911 ou 1-800-788-0511.*

À faire à l'extérieur du parc – Tour en *airboat*

L'**airboat** ***est un bateau à fond plat qui glisse sur l'eau et sur les surfaces de boue ou d'herbes,*** propulsé par une sorte de gros ventilo de cinéma. On commence la balade moteur coupé et croquettes en mains, les animaux connaissent les horaires : alligators, tortues au nez pointu, échassiers... On bouche ensuite ses oreilles (coton ou casque fourni) et l'*airboat* s'élance à fond les manettes, moitié sur l'eau, moitié dans l'air. Pas franchement écolo (d'ailleurs l'*airboat* ne se pratique qu'en dehors du parc) et plutôt cher, mais sensations garanties, surtout quand le pilote s'amuse à faire des dérapages dans les virages. Un avant-goût de Disney ! Les enfants et ados adoreront, cela dit. À proximité de Florida city, l'***Alligator Farm*** propose ces virées atypiques. Sinon, ***de nombreux prestataires émaillent l'US 41*** autour de Shark Valley, ainsi qu'à Everglades City.

Everglades Alligator Farm : *40351 SW 192nd Ave, à* ***Homestead.*** *☎ 305-247-2628. • everglades.com • Bien fléché depuis la route 9336 vers l'entrée Ernest F. Coe du parc. Tlj 9h-18h. Départ des bateaux ttes les heures, à 25 de chaque heure, 9h25-17h25 (20 pers max). Durée de la balade : 20-25 mn. Prix très élevé : 27 $; 19,50 $ enfant ; coupons de réduc (par Internet ou sur de nombreuses* *brochures papier). Visite de la ferme slt : 19,50 $; 14,50 $ enfant.* Au retour de la virée en *airboat,* on visite la ferme aux alligators. Petits shows à 11h, 14h et 17h, où l'on peut caresser des bébés alligators et apprécier toutes les différences avec leurs cousins crocodiles. Repas des alligators à 12h et 15h. À 3-4 ans, la bête est tuée et transformée en ceinture pour les messieurs, en sac pour les dames et en steaks pour tout le monde ; c'est beau l'élevage, non ?... Autres petits shows à 10h, 13h et 16h, où sont présentés plusieurs serpents de Floride... Allez-y avant tout si vous êtes en famille. Entre adultes, on conseille des excursions plus naturalistes (type en canoë ou en kayak), respectueuses de l'environnement et de la cause animale.

ERNEST F. COE (ROYAL PALM ET FLAMINGO)

À 17 km au sud-ouest de Florida City par la FL 9336, l'entrée *Ernest F. Coe* (ouv 24h/24) est considérée comme l'accès principal au parc. De là, on atteint d'abord *Royal Palm* puis, par une route de 60 km, *Flamingo* à la pointe sud de la Floride continentale : au programme de cette portion orientale du parc, sentiers de randonnée pédestre et circuits en canoë, à *West Lake* notamment. *Attention :* le soleil comme les moustiques dardent sacrément en plein été.

Adresses utiles

Ernest F. Coe Visitor Center : *40001 route 9336.* ☎ *305-242-7700. Juste avt l'entrée du parc. Tlj 8h (9h mai-nov)-17h.* Ce principal *Visitor Center* du parc propose de belles présentations de la vie sauvage que vous allez rencontrer, un film et toutes les infos nécessaires à son exploration, dont un plan très bien fait et une petite doc en français. Bon accueil.

Royal Palm Information Center : *à 6 km à l'ouest de l'entrée (fléché à gauche depuis la route principale).* ☎ *305-242-7700. Tlj 8h45-16h15.* Infos sur les randonnées organisées en hiver et sur les sentiers environnants. Propose aussi des balades guidées à vélo *(tlj à 9h)* et *slough-slog (tlj à 13h30)* à savoir rando les pieds dans le marécage.

Flamingo Visitor Center : ☎ *305-242-7700. De mi-nov à mi-avr slt, tlj 8h-16h30.* Propose des randonnées et balades guidées dans la mangrove et la baie de Floride.

Station-service et ravitaillement : *une pompe à essence sur la marina (7h-19h).* Mieux vaut quand même faire le plein avant d'entrer dans le parc. Également une petite *boutique-épicerie* assez peu fournie à la marina : *tlj 7h (6h le w-e)-19h.*

Location de vélos, canoës et excursions en bateau : *à la marina.* ☎ *239-695-3101. En hiver, résa conseillée. Excursion de 2h dans la baie 20 $.* Des dauphins suivent le sillage du bateau. Pour les canoës, voir également avec l'auberge de jeunesse de Florida City ou auprès des *Visitor Centers.*

Où camper ?

Long Pine Key Campground : *à 10 km de Ernest F. Coe.* ☎ *305-242-7873 ou 1-800-365-2267. Emplacement 20 $ (gratuit mai-oct, because mosquitos !).* Confort spartiate : juste des w-c et lavabos avec eau froide, ni électricité ni douche. En pleine nature, dans une forêt de pins maigrichons, les emplacements sont bien au large, clairement délimités, avec chacun son barbecue, sa table et ses bancs. Les Robinsons apprécieront. Pas de résas : premier arrivé, premier servi.

Flamingo Campground : *à droite en arrivant à Flamingo Village. Mêmes tél, tarifs et confort que le* Long Pine Key, *la douche froide en plus !* Quelques palmiers et autres arbres fournissent un minimum d'ombre, et la mer toute proche assure la ventilation.

Les visites et balades de Royal Palm à Flamingo

On mentionne les balades dans l'ordre depuis l'entrée du parc jusqu'à Flamingo. Noter qu'elles ne sont pas connectées entre elles et que chacune présente un écosystème particulier des Everglades. On peut en enchaîner plusieurs dans la journée. Les chemins principaux sont aménagés pour les personnes à mobilité réduite. Certains peuvent être parcourus avec un ranger ; programme et horaires aux *Visitor Centers*.

Nike Missile Site HM 69 : *rens et résa auprès du Visitor Center Ernest F. Coe. Rendez-vous directement sur le site : suivre la route de Royal Palm puis tourner à droite, c'est à 8 km (bien fléché). Visite guidée (sur résa) 1h30. GRATUIT.* Ce site est une relique de la guerre froide et du fameux épisode de la baie des Cochons. En 1962, les Américains observent médusés l'installation de missiles russes à Cuba. Des engins à tête nucléaire capables de frapper tout point du territoire des États-Unis. Les Américains déploient leurs propres batteries de missiles dont certaines dans le parc des Everglades. À propos de cet épisode, Kennedy avait déclaré : « Il est inconcevable que deux hommes assis aux extrémités du monde puissent décider de mettre fin à la civilisation. » À méditer.

Randonnées pédestres

➢ ***Anhinga Trail*** : *accès à la hauteur du Royal Palm Information Center.* Une balade de 1 200 m, géniale pour les enfants, sur une petite route bitumée puis un large ponton sur pilotis qui s'enfonce au milieu du marais. On est d'autant plus piqué de cette balade qu'il y a peu d'insectes mais que la faune y est très riche : grands hérons cendrés, alligators (aisément visibles), tortues et parfois des ratons laveurs en fin de journée... mais la star des lieux, c'est l'anhinga, un cousin du cormoran aussi appelé oiseau-serpent, car seul son cou dépasse de l'eau quand il nage ! Ses plumes n'étant pas imperméables, il passe son temps à écarter les ailes pour les sécher au soleil... Dans les environs, on croise aussi de nombreux panneaux routiers annonçant la rare panthère de Floride, dont on ne voit qu'exceptionnellement la couleur du pelage.

➢ ***Gumbo Limbo Trail*** : *à côté du circuit Anhinga.* Promenade de 20 mn à travers une végétation tropicale dense. Bien pour se familiariser avec la flore du site (nombreuses broméliacées, des orchidées, quoi !), car la faune est peu visible, sauf les moustiques, très nombreux !

➢ ***Long Pine Key Trail*** : *quelques km plus loin, sur la gauche de la route (panneau) ; commence au bout du camping.* Pour ceux qui veulent un peu pimenter leur exploration du parc, voici une boucle de 35 km, composée de route et de 11 km de chemins balisés à travers une forêt de pins peuplée d'espèces végétales rarissimes, qui sont imputrescibles et insectifuges, et où vivent opossums et ratons laveurs. À réaliser à pied ou à vélo.

➢ ***Pinelands Trail*** : *sur la droite de la route (panneau).* Encore une petite marche fastoche sur un joli sentier de 650 m de long, à travers une forêt de pins habitée par de nombreux animaux. Les rangers y organisent des randonnées guidées. Attention aux trous creusés par la pluie et quasi invisibles. Ne pas quitter le sentier, donc.

➢ ***Pa-hay-Okee Overlook*** : *à 20 km de l'entrée, sur la droite de la route (panneau).* Sentier surélevé, long de 250 m environ, qui aboutit à une plate-forme d'observation. Échassiers, chouettes et buses peuvent être observés. Pour prendre toute la mesure du paysage dominant dans les Everglades : à perte de vue s'étend le lit marécageux de la Shark River, véritable fleuve d'herbes. D'ailleurs, en indien, *Pa-hay-Okee* signifie « les eaux verdoyantes ».

➢ ***Mahogany Hammock Trail :*** *à 35 km de l'entrée, sur la droite de la route (panneau).* Promenade de 20 mn (800 m) dans un petit coin de nature tropicale particulièrement dense, où se cache le plus gros acajou des États-Unis. Vous y verrez des épiphytes (des plantes qui poussent en utilisant d'autres plantes comme support) et des escargots colorés qui, à la saison des pluies, font concours de leur lenteur.

➢ ***West Lake Trail :*** *à 47 km de l'entrée, à gauche de la route.* Un sentier qui serpente sur 800 m au cœur d'une forêt de palétuviers bien enracinés dans la lagune.

Randonnées en canoë

Le parc propose sept randonnées en tout, du très court (*Bear Lake Canal,* 2,5 km) au très, très long (1 semaine, et 250 km à parcourir). Demander la brochure *Flamingo Canoe Trails.* Bien se renseigner avant pour savoir si des canoës sont disponibles pour la rando de votre choix, car ce n'est pas toujours le cas. On pourra aussi s'adresser à l'auberge de jeunesse de Florida City. Voici un aperçu de nos randonnées favorites.

➢ ***Nine Mile Pond Trail :*** *à un peu moins de 45 km de l'entrée, sur la gauche de la route (panneau).* Petite boucle de 8 km (3-4h) pour découvrir que la mangrove abrite une vie incroyable.

➢ ***Noble Hammock :*** *un peu après la précédente, sur la gauche de la route (panneau).* Une boucle de 3 km (1-2h) pour se faufiler au travers de passages parfois étroits dans la mangrove. Se renseigner du niveau de l'eau en saison sèche.

➢ ***West Lake Trail :*** *à 50 km de l'entrée, sur la gauche de la route (panneau).* Circuit de 12 km (5-6h) qui longe les berges du West Lake et vous emmène jusqu'à Alligator Creek. Un programme déjà bien complet !

➢ ***Florida Bay :*** *au départ de Flamingo.* Des balades à sa guise dans une baie étrangement épargnée par les moustiques. Possibilité de débarquer sur Bradley Key et d'observer la vie marine de plus près.

SHARK VALLEY

L'entrée nord du parc des Everglades se situe sur l'US 41 à 60 km au nord-ouest de Florida City. Tlj 8h30-18h. Rien pour dormir dans le parc même. Un chapelet de campings s'égrène toutefois le long de l'US 41. En plein territoire tribal des Miccosukee, nombreux tours en ***airboat*** possibles dans le coin, notamment depuis le parking du resto *Miccosukee* (pas recommandé). Un peu plus loin le long du canal, en direction de Naples, l'occasion de visiter un ***village indien*** *(9h-17h ; 12 $ l'entrée)...* et de découvrir son artisanat.

Adresse utile

Visitor Center : *après l'entrée du parc. ☎ 305-221-8776. Tlj 9h-17h.* Plan du site et toutes les infos (y compris en français) pour bien l'explorer. Choix complet de bouquins pour les ornithos. Organise aussi des randonnées pédestres en saison. Attention : les voitures doivent avoir quitté le parking à 18h.

Comment faire le circuit ?

Le parcours dessine une ***boucle goudronnée de 24 km*** à travers la sawgrass (littéralement « herbe-scie » ; vous comprendrez pourquoi si vous avez le malheur d'y plonger les mains !), parsemée d'îlots de végétation dense (palmiers, ficus, etc.) appelés *hardwood hammocks*.

– Penser à prendre eau, crème solaire, chapeau et de quoi manger. Et bien surveiller le pique-nique, car les oiseaux sont gourmands et... très inventifs quand il s'agit d'ouvrir un sac à dos !

3 possibilités d'exploration :

– ***En petit tramway sur pneus :*** *ttes les heures 9h-16h (slt 9h30, 11h, 14h et 16h de mai à mi-déc) pour env 2h de visite. Résa conseillée en hte saison : ☎ 305-221-8455. ● sharkvalleytramtours.com ● Tarif : 25 $; enfant 3-12 ans 13 $.* Sincèrement un peu attrape-touriste, mais les commentaires distillés en anglais par un naturaliste du parc sont instructifs. À mi-chemin, une tour de 19 m de haut offre une vue panoramique sur les marais.

– ***À vélo :*** *loc de vélos à l'arrière du Visitor Center. ☎ 305-221-8455. Tlj 8h30-16h (retour des bécanes à 17h). Env 10 $/h. En hte saison, arriver tôt car pas de résas.* La meilleure solution à notre avis, qui permet de parcourir toute la boucle en 3h minimum, et de s'arrêter là où l'on veut si l'on est fan de photo. Le matin tôt, il fait plus frais et les animaux sont alors plus actifs.

– ***À pied :*** difficile de parcourir la boucle complète dans la journée. Toutefois, les 2 premiers kilomètres sont ceux où l'on voit le plus d'animaux, et on peut rebrousser chemin à sa discrétion.

À voir

★★★ ***La faune :*** elle est très riche par ici, et vous verrez des alligators comme nulle part ailleurs... Quand ils ne s'enfoncent pas dans les marais, ils se font fréquemment rôtir sur le bas-côté, queue négligemment dardée sur la bande de bitume... Croyez-nous, passer à vélo tout près d'individus de parfois plus de 2 m de long donne des sensations fortes (curieusement, on s'y habitue vite !). Plus inoffensifs, on observe également de nombreuses espèces de hérons (petits patapons... mais aussi grands, bleus, cendrés), des aigrettes blanches en pagaille, des gallinules (des poules d'eau arc-en-ciel !), des balbuzards (les seuls rapaces pêcheurs) et des vautours à tête noire (urubus) ou rouge (auras, plus rares). Les spatules roses se montrent parfois. Les tantales (seules cigognes américaines), assez peu communs, et les ibis – très communs – semblent préférer la *sawgrass*, vers le milieu du parcours.

ANIMAUX DE (MAUVAISE) COMPAGNIE

Dans un coin reculé du parc, les rangers ont découvert les restes d'un python birman de 4 m qui aurait tenté d'avaler un alligator de 2 m ! Les pythons de Birmanie prolifèrent après avoir été abandonnés par des particuliers lassés de ces animaux « domestiques » encombrants. Résultat, l'équilibre écologique des marécages est compromis car ils prennent pour proie des espèces d'origine et menacent la position dominante des alligators dans la chaîne alimentaire. Un chien a été spécialement entraîné pour traquer ces « envahisseurs » et leur montrer de quel boa il se chauffe !

BIG CYPRESS NATIONAL PRESERVE

★★ Cette réserve naturelle de 6 215 km² n'est pas gérée par le parc des Everglades. Mais vous la traverserez en reliant Shark Valley (à l'est) à Everglades City (à l'ouest) par l'US 41. Gros avantage, l'ensemble des chemins (à pied), pistes et routes (en voiture) se parcourent librement et sans droit d'entrée. Le paysage change sensiblement ici, plus boisé, avec ses cyprès qui se reflètent dans les eaux noirâtres. On y observe également très facilement alligators et échassiers dont le tantale, seule cigogne d'Amérique. Sinon, piverts, dindons sauvages, cerfs, visons, aigrettes. Et puis, c'est ici que résident principalement les derniers spécimens de ***panthères*** de Floride. Il en resterait une centaine... Une dizaine d'entre elles étant percutées par des véhicules chaque année, faites le compte de l'espérance de survie de l'espèce... Pourtant, on n'a pas noté de réduction de la limitation de vitesse dans cette zone sensible !

Adresses et infos utiles

Oasis Visitor Center : *52105 Tamiami Trail East. ☎ 239-695-2000. • nps.gov.com/bicy/index.htm • Tlj 9h-16h30.* Infos sur le site et feuillet en français. Carte détaillée. Personnel serviable et compétent.

Big Cypress Swamp Welcome Center : *33000 Tamiami Trail East. ☎ 239-695-4758. Tlj 9h-16h30. Pour l'anecdote, à 3 km à l'est, sur l'US 41, notez le* ***bureau de poste*** *qui serait le plus petit des USA.*

Pour dormir, la ***Big Cypress Gallery*** (voir juste après) propose un ***cottage*** *(350 $ pour 2)* et un ***bungalow*** *(250 $ pour 2)* très bien aménagés, dans un environnement parfaitement préservé, mais très chers toutefois. Sinon, de nombreux ***campings*** *(résa auprès du Visitor Center)* émaillent l'US 41 (proches de la route quand même...) : tentez plutôt votre chance avec ceux de la *loop road,* plus en retrait.

À voir. À faire

Big Cypress Gallery : *52388 Tamiami Trail, sur l'US 41, à 1,5 mile à l'est du Big Cypress Visitor Center. ☎ 239-695-2428. • clydebutcher.com • Tlj (sf mar-jeu en basse saison) 10h-17h.* Superbe galerie de photos sur les animaux des Everglades ; Clyde Butcher, un vénérable barbu, procure là grâce à son talent une bonne introduction au monde sauvage que vous allez visiter.

La « mare aux alligators » : juste devant l'*Oasis Visitor Center,* les alligators ont pris possession d'une portion de canal. Ils sont très facilement observables et de très près pour qui ne fait que passer.

Loop Road : boucle (12 km de route, 23 km de piste) accessible 24h/24 à tous véhicules. Elle se prend à gauche depuis l'US 41, 5 km à l'ouest de Shark Valley, pour finir 5 km à l'ouest d'Oasis Visitor Center. Accessibles à tous véhicules hors grosses périodes de pluie. Plusieurs départs de sentiers et points d'arrêt permettent de s'enfoncer un peu dans ces forêts de cyprès et de palmiers entremêlés. Pour la petite histoire, la variété naine du cyprès des marais (pas si petit d'ailleurs) subsiste en majorité. Le grand cyprès, lui, a quasiment disparu sous la cognée des forestiers, pour finir en gouttière, siège de stade, fût à cornichons... ou en cercueil !

Turner River Trail : une belle randonnée à réaliser en canoë uniquement, pour descendre la Turner River sur 16 km depuis l'US 41. Compter 6-7h. C'est *Ivey House* (à Everglades City) qui organise ce genre de randonnée guidée et tout une gamme d'*Eco Adventure Tours.* ***Ivey House :*** *107 Camellia St. ☎ 239-695-3299 ou 1-877-567-0679. • evergladesadventures.com • iveyhouse.com •*

GULF COAST (EVERGLADES CITY)

L'entrée occidentale du parc des Everglades se situe à Everglades City, petite bourgade ouverte sur le golfe du Mexique, tout juste à l'écart de l'US 41, à 130 km à l'ouest de Florida City et 50 km au sud de Naples.

Cette zone côtière des Everglades abrite une étonnante végétation de mangrove et de plantes résistant au sel. Les eaux n'ont jamais plus de 3 m de profondeur et les maisons sont construites sur pilotis. Il faut dire que dans cette « région des dix mille îles », l'eau affleure partout et le niveau varie de 1 m lors des marées. On se déplace ici exclusivement par voie navigable, en bateau à moteur, en *airboat* (les prestataires ne manquent pas) ou en canoë. Avec un peu de chance, on y observe lamantins et dauphins.

Adresses utiles

Gulf Coast Visitor Center : *tt au bout d'Everglades City (via la Copeland Ave), à droite. ☎ 239-695-3311. De mi-nov à mi-avr, tlj 8h-16h30 ; de mi-avr à mi-nov, tlj 9h-16h30.* Infos sur le site et ses randonnées principalement en bateau ou en canoë. Accueil compétent.

Everglades City Chamber of Commerce – Visitor Center : *au croisement des routes US 41 et FL 29. ☎ 239-695-3941. Tlj 9h-16h.* Infos sur les tours en *airboat*.

Location de canoës : *à côté du Visitor Center. Résas : ☎ 239-695-2591 ou 1-800-445-7724.*

Où dormir ? Où manger ?

Everglades City Motel : *310 Collier Ave. ☎ 239-695-4224. • evergladescitymotel.com • Doubles 80-175 $.* Un gentil motel aux murs d'un beige soutenu, aux chambres confortables, propres mais un poil bruyantes. Également des studios et des appartements pour 4 à peine plus chers. Une bonne adresse bien située pour les activités nautiques du parc.

Camellia Street Grill : *202 Camellia St. ☎ 239-695-2003. Mer-sam 11h-21h. Plats 15-25 $.* Une fois passé le jardin planté de kitschouilleries multicolores, on rejoint le ponton où se dressent les tables, repaire des rangers du parc. Dans l'assiette, *catfish* et alligators en sandwichs ou en salades regardent avec nostalgie les *airboats* qui tournent juste devant. Rien de très gastronomique, un peu plus cher qu'ailleurs, mais l'offre de restos ne brille pas dans le coin.

À voir. À faire

Museum of the Everglades : *105 West Broadway. ☎ 239-695-0008. Tlj sf dim, 9h-16h. GRATUIT.* Ancienne blanchisserie du bourg, successivement devenue *Everglades Women's Club* (d'où les cartons de loto exposés) et chapelle catholique. Un petit musée local plaisant y a désormais sa place. Histoire d'apprendre qu'Everglades City est née d'un village de travailleurs employés à la construction du *Tamiami Trail*, tout proche. Mais aussi de se plonger dans la géologie du lieu, de son écologie et de son histoire qui débute bien avant la présence de l'homme blanc (notez les jolies poupées indiennes). Tout cela expliqué en anglais dans le texte (feuillet en français bien troussé disponible à l'accueil).

National Park Boat Tours : *infos et résa au Visitor Center. ☎ 239-695-2591. • evergladesnationalparkboattoursgulfcoast.com •* Deux tours sont proposés :

– Le ***Ten Thousand Island Boat Tours*** *(tlj, 9h-16h30 ; ttes les 30 mn de mi-déc à mi-avr, ttes les heures sinon ; durée : 1h30 ; prix : 37 $, réduc enfants).* L'occasion de voir des dauphins en liberté, qui viennent souvent faire la course avec le bateau et exécutent quelques figures dans son sillage, pour le plaisir ! Comptez également sur l'œil affûté des rangers pour vous repérer quelque lamantin venu respirer à

la surface. Dans le ciel, vols de pélicans, frégates et autres oiseaux marins. On découvre, enfin, des chapelets d'îles recouvertes de mangrove.
– Côté terre (si on peut dire, ça reste du marécage), le ***Mangrove Wilderness Boat Tours*** *(tlj ; de mi-déc à mi-avr, une vingtaine de départs/j., 9h-16h45 ; le reste de l'année 8 départs/j., 9h-15h15 ; durée : 1h45 ; prix : 48 $, réduc enfants).* Encore quelques volées d'oiseaux de toute beauté (hérons, aigles pêcheurs, ibis, spatules), des crocodiles, alligators, serpents d'eau... une riche faune à découvrir en comité plus restreint (6 pers max).

Wilderness Waterway : *au départ du Gulf Coast Visitor Center jusqu'à Flamingo (dans le sens du courant). Réservez 1 sem à l'avance auprès du Visitor Center (les rangers vous délivreront un permis de camper).* Un parcours incroyable de 160 km de rivières, lacs, plages et criques entre Everglades City et Flamingo. En tout, une bonne semaine de canoë avec, certains jours, des bivouacs nocturnes sur des pontons en bois. Vraiment magnifique mais uniquement pour les aventuriers sportifs et ceux qui ne craignent pas les moustiques... par endroits, ils sont des millions et vous bien seul(e)s ! L'autarcie est totale, eau incluse.

LES KEYS

• Carte *p. 135*

Les Keys sont un étonnant chapelet de 1 700 îles, îlots et récifs coralliens qui s'égrène sur 175 km, à la pointe sud de la Floride. Et comme les Ricains ne font rien comme les autres, une route non moins étonnante enjambe les 42 détroits qui séparent les 43 îles principales : « l'autoroute de haute mer » ***(Overseas Highway).*** **Les sauts sont parfois impressionnants : entre Knights Key et Bahia Honda Key, le pont mesure plus de 11 km ! À gauche, c'est l'Atlantique et ses eaux d'un bleu profond ; à droite, le golfe du Mexique et ses tons de turquoise et de lapis-lazuli. Des deux côtés, du corail à perte de vue. Et, au-dessus, le soleil et l'azur du ciel.**
Au bout du bout, la croisière s'achève à Key West, le point le plus méridional des États-Unis, plus près de l'intrigante Cuba (à 145 km seulement) que de Miami. C'est de là qu'arriva Hemingway dans les années 1930, lorsqu'il posa le pied sur l'île pour la première fois, sur le conseil éclairé de John Dos Passos. L'endroit, bastion des contrebandiers, lui plut tant qu'il s'y installa.
Aujourd'hui, dans son sillage, Key West attire chaque année une noria de paquebots de luxe croisant dans les Caraïbes et de visiteurs venus par la route. Le tourisme est sa seule industrie, mais la bourgade n'en a pas pour autant perdu son âme : au centre, les vieilles maisons de bois ***gingerbread*** **colorées, charmantes et parfaitement manucurées demeurent, sous les**

KEYS : LES CLÉS DE L'AUTONOMIE

Les Keys, se sentant considérées comme une nation étrangère, proclament leur indépendance en 1982 ! Depuis, le drapeau de la Conch Republic flotte au-dessus des bâtiments officiels, à côté de la bannière étoilée. Il existe même un passeport (vendu aux touristes et utilisé ces dernières années par des passeurs nigérians...) et un hymne national (enregistré par le Key Lime Pie Band !)... L'indépendance est fêtée dignement chaque année pendant 10 jours, autour du 23 avril.

palmiers et les fromagers. Reste, aussi, un peu de cet esprit frondeur qui a forgé l'histoire des îles... Key West a longtemps été l'une des mecques gays du pays.
Un poil plus calmes et authentiques, les autres districts, Key Largo, Islamorada, Marathon et Big Pine-Lower Keys, ne font pas que paver le chemin vers Key West. Avec leurs maisons en bois noyées sous la végétation et leurs bateaux de pêche amarrés aux *catways,* on y retrouve les ambiances portées au petit écran dans les années 1960 par la célèbre série télévisée *Flipper le dauphin.*
Classées *National Marine Sanctuary* depuis 1990, les Keys se prêtent admirablement à la plongée et au *snorkeling,* au kayak de mer, à l'observation des oiseaux et à la pêche au gros pour se rejouer en vrai *Le Vieil Homme et la Mer* d'Hemingway. Malgré la pression touristique, les Keys, assises sur le troisième récif corallien du monde, demeurent un véritable trésor écologique. Si les plages n'y constituent pas l'attraction majeure (peu de sable), la baignade n'en demeure pas moins fort agréable, surtout en été, quand l'eau dépasse les 30 °C !

ÇA FAIT FLIPPER LE DAUPHIN !

De nombreux pays (Norvège, Belgique, Australie, Brésil...) ont honni les delphinariums, jugeant cruel de capturer des dauphins, les parquer dans des bassins, les stresser par des exercices traumatisants au contact des touristes, mal préparés. Les États-Unis continuent d'autoriser ces pratiques : on peut donc avoir son moment de gloire avec Flipper. S'il sourit en permanence, cela ne signifie pas qu'il est heureux. Il mourra plus jeune que ses congénères libres...

DE LA VOIE À LA ROUTE...

Jadis accessibles uniquement par bateau, ***les Keys sortent de leur isolement en 1912,*** quand ***Flagler*** (personnage omniprésent dans l'histoire de la Floride) inaugure la ***voie ferrée reliant Miami à Key West.*** Le job n'est pas de tout repos : des ouragans frappent en 1906 (135 morts), 1909, 1910... Les coûts s'accumulent et l'impensable arrive : Flagler est contraint d'emprunter pour poursuivre les travaux.
Dans les années 1920, des bouts de route s'élancent parallèlement vers Key Largo. Bientôt, seul manque un tronçon pour relier les 65 km entre Lower Matecumbe Key et No Name Key : deux ferries font la navette. Mais la crise de 1929 survient et ***les années 1930-1934 connaissent un véritable déclin*** ; de nombreux insulaires, faute de travail, migrent vers Miami. Le cyclone meurtrier de 1935 donne le coup de grâce à la ligne de chemin de fer, trop coûteuse à reconstruire. La compagnie jette l'éponge. Le gouvernement fédéral rachète les ponts et prend l'option de remplacer la ligne par une route, en reliant entre elles les portions déjà terminées. ***L'Overseas Highway (US 1) est achevée en 1938.*** Elle met aujourd'hui Key West à 4h de Miami.

PARENTHÈSE GÉOLOGIQUE

Les îles des Keys sont constituées d'***anciens récifs coralliens,*** qui ont sorti la tête de l'eau lors d'une régression glaciaire, il y a de cela entre 85 000 et 11 000 ans, lorsque la mer a baissé progressivement de près de 110 m. Le réchauffement qui a suivi a, à contrario, vu les eaux remonter. Aujourd'hui les Keys « culminent » au nord à 7,50 m au-dessus du niveau de la mer et guère plus de 1,20 m au sud, ce qui les rend très vulnérables en cas d'ouragan.
En ***septembre 2017,*** l'archipel des Keys a été la zone la plus durement touchée en Floride par ***l'ouragan Irma,*** avec des vents à plus de 215 km/h. Si les dégâts

ont été considérables, les réparations et opérations de nettoyage ont été menées rapidement pour accueillir les touristes dans les meilleures conditions quelques mois seulement après la catastrophe naturelle.

Arriver – Quitter

➢ ***En voiture :*** compter ***environ 4h*** pour couvrir les 215 km entre Miami et Key West, davantage le week-end. ***Stations-service*** tout le long (le gallon d'essence est un peu plus cher à Key West même). Si vous revenez des Keys pour prendre l'avion à Miami, prenez une bonne marge car il peut y avoir de la circulation. L'autoroute (***Florida Turnpike,*** payante, voir en début d'ouvrage « Péages autoroutiers en Floride » dans la rubrique « Transports » du chapitre « Miami utile ») permet d'éviter la longue traversée du sud de la ville.

➢ ***En bus :*** env 4h30 de route entre Miami et Key West en direct avec ***Greyhound*** *(• greyhound.com •).* Ceux qui veulent faire des arrêts en route, des économies et ont tout le temps peuvent enchaîner les bus locaux.

Miami Dade Transit : *☎ 311 ou 305-468-5900 (serveur vocal en anglais). • miamidade.gov •* La ligne n° 301 relie Florida City (supermarché *Walmart*) à Key Largo (MM 98), Tavernier (MM 97), Islamorada (MM 74) et certains continuent jusqu'à Marathon (MM 50, devant le Publix). Tlj 5h10-21h15, nombreux bus à l'aube pour les travailleurs, puis ttes les 1-2h pour Islamorada (trajet 1h30) ; certains poussent jusqu'à Marathon (2h). Au retour (mêmes fréquences) : de Marathon 7h40-23h ; d'Islamorada 7h-23h35.

Key West Transit : *☎ 305-600-1455. • kwtransit.com •* Les *Lower Keys Shuttles* joignent Marathon (MM 53,5) à Key West (Whitehead & Eaton) via Big Pine Key et Bahia Honda. Tlj 5h40-21h50.

Keys Shuttle : *☎ 305-289-9997 ou 1-888-765-9997. • keysshuttle.com •* Cette compagnie privée assure plusieurs transferts/j. en minivan depuis les aéroports de Fort Lauderdale et Miami jusqu'à Key West (via ts les Keys principaux), ttes les 2h, 10h30-20h30 depuis Fort Lauderdale, 11h-21h depuis Miami. Pratique, mais nettement plus cher : env 90 $ pour 1, 100 $ pour 2, 150 $ pour 3.

➢ ***En avion :*** vols vers Key West depuis Miami et d'autres villes de Floride et des États-Unis. L'aéroport de Marathon est lui uniquement fréquenté par des vols privés.

➢ ***En bateau :*** le ***Key West Express*** *(plan détachable Key West, A1 ; ☎ 239-463-5733 ou 1-888-539-2628 ; • keywestexpress.net •)* assure 1 liaison/j. tte l'année entre Fort Myers, sur la côte ouest de la Floride, et Key West. Départ à 8h30 de Fort Myers, 18h de Key West. Ouverture des guichets 1h30 avt. Durée de la traversée : 3h30. Compter 95 $ l'aller simple, 155 $ l'A/R (140 $ en réservant 8 j. avt), réduc. Également 1 liaison pour Marco Island, mais pas toute l'année.

Comment se repérer sur la route des Keys ?

Sur tout le trajet on se repère facilement avec les ***mile markers (MM),*** les bornes miliaires égrenées tout au long de l'*Overseas Highway.* Dans le sens nord-sud, le premier MM débute au MM 126 après Florida City et le dernier est le MM 0 à Key West, à l'angle de Fleming et Whitehead Street. À défaut de noms de rue, les numéros donnés aux adresses correspondent presque partout aux *mile markers* (le n° 92630, par exemple, est le mile 92,6) SAUF à Marathon, où ils correspondent aux numéros de rues (le n° 12222, par exemple, est à la hauteur de la 122nd St). Si vous utilisez un GPS, prévoyez quelques surprises...

Pour chaque adresse décrite dans le guide, ***nous indiquons la borne MM correspondante,*** ainsi que la position ***à droite (bayside)*** ou ***à gauche de la route (oceanside),*** par rapport à la direction nord-sud.

Infos utiles

– ***The Florida Keys & Key West :*** ☎ *1-800-FLA-KEYS (24h/24, slt depuis les Keys).* • *fla-keys.com* • Informations en ligne ou par téléphone sur les hébergements, les activités, les transports, la météo avec les alertes ouragans, etc.

– La ***brochure gratuite*** *See Florida Keys* donne une vue d'ensemble des activités de la région avec quelques coupons de réduction. On la trouve dans les *Visitor Centers,* parfois utiles aussi pour réserver une chambre.

– ***Haute et basse saison :*** du 1er décembre au 15 avril, c'est la pleine saison touristique, avec un pic du 15 février au 31 mars. La météo est alors plus agréable mais les prix flambent.

– ***Interagir avec les dauphins :*** sur la route des Keys, plusieurs établissements proposent de nager avec les dauphins, tels *Dolphin Plus* (MM 102 Bayside et MM 99,5 Oceanside) à Key Largo, le *Theater of the Sea* à Islamorada (MM 84,5), *Hawks Cay Resort* à Duck Key (MM 61) et le *Dolphin Research Center* de Grassy Key (MM 59) – où naquit Flipper, le héros de la série TV des années 1960. L'expérience, généralement interdite aux moins de 7 ans, coûte très cher (autour de 200 $ pour 20-30 mn !). Et bien souvent le simple accompagnant (qui ne nage pas) paye aussi ! Il est largement préférable d'approcher les dauphins en bateau (*dolphin safari* à Key West environ 90 $ pour 4h) dans leur milieu naturel, sans les toucher. Ils nagent, plongent, chassent et batifolent parfois devant l'étrave du bateau... C'est plus respectueux de la cause animale, les enfants sont ravis et votre porte-monnaie vous dit merci !

– ***Plongée :*** les Keys recèlent un véritable paradis sous-marin, avec ***près de 500 épaves*** qui émaillent la barrière de corail. Certains gros navires ont été coulés volontairement pour créer des récifs artificiels. Parmi eux, 3 sont des musts absolus pour les plongeurs de bon niveau : l'immense *Vandenberg* (152 m) au large de Key West, le *Thunderbolt* à Marathon, par 35 m de fond, et enfin le non moins considérable *Spiegel Grove* (155 m), qui se situe à 9 km des côtes de Key Largo, entre 18 et 40 m de profondeur. Il y a aussi les épaves du *Bibb* et du *Duane.* Autre spot à ne pas manquer dans le coin : Molasses Reef, réputé pour la clarté de ses eaux et sa profusion de poissons.

KEY LARGO

La première des Keys doit une bonne partie de sa renommée au film *Key Largo,* interprété par Humphrey Bogart et Lauren Bacall – qui fut bien entendu tourné... à Hollywood. Cette longue bande de terre est loin d'être la plus belle et la plus authentique des Keys : très peuplée, elle s'étire du MM 110 au MM 87 le long de l'*Overseas Highway,* au trafic incessant. Les accès aux plages étant pour la plupart privés, Key Largo attire surtout les amateurs de fonds marins : plongeurs et adeptes du *snorkeling* rejoignent en bateau la barrière de corail pour explorer les récifs autour desquels gravite une myriade de poissons colorés. La municipalité s'est autoproclamée *diving capital of the world...*

Adresses utiles

ℹ ***Florida Keys Visitor Center :*** *MM 106, bayside (repérez l'enseigne* Scuba Outlet*).* ☎ *305-451-4747.* • *keylargochamber.org* • *Tlj 9h-18h.* Petite expo interactive et nombreuses brochures, dont le guide gratuit « Oh,

rangers » des parcs nationaux de la Floride du Sud. Résa gratuite d'hôtel.
Supermarché Publix : *MM 101.4, oceanside. Tlj 7h-22h.* Très grand et bien approvisionné, avec des rayons traiteur et boulangerie parfaits pour préparer un pique-nique.

Où dormir ?

Ce serait un sacrilège de rouler vers Key West de nuit ! Mieux vaut faire étape à Key Largo, Islamorada ou Marathon pour reprendre la route au petit matin et admirer le paysage.

Camping

Les campings, pas très engageants, bordent la *highway* (nuisances sonores) et sont plutôt aménagés à l'intention des camping-cars. Sans compter qu'il faut souvent réserver 1 an à l'avance !

John Pennekamp Coral Reef State Park Campground : *10261 Overseas Hwy (MM 102.5, oceanside). ☎ 1-800-326-3521. • reserveamerica.com • Résa indispensable (jusqu'à 11 mois à l'avance). Emplacement env 45 $.* Au cœur du parc, une quarantaine d'emplacements sur sable de corail, parfois bien ombragés, parfois pas, distribués de part et d'autre d'un large ruban d'asphalte. Peu d'intimité. Sanitaires impeccables.

De prix moyens à chic

The Pelican : *99340 Overseas Hwy (MM 99.3, bayside). ☎ 305-451-3576 ou 1-877-451-3576. • pelicankeylargo.com • Doubles 120-200 $; petit déj inclus.* Une vingtaine de bungalows dans un jardin tropical courant jusqu'au littoral. Certains abritent plusieurs chambres, parfois minuscules avec le lit enchâssé entre 2 murs (intéressantes pour les petits budgets), d'autres forment de vrais apparts pour 2, 4 ou 6 personnes avec ou sans cuisine, coin salle à manger et terrasse. Déco intérieure tropicale de qualité inégale, tantôt colorée, tantôt meublée de bois foncé. Visitez si possible avant et, dans tous les cas, évitez ceux proches de la route. De l'agréable ponton où se posent les pélicans, il n'est pas rare de voir des lamantins et des dauphins le matin. BBQ, canoës et kayaks à dispo gratuitement.

House Boat Hotel : *☎ 305-766-0871 ou 904-315-0105. Au MM 103.5, prendre Transylvania Ave (face à la Central Plaza) et la suivre jusqu'au bout ; se garer sur le parking du Hideout Restaurant. Compter 85-120 $ pour 2.* Un ensemble de bateaux qui datent un peu (et ne navigueraient d'ailleurs plus), alignés le long d'un quai, face à l'océan... On y loge comme dans un vieux motel avec, au choix, un bâtiment flottant doté de 6 chambres ou des bateaux individuels, avec cuisine, TV et *sundeck* pour certains. C'est rigolo, pas trop cher (pour les Keys), mais ne vous attendez pas à des merveilles côté confort et entretien : planchers de guingois, lits fatigués et odeurs d'humidité... il arrive même qu'il pleuve à l'intérieur par fortes intempéries ! Préférez le bateau n° 5 ou la chambre n° 6 (vue sur mer). Location de kayaks et matériel de pêche.

Plus chic

Coconut Palm Inn : *198 Harbourview Dr, à* ***Tavernier.*** *☎ 305-852-3017 ou 1-800-765-5397. • coconutpalminn.com • Au MM 92, prendre à droite sur Harbourview Dr en venant du nord. Doubles 200-280 $ (resort fee 18 $) ; petit déj inclus (léger).* Ce gentil petit hôtel vert clair, posé au calme, en retrait de la *highway,* donne sur la baie de Floride. Il abrite 18 chambres de taille variable, une minorité tournée vers le (mini) jardin, d'autres vers la baie, précédées d'une terrasse en bois. Très confortables et soignées, avec mobilier en bois foncé, frigo, micro-ondes et machine à café. Les kayaks et paddle-boards en prêt sont les bienvenus.

Azul del Mar : *104300 Overseas Hwy. ☎ 305-451-0337 ou 1-888-253-2985. • azulkeylargo.com •*

Au MM 104.3 (bayside), à côté de l'Amoray Dive Resort (panneau clair discret). Doubles 200-260 $. Adultes slt (enfants dès 16 ans). Cette villa blanche, posée face à la baie de Floride, abrite tout juste 6 chambres d'un excellent niveau de confort : d'un côté, les vues sur « jardin », un peu sombres (car tournées sur un terrasson aveugle), de l'autre, les vues sur la « mer » (plein cadre), beaucoup plus attrayantes. Toutes disposent d'une cuisine et s'apparentent à des studios assez spacieux. Le proprio, un Anglais de Manchester, parle plutôt bien le français ; il loue des kayaks et organise même des balades dans les îlots du parc national des Everglades. On peut aussi se contenter de lézarder sur le ponton en bois.

Coup de folie

Jules' Undersea Lodge : *51 Shoreland Dr. ☎ 305-451-2353. • jul.com • Au niveau du MM 103.5, prendre à gauche Transylvania Ave, c'est tt au bout. En journée, à partir de 150 $ pour 3h (2 pers min) ; nuitée 800 $ pour 2 pers ; matériel de plongée, dîner et petit déj inclus. Attention, arriver impérativement avt 17h, au risque de perdre sa résa et ses arrhes (50 %) !* À 8 m sous la surface, cet hébergement hors du commun propose 2 chambres, style capsule, aménagées dans un ancien centre de recherches marines datant des années 1970. Il est célèbre dans le monde entier, mais on vous en parle plus par curiosité que pour vous conseiller d'y séjourner : les prix sont ahurissants et le lieu sans aucun charme. On ne peut le rejoindre qu'en plongée et il faut, pour cela, disposer de son brevet PADI *Open Water* ou suivre une mise à niveau coûteuse sur place... Les bagages sont transférés dans des « valises » étanches – tout comme la pizza, vendue au prix de l'or ! Chacune des 2 chambres dispose de l'AC, d'un lecteur de DVD, d'un téléphone d'urgence (les claustros apprécieront...) et d'une fenêtre hublot. Ne vous attendez pas à voir des milliers de poissons graviter devant : l'hôtel étant encadré de mangrove, les eaux sont assez troubles. Accueil inégal (à ce prix, c'est dommage).

Où manger ? Où prendre un petit déjeuner ? Où boire un verre ?

Spécial petit déjeuner

Doc's Diner : *99696 Overseas Hwy (MM 99.7, bayside). ☎ 305-451-2895. Tlj 6h-14h slt. Moins de 10 $.* Fondé par un ancien médecin (d'où le nom), un lieu incontournable sur la route des Keys. La carte du petit déj est impressionnante : *eggs Benedict,* omelettes, *burrito,* pancakes, gaufres, mais la spécialité de la maison, c'est un mégasandwich *(The Champ)* constitué d'une galette de pommes de terre, d'œufs et de *corned beef,* le tout noyé dans une sauce blanche à la saucisse à vous en retourner le foie ! Plein à craquer de locaux. Une ambiance typique et populaire qui fait le charme du lieu.

Harriette's Restaurant : *95710 Overseas Hwy (MM 95.7, bayside). ☎ 305-852-8689. Tlj 6h-15h. Petit déj, salades et sandwichs 7-15 $.* Ce petit *diner* de bord de route aux rideaux de grand-mère s'est installé dans une maisonnette en bois jaune et turquoise décorée de souriants *gingerbread men* (bonhommes de pain d'épice). Les habitués affluent, attirés par les œufs *Benedict* aux conques et les muffins du jour (24 sortes : on n'est pas obligé de tout tester en une seule fois). Ambiance familiale et prix très raisonnables.

Café Moka : *91865 Overseas Hwy (MM 91.9, oceanside), à* ***Tavernier.*** *☎ 305-453-6271. Tlj 7h-17h (21h jeu-sam).* Les patrons, originaires de Perpignan, ont posé les valises ici en apportant leurs recettes de quiches et viennoiseries (délicieux croissants), proposant aussi oranges pressées et tout un choix de bons cafés. Si vous êtes dans le coin le soir, vous trouverez tapas et plateaux de fromage. Une bonne petite adresse.

De bon marché à prix moyens

Mrs Mac's Kitchen : *99336 Overseas Hwy (MM 99.3, bayside). ☎ 305-451-3722. Tlj sf dim 7h-21h30. Plats 7-17 $ le midi, 8-25 $ le soir.* Le resto « historique », notre préféré, se trouve en bord de route, *bayside,* le nouveau *(99020 Overseas Hwy ; tlj sf dim 11h-22h),* pas dénué de cachet non plus, un peu plus loin à gauche, entre les 2 doubles voies de la *highway.* L'ancien, pour y revenir, est une baraque criblée de plaques d'immatriculation provenant de l'Amérique entière et même de plus loin. Dans l'assiette : excellents *chili* (un must !) et *conch chowder* (chaudrée de conques), burgers, salades, sandwichs, poisson du jour, très bons *crab cakes* et mille et une autres choses entre terre et mer. Les pâtisseries sont réputées, notamment la *Key lime pie* glacée. Bière du mois pas chère du tout. Un coup de cœur dans son genre.

Key Largo Fisheries Backyard Cafe : *1313 Ocean Bay Dr (oceanside). ☎ 305-451-3784. Lun-sam 10h-20h. Autour du MM 99.5, à la hauteur du* Bayside Inn, *prendre à gauche Atlantic Blvd, puis Ocean Bay Dr sur à peine 1 km. Plats 12-18 $.* C'est avant tout une poissonnerie. Sur le côté, un café sert de bons sandwichs au poisson (ou à la langouste !), des *wraps,* poissons et fruits de mer frits ou grillés. Rien que du frais ! On avale le tout sur les grosses tables en bois tournées face au port de plaisance, en compagnie des pélicans, mouettes et aigrettes.

Shipwreck's : *45 Garden Cove Dr. ☎ 305-453-3153. Tlj 11h-22h. Prendre la 2e à gauche après le MM 107 ; c'est presque au bout à droite. Plats 10-15 $ le midi, jusqu'à 18 $ le soir. Ven, 19h-22h, all-you-can-eat fish fry env 16 $.* Baignant dans une déco naufrageurs, cette baraque en bois de récup et pièces de bateau recyclées est à l'image des Upper Keys : populaire, bon enfant et un poil chahuteuse certains soirs. Sa terrasse, avancée contre le port de pêche, s'adosse à une salle intérieure serrée autour d'un bar constellé de billets de 1 $. Au menu : des salades simples, des sandwichs, seuls ou en *basket*, avec frites de patate douce ou *onion rings* à la noix de coco. Tout ou presque est frit, mieux vaut le savoir. Musique live le mercredi *(17h30-20h30).*

De prix moyens à chic

The Fish House : *102401 Overseas Hwy (MM 102.4, oceanside). ☎ 305-451-4665. Tlj 11h30-22h. Sandwichs 10-15 $ et pêche du jour env 16 $ le midi, 18-30 $ le soir (salades moins chères).* Les amateurs de produits de la mer ne peuvent rater ce resto réputé, bastion de la Conch Republic (voir encadré sur les Keys). Extérieurement, ça ne paie pas de mine, mais poissons et crustacés sont de premier choix et cuisinés avec savoir-faire. Les prix sont un peu élevés, mais les portions généreuses. Avec la ribambelle de guirlandes lumineuses multicolores suspendues à des filets de pêche au plafond, on se croirait presque sous l'eau ! Les proprios ont aussi une annexe un peu plus chic juste à côté, *Fish House Encore (tlj 17h-22h),* avec *sushi bar* et quelques plats pour les carnivores *(live music 19h-21h le w-e).*

Key Largo Conch House : *100211 Overseas Hwy (MM 100.2, oceanside). ☎ 305-453-4844. Tlj 8h-22h. Plats 10-16 $ le midi, 15-20 $ le soir (jusqu'à 30 $ pour un poisson pêché du jour).* Cette mignonne « maison pain d'épice » est séparée de la route par un rideau de végétation et entourée d'une agréable terrasse. La journée débute par les *tropical pancakes* aux fruits frais pour se poursuivre avec *conch fritters,* salades, *wraps, fish tacos* (très bons) et paninis originaux (poisson grillé du jour, *mahi-mahi*/coco/noix de macadamia, conques, etc.). Poissons cuisinés le soir. Belle carte de thés, cafés et *smoothies.* Accueil jovial.

Achats

Scuba Outlet : *106010 Overseas Hwy (MM 106, bayside). Juste à côté du Visitor Center. ☎ 305-451-1408. Tlj 9h-18h.* Repérez le requin blanc en plastique, gueule ouverte, qui émerge du toit ! À proximité de tant de merveilles sous-marines, une boutique pour acheter du matériel de plongée à prix honnêtes. Également de la carto sous-marine et les plans des épaves coulées dans le coin. Vous ne retrouverez pas de telles affaires à Key West...

À voir. À faire

John Pennekamp Coral Reef State Park : *102601 Overseas Hwy (MM 102.6, oceanside). ☎ 305-451-1202. • pennekamppark.com • Tlj de 8h au coucher du soleil. Entrée : 4 $/pers avec véhicule (8 pers max) ; 2 $ par piéton ou cycliste ; taxe supplémentaire 0,50 $/pers. Au Visitor Center (☎ 305-451-1202 ; tlj 8h-17h), infos sur le parc, son camping (voir plus haut « Où dormir ? ») et ses sentiers nature ; un film, quelques dioramas et aquariums y présentent la faune locale. Aires de pique-nique. Attention au porte-monnaie : les activités ne sont pas données !*

Vous voici donc aux portes de l'une des plus grandes barrières de corail au monde ! Le parc, étendu sur 40 km de long pour 55 de large, complète l'immense Florida Keys National Marine Sanctuary qui s'étend plus au sud jusqu'aux Dry Tortugas, bien au-delà de Key West – englobant en tout plus de 7 500 km^2 de fonds marins. Rien qu'au Pennekamp Park le spectacle est vraiment grandiose : plus de 600 espèces de poissons et une quarantaine de variétés de coraux peuplent ses eaux, que l'on peut explorer de différentes façons en s'adressant à la ***Main Concession*** *(située juste à côté du Visitor Center, à l'intérieur du parc, sur le parking ; ☎ 305-451-6300 ; tlj 8h-17h, dernière loc à 15h45).* Sur place, snack, douches, téléphones, et puis les activités suivantes :

– ***Snorkeling :*** on ne conseille pas de pratiquer cette activité dans les zones réservées près des plages artificielles : l'eau n'y est pas toujours claire et les poissons sont rares. Pour découvrir les merveilles sous-marines du parc, il faut partir au large – ça secoue un peu, soyez prévenu... On choisit entre les *snorkeling tours* classiques de 2h30 (1h à 1h30 dans l'eau), partant à 9h, 10h30, 12h, 13h30, 15h et 16h30, et le tour de 4h30 qui part à 9h et 13h45. *Compter 30 $/pers (25 $ moins de 18 ans) dans le 1er cas, 39 $ dans le 2nd ; équipement à louer en plus (4 $ pour palmes, masque et tuba, 6 $ pour la combi) ; il y a même des masques pour myopes.* Le premier tour de la journée est préférable (moins de monde). En général, une escale est incluse aux Dry Rocks sur le site du *Christ of the Deep* (« Christ des Abîmes »), une statue ancrée par 7 m de fond depuis 1965. Réservation très conseillée.

– ***Paddle, canoë et kayak :*** *loc 8h-15h45. Compter 25 $/h pour un paddle, 20 $/h canoë, kayak monoplace 12 $/h et biplace 17 $/h.* On vous refile un plan, et c'est parti pour un très agréable circuit de 4 km dans un beau paysage de mangrove. Un moyen idéal pour découvrir les nombreux oiseaux et ratons laveurs. En revanche, aucune chance d'atteindre les récifs : les plus proches sont à 5 km au large.

– ***Glass bottom boat tours*** *(bateau à fond de verre)* ***:*** *3 départs, à 9h15, 12h15 et 15h15, pour 2h30 d'excursion. Compter 24 $ (17 $ 4-11 ans).* Déconseillé à ceux qui ont le mal de mer... les récifs visités sont situés à une dizaine de kilomètres au large. Pas de visite du *Christ of the Deep*, les eaux y sont trop peu profondes.

– ***Scuba Tours :*** *infos et résas au Gold Palm Dive Shop, situé à droite du Visitor Center. ☎ 305-451-6322.* Exploration des récifs en plongée avec bouteilles. Si vous avez déjà votre brevet *PADI Open Water*, deux sorties possibles par jour : *à 9h et 13h30. Plongée 75 $ (loc du matériel en sus, 29 $).* Si c'est votre première expérience, tentez donc le *resort course* : instruction dès 8h30 dans la marina pour plonger dans l'après-midi. Environ 185 $ quand même ! Possibilité également de passer son brevet *PADI Open Water* sur plusieurs jours...

Florida Keys Wild Bird Rehabilitation Center : *93600 Overseas Hwy (MM 93.6, bayside). ☎ 305-852-4486. • keepthemflying.org • Tlj du lever au coucher du soleil. Entrée libre (donation suggérée).* Il existe plusieurs de ces centres dans les Keys, où des volontaires se consacrent à soigner les oiseaux blessés jusqu'à ce qu'ils puissent être relâchés. Vous pourrez y voir des dizaines de pélicans clopinant, des aigrettes, ibis, hérons et rapaces dans leurs cages – et plein d'autres, aussi, en liberté mais fort peu farouches, attirés par les repas de poisson et le carré de mangrove attenant.

African Queen : *MM 99.6, oceanside. ☎ 305-451-8080. • africanqueenflkeys.com • Départ depuis Marina del Mar. Balade de 1h30, théoriquement tlj à 10h, 12h, 14h et 18h ; 49 $.* Avis aux cinéphiles : on peut voir sur le port l'*African Queen,* le célèbre (petit) bateau du film homonyme qui réunit en 1951 Humphrey Bogart et Katharine Hepburn. Entièrement restauré, il propose des courtes balades sur les canaux environnants.

➢ **Florida Bay Outfitters :** *104050 Overseas Hwy (MM 104, bayside). ☎ 305-451-3018. • paddlefloridakeys.com • Tlj 8h30-18h. Garden Cove Tour de 3h (kayak ou paddle), compter 60 $/pers, départs vers 8h30 et 12h30.* Ce spécialiste local loue canoës, kayaks et paddles *(env 15-60 $/j.)* à ceux qui voudraient explorer les îles de la Florida Bay par eux-mêmes, et organise des visites guidées. Une bonne manière de comprendre l'enjeu écologique de l'écosystème des Keys au fil d'une balade qui va de la mangrove à l'océan – au cours de laquelle on voit pas mal d'oiseaux. Groupe de six à huit personnes en général, mais possible à partir de deux (plus cher). Sorties en paddle à la pleine lune également (donc 1 fois/mois).

ISLAMORADA

Islamorada (prononcer « Aïleumoreudeu ») tient son nom des Espagnols qui l'avaient baptisée « l'île pourpre ». C'est un spot mondialement connu de pêche au gros en général et au tarpon en particulier – une sorte de gros hareng verdâtre immangeable et très combatif, qui peut peser jusqu'à 80 kg. Physiquement parlant, les lieux jouent la continuité avec Key Largo : fin ruban de terre très construit de part et d'autre de l'*Overseas Highway,* pas vraiment serein. Islamorada a servi de cadre à la série Netflix *Bloodline*. Pour les fans, pèlerinage obligatoire au Moorings Village, la maison des Rayburn à l'écran (qui accueille un petit *resort* de villas ultra-chic).

Adresse utile

Islamorada Chamber of Commerce Visitor Center : *87100 Overseas Hwy (MM 87.1, bayside). ☎ 305-664-4503 ou 1-800-322-5397. • islamoradachamber.com • Tlj 9h-17h (16h sam, 15h dim).*

Où dormir ?

Chic

La Jolla Resort : *82216 Overseas Hwy (MM 82.2, bayside). ☎ 305-664-9213. • lajollaresort.com • Doubles 150-220 $.* Ce motel est l'un des tout premiers construits à Islamorada. Fonctionnel, dans un style des années 1950, il est rehaussé de jolies couleurs : jaune, rose, turquoise. Ses 21 unités, presque toutes avec lit *king size,* cuisine (ou frigo et micro-ondes), balcon ou terrasse, peuvent accueillir de 2 à 7 personnes. Un poil datées, mais claires, confortables et très bien tenues. Celles donnant sur la plage et la baie de

Florida (avec large baie vitrée) sont les plus chères et les plus calmes – l'unité T, avec lit *queen size* et sans cuisine, reste abordable. Une adresse discrète, de rapport qualité-prix relativement avantageux. Minipiscine (vraiment trop proche de la route), kayaks, matériel de pêche ou de *snorkeling* et vélos à dispo.

Best of Both Worlds : *75700 Overseas Hwy (MM 75.7, bayside). ☎ 305-664-4747. Doubles 130-200 $.* Au sud d'Islamorada, bien en retrait de la route, Kevin et Dona Walsh louent 4 unités avec cuisine, ainsi que des bateaux aux nombreux pêcheurs qui viennent écumer les eaux locales. C'est un peu comme résider chez des amis : rien, ici, n'est standardisé. On aime bien le cottage côté mer, assez spacieux. Machine à laver et frigo à disposition, sans oublier kayaks, vélos et matériel de *snorkeling*. Les proprios louent aussi un appart à la semaine dans le bâtiment voisin, avec accès à une piscine, et peuvent même vous laisser dormir à bord du *Cosmos*, ancré à quai...

De plus chic à très chic

Cheeca Lodge and Spa : *81801 Overseas Hwy (MM 81.8, oceanside). ☎ 305-664-4651 ou 1-800-327-2888. • cheeca.com • Doubles 300-650 $ + resort fee 45 $.* Rénové de pied en cap après le passage dévastateur de l'ouragan Irma en 2017, ce vaste domaine de 10 ha intègre un golf de 9 trous (inclus dans le *resort fee*), 4 terrains de tennis, une lagune artificielle, un *snorkeling lagoon*, 2 piscines, 2 jacuzzis, un spa, un quai et un front de mer privés (pas de vraie plage mais du sable quand même), de bons restos – on en passe et des meilleures. Pas routard pour un sou, ces Keys de papier glacé dessinent une oasis de grand confort pour amateurs de séjours « parfaits ». Les chambres, diverses et variées, sont toutes spacieuses, voire ultra-spacieuses, certaines avec cuisine. Les plus chères, face à l'océan, ont un large balcon où repose un jacuzzi rond élégamment rempli par le haut, façon cascade. Chic, chic, chic...

Où manger ?

Spécial petit déjeuner

Mangrove Mike's : *82200 Overseas Hwy (MM 82.2, bayside). ☎ 305-664-8022. Tlj 6h-14h. Petits déj 8-13 $.* Authentique : voilà le mot qui vient à l'esprit. Pancakes grands comme des assiettes, œufs très copieux et burgers énormes le midi s'avalent sur fond de déco rétro voire de country à la radio. Les murs sont peints de poissons et couverts de photos souvenirs de pêche – dont une en compagnie de Bush Senior, *a great guy to share a bonefish flat with* (« un gars super pour une partie de pêche au *bonefish* »).

De bon marché à prix moyens

Lazy Days Restaurant : *79867 Overseas Hwy (MM 79.9, oceanside). ☎ 305-664-5256. Tlj 11h-21h30 (22h ven-sam). Salades et plats 8-17 $ au déj, 17-25 $ le soir.* Lassé de la *highway* et de sa circulation ? Le *Lazy* lui tourne le dos pour s'orienter vers les reflets émeraude de l'océan. Un petit ruban de sable blanc, 3 cocotiers et on oublie presque de regarder son burger, son *conch chowder,* sa salade, pourtant copieux et servis avec rapidité. Rien n'interdit de se contenter d'un verre tout en profitant de la mer, si limpide...

M.E.A.T. : *88005 Overseas Hwy (MM 88, oceanside). ☎ 305-852-3833. Tlj 11h-21h (22h ven-sam). Compter 10-17 $.* Pas donné pour un burger ? Oui, mais pas n'importe lequel. Avec de l'*angus beef* et toutes sortes de déclinaisons : au *pulled pork* fondant (effilochée de porc comme dans le Sud), au poisson du jour, au chorizo maison... et servi avec des frites à la graisse de canard et un ketchup maison à base de tomates du coin ! On se parque sur les travées de tables en alu écrasées par la masse d'un trophée de wapiti XXL, ou au

LES EVERGLADES ET LES KEYS

bar, pour écluser l'une de la douzaine de bières proposées (échantillons gratuits). Il y a aussi les *adult-only milk shakes...* Guinness et Nutella ! Musique rock bien forte pour pimenter l'ambiance.

Snappers Oceanfront Restaurant and Bar : *139 Seaside Ave (oceanside). ☎ 305-852-5956. Au MM 94,5, emprunter la Seaside Ave jusqu'à la mer. Tlj 11h (10h dim)-22h. Musique live tlj à 18h30.* Même si l'on n'est pas pêcheur dans l'âme, ce snapper-là est de ceux qu'on apprécie de ferrer ! Gentiment abritée dans une petite anse, cette équipe enjouée s'est installée à la base d'un ponton où viennent s'amarrer les bateaux. On lève son verre face à l'océan et on oublie tout le reste !

Chic

***Chef Michael's :** 81671 Overseas Hwy (MM 81.7, oceanside). ☎ 305-664-0640. Tlj 17h-22h, brunch dim 10h-14h. Plats 30-35 $.* Envie d'une adresse plus raffinée pour une soirée en tête à tête ? « *Peace, love and Hogfish* », devise de la maison, vous confirmera la spécialité du lieu : le *hogfish,* alias labre capitaine. Tendre et goûteux, servi de manière plus imaginative qu'à l'accoutumée : à la créole, à l'asiatique fusion ou juste grillé avec herbes et huile d'olive. Les carnassiers ne sont pas oubliés. Les cuissons sont parfaites, le service au poil, les vins au verre de bon aloi quoique pas donnés. Terrasse.

À voir

***Diving Museum :** 82990 Overseas Hwy (MM 83, bayside). ☎ 305-664-9737. • divingmuseum.org • Tlj 10h-17h. Entrée : 12 $ (coupon de 2 $ de réduc sur le site) ; 6-11 ans 6 $. Chaque 3e mer du mois, 19h-20h, événement gratuit autour d'un thème (consulter le site).* On y entre un peu dubitatif, mais on en ressort conquis. Un couple de médecins de l'Ohio, passionné de plongée, a fondé ce musée autour de sa collection privée. Il ravira tous ceux qui aiment faire des bulles sous l'eau. On y trouve un incroyable ensemble de scaphandres et de casques du monde entier remontant pour les plus anciens aux XVIIe et XVIIIe s ! Certains sont des raretés, des exemplaires uniques, comme le premier casque de plongée mis au point par Halley (celui de la comète) en 1691. D'autres sont de vraies œuvres d'art. Toute une section expose des scaphandres originaux bricolés dans des hangars ou des garages... dont un fait avec une chaudière ! Plus avant, on découvre le MarkV de l'US Navy (68 kg), alimenté à l'hélium, puis les énormes armures conçues pour les opérations à très grande profondeur (là, on atteint la tonne !). La visite se fait en suivant un parcours ponctué d'ateliers pour les jeunes scaphandriers (feuillet au guichet).

MARATHON

Marathon est un spot de plongée très prisé qui offre, d'après les spécialistes, une meilleure visibilité que les eaux entourant Key West. On y embarque aussi facilement pour une journée de pêche, sans compter la découverte en kayak du *Curry Hammock State Park,* certainement le plus agréable du coin, avec ses plages pour une fois éloignées de la route. Chaque année à la mi-mars, la ville accueille le *Seafood*

LE MARATHON DE... MARATHON

Tous les ans au printemps se tient le Seven Mile Bridge Run, une des rares courses à pied entièrement au-dessus de l'eau du début à la fin, sur le plus long pont des Keys.

Festival, 2 jours de gastronomie et de festivités sur le thème de la mer qui attirent plus de 20 000 personnes. • *marathonseafoodfestival.com* • Mais le meilleur reste à venir : l'*Overseas Highway* quitte Marathon vers le sud par le célèbre Seven Mile Bridge, le plus long de l'itinéraire, qui survole les eaux pendant 11 km ; au-delà, les Keys retrouvent leur visage nature.

Adresse utile

Greater Marathon Chamber of Commerce : *12222 Overseas Hwy (MM 53.3, bayside).* ☎ *305-743-5417.* • *floridakeysmarathon.com* • *Tlj 9h-17h.* Infos très complètes, vente de cartes marines, réservation d'hôtels. Demandez l'*Environmental Passport* pour ses réductions sur les attractions du coin.

Où dormir ?

Camping

Possible de camper au ***Long Key State Park*** *(MM 67.5)* et au ***Curry Hammock State Park*** *(MM 56.2).* ☎ *1-800-326-3521 (infos) ou 1-866-422-6735 (résas).* • *reserveamerica.com* • *Résa possible jusqu'à 11 mois à l'avance. Compter 45 $ l'emplacement. Attention, le camping du Long Key State Park est en reconstruction suite au passage de l'ouragan Irma, renseignez-vous sur sa réouverture.* Le 1er (avec douches) est le mieux des deux, avec 60 emplacements alignés face à l'océan, assez bien séparés les uns des autres – mais bercés par le bruit du trafic de l'*Overseas Highway,* qui passe tout contre. On préfère le mini-*primitive campsite,* peu connu, avec juste quelques emplacements pour tentes bien au calme, sur des plates-formes en bois surmontées d'auvents, noyées dans la végétation, juste en retrait de la côte. On les rejoint par un *boardwalk* (passerelle en bois) depuis le parking, où se trouvent eau et w-c. Douches extérieures. Résa largement conseillée. Compter 25 $ pour 2. Au *Curry Hammock,* c'est moins charmant : 28 emplacements gravillonnés, la plupart en plein soleil, sur une boucle largement conquise par les camping-cars (bien proches les uns des autres). En revanche, la plage, juste devant, est très jolie.

De prix moyens à chic

Key Colony Beach Motel : *441 E Ocean Dr.* ☎ *305-289-0411 ou 1-800-435-9811.* • *kcbmotel.com* • *Au MM 53.5, au feu, prendre à gauche Sadowski Cswy et poursuivre sur E Ocean Dr. Doubles 130-180 $. Pas de petit déj mais du café.* Situé au bord de l'eau, ce motel blanc et bleu affiche des tarifs rarement vus dans les Keys, surtout en haute saison. D'autant que la quarantaine de chambres, bien propres, sont en grande partie rénovées. La plupart ont 2 lits doubles, certaines un *king,* toutes ont frigo et TV. Notre préférence va aux 2 petites « suites » pour 4-5 personnes, nos 220 et 221, qui donnent sur la petite plage privée, le *tiki bar* (fermé à 23h) et la piscine (chauffée). Machines à laver. Accueil serviable.

Sea Cove Resort & Marina : *12685 Overseas Hwy.* ☎ *305-289-0800.* • *floatingrooms.com* • *Au MM 54 (oceanside). Doubles 80-175 $.* Une dizaine de vieux bateaux amarrés sur un long quai de bois, bien en retrait de la route, plein cadre sur les canaux. On peut dormir à bord, c'est rigolo mais ni très confortable ni impeccable (odeurs de renfermé et d'humidité). Le tout pas trop cher en temps normal. Au choix : 1 ou 2 petits lits, une douche de poche, un micro-ondes et le tour est joué. Le boss, un jazzman qui a tourné en France, est sympa. Attention quand même qu'il ne vous refile pas un des bungalows situés à terre.

De chic à plus chic

Seascape Motel & Marina : *1275 76th St.* ☎ *305-743-6212.*

• seascapemotelandmarina.com • Au niveau de l'aérodrome, au MM 51.1, prendre à gauche sur 76th St. Doubles 180-250 $; tarifs dégressifs selon durée. Ah, ben, la voilà, la petite adresse qui rappelle Flipper ! Bien en retrait de la route, les pieds dans l'eau, ce motel aux airs de grande villa abrite une dizaine d'unités impeccables et très claires, à la déco fifties-caraïbe blanc et turquoise. Chacune dispose d'un frigo et d'un micro-ondes et les 3 apparts (3-6 personnes) possèdent même une cuisine – idéal pour une famille ou une bande de copains. En prime : tapis de gazon devant le ponton, piscine et hamac sous les cocotiers, petite terrasse pour siroter son mojito et même quelques iguanes qui s'invitent dans le jardin... Les « Kiz », quoi !

Où manger ?

Spécial petit déjeuner

The Stuffed Pig : *3520 Overseas Hwy (MM 49, bayside). ☎ 305-743-4059. Lun-sam 5h-14h, dim 6h-12h. Petits déj 6-20 $, lunch 6-15 $. CB refusées.* Avec son ouverture dès potron-minet, c'est le « porc » d'attache des pêcheurs qui partent aux aurores. Un tout petit bistrot à la déco archi nulle, prolongé sur l'arrière par un *tiki garden* (une paillote) plein de chaises en plastoc. Sandwichs et omelettes aux fruits de mer tiennent au ventre, et la carte aligne aussi burgers, paninis, *wraps* et *lunch platters* de toutes sortes. La maison organise le 1er mars de chaque année le *National Pig Day,* une course de cochons dont la recette est reversée à une œuvre caritative.

Prix moyens

Fish Tales Market & Eatery : *17111 Overseas Hwy (MM 53.1, oceanside). ☎ 305-743-9196. Lun-sam 10h-18h30 (15h sam). Plats 9-15 $.* Mi-poissonnier mi-resto (et surtout resto !), la maison est ultra-populaire auprès des locaux pour le lunch. En vedette, bien sûr, le poisson, généralement frit – ou, mieux, grillé, comme le thon. Le *catch of the day* est d'un excellent rapport qualité-prix, et les desserts vraiment peu chers. Simple mais bon.

Keys Fisheries : *3502 Gulfview Ave. Au MM 49, tourner à droite sur 35th St, le resto est au bout à droite, sur la marina. ☎ 305-743-4353. Tlj 11h (13h pour le bar)-21h. Sandwichs 12-18 $, plats 12-25 $.* Ce vaste entrepôt ouvert à tous les vents s'entoure d'une étroite terrasse en U donnant sur l'eau, avec tables et bancs en bois. Ici, la spécialité, c'est le *lobster reuben,* que l'on commande à l'entrée. Si vous voulez sacrifier à la tradition de ce corpulent sandwich de pain frit à la langouste et à la choucroute, demandez-le sans fromage... et n'oubliez pas de donner le nom de code par lequel on vous appellera quand ce sera prêt ! Sinon, grimpez au bar, perché dans une paillote, pour vous régaler du coucher du soleil, de la vue sur les flots, de pinces de crabe (de mi-octobre à mi-mai) et autres cocktails de thon en provenance directe de la poissonnerie attenante. Un classique des Keys.

Où boire un verre ?

Porky's Bayside : *1410 Overseas Hwy (MM 47.5, bayside). ☎ 305-289-2065. Juste avt le célèbre Seven Mile Bridge. Tlj 7h-22h.* À coup sûr, l'esprit de Hemingway hante encore cette baraque de bric et de broc ouverte en 1950 entre chenal et *highway.* On y grille de la barbaque (chérot) et y descend des bières à longueur de journée. Sur les coups de 18h30, à l'heure où les gosiers s'assèchent, un groupe vient pousser la chansonnette que l'on peut agrémenter d'une offre chaque jour différente *(all you can eat, steak night...)* mais on vous conseille plutôt de vous en tenir aux éléments liquides.

À voir. À faire

Long Key State Park : *MM 67.4, oceanside. ☎ 305-664-4815. • floridastateparks.org/park/Long-Key • Tlj de 8h au coucher du soleil. Entrée : 5 $/pers avec véhicule (8 pers max) ; 2 $ par piéton ou cycliste ; taxe supplémentaire 0,50 $/pers.* À mi-chemin d'Islamorada et de Marathon, ce petit coin de nature sauvage enserre un ensemble de lagunes envahies par la mangrove, à explorer en canoë (en location) – un *canoe trail* a même été établi. Plage de sable immaculé, mais les eaux sont vaseuses et peu profondes. On y trouve aussi le *Golden Orb Trail,* un sentier en boucle d'un peu moins de 2 km en partant du joli *primitive campsite* (voir plus haut « Où dormir ? Camping »).

Curry Hammock State Park : *56200 Overseas Hwy (MM 56.2, oceanside). ☎ 305-289-2690. • floridastateparks.org/park/curry-hammock • Tlj de 8h au coucher du soleil. Mêmes tarifs que ci-dessus. Loc de kayaks simples 8h-17h, env 17 $/2h, doubles et paddle 22 $.* Étendu sur environ 400 ha, le parc est surtout fréquenté pour sa superbe plage retirée de la route, face à laquelle on trouve aires de pique-nique et barbecue, ainsi que des jeux pour enfants (sans oublier un camping, voir plus haut « Où dormir ? »).

Sombrero Beach : *en venant du Nord sur l'US 1, au niveau du MM 50, prendre Sombrero Beach Rd à gauche et la suivre tt au bout, vers le sud.* Une des rares plages publiques, donc gratuite, dans le coin ! Longue et belle, avec du sable fin et même quelques arbres pour se mettre à l'ombre. Éloignée de la route principale, elle est au calme. Eaux peu profondes, idéales avec des enfants. Aires de pique-nique et de jeux, toilettes, douches.

Crane Point Museum and Nature Center : *5550 Overseas Hwy (MM 50, bayside). ☎ 305-743-9100. • cranepoint.net • Lun-sam 7h-20h, dim 12h-17h. Entrée : 15 $; réduc ; gratuit jusqu'à 5 ans. Prévoir 1h30 de visite.* Ce rare pan de *thatch palm hammock* (forêt de palmes surélevée) subsistant en plein cœur de Marathon abrite un petit musée d'histoire naturelle et plusieurs sentiers. On y découvre l'une des toutes premières maisons de pionnier des Keys *(Adderley House),* typiquement bahaméenne avec ses murs en pierre de corail et sa cuisine séparée. Plus loin, le *Wild Bird Center* s'est donné pour mission de soigner des oiseaux blessés. Retour par le joli *Palm Tree* mais, bon, ça ne vaut pas forcément ce prix-là...

Turtle Hospital : *MM 48.5, bayside. ☎ 305-743-2552. • turtlehospital.org • Tlj 9h-18h (boutique). Visites guidées (obligatoires et en anglais) de l'hôpital de 1h30, ttes les heures 9h-14h (dernier départ). Résa conseillée. Entrée : 25 $; 12 $ 4-12 ans.* Cet hôpital un peu particulier a ouvert ses portes au public en 1986 dans un ancien motel reconverti ! Une véritable nurserie pour ninjas de toutes les tailles et de toutes les couleurs, blessées par un filet, un hameçon ou une hélice, ou malades de la pollution (90 % des animaux traités ont des tumeurs). Leur mission : *Rescue, Rehab, Release* (sauver, soigner, relâcher). Le tour permet de rencontrer, selon les périodes, trois ou quatre des cinq espèces de tortues de mer de la région (30 à 40 patientes en général), avec visite des urgences, de la salle d'opération et du bassin (l'ex-piscine

FILLE OU GARÇON

Les tortues ont, avec les crocodiles, une particularité surprenante. Quand les femelles pondent leurs œufs, elles les enterrent dans le sable à une profondeur variable. Plus l'œuf est enfoncé, plus sa température est basse. C'est cette différence de chaleur qui détermine le sexe des petits (et non les chromosomes) ! Les mâles viennent ainsi du froid et les femelles du chaud.

du motel !) où les convalescentes récupèrent avant d'être relâchées. Vous assisterez d'ailleurs peut-être à l'arrivée d'une patiente en ambulance ou en hélicoptère.

Pigeon Key : *☎ 305-743-5999. • pigeonkey.net • Accès par bateau depuis le Visitor Center (installé dans un ancien wagon) situé au MM 47 ; tournez à gauche juste avt de vous engager sur le Seven Mile Bridge. Bateaux à 10h, 12h et 14h ; retours à 12h15, 14h15 et 16h. Compter 12 $/pers ; réduc.* Au début des années 1900, l'îlot de Pigeon Key (2 ha), ancré juste à côté du Seven Mile Bridge, servit de camp aux travailleurs qui le construisaient. Désormais classés, les lieux abritent quelques bâtiments d'époque et un petit musée retraçant l'épopée du chemin de fer de Flagler. On y trouve aussi une petite plage où l'on peut faire du *snorkeling* (apportez votre pique-nique). On vous conseille d'y aller en bateau et de revenir par le vieux pont de l'*Overseas Railroad,* parallèle au Seven Mile Bridge. Les plus courageux peuvent aussi s'y rendre à pied aller et retour, mais il n'est pas sûr, alors, que le musée sera ouvert (et le prix d'entrée reste le même).

Plongée : le spot de Marathon est indéniablement l'épave du *Thunderbolt,* un navire de 57 m coulé volontairement en 1986 pour en faire un récif artificiel. Situé par 30 m de fond, dans une position parfaite qui permet de le voir intégralement en une seule plongée, il est couvert d'éponges colorées et de coraux, offrant refuge aux poissons-anges et autres barracudas. La poupe du navire a été coupée de manière à montrer l'intérieur de la coque et la salle des moteurs est gardée par plusieurs mérous géants.
Voici plusieurs ***clubs de plongée*** recommandés pour leur sérieux :

■ ***Captain Hook's Diving :*** *11833 Overseas Hwy (MM 53, oceanside). ☎ 305-743-2444. • captainhooks.com • À gauche juste après le pont. Dès 80 $ la sortie de 4h env (matériel en sus) ; snorkeling 36 $; départs à 8h30 et 13h (se présenter 45 mn avt).* Membre de l'association Blue Star, une garantie de sérieux, ce centre de plongée organise également des sorties de pêche en mer à la demi-journée ou à la journée, ainsi que des sorties *snorkeling.* Animé par Denise, ce centre dispose de 4 instructeurs agréés. Loue aussi kayaks, paddleboards et jet-skis (en sortie accompagnée slt).

■ ***Hall's Diving Center :*** *5050 Overseas Hwy (MM 49.8, bayside). ☎ 305-743-5929 ou 1-800-331-4255. • hallsdiving.com • Compter 92 $/plongée avec équipement. Tlj à 9h30 et 13h30 (se présenter 30 mn avt).* Une institution dans le coin. Également des plongées de nuit, histoire d'empêcher les poissons de dormir !

– **Pêche :** nos lecteurs plébiscitent ***Florida Keys Reel Adventures,*** particulièrement Captain Kevin ! *☎ 305-481-0589. • floridakeysreeladventures.com • Résa impérative. 475 $ pour 4 pers max pour une sortie de 4h.* Après la pêche, le poisson est nettoyé et on vous indique des restos acceptant de vous le cuisiner.

– **Survol des Keys :** ***Overseas Aero Tours,*** *à l'aéroport de Marathon (MM 52.3, bayside). ☎ 305-304-0015. Vol 10 mn-1h, 120-660 $ pour 2.* Le biplan utilisé date de la Seconde Guerre mondiale et permet de s'offrir une vue plongeante sur le Seven Mile Bridge et les récifs coralliens. C'est beau, mais, pour en profiter un minimum, il faut compter au moins 200-300 $ (jusqu'à Pigeon Key et voir le phare de Sombrero).

BIG PINE – LOWER KEYS

Plus basses, plus vastes, plus nombreuses, plus déchiquetées, les îles des Lower Keys offrent le visage le plus naturel de l'archipel. Exit les constructions tout au long de la route, bonjour la verdure. Malgré son développement depuis deux décennies dans le sillage de l'envolée des prix de l'immobilier à Key West, Big Pine tient encore un peu de la carte postale qui a bâti l'image des Keys, avec ses petites maisons de bois bordant pontons et canaux et ses tapis de gazon bien arrosés qui attirent, chaque soir, les mignons petits cerfs des Keys *(Key deer)* – une espèce endémique. Une petite base nautique située au pied du pont menant à No Name Key est l'endroit idéal pour partir, en kayak, à la découverte de la mangrove au coucher du soleil.

CONCERT SOUS-MARIN

Un festival sous-marin a lieu chaque année depuis plus de 30 ans vers la mi-juillet, à Big Pine Key. De la musique est diffusée via des haut-parleurs subaquatiques, pour sensibiliser les plongeurs à la protection de l'unique barrière de corail vivant des États-Unis.

Adresse utile

Lower Keys Chamber of Commerce : *31020 Overseas Hwy (MM 31, oceanside), à Big Pine Key. ☎ 305-872-2411 ou 1-800-872-3722. • lowerkeyschamber.com • Lun-sam 9h-17h (15h sam).* Infos sur les activités et hébergements du coin (mais pas de résas).

Où dormir ?

Bahia Honda State Park : *36850 Overseas Hwy (MM 37, oceanside), à* ***Bahia Honda.*** *☎ 1-800-326-3521. • reserveamerica.com • Résa possible 11 mois à l'avance. Emplacement env 45 $.* Ce joli petit parc dispose de petits terrains de camping. Le plus sympa, ***Sandspur Campground,*** situé en bord de mer et littéralement noyé dans une végétation luxuriante, est malheureusement fermé depuis l'ouragan Irma (suivre sa réouverture). Restent le ***Buttonwood Campground,*** un peu trop près de la route à notre goût et surtout utilisé par les camping-cars. Et le ***Bayside Campground,*** côté golfe du Mexique, donc de l'autre côté de la route (un peu trop proche aussi d'ailleurs), comptant 7 emplacements (tentes slt) et 6 *cabins* de 2 chambres, un peu chérotes *(120-160 $ + taxes),* chacune avec salle de bains, salon et cuisine, qui peuvent accueillir jusqu'à 6 personnes.

Barnacle Bed & Breakfast : *1557 Long Beach Rd, à Big Pine Key. ☎ 305-872-3298 ou 1-800-465-9100. • thebarnacle.net • Tourner à gauche dans Long Beach Dr au MM 33 (dans le virage), puis 2,5 km. Doubles 175-265 $; petit déj inclus. Min 2 ou 3 nuits pdt les fêtes. Pas d'enfants de moins de 16 ans...* Les options de logement à Big Pine sont très limitées et pas vraiment bon marché, mais cela reste envisageable, surtout en basse saison (de juin à mi-décembre). 3 chambres, 2 dans la maison chic, pieds dans l'eau, à l'architecture biscornue, 1 autre dans un cottage séparé noyé dans la végétation. Propres, pas désagréables, avec en prime, *oh my deer,* de petits cerfs des Keys qui viennent batifoler dans le jardin le matin et le soir ! Kayaks et vélos en prêt.

Où petit-déjeuner ? Où manger ?
Où boire un verre dans les parages ?

Bagel Island Cafe : *Key Deer Blvd. ☎ 305-872-9912. Dans le centre commercial Winn Dixie (local 205). Tlj sf dim-lun, 7h-15h. Petits déj 5-8 $.* Pour un petit déj sur le pouce ou un en-cas en passant, vous trouverez ici bagels frais du jour, muffins et croissants, œufs et gaufres, mais aussi, le midi, des salades et des sandwichs préparés à la commande. Pas de quoi faire un gros détour, mais on en ressort pas déçu et le portefeuille ne fait pas la grimace !

No Name Pub : *30813 N Watson Blvd, à Big Pine Key. ☎ 305-872-9115. Au feu de Big Pine, prendre Key Deer Blvd, côté bayside, puis à droite à env 2 km, Watson Blvd. Tlj 11h-23h.*

LES EVERGLADES ET LES KEYS

Salades 10-15 $, pizzas 12-27 $ selon taille. Il se mérite, ce bar tout en bois planqué bien en retrait de la *highway*. Les gens du coin y jettent l'ancre depuis 1936. Ce fut d'abord une épicerie, avec bordel à l'étage... Au menu, rien que du très classique : salades, *nachos* pimentés à souhait et des pizzas très *cheesy*. Mais le plus hallucinant, ce sont ces 130 000 billets de 1 $ punaisés du mur au plafond ! Demandez un feutre pour personnaliser le vôtre et l'agrafer, si vous trouvez la place !

Kiki's Sandbar Bar & Grill : *183 Barry Ave,* ***Little Torch Key.*** *☎ 305-872-4500. Prendre la 1re rue à droite après le pont venant de Big Pine Key, c'est à 200 m. Tlj 11h-minuit. Brunch et salades 10-15 $, le soir plats 20-30 $.* Grosse masure en bois dont l'étage surplombe les flots et Big Pine Key à quelques encablures. Un panorama en cinémascope à admirer au travers de larges baies vitrées. Les amateurs de brise marine resteront au rez-de-chaussée, dans un agréable espace aménagé sous la maison, ou encore les doigts de pieds en éventail sur la plage attenante. Il y a même des hamacs. L'endroit idéal pour s'installer devant un verre ou grignoter sandwichs, salades, plats du jour au déjeuner. Le soir, c'est plus cher et ça ne le vaut pas vraiment.

À voir. À faire

Bahia Honda State Park : *36850 Overseas Hwy (MM 37, oceanside). ☎ 305-872-2353. • floridastateparks.org/park/bahia-honda • Tlj de 8h au coucher du soleil. Entrée : 4 $/pers avec véhicule, 8 $ si 2-8 pers dedans ; 2 $/piéton ou cycliste ; taxe supplémentaire de 0,50 $/pers.* Ce petit parc occupe l'intégralité de l'île du même nom, grande comme un mouchoir de poche (2 km²). C'est la première sur laquelle on débarque en descendant du Seven Mile Bridge. Au nord, la bronzette est à l'ordre du jour sur le sable clair de *Sandspur Beach,* l'une des plus belles plages du coin. Attention, elle est malheureusement fermée depuis l'ouragan Irma en 2017, renseignez-vous. En attendant sa réouverture, on peut se prélasser sur *Calusa Beach,* côté golfe du Mexique. Le *snorkeling* est excellent : on peut observer pas mal de poissons et coraux, parfois même des langoustes et des conques par moins de 2 m de fond – idéal avec les enfants ! Le concessionnaire du parc *(☎ 305-872-3210 ; • bahiahondapark.com • ; tlj 8h-17h, loc jusqu'à 15h45)* loue palmes, masque et tuba *(10-30 $ selon type de masque),* ainsi que des kayaks pour explorer le parc *(12 $/h/pers, 18 $/h pour un double).* Il propose des sorties *snorkeling* dans le Looe Key National Marine Sanctuary, à 9h30 et 13h30 *(résa conseillée ; 30 $, 25 $ moins de 18 ans).* Enfin, les rangers organisent des promenades commentées à la découverte de la mangrove. On peut même prolonger la ***balade sur le pont de l'ancien chemin de fer*** (coupé en 2 !), qui surplombe la mer au sud du parc. Le point de vue est superbe. Petite cafétéria sur place *(tlj 8h-17h).*

Key Deer National Wildlife Refuge : *28950 Watson Blvd. ☎ 305-872-2239. • fws.gov/refuge/national_key_deer_refuge • Visitor Center situé dans le centre commercial Winn Dixie (local 26). Ouv 9h-16h en sem, 10h-15h sam-dim. Parc ouv tlj de 30 mn avt le lever du soleil à 30 mn après son coucher.* En remontant le Key Deer Boulevard sur environ 5 km depuis la *highway,* on rejoint le site du ***Blue Hole,*** un joli petit lac. Aux côtés de gros poissons-chats, quelques alligators y habitent (deux semblent même abonnés à la première plate-forme d'observation) et des balbuzards pêcheurs nichent dans les pins qui l'encadrent. En reprenant le boulevard sur quelques centaines de mètres, on atteint le départ de deux petits chemins aménagés : les ***Watson*** et ***Manillo trails,*** émaillés de nombreux panneaux explicatifs sur la géologie, la flore, la faune. Bien lire le panneau concernant le *poison tree* (on traduit ?), qui nous évitera de vous abreuver d'avertissements... Un peu partout sur Big Pine Key, mais aussi sur No Name Key, et surtout aux heures fraîches où le soleil se lève ou se couche, il est assez facile d'observer des *Key deers.* Ce ravissant petit cerf endémique, aux airs de daim, mesure au mieux 75 cm au garrot pour un poids de 20 à 35 kg. Sa population est estimée à un petit millier d'animaux, dont 30 à 40 meurent, chaque année, d'une collision avec un véhicule. Alors, attention, roulez au pas !

➢ ***Big Pine Kayak Adventures :*** *1791 Bogie Dr, à l'angle de N Watson Blvd.* ☎ *305-872-7474.* • *keyskayaktours.com* • *Dans la petite marina située juste avt le pont qui relie Big Pine à No Name Key. Tour découverte en kayak 50 $/pers (durée : 3h).* Une petite base nautique gérée par Bill, guide naturaliste et photographe professionnel, installé ici depuis des lustres. Il connaît les Keys comme sa poche et ses circuits tiennent compte d'une approche mesurée et respectueuse de l'environnement. Mention spéciale au tour en kayak dans la mangrove effectué au coucher du soleil. Loue aussi des kayaks pour ceux qui voudraient explorer le coin par eux-mêmes.

KEY WEST

• Pour les plans de Key West, se reporter aux plan d'ensemble et zoom détachables en fin de guide.

Terminus de l'*Overseas Highway,* ***à 240 km au sud-ouest de Miami,*** la légendaire Key West pointe à l'extrême sud des États-Unis, à seulement 145 km de Cuba. Cette charmante petite ville est aux antipodes de l'architecture américaine habituelle : ici, pas de rue portant uniquement un triste numéro, pas de grands immeubles – ou si peu. Partout, au contraire, des arbres centenaires, des jardins foisonnants où prospèrent bouquets d'hibiscus, bougainvillées, palmiers et autres tulipiers aux énormes fleurs rouge orangé, des habitants qui préfèrent la bicyclette à la voiture... Et surtout une attachante unité architecturale. Key West ne grandira plus : ***les nouvelles constructions y sont interdites.*** Au centre, nostalgique à souhait, les rues sont bordées de maisons en bois de style caraïbe, impeccablement entretenues, toutes blanches ou bien peintes en rose, en bleu ciel, en vert menthe à l'eau. Toutes différentes, ces vieilles dames bordées de fins lambrequins dentelés, aux allures tantôt victoriennes, tantôt bahaméennes, constituent un ensemble d'une extraordinaire homogénéité. Certaines ont appartenu à des personnages illustres... ***Hemingway,*** mais c'est bien sûr ! Entre deux voyages, de fréquentes sorties en mer et un nombre incalculable de doubles whiskies, l'écrivain turbulent rédigea dans son pigeonnier décoré de trophées de chasse certains de ses romans les plus célèbres : *Pour qui sonne le glas, L'Adieu aux armes, Les Neiges du Kilimandjaro,* entre autres. « Papa » Hemingway écrivit son 1er récit de fiction à l'âge de 10 ans ! Le carnet contenant la nouvelle a été retrouvé ici en 2017. Aujourd'hui, Key West vit à son

« AU MOINS, JE SAIS OÙ IL DORT CE SOIR ! »

Fondé en 1847, le cimetière de Key West a vu passer bien des cortèges funèbres, dont quelques excentriques. Dans un recoin repose ainsi « une fan dévouée du chanteur Julio Iglesias ». Certaines épitaphes valent leur pesant d'or : The buck stops here *(« le mec s'arrête ici »),* I told you I was sick ! *(« je t'avais bien dit que j'étais malade »)... Plus loin, une veuve pas trop éplorée ajoute ces lignes :* At least, I know where he's sleeping tonight. *Un certain Jose Abreu a inscrit sur sa pierre tombale ses 17 surnoms :* Nuts *(cinglé),* Baldy *(crâne d'œuf)...*

heure, avec sa maison-musée, son concours annuel de nouvelles et de sosies et ses deux bars fétiches... Là, le soir, autour de Duval Street, les familles cèdent la place aux fêtards. Les ruelles s'imbibent de rock live, à l'heure où les *easyriders* garent leur Harley pour venir s'humecter la glotte à la *Budweiser.*
Bout de route, ultime dérive, Key West est aussi un refuge. Nombre d'***artistes*** et de marginaux en ont fait leur bastion. La ***communauté homo*** y possède sa propre église où officient un pasteur et son mari... Bien sûr, Key West est ultra-touristique. Les prix sont délirants et la foule garantie les week-ends. On vous conseille néanmoins de prévoir au moins 2-3 jours sur place pour bien profiter de ce patrimoine unique aux États-Unis.

UN PEU D'HISTOIRE

En ***1513,*** les conquistadors débarquent sur une île déserte, où ils ne découvrent qu'un grand cimetière indien : la voici baptisée *Cayo Hueso* (l'« île aux Ossements ») – un nom que les Américains transformeront en Key West...
L'île, un temps britannique (1763-1783), redevient espagnole – mais sans jamais être vraiment gouvernée par quelque puissance que ce soit. Il faut attendre la vente de la Floride aux États-Unis (1819) pour voir les choses changer. Un commodore de l'US Navy en prend officiellement possession en 1822. Une importante population en provenance des ***Bahamas,*** les *Conchs,* s'y installe pour exploiter les éponges et le sel marin. Le renflouage des épaves devient vite une activité très lucrative (voir encadré). Des religieuses canadiennes débarquent en 1852. Le port en eau profonde, véritable clef stratégique sur le détroit de Floride (on parle du « Gibraltar de l'Ouest »), est investi par la marine américaine pour tenter de juguler la piraterie qui sévit dans toute la Caraïbe. En 1864, la fabrique de cigares de Vincente Martinez Ybor quitte Cuba pour Key West. Des dizaines l'imiteront dans les années qui suivent, marquées par les combats cubains pour l'indépendance. L'industrie du ***tabac*** apporte du sang neuf à la ville et, bientôt, 166 fabriques y produisent près de 100 millions de cigares, contribuant à la prospérité ambiante... Durant la guerre de Sécession, Key West reste aux mains de l'Union malgré ses sympathies sudistes.

LES PILLEURS D'ÉPAVES

Ici, autrefois, on était spécialisé dans la récupération des épaves. Lorsqu'on en découvrait une, il suffisait de s'écrier « wreck ashore » *pour en devenir propriétaire ! Vers le milieu du XIX*[e] *s, le développement du commerce maritime dans le golfe du Mexique vit de plus en plus de navires se perdre sur les dangereux récifs du Florida Reef. Bientôt, le port de Key West compta une cinquantaine de bateaux officiellement habilités à conduire des opérations de récupération... Les précieuses cargaisons (bois, coton, argent) transformaient les pauvres en nantis. Un temps, Key West fut même la plus grande et la plus riche ville de Floride !*

Un nouveau chapitre de l'histoire des Keys s'ouvre avec l'arrivée de ***Flagler,*** et de son ***chemin de fer*** (lire, plus haut, l'introduction sur les Keys). Mais un ouragan dévaste l'archipel à l'automne 1935, emportant de nombreux ponts. La ville, en partie désertée depuis les années qui ont suivi la crise de 1929, tombe dans une certaine léthargie. L'inauguration de l'***Overseas Highway en 1938*** renverse la vapeur, transformant peu à peu l'île en ***centre de villégiature pour artistes et écrivains.*** Hemingway puis Tennessee Williams s'y installent, contribuant à enraciner le mythe de la vie au grand air. Key West devient touristique. Le président Truman y installe sa « petite maison blanche », les Beatles viennent s'y ressourcer en 1964 après leur tournée triomphale aux États-Unis, et le commun des mortels doté d'un certain pouvoir d'achat leur emboîte le pas. Aujourd'hui, les bobos ont pris en main l'activité commerciale que leur offre la manne touristique de cette ville, devenue une escale de choix pour les grands navires de croisière.

Arriver – Quitter

✈ ***Key West International Airport*** *(plan détachable Key West, C2)* ***:*** *3491 S Roosevelt Blvd, au sud-est de l'île.* ☎ *305-809-5200.* Desservi par de nombreuses compagnies *(Delta, American Airlines, United...).* Sur place : distributeur de billets, compagnies de location de voitures.

🚌 ***Key West Transit :*** ☎ *305-600-1455.* • *kwtransit.com* • *Arrêt sur la route côtière, à 100 m du terminal.*

➢ ***Pour le centre de Key West :*** la ligne plus directe est la ***blue route*** (arrêt côté aéroport), tlj, ttes les 1h30-2h, 5h23-17h16. Autre option un poil plus longue, la ***green route*** (arrêt côté mer) fait le tour de Stock Island à l'est, avant de rejoindre le centre-ville, tlj 6h39-20h31, mêmes fréquences.

➢ ***Pour Big Pine Key et Marathon :*** voir « Arriver – Quitter » au début du chapitre des Keys.

🚌 ***Greyhound*** *(plan détachable Key West, C2)* ***:*** *3535 S Roosevelt Blvd, à l'aéroport (bureau 104).* ☎ *305-296-9072 ou 1-800-231-2222.* • *greyhound.com* • *Tlj 7h30-11h, 16h-18h. Attention, le bureau, attenant à l'aéroport, est très discret : il se situe contre l'Airport Security, au niveau de la 1re passerelle en sortant du terminal vers la gauche.*

Adresses et infos utiles

Informations touristiques et services

ℹ ***Key West Chamber of Commerce*** *(zoom détachable Key West, A1,* ***1****)* ***:*** *510 Greene St, dans le Old City Hall.* ☎ *305-294-2587 ou 1-800-527-8539.* • *keywestchamber.org* • *Tlj 8h (9h w-e)-17h30.*

■ ***Key West Vacation Pass :*** ☎ *305-290-2052.* • *keywestvacationpass.com* • Vendu au prix de 49 $, ce *pass* donne droit à des réductions du type « deux pour le prix d'un » (dans certains musées, restos et attractions). Il est surtout utile pour qui prévoit des excursions. Attention, non valide les jours fériés. Il faut obligatoirement l'acheter en ligne à l'avance (compter 7 j. pour le recevoir) ; pour les étrangers, une seule solution : se le faire livrer à une adresse locale (son hôtel par exemple).

✚ ***Lower Keys Medical Center*** *(hors plan détachable Key West par D1,* ***8****)* ***:*** *5900 College Rd, sur* ***Stock Island,*** *l'île voisine.* ☎ *305-294-5531.* • *lkmc.com* • *Les 4 lignes de* city bus *y passent.* Plus réputé pour ses factures élevées que pour sa qualité ou son accueil...

Supermarchés

🧺 ***Publix*** *(plan détachable Key West, C1,* ***9****)* ***:*** *3316 N Roosevelt Blvd.* ☎ *305-296-2225. Tlj 7h-23h (22h dim). Pharmacie en sem 9h-21h, sam 9h-19h et dim 10h-17h.* On y trouve absolument de tout, à des prix plus populaires qu'au centre-ville. Un rayon traiteur idéal pour se confectionner un pique-nique.

🧺 ***Fausto's*** *(plan détachable Key West, B2,* ***10****)* ***:*** *1105 White St. Tlj 7h30-20h (19h dim) ; autre adresse au 522 Fleming St.* La famille Fausto œuvre à Key West depuis 1926 ! Tout pour s'approvisionner ou simplement se concocter un pique-nique.

Circuler dans l'île

Ici, tout le monde circule à pied, à vélo ou en voiturette de golf, ce qui rend l'ambiance encore plus conviviale. Si vous êtes en voiture, pensez à faire le plein sur la route des Keys plutôt qu'à Key West (plus cher).

■ ***Location de vélos, scooters et voiturettes électriques : Moped Hospital*** *(zoom détachable Key West, A2,* ***4****), 601 Truman Ave.* ☎ *1-866-296-3364.* • *mopedhospital.com* • *Tlj 9h (10h dim)-17h. Compter 14 $ pour*

24h (10 $ pour 8h) pour un vélo et 40 $/sem ; scooters 40-70 $/j. Autre option encore avec ***Eaton Bikes*** *(zoom détachable Key West, A1,* ***3****) : 830 Eaton St. ☎ 305-294-8188. • eatonbikes.com • Tlj 8h-18h. Selon modèle, compter 18-20 $ pour 24h (casque et antivol inclus).* ***Conch Electric Cars of Key West*** *(plan détachable Key West, A1,* ***11****) : 100 Grinnel St, au ferry terminal. ☎ 305-294-0995. • conchelectriccars.com • Tlj 8h-17h. Env 170 $ le véhicule 2 places pour 24h.* Sinon, de nombreux hôtels et *guesthouses* louent des vélos.

City Bus : *☎ 305-600-1455. • kwtransit.com • Ticket 2 $ (trajet) ou 8 $ (sem).* Tlj, ttes les 1h30-2h, 5h-21h env. 4 lignes en tout sillonnent Key West et font le tour de Stock Island.

Stationnement : attention, les hôtels facturent cher le stationnement. En ville, on trouve parkings et parcmètres, mais ils sont loin d'être bon marché *(jusqu'à 5 $/h pour certains en plein centre-ville).* À 300-400 m du centre, c'est gratuit, comme sur Truman Avenue, profitez-en. Faites en revanche très attention aux zones « *Residential parking only* » ! À défaut, un parking municipal se situe à l'angle de Grinnell et Caroline St *(plan détachable Key West, A1). Tarifs 3 $/h, max 18 $ pour 24h. Fonctionne en libre-service 24h/24.* Le ticket donne droit à un transfert gratuit par le *city bus* pour tous les passagers du véhicule (départ au coin de la rue) ; cela dit, Duval n'est qu'à 5-10 mn à pied...

Où dormir ?

Autant être prévenu, ***la vie à Key West est chère,*** très chère, même, surtout le week-end et en période de pointe (de Noël à Pâques). Certes, les ***guesthouses de charme*** occupent de jolies maisons coloniales, mais cela a un prix ! Les tarifs s'adoucissent de mai à octobre, hormis les longs week-ends fériés où ils s'envolent ! Pour les budgets ric-rac, pas vraiment de solution, si ce n'est de voyager à 4 et de dormir dans une chambre à 2 lits doubles pour minimiser le coût. Sinon, vous noterez que nos ***catégories de prix sont ici supérieures*** à ce qu'elles sont pour le reste de la Floride. ***En haute saison et le week-end, réservez*** pour ne pas vous retrouver le bec dans l'eau. Enfin, de nombreuses adresses parmi les plus chic ***refusent les enfants de moins de 12, 14 ou même 18 ans,*** pour préserver la tranquillité des hôtes ; à de rares exceptions près, nous recommandons dans ces pages plutôt des hébergements ouverts à tou(te)s...

Camping et auberge de jeunesse

On vous indique plus qu'on vous les conseille les options les moins chères à Key West, franchement excessives pour la prestation offerte.

Boyd's Key West Campground *(plan détachable Key West D1,* ***20****) : 6401 Maloney Ave, sur* ***Stock Island,*** *l'île juste à l'est de Key West. ☎ 305-294-1465. • boydscampground.com • Emplacements 65-85 $ selon situation en bord de mer ou non.* Emplacements pour tentes riquiqui, peu (ou pas) ombragés et sans intimité. Une grande partie du terrain est un parking géant pour camping-cars... Piscine chauffée et épicerie. Pour le centre-ville, les 4 lignes du *city bus* passent à proximité.

Seashell Motel *(plan détachable Key West B2,* ***22****) : 718 South St. ☎ 305-296-5719. • keywesthostel.com • Dortoir (10 pers) 45-120 €/pers et doubles 110-220 $ (voire bien plus les w-e en hte saison).* Une AJ bien située, plutôt sympathique et correctement tenue, mais d'un rapport qualité-prix franchement moyen. 3 dortoirs avec chacun ses sanitaires : pour hommes, pour femmes ou mixte. Évitez les chambres nos 18 et 19, ouvrant directement sur la rue.

De prix moyens à chic (90-300 $)

Key West B & B *(zoom détachable Key West, A1,* ***35****) : 415 William St.*

☎ 305-296-7274 ou 1-800-438-6155. • keywestbandb.com • Doubles 90-125 $ sans sdb et 125-250 $ avec ; petit déj inclus. Dans une rue tranquille, voilà une vénérable demeure tout en bois, construite en 1898 par un armateur bahaméen. Les 10 chambres, calmes, mignonnettes et patinées, mêlent le côté vieux loup de mer à quelques toiles acidulées. La plupart n'ont qu'un seul lit, certaines 2 – comme celle du rez-de-chaussée au grand tableau à la Gauguin, d'autres se partagent la salle de bains. Des bouquins jetés sur le sofa, un hamac sur le balcon, ici, on aime se laisser vivre. D'ailleurs Jody et Lise (sud-africaine), les maîtresses des lieux, sont aux petits soins pour leurs hôtes, comme au petit déj, servi avec force fruits et tartines au bord du grand jacuzzi, dans le jardin. Une bien belle adresse, où vous profiterez aussi d'un sauna, mais ne comptez pas sur la télé, on n'est pas là pour ça !

Speakeasy Inn *(plan détachable Key West, A2, **25**) : 1117 Duval St. ☎ 305-296-2680. • speakeasyinn.com • Doubles 140-210 $; bon petit déj continental et parking inclus. 2 nuits min en général.* Avant d'être une auberge, la maison abrite un bar à rhum (voir « Où boire un verre ?... »). Bien sûr, les chambres de l'avant peuvent être un peu bruyantes, mais le rapport qualité-prix-accueil reste excellent. Préférez celles de l'étage, plus lumineuses : à l'arrière, la moins chère est calme mais plutôt petite et sombre, avec un gros lit qui prend beaucoup de place. Le mobilier en bois clair fait écho aux murs vert amande, chacune dispose d'une cuisine, d'un beau parquet, d'une TV, et tout est impeccable. Cocktail d'accueil, remise sur les boissons au bar du rez-de-chaussée, accès à la piscine d'un établissement des environs : foncez-y !

Caribbean House *(zoom détachable Key West, A2, **24**) : 226 Petronia St. ☎ 305-296-0999 ou 1-877-296-0999. • caribbeanhousekw.com • Doubles 130-200 $. Attention, pour les cottages, frais élevés de ménage en fin de séjour.* Au cœur du Bahama Village, cette *guesthouse,* nichée dans une maison en bois vert tendre et rose, est tenue par 2 Français tombés amoureux de Key West, Michel et Marie – qui habitent sur place. Les chambres, de même taille, ne sont pas très grandes et les salles de bains encore moins. On préférera celle avec 2 lits, qui permettent de mieux se mouvoir. Terrasse commune avec frigo, micro-ondes et machine à café pour préparer son propre petit déj (la maison n'en propose pas). Des prix encore acceptables pour Key West, malgré un confort perfectible.

Author's Guesthouse *(plan détachable Key West, B1, **21**) : 725 White St. ☎ 305-294-7381 ou 1-800-898-6909. • authorskeywest.com • Doubles 140-250 $; cottages plus chers ; petit déj continental inclus. Parking gratuit sur rue (sinon 2 places intérieures).* Un peu à l'écart de l'animation, cet ensemble assez intime de 10 chambres et 2 cottages (portant des noms d'auteurs) s'ouvre sur un petit jardin dominé par un banyan et un araucaria. Même si toutes ne se valent pas, elles sont assez bien décorées, avec 1 ou 2 lits doubles ou un *king size,* et parfois un sofa convertible (dans les cottages). Toutes ont un frigo, certaines un micro-ondes, voire une cuisine. 2 d'entre elles donnent, à l'arrière, sur une petite piscine à remous. Excellent accueil.

Seascape Tropical Inn *(zoom détachable Key West, A2, **29**) : 420 Olivia St. ☎ 305-296-7776 ou 1-800-765-6438. • seascapetropicalinn.com • Doubles 200-260 $; petit déj inclus (avec champagne !). 2 nuits min.* Dans une rue calme, à deux pas de la maison de Hemingway, cette jolie demeure aux volets bleus construite en 1889 se distingue par son cadre coquet et intime. Elle offre juste 7 chambres, confortables et bien équipées, ainsi qu'un grand studio avec cuisine pour 4 personnes. Certaines donnent sur la courette intérieure et 2, à l'étage, disposent de leur propre terrasse. Petite piscine chauffée et agréable *sundeck* pour buller sous les arbres. Bon accueil.

Angelina Guesthouse *(zoom détachable Key West, A2, **23**) : 302 Angela St. ☎ 305-294-4480 ou 1-888-303-4480. • angelinaguesthouse.com • Doubles 105-135 $ avec sdb partagée, 130-240 $ tt confort ; petit déj inclus. Interdit aux moins de 18 ans.*

Cette belle maison *conch* peinte en jaune abrite une douzaine de chambres (dont une suite) aux tons pastel. Claires et coquettes, avec parquet, elles rendent hommage aux filles qui faisaient ici commerce de leur corps dans les années 1920 (Susie, Dolly...). 4 partagent une salle de bains, les autres ont la leur, ainsi qu'un frigo et un micro-ondes. Une petite piscine chauffée entourée de chaises longues occupe l'adorable jardinet ombragé de palmiers. Bon accueil de Line, la gérante québécoise.

Alexander Palms Court (plan détachable Key West, B2, **26**) : *715 South St.* ☎ *305-296-6413 ou 1-800-858-1943.* • *alexanderpalms.com* • *Doubles 170-280 $; petit déj inclus.* Le lieu n'a pas un charme fou, mais le calme règne. À moins de 200 m de Higgs Beach, ce petit complexe abrite une douzaine de chambres un peu patinées mais confortables entourant une piscine chauffée. Certaines, avec lit double et sofa, peuvent accueillir 4 personnes ; d'autres communiquent entre elles (pratique pour les grandes familles). Quasiment toutes disposent d'une kitchenette, les *standard* exceptées (qui ont néanmoins un frigo). Agréable petite piscine haricot. Parking gratuit sur rue, sinon 6 places à l'intérieur.

De chic à plus chic (120-360 $)

Old Town Manor (zoom détachable Key West, A1, **39**) : *511 Eaton St.* ☎ *305-292-2170.* • *destinationoldtown.com* • *Doubles 150-300 $, petit déj compris ; suites et appartements (sans petit déj pour ces derniers) ; min 2 nuits (sf exceptions, voir calendrier en ligne). Parking payant.* Ce *B & B* occupe une maison très élégante, entourée d'un petit jardin. On y trouve une quinzaine de chambres confortables aux belles salles de bains, avec DVD en prêt. Les hôtes ont accès à la piscine des *Rose Lane Villas,* qui comptent 6 apparts de 1 à 3 chambres (et un parking réservé).

Duval Gardens (zoom détachable Key West, A2, **28**) : *1012 Duval St (angle avec Julia St).* ☎ *305-292-3379 ou 1-800-867-1234.* • *duvalgardens.com* • *Doubles 150-280 $; petit déj continental inclus.* Encore une maison caribéenne, jaune citron aux corniches rehaussées de blanc et au plafond de la galerie couleur vert d'eau. Mimi comme tout. La dizaine de petites chambres flirte avec le style Laura Ashley (lit à baldaquin, voilages...) ; elles sont charmantes, parfaitement tenues et tout confort (petit frigo, TV), malgré la clim un peu bruyante. Les plus chères sont plus spacieuses ; 2 disposent même d'une vraie cuisine. Petite piscine chauffée. Choisir celles donnant sur Julia Street, plus calmes.

The Artist House (zoom détachable Key West, A1, **27**) : *534 Eaton St.* ☎ *1-800-582-7882.* • *artisthousekeywest.com* • *Doubles 160-340 $, suites un peu plus chères ; petit déj inclus.* Élégante demeure de 1898 appuyée sur des colonnettes, agrémentée d'une tourelle, de volets parme et d'une porte de bois brut. Elle dégage un charme fou, tout comme l'accueil d'ailleurs. À l'intérieur, parties communes et chambres sont à l'avenant. Toutes décorées et meublées avec goût, certaines s'offrent le luxe d'une cheminée. De grands volumes, de beaux espaces : on s'y sent bien ! Dans le jardin, un jacuzzi permet de buller, encore et encore.

Atlantis House (plan détachable Key West, B2, **33**) : *1401 Atlantic Blvd.* ☎ *305-292-1532.* • *atlantishouse.com* • *Doubles 185-330 $. Min 3 nuits, sf pour boucher les trous de résa.* Installés à l'orée de Higgs Beach, Steve et Kyla ne disposent que de 2 chambres d'un confort à toute épreuve, décorées de façon très personnalisée et chacune dotée d'un jacuzzi. La « Garden Suite », la plus petite (32 m² !), tire sur le kitsch orientalisant, avec ses cadres et miroir dorés, voilages et rideaux à galons dans la salle de bains. La « Master Suite » (56 m² !) n'est pas en reste avec son plafond haut de 5 m, ses couleurs pétulantes, ses coussins en batterie et son fauteuil girafe. Le vrai plus de cette adresse, c'est que Captain Steve propose des sorties en mer à bord de son bateau : découverte du milieu naturel, plongée, *snorkeling* ou pêche – il se fera un plaisir, au retour, de vous préparer votre prise.

The Artist House on Fleming *(zoom détachable Key West, B1,* ***30****) : 1016 Fleming St. ☎ 855-294-4043. • artisthouseonfleming.com • Doubles et suites 160-360 $; petit déj inclus.* Cette maison de bois bâtie en 1894 abrite une grosse poignée de chambres et suites (prix très proches). De tailles inégales, toutes sont bien équipées et décorées de couleurs tendance qui mettent en valeur des œuvres d'artistes. À l'arrière, un petit jardin accueille de copieux petits déjeuners ainsi qu'un bain à remous pour se détendre en journée. Une dose d'accueil souriant et on ne regrette pas de s'être un peu excentré.

The Truman Hotel *(zoom détachable Key West, A2,* ***32****) : 811 Truman Ave. ☎ 305-296-6700. • trumanhotel.com • Doubles 170-300 $; petit déj inclus.* Un ensemble de petits bâtiments entoure un agréable patio planté de palmiers et agrémenté d'une piscine. Les chambres ouvrent sur cet espace hors de la rumeur de Key West. Seules deux, plus lumineuses mais plus bruyantes, ont des balcons donnant sur l'avenue. Toutes sont bien aménagées et spacieuses (sauf les *standard,* assez petites), meublées dans un style contemporain. Une adresse gentiment chic qui sait accueillir.

Travelers Palm Inn & Guesthouse *(plan détachable Key West, B2,* ***36****) : 815 Catherine St. ☎ 305-304-1751. • travelerspalm.com • Suites et studios 220-330 $, cottages entiers (4-6 pers) 560-645 $. Parking.* Dans un quartier tranquille, à 5 mn à pied de Duval Street, un joli petit ensemble de 3 cottages noyés dans la végétation tropicale. Une formule originale et écolo (eau chaude solaire, récupération des eaux de pluie), gérée avec le souci de bien faire par Michel, un Suisse élevé au Brésil et débarqué ici en 1966, et son épouse Roxane. Les cottages peuvent être loués d'un seul tenant pour 6 ou bien divisés en 2 pour donner d'un côté un studio (avec kitchenette) et de l'autre une grande suite avec chambre, salle de bains, salon, coin repas, vraie cuisine et même un jacuzzi. Belle petite piscine chauffée et accueil gentil.

De plus chic à très chic (200-550 $)

Marquesa Hotel *(zoom détachable Key West, A1,* ***37****) : 600 Fleming St (angle Simonton). ☎ 305-292-1919 ou 1-800-869-4631. • marquesa.com • Pas d'enfants de moins de 14 ans. Doubles 225-415 $. Parking.* L'adresse chic emblématique de Key West. Les différentes unités se répartissent entre la bâtisse historique (donnant sur un jardin fermé comprenant 2 piscines – l'une chauffée, l'autre non) et une nouvelle extension en face composée de 3 petits bâtiments, ***Marquesa 1-4-1.*** Ici aussi les guests ont leur piscine, mais ils peuvent quand même profiter des 2 autres ! Les chambres arborent un style Caraïbes chic d'un goût exquis, entre parquet vitrifié, mobilier ancien et lampes contemporaines, stores vénitiens et gros ventilos. Tout est soigné, impeccable et d'un accueil cousu main. Le *Café Marquesa (tlj 18h-22h)* est l'une des tables les plus cotées de tout Key West.

The Southernmost House *(plan détachable Key West, A2,* ***31****) : 1400 Duval St. ☎ 305-296-3141 ou 1-877-552-9821. • southernmosthouse.com • Doubles et suites 300-540 $; petit déj continental inclus. Parking payant.* Cette remarquable maison victorienne édifiée en 1897 dans le pur style Queen Anne (et électrifiée par Thomas Edison *himself*) accueillit un *speakeasy* pendant la prohibition (ces bars clandestins où l'alcool coulait à flot). En route vers La Havane, de nombreux gangsters de l'époque ont fait escale ici, dont Al Capone – à qui, dit-on, était destinée la balle qui a laissé un petit trou dans la fenêtre située à gauche derrière la réception... D'autres personnalités ont fréquenté ces lieux : Hemingway encore et toujours, Tennessee Williams, Truman Capote et pas moins de 5 présidents américains. Aujourd'hui reconvertie en hôtel de luxe, la maison abrite pas plus de 18 chambres, aménagées dans un style colonial assez épuré, avec lits à baldaquin, fenêtres à jalousie et de spacieuses salles de bains en marbre dans la plupart. Certaines ont conservé leurs sols anciens, très 1900, d'autres ont un parquet ou juste du carrelage moderne. Les nos 201 et 301, avec leur balcon, offrent de superbes vues sur l'océan. Attention, quitte à payer une fortune, de ne pas vous faire refiler une des chambres de l'annexe et autres *cabañas* bordant la piscine.

Où manger ?

Pour manger comme pour dormir, Key West est une ville très touristique et **chère** ; forcément, le rapport qualité-prix s'en ressent. Il n'est pas rare qu'on vous impose d'emblée un pourboire de 20 % (vérifiez la note avant d'en rajouter une louche)... Cela dit, si certains restos font de l'abattage à des prix éhontés, on trouve aussi un panel de petits établissements de bon rapport. Côté spécialités locales, ne manquez pas les deux grands classiques du lieu : la chaudrée de conque ***(conch chowder)*** et la tarte au citron vert ***(Key lime pie).*** Attention, certains restos sont fermés en septembre.

Spécial petit déjeuner

Blue Heaven *(zoom détachable Key West, A2, **40**) : voir rens pratiques plus loin.* Même si c'est bondé (30, 40, 50 mn d'attente peut-être...) et un peu cher, le lieu est emblématique de Key West. Et ce n'est pas tous les jours qu'on peut prendre son petit déj (spécialité d'*eggs Benedict* et de pancakes, *granola* maison) dans un jardin... au milieu des poules.

Old Town Bakery *(zoom détachable Key West, A1, **41**) : 930 Eaton St. ☎ 305-396-7450. Tlj 7h-17h. Moins de 10 $.* Croissants très croustillants (un peu gras), nature ou fourrés à la framboise, sacristains, palmiers, *danishes* aux myrtilles, *sticky buns* (à la cannelle) qui collent bien aux doigts... à accompagner d'un café, à dispo sur le comptoir. Pas de tables : ici, c'est à emporter. Les baguettes sortent du four entre 8h et 8h30, les autres pains s'échelonnent jusqu'à 11h. Pour le lunch, bons sandwichs à composer soi-même.

Sarabeth's *(zoom détachable Key West, A1, **54**) : 530 Simonton St (et Southard). ☎ 305-293-8181. Tlj sf lun 8h-14h, 18h-21h. Petits déj 8-13 $; plats 14-16 $ le midi et 20-30 $ le soir.* La *success story* de Sarabeth commence en 1981 quand elle ouvre une petite boulangerie à New York, où elle sert des confitures selon les recettes de sa grand-mère juive. Aujourd'hui, elle possède sa propre marque d'épicerie fine, plusieurs adresses réputées à New York, une à Key West et même à Tokyo ! Omelettes légères, pancakes aériens, porridge, pain et confitures maison, tout est fin, sain et joliment présenté. Pas donné bien sûr, mais pas exagéré vu la qualité. À savourer sur l'adorable petite terrasse ombragée si elle n'est pas déjà prise d'assaut...

Coffee Plantation *(zoom détachable Key West, A1, **6**) : 713 Caroline St. ☎ 305-295-9808. Lun-sam 7h-18h, dim 8h-15h.* Muffins, cookies, quiches et *Key lime pie,* à consommer avec un excellent café costaricain en surfant sur le Net. On profite aussi de la terrasse et du décor chaleureux, entre coin canapé aux coussins, parquet et toiles colorées aux murs. Et une douce musique jazzy qui tranche avec les sonorités excessives en vogue à Key West.

Croissants de France *(zoom détachable Key West, A2, **52**) : 816 Duval St. ☎ 305-294-2624. Tlj 7h30-22h.* Pour ne pas oublier le goût des croissants de chez nous, même si ici ils sont parfois cuits au clair de lune... Servent aussi sandwichs et *Key lime pie.* Chouette terrasse surélevée sur Duval.

De bon marché à prix moyens

Eaton Street Seafood Market *(zoom détachable Key West, A1, **43**) : 801 Eaton St. ☎ 305-295-3474. Tlj 11h-21h. Sandwichs et plats 10-15 $.* Cette ancienne station-service Art déco a laissé la place à un fast-food de poisson assez atypique. On vous prépare ici la pêche du jour et quand il n'y en a plus, il n'y en a plus. C'est comme les tables, aussi rares que prisées : il faut parfois consommer au minuscule comptoir ou emporter sa commande. Thon, homard et *ceviche* (du poisson cru mariné) sont à l'honneur, simplement servis dans des corbeilles en plastique. Du frais sans se ruiner. Bonne pêche.

Bien Caribbean-Latino Restaurant *(zoom détachable Key West, A1,* ***51****) : 1000 Eaton St. ☎ 305-517-6740. Tlj sf dim-lun 11h-21h. Sandwichs 10-12 $, plats 14-16 $.* Une ancienne station-service reconvertie en *cantina.* On file au comptoir, façon fast-food, et on commande son sandwich baguette (pain cubain) au poulet, aux crevettes, au poisson frais, au tofu et aux légumes. Ne pas oublier le fameux épi de maïs épicé en plus ! Quelques plats aussi, où règnent en maître *pollo,* haricots noirs et riz – la Sainte Trinité latina – et des options *breakfast.* Un excellent rapport qualité-prix. Quelques tabourets sur fond de reggae et 3 tables à l'extérieur. Encore mieux que bien !

Garbo's Grill *(zoom détachable Key West, A1,* ***59****) : 409 Caroline St (pas de numéro visible, entre le 407 et un parking). ☎ 305-304-3004. Tlj sf dim, 11h-22h. Plats 7-15 $.* Un mini-*food truck* argenté façon baraque à frites, une poignée de tables partagées avec le bar de voisin où l'on commande d'ailleurs sa boisson ; l'ombre de grands palmiers ; un gars aux fourneaux et deux filles gouailleuses en devanture. Les *burritos* et tacos du jour ne manquent pas d'allure – au *mahi-mahi* (poisson) avec mangue et *jalapeño,* au BBQ coréen, aux crevettes marinées à la mangue, au gingembre et au piment *habanero...*

Ana's Cuban Cafe *(plan détachable Key West, A-B2,* ***44****) : angle South St et Simonton. ☎ 305-292-4747. Tlj sf dim 7h-15h. Petit déj et sandwichs 5-10 $, plats du jour 12-15 $.* Cette terrasse étire sa longue galerie sur rue(s) à quelques pas de Duval Street, et déjà les prix sont à marée basse. On se pose sur des bancs et tables en bois jaune citron, sandwich cubain en main. Gras ce qu'il faut. Les garnitures sont également proposées en plats principaux, à manger avec des couverts en plastique.

Salute ! On the Beach *(plan détachable Key West, B2,* ***55****) : 1000 Atlantic Blvd. ☎ 305-292-1117. Tlj 11h30-21h30. Sandwichs, salades et plats 10-18 $.* On vous prévient, l'adresse est connue et appréciée dans le coin et la concurrence pour une table est rude. Il faut dire que la terrasse et la grande salle sont agréablement ouvertes sur la plage blanche, les flots émeraude et le ciel azur. Les plats proposés (pâtes, poisson du jour, sandwichs, salades...), servis en portions normales, sont goûteux et à des prix très abordables. Excellent système de plats enfants. Le service, véloce, ne perd pas pied quand la clientèle se presse. Bref, un très bon plan.

Sandy's Café *(plan détachable Key West, B2,* ***5****) : 1026 White St. ☎ 305-295-0159. Tlj 8h-minuit. Sandwichs 8-10 $, plats 12-16 $.* Ce petit snack-laverie propose quelques plats simples, des *quesadillas,* des tacos et surtout de gros sandwichs *Cuban mix* à engloutir sur un petit bout de comptoir.

Pepe's Cafe *(zoom détachable Key West, A1,* ***56****) : 806 Caroline St. ☎ 305-294-7192. Tlj 7h30-21h30. Plats 10-15 $ au déj, 15-25 $ le soir.* La (très) vieille façade décatie en bois jette l'ambiance du lieu : *Pepe's* avait déjà planté ses planches ici en 1909 ! Si on n'opte pas pour les compartiments-banquettes plus que centenaires, on peut privilégier la pergola bien agréable du jardin attenant. Viandes et poissons restent abordables, servis très copieusement et avec le sourire. On en regrette presque d'être repu avant que n'arrive le choix de prendre ou pas une *Key lime pie* !

Santiago's Bodega *(zoom détachable Key West, A2,* ***49****) : 207 Petronia St. ☎ 305-296-7691. Tlj 11h-22h. Petites assiettes 8-15 $.* Pour changer, voici un resto de tapas du Bahama Village, plébiscité à juste titre par les locaux (bondé le soir). De bonne taille, les tapas, chaudes ou froides, revisitées tendance fusion, accusent des saveurs parfois très épicées, volontiers sucrées-salées. Avec 2 assiettes et un dessert (mémorable *bread pudding*), vous ferez un fameux et copieux repas. La carte des vins est chère, préférez-le au verre.

B.O.'s Fish Wagon *(zoom détachable Key West, A1, **48**) : 801 Caroline St. ☎ 305-294-9272. Tlj 11h-21h30 (en général). Plats 12-15 $. CB refusées.* En bout de parking, une baraque de bric et de broc où le service se limite à sa plus simple expression : couverts en plastique et barquettes en carton. Tout est frit ici, ou presque. N'empêche, le *B.O.'s* est un grand classique avec ses sandwichs au poisson du jour ou aux *cracked conchs* – un lamellé de conque frit entre 2 bonnes tranches de pain à la cubaine. Copieux. Le vendredi, les potes débarquent pour une *jam session*.

El Siboney Restaurant *(plan détachable Key West, B2, **45**) : 900 Catherine St. ☎ 305-296-4184. Tlj 11h-21h30. Sandwichs 4-8 $, plats 8-16 $.* Allez-y de bonne heure, c'est souvent plein à craquer. Ce resto cubain au cadre simplissime sert une cuisine familiale généreuse. Laissez-vous tenter par un demi-poulet, à accompagner de bananes plantain. On trouve aussi du cochon et du poisson, mais attention au *burgundy,* le gros rouge vendu au pichet... il décape sévère !

The Cafe *(zoom détachable Key West, A1-2, **57**) : 509 Southard St. ☎ 305-296-5515. Tlj 9h-22h. Sandwichs et salades 10-15 $, plats 16-22 $.* Un bon petit végétarien, coloré aux murs et dans l'assiette. Le tofu s'invite dans les burgers et les salades, aux côtés du *kale* (chou frisé bourré de vertus pour la santé), de la mangue, des betteraves, pousses de soja... avec des accents asiatiques. Mmm, de la fraîcheur ! Et sans se ruiner. Également des tartes salées et plats de pâtes.

De prix moyens à chic

Blue Heaven *(zoom détachable Key West, A2, **40**) : 729 Thomas St, à l'angle de Petronia. ☎ 305-296-8666. Tlj 8h-22h30 (cuisines fermées 15h-17h lun-sam, 14h-17h dim). Plats 10-15 $ le midi, 20-30 $ le soir.* En plein Bahama Village, cet ancien bar-bordel-billard-salle de jeux, où Papa Ernest venait s'encanailler (et, accessoirement, arbitrer des matchs de boxe), abrite aujourd'hui un resto-bar à l'atmosphère ultra-cool, fort prisé des visiteurs. Après l'attente réglementaire (c'est toujours plein), on mange dans une petite salle assez sombre, ou dans le jardin, sous les arbres, sur fond de rock un peu envahissant – live à l'occasion. Bonne cuisine caraïbe inventive avec quelques plats végétariens, desserts gargantuesques (délicieuse *Key lime pie*) et jolie carte des vins du monde. Dommage que ce soit aussi cher, mais le lieu reste un incontournable de Key West.

Seven Fish *(plan détachable Key West, B2, **46**) : 921 Truman (et Packer St). ☎ 305-296-2777. Tlj sf mar 18h-22h. Résa conseillée. Plats 18-33 $.* Dans ce resto échoué en plein quartier résidentiel, la déco fait dans la sobriété, sous un haut plafond. À la carte, courte, poissons et crustacés voisinent avec quelques grands classiques *(meatloaf)* et des plats aux touches tropicales (poulet à la banane et noix caramélisées), mettant en valeur des produits frais parfaitement assaisonnés. Une adresse presque gastro mais pas guindée, sans artifices inutiles et dont les prix sont justifiés.

Café Solé *(zoom détachable Key West, B1, **53**) : 1029 Southard St (entrée sur Frances St). ☎ 305-294-0230. Tlj 17h-22h. Résa souhaitable. Plats 30-40 $ (happy hour 17h-18h pour adoucir la note !).* Une des bonnes tables de Key West. En plein cœur d'un quartier résidentiel calme, dans une charmante maison ancienne avec terrasse couverte, on déguste une cuisine *conch* mâtinée d'intonations méditerranéennes et françaises. Bien entendu, poissons et fruits de mer sont à l'honneur – tout particulièrement le *hogfish* (labre capitaine) – mais il y a aussi de nombreuses options végétariennes à la carte.

Camille's Restaurant *(plan détachable Key West, A2, **47**) : 1202 Simonton St. ☎ 305-296-4811. Tlj 8h-15h, 18h-22h. Plats 10-15 $ mat et midi, 20-30 $ le soir.* Ambiance figée dans le temps dans ces 2 salles identiques à la déco plus très actuelle... Ce qui n'empêche pas les habitués de revenir. Pour le *breakfast*, le brunch et son *all-you-can-eat* de pinces de crabe des neiges d'Alaska à 35 $, proposé le soir (18h-22h) des mardi, mercredi et samedi. On s'en met jusque-là dans la bonne humeur, à moins de se contenter d'une salade ou d'un petit plat classique nettement suffisant. Service enjoué.

Où manger sur Stock Island, l'île voisine ?

Hogfish Bar & Grill *(plan détachable Key West, D1, **42**) : 6810 Front St. ☎ 305-293-4041. Accès depuis l'US 1, direction Miami. Tlj 11h-22h. Brunch dim. Sandwichs 12-15 $ le midi, plats 20-27 $ le soir.* Un *tiki* traditionnel grand ouvert sur les quais de la pittoresque marina de Safe Harbor. La spécialité du chef, c'est le *hogfish*, un poisson exotique qui semble rigoler tout le temps. Taillé en filets dans un sandwich, il fait moins le malin ! Également de bonnes salades et des *today's specials* aux intonations caraïbes – mais pas mal de choses frites quand même. C'est une adresse où les habitants de Key West s'évadent de la cohue touristique, notamment le week-end quand, en fin d'après-midi, on y gratte quelques accords de country.

Où déguster une *Key lime pie* et autres sucreries ?

La Key lime pie : on voit déjà votre déception... Vu la pression touristique de Key West, la *Key lime pie* a perdu son âme citronnée là-même où elle aurait vu le jour. Elle est ici trop souvent d'aspect industriel, servie dans une barquette en plastique et hors de prix ! Notre favorite est celle de **Coffee Plantation** (voir plus haut la rubrique « Spécial petit déjeuner »). Sinon, il y a bien la **Key Lime Pie Bakery** *(zoom détachable Key West, A1, **62**) : 412 Greene St. Tlj 9h-23h.* La maison se vante d'avoir inventé cette tarte en 1856... Enfin, **Kermit's** *(zoom détachable Key West, A1, **61**) : 200 Elizabeth St (angle Greene St). Tlj 9h-21h.* Une chaîne populaire qui compte plusieurs échoppes en ville (on indique la plus centrale), spécialisées dans la *Key lime pie* et autres gâteaux aromatisés au citron.

Better Than Sex *(zoom détachable Key West, A2, **60**) : 926 Simonton St. ☎ 305-296-8102. Tlj 18h-minuit. Desserts 9-14 $.* Devanture rouge sang, décor noyé dans la pénombre façon maison close, menu gentiment suggestif à l'image du nom de ce resto de desserts censés vous envoyer au 7ᵉ ciel... Le concept est très calculé, mais il n'y a pas non plus de quoi grimper aux rideaux côté papilles. Et puis devoir réserver une table pour s'enfiler un bête gâteau, ça peut paraître tarte.

Où boire un verre ? Où sortir ? Où danser ?

L'extrémité nord de Duval Street (côté Mallory Square) concentre la plupart des bars et vit dans une effervescence quasi permanente. Les fêtards déboulent de toute l'Amérique pour s'y mettre la tête à l'envers ! Si certains établissements rendus célèbres par Hemingway et sa clique s'affichent comme de véritables piliers de la nuit, d'autres, plus sages, invitent à prendre un verre de vin dans une ambiance plus policée. Après 21h, l'accès est souvent réservé aux plus de 21 ans, mais en journée, pas d'objection normalement à profiter de l'ambiance en famille. En haute saison, *live music* à longueur de journée un peu partout.

Les bars historiques

Sloppy Joe's *(zoom détachable Key West, A1, **70**) : 201 Duval St.*

LES EVERGLADES ET LES KEYS

☎ *305-294-5717. Tlj 9h (12h dim)-4h (selon affluence) 3 sessions de live music/j. à 12h, 17h30 et 22h.* Le grand classique des nuits de Key West. La façade, tatouée de lettres au néon rouges, s'ouvre sur une immense salle pleine à craquer de touristes qui se dandinent fiévreusement chaque soir sur de la musique live rock ou country. Aux murs, photos et coupures de presse rendent hommage à l'incontournable Hemingway, qui fut l'un des piliers de la maison. Chaque année, en juillet, le *Sloppy Joe's* accueille le fameux concours de sosies de Hemingway. L'occasion de tester en sa mémoire le *Papa Dobles,* une sorte de punch « qui envoie au tapis » !

🍸 ♩ ***Captain Tony's Saloon*** *(zoom détachable Key West, A1,* ***71****) : 428 Greene St.* ☎ *305-294-1838. Tlj 10h-1h au moins.* Un autre monument historique de la ville. Ce bar, le plus vieux de Key West, abrita de 1933 à 1937 le *Sloppy Joe's* original, que fréquentait assidûment Hemingway. D'ailleurs, en 1962, on a découvert le manuscrit d'*En avoir ou pas* dans l'arrière-salle... Tony Tarracino, l'ancien proprio et maire de la ville, était une autre figure locale. Il se rendit célèbre en organisant des voyages clandestins à Cuba pour ramener des réfugiés. Son bateau saisi, il se retrouva en prison. Les tabourets à l'intérieur sont marqués du nom des éminents postérieurs qui les ont honorés : Truman Capote, Dustin Hoffman, Bob Dylan, Clint Eastwood, Robert De Niro... Fidèles à la tradition américaine, les murs sont couverts de cartes de visite, de plaques de bagnoles, d'affiches et de vieilles photos – mais aussi de soutiens-gorge et de petites culottes, souvenirs hot des *spring breaks* chers aux étudiants yankees ! Billards.

🍸 ♩ ***Hog's Breath Saloon*** *(zoom détachable Key West, A1,* ***72****) : 400 Front St (entrée côté Duval St).* ☎ *305-296-4222. Tlj 10h-2h.* Avec ses 4 sessions de musique live (dès 13h), l'« Haleine de porc » s'est néanmoins taillé une réputation d'institution. On y entend quasi en continu du rock, du blues et du folk live puissance X, qui plairont aux nostalgiques des sixties et seventies. D'ailleurs, des *bikers* y traînent souvent.

🍸 ♩ ***Green Parrot*** *(zoom détachable Key West, A2,* ***75****) : 601 Whitehead St, angle Southard.* ☎ *305-294-6133.* • *greenparrot.com* • *Tlj 10h-4h du mat.* Un des plus vieux bars de Key West, fondé en 1890, le *Green Parrot* vit à l'ombre de la bannière étoilée et d'un parachute dont personne ne sait plus trop pourquoi il a atterri là... Si le ventilo pouvait parler, il dresserait l'inventaire de toutes les têtes penchées sur leur bière qu'il a échevelées. Ici, on vient jouer au billard ou visionner les grandes rencontres sportives. L'ambiance bat son plein à l'heure de la *live music (tlj sf lun),* avec en général des *sessions* vers 17h30 et 20h ou 21h, plus 22h samedi-dimanche. On y écoute blues, latin-funk, salsa, *bachata,* mais aussi du jazz le dimanche vers 13h et parfois à 16h30. Pour s'y retrouver, consulter le site.

Dans le trip *conch*

🍸 ♩ ***Schooner Wharf Bar*** *(plan détachable Key West, A1,* ***73****) : 202 William St (Harbour Walk).* ☎ *305-292-3302. Tlj 7h-23h ou plus.* Sur le ponton même de la marina, avec ses barcasses au plafond, c'est le bar préféré des marins, pêcheurs, plaisanciers et autres navigateurs au long cours. Les gens de Key West n'hésitent pas à venir aussi quand il n'y a pas trop de touristes et, au final, le *rooftop* de ce vieux rade patiné par les ans est pris d'assaut à l'heure où le ciel tisonne sa forge de corail. *Oyster bar* et belle sélection de bières pour les amateurs – d'ailleurs, on se demande si la canette n'est pas un prolongement naturel du bras, ici... *Live music round-the-clock,* parfois dès 12h et souvent jusqu'à minuit.

🍸 ⛱ ***Waterfront Brewery*** *(plan détachable Key West, A1,* ***74****) : Harbour Walk.* ☎ *305-340-2270. Tlj 11h-23h.* Pas moins de 8 bières brassées sur place (*lager, pale ale, red,* etc.), d'une quarantaine à la pression venues d'ailleurs, sans parler des « à la bouteille », pour contenter les amateurs. Si vous hésitez, optez pour un *flight,* à savoir un assortiment de 4 bières maison. *Live music* en salle ou sur la vaste terrasse qui embrasse tout le port du regard (superbe au crépuscule). Pour approfondir, visite guidée de la microbrasserie *(jeu-ven 17h, sam 14h ; tarif : 10 $, dégustation comprise).*

The Rum Bar *(plan détachable Key West, A2,* ***25****)* **:** *1117 Duval St. ☎ 305-296-2680. Lun-sam dès 11h (12h dim).* Souvenir du *speakeasy* (bar « clandé » du temps de la Prohibition) de jadis et des folles virées nocturnes en bateau du boss à Cuba, le balcon de la maison en bois (1889) est percé d'une frise de bouteilles et de fioles. Retour aux sources : on déguste aujourd'hui plus de 240 rhums et cocktails sur l'agréable terrasse surélevée, ou au bar baignant dans des lumières rougeoyantes. Le *rum boat (25 $)* donne l'occasion de tremper ses lèvres dans 5 rhums différents.

Dans une ambiance romantique

The Porch *(zoom détachable Key West, A1,* ***76****)* **:** *429 Caroline St (angle avec Duval). ☎ 305-517-6358. Tlj 11h-4h.* Occupant le rez-de-chaussée d'une magnifique maison historique en bois entourée de son jardin exubérant, ce bar autrement plus discret que ses voisins offre une oasis aux amoureux en quête d'un cadre romantique. On commande au bar vin au verre ou bière artisanale, avant d'aller s'installer sous la véranda, à la lumière d'un lumignon.

Louie's Backyard *(plan détachable Key West, B2,* ***80****)* **:** *700 Waddel Ave. ☎ 305-294-1061. Bar (à l'étage) mar-sam 16h (17h mai-oct)-22h.* Superbe et vénérable demeure de style victorien, bâtie pour un naufrageur millionnaire. Outre le resto chic et cher du rez-de-chaussée, le 1er étage accueille un bar à vins. Nectar à déguster les yeux dans le bleu car la mer s'abîme juste au pied de la bâtisse. Et pour garder le cap, bon choix de *small plates* (des tapas, quoi !).

Vinos on Duval *(zoom détachable Key West, A2,* ***77****)* **:** *810 Duval St. ☎ 305-294-7568. Tlj sf lun 13h (12h dim)-minuit (ou 1h).* Perché sur l'agréable terrasse dominant Duval, on sirote un verre de vin français, ricain, argentin, italien – ou même *kiwi* (néo-zélandais), à l'image du boss. Pour mieux en profiter : plateaux de fromage et charcuterie. À l'intérieur, bouteilles tout autour du bar et sur les murs font écho au plafond tapissé de bouchons.

Dans un cadre historique ou chic

The Southernmost House *(plan détachable Key West, A2,* ***31****)* **:** *1400 Duval St. ☎ 305-296-3141 ou 1-866-764-6633. Tlj 11h-18h. Ne confondre ni avec la Southernmost Point Guesthouse, juste à côté, ni avec le Southernmost Beach Resort.* Ce bâtiment historique coloré et tarabiscoté, le plus au sud de tous les États-Unis, a vu défiler pas mal de personnalités, dont Kennedy pendant la crise de la baie des Cochons. C'est aujourd'hui un hôtel très chic (voir « Où dormir ? » plus haut) où l'on peut, à défaut de passer la nuit, venir boire un verre, au bar attenant à la jolie piscine.

Virgilio's Lounge *(zoom détachable Key West, A1-2,* ***78****)* **:** *524 Duval St ; entrée par la ruelle latérale (Applerouth lane). ☎ 305-296-8118. Tlj 19h-4h.* Ce bar avec courette sous les étoiles invite, pour une clientèle de quinquas, de bons orchestres *(tlj vers 21h30-22h)* jazzy, pop, rock, blues ou des pianistes. Vers minuit, l'atmosphère monte en température et la piste de danse se remplit peu à peu. Excellente ambiance et cocktails servis comme on les aime. Le lundi, c'est *martini night (à 5 $)* !

Dans une folle ambiance

Garden Of Eden *(zoom détachable Key West, A1,* ***79****)* **:** *224 Duval St. ☎ 305-296-4565. Tlj 12h-4h. Accès par un escalier à l'arrière, côté Caroline St.* Perché en *rooftop* au-dessus du *Bull* (rez-de-chaussée) et du *Whistle* (1er étage), ce drôle de bar s'est fait connaître par son crédo de bar nudiste ! Tous sont acceptés, les habillés, les déshabillés, les rhabillés de peintures corporelles (ça aide les plus timides à franchir le pas). Cela dit, on y croise plus de voyeurs que d'authentiques nudistes... Téléphones portables strictement interdits, d'ailleurs !

La Te Da *(plan détachable Key West, A2,* ***25****)* **:** *1125 Duval St. ☎ 305-296-6706. • lateda.com • Entrée :*

28 $ + min 2 boissons. Le cabaret de l'étage est réputé pour ses spectacles de transformistes rigolos et bon enfant, imitant une pléiade d'icônes de la chanson américaines.

Achats

Peppers of Key West *(zoom détachable Key West, A1,* ***85****)* **:** *602 Greene St.* ☎ *305-295-9333. Tlj sf dim 10h-20h.* La maison confectionne une douzaine de sauces à base de piment et propose un grand choix de produits plus ou moins « arrache-gueule ». Comme dit la pub, « *The hottest spot on the island* » ! Dégustation possible, pour les courageux.

À voir

Chaque année, deux fois par mois, entre janvier et mars, l'*Old Island Restoration Foundation (• oirf.org •)* organise des ***visites guidées*** de certaines des plus belles maisons privées *(30 $)*. N'hésitez pas si vous êtes dans le coin au bon moment. Sinon, l'association édite une brochure très complète *The Pelican Path,* détaillant un circuit d'une cinquantaine de lieux et demeures historiques (disponible en ligne).

Hemingway Home and Museum (zoom détachable Key West, A2) **:** *907 Whitehead St (et Olivia), face au phare.* ☎ *305-294-1136. • hemingwayhome.com • Tlj 9h-17h. Entrée : 14 $; 6 $ 6-12 ans. CB refusées. Feuillet en français pour faire la balade seul, sinon visite guidée en anglais ttes les 10-15 mn env. Conseil : longue file d'attente, faire la visite en fin de journée.*

Cette élégante maison en pierre de 1851 et de style colonial espagnol est greffée d'un balcon rappelant ceux des demeures françaises de La Nouvelle-Orléans. En 1931, Ernest Hemingway, de retour de Paris, y emménage avec sa seconde femme, Pauline, et leurs deux enfants. Immédiatement, celle-ci fait remplacer les ventilos par des lustres de Murano : joli, mais plus chaud ! Au cours de la décennie suivante, marquée par un nombre incalculable de voyages et de longs séjours à l'étranger, le futur Prix Nobel de littérature (1954) y écrit certains de ses plus célèbres romans – *Les Neiges du Kilimandjaro, En avoir ou pas* – et s'attelle à *Pour qui sonne le glas.* En 1940, le couple divorce et « Papa », comme le surnomment ses amis, met le cap sur Cuba avec Mrs Hemingway n° 3... La maison a été ouverte au public quelque temps après son suicide, en 1961.

UN TROU SANS FONDS

Dans le jardin luxuriant de la maison de Hemingway, la piscine d'eau salée est la première de l'île, que tout le monde venait visiter. Pauline, son épouse, la fit construire... pour un coût prohibitif : 20 000 $, contre 8 000 $ pour la maison ! Découvrant la facture à son retour d'Espagne, Hemingway sortit une pièce de sa poche et l'enfonça dans le ciment encore frais en disant à sa femme : « Voici mon dernier penny ! » La pièce est toujours là, près du pilier vert devant la piscine...

Au fil de la visite, l'imagination et l'humour aidant, on investit l'univers du grand écrivain, ponctué de quelques souvenirs : meubles, coupures de journaux, vieilles photos. Sur l'une d'elles, on voit Hemingway posant à côté d'un espadon de grande taille, aux côtés d'un homme qui n'est autre que Joseph Kennedy (le père). Souvenirs de guerre et médailles rappellent l'Ernest ambulancier, pendant la Grande Guerre. De cette expérience et de ses blessures, il écrivit *L'Adieu aux armes.* L'écrivain avait installé son bureau juste à côté de la maison, dans l'annexe (ancienne remise à fiacres), autrefois reliée par une passerelle. On peut y voir la fameuse machine à écrire Royal qui l'accompagna en Espagne, ses livres préférés, quelques trophées de chasse et un tableau qui reproduit la pièce. Il écrivait là tous les jours de 6h à 12h, puis partait à la pêche avant de terminer au bar du *Sloppy Joe's*. Les ***chats*** sont partout dans le jardin à se prélasser. Au dernier recensement, il y en avait une cinquantaine (aucun n'a péri lors du passage de l'ouragan Irma en 2017) ! De sacrés greffiers descendants de Snowball, offert à Hemingway par un capitaine de navire et qui avait la particularité de compter 6 doigts à ses pattes. Tous ont gardé cette spécificité et portent des noms de célébrités : Simone de Beauvoir, Charlie Chaplin, Duke Ellington, Ivan le Terrible, Kim Novak, Colette, Frank Sinatra... Un cimetière des chats a d'ailleurs pris ses quartiers derrière la maison !

ARGENT LIQUIDE

Sous une cruche dans le jardin, on aperçoit... un urinoir. Hemingway l'avait chipé dans son bar favori, le Sloppy Joe's, et placé là au grand désarroi de sa femme. Son explication ? « J'ai déversé des fortunes dans ce chiotte, je le garde ! » Il y ajouta une amphore à huile pour en faire une fontaine où venaient s'abreuver ses chats.

Tennessee Williams in Key West *(zoom détachable Key West, A2)* **:** ***au Gay Key West Visitor Center,*** *513 Truman Ave. ☎ 305-294-4603. • twkw.org • Tlj 9h30-16h30. GRATUIT.* L'empreinte marquée d'Hemingway à Key West ferait presque oublier que Tennessee Williams y a également tourné une longue page de son existence. Cette petite exposition retrace son parcours au travers de nombreuses photos, manuscrits, objets lui ayant appartenu, extraits de films tirés de ses œuvres. Chaque année, en février-mars, un concours de poésie honore sa mémoire (si l'inspiration en anglais vous titille !).

Key West Lighthouse Museum & Keeper's Quarters *(zoom détachable Key West, A2)* **:** *938 Whitehead St, face à la maison de Hemingway. ☎ 305-294-0012. Tlj 9h30-17h (dernière entrée à 16h30). Entrée : 10 $; 5 $ enfant.* Ce phare d'une trentaine de mètres de haut a été bâti en 1848 et rehaussé en 1894 (un ouvrage antérieur de 1825 avait été balayé par l'ouragan de 1846). Visible à 24 km à la ronde, il resta en fonction jusqu'en 1969. À cette date, déjà, le front de mer, qui s'étendait jadis à ses pieds, avait nettement reculé ! Un escalier en colimaçon de 88 marches (déconseillé à ceux qui ont le vertige) mène au sommet pour un point de vue sur la mer, la ville et la maison de Hemingway. Au pied du phare, on visite aussi la *maison des gardiens* (1887), en bois blanc, qui présente de vieux objets, photos, lentilles, maquettes et plans en rapport avec l'histoire maritime de la région. La lanterne exposée après l'entrée est celle du phare de Sombrero Key (1858) ; elle a été fabriquée à Paris.

The Harry S. Truman Little White House *(zoom détachable Key West, A1)* **:** *111 Front St. ☎ 305-294-9911. • trumanlittlewhitehouse.com • Tlj 9h-16h30. Entrée : 21,50 $; réduc (les 2 salles du bas, avec photos et vidéos, sont libres d'accès). Feuillet en français. Visite guidée ttes les 15-20 mn, durée : 45 mn.* Bâtie en 1890 pour les officiers de la Navy stationnés à Key West, cette belle demeure en bois, utilisée à l'occasion par les présidents américains, est connue pour avoir accueilli Truman durant 175 jours au cours de son mandat et même après, entre 1946 et 1952. La visite, barbante et trop chère, est entièrement axée sur lui : vidéo de sa vie, bureau d'où il transmettait ses ordres à Washington, table où il aimait jouer au poker (jusqu'à 23h dernier carat), cendriers confectionnés à partir d'obus de la Seconde Guerre mondiale... Truman adorait ce lieu qui, disait-il, lui permettait d'échapper à la *great white jail* de la capitale ! Les Américains pur jus adorent ce genre de visite, c'est moins notre tasse de thé.

Mel Fisher Maritime Museum *(zoom détachable Key West, A1) : 200 Greene St. ☎ 305-294-2633. • melfisher.org • Tlj 8h30 (9h30 w-e et j. fériés)-17h. Entrée : 15 $; 5 $ enfant.*

On vous recommande cet étonnant musée montrant ***les trésors repêchés au large des Keys sur deux épaves de galions espagnols,*** coulés par un ouragan le 4 septembre 1622 alors qu'ils faisaient route de La Havane vers l'Espagne. À l'origine de ces découvertes, un type épatant aujourd'hui disparu, Mel Fisher, fondateur d'une société dont la raison sociale est de... repêcher les trésors engloutis ! Le musée constitue la partie émergée de cette affaire et aide à financer les recherches, qui coûtent des fortunes – d'ailleurs, la société a plusieurs fois manqué faire faillite...

La quête des galions disparus de Mel débute en 1969. Il lui faut 11 ans pour localiser la *Santa Margarita.* Cinq années plus tard, bingo, la *Nuestra Señora de Atocha,* navire amiral d'une flotte de 28 bateaux, livre un fabuleux trésor de plus de 200 millions de dollars : 1 041 lingots d'argent provenant des mines boliviennes de Potosí, une centaine de coffres contenant chacun 2 000 à 3 000 pièces, des bijoux en or, des pierres précieuses... une folie ! Au moment du repêchage, l'État de Floride confisque le trésor. 7 ans et 11 allers-retours devant les tribunaux plus tard, Mel Fisher récupère « son » bien... La boutique du musée vend d'ailleurs (à prix d'or !) certaines de ses découvertes. Les expéditions Mel Fisher, toujours très actives, travaillent actuellement sur un 3e galion espagnol qui aurait coulé en même temps que la *Santa Margarita* et la *Atocha*.

L'expo permanente, quoique vieillotte, vaut le détour : elle présente de ***magnifiques pièces d'orfèvrerie,*** des ***lingots d'argent et d'or*** (certains sans marque, donc clandestins), de lourdes chaînes portées en sautoir, une ***émeraude de 78 carats,*** mais aussi des armes, un astrolabe, un canon, une ancre, de la vaisselle, de la poterie, un encrier et même de l'indigo... bref, tout ce qu'on pouvait trouver à bord d'un galion au XVIIe s. À l'étage, des sections se consacrent longuement à l'importance des mines d'argent américaines pour l'Espagne et à la traite – celle-ci illustrée par des objets repêchés au large de Key West sur l'épave d'un navire négrier, l'*Henrietta Marie.* Chaque esclave valait alors 15 bassines métalliques ou 35 à 50 livres de perles...

Audubon House and Tropical Gardens *(zoom détachable Key West, A1) : 205 Whitehead St. ☎ 305-294-2116. • audubonhouse.com • Tlj 9h30-17h (dernière entrée à 16h15). Entrée : 14 $; réduc.* Construite en 1846-1849 dans le style caraïbe, cette charmante demeure fut transformée en musée vers 1960 pour honorer ***Jean-Jacques Audubon, célèbre ornithologue*** qui fit un séjour de 6 semaines à Key West en 1832. Né à Haïti en 1785, ce fils d'un planteur d'origine nantaise échappa à la conscription sous Napoléon en émigrant en Pennsylvanie... Naturalisé américain en 1812 (rebaptisé John-James à cette occasion), il passa 25 ans de sa vie à voyager et à dessiner les oiseaux. L'ouvrage de sa vie, *Birds of America,* compte 435 grandes planches, représentant les animaux dans leur milieu naturel. Il est aujourd'hui très recherché par les collectionneurs : un des derniers exemplaires vendus est parti pour la modique somme de... 7,9 millions de dollars ! Quelques-uns des magnifiques oiseaux peints par Audubon dans la région ornent les pièces de la maison. Les ornithos noteront que certains noms ont changé depuis son époque. La demeure est meublée comme au temps de son premier propriétaire, un certain Geiger, pilote portuaire et célèbre renfloueur d'épaves. Certains objets proviennent d'ailleurs des cargaisons précieuses des bateaux venus s'échouer sur les récifs des Keys... La galerie proprement dite se trouve au dernier étage. Dans le beau jardin tropical, peuplé d'orchidées et de plantes médicinales, on peut aussi voir la cuisine... Et telle une héroïne de film américain, on se prélasse dans les fauteuils à bascule sur la véranda ou dans les petits salons de jardin disposés parmi les arbres vigoureux et les fleurs chatoyantes. Un joli voyage dans le Key West d'antan.

Customs House Museum *(zoom détachable Key West, A1) : 281 Front St. ☎ 305-295-6616. • kwahs.org • Tlj 9h30-17h (dernière entrée à 16h30). Entrée :*

LES EVERGLADES ET LES KEYS

10 $; réduc. Grand bâtiment de brique rouge datant de 1891, la Maison des douanes abrite un intéressant musée illustrant l'histoire et la culture des Keys à travers l'art (peinture) et l'histoire – celle des naufrageurs, du cigare, du chemin de fer, de Hemingway, etc. L'occasion, par exemple, d'apprendre que la région échappa largement à la Prohibition... Des photos montrent la dévastation causée par l'ouragan de 1935. Le lieu accueille aussi de belles expositions temporaires.

Mallory Square *(zoom détachable Key West, A1) : 400 Wall St. • mallory square.com* • Envahi d'attractions plus ou moins bidon, l'endroit le plus touristique de l'île s'est développé dans la droite ligne des quais où les paquebots débarquent leurs croisiéristes. La tradition est d'aller admirer le coucher du soleil sur la mer au Sunset Deck. Un incontournable ! Le long du quai, musiciens, saltimbanques, jongleurs, vendeurs de pacotilles animent joyeusement le bord de mer, certains avec même une bonne dose de talent. Ces dernières années, un dresseur de chats français était toujours au rendez-vous !

– Mallory Square, c'est aussi un ***aquarium*** *(zoom détachable Key West, A1) : ☎ 1-888-544-5927. • keywestaquarium.com • Tlj 9h-18h. Entrée : 17 $; 11 $ 4-12 ans (réduc en ligne).* Première attraction touristique de Key West (1934), il ne casse pourtant pas trois pattes à un canard... d'Audubon !

– Autre classique du lieu, le ***Shipwreck Treasure Museum*** *(zoom détachable Key West, A1) : ☎ 305-292-8990. • keywestshipwreck.com • Tlj 9h30-17h. Entrée : 15 $; 9 $ 4-12 ans ; discount en ligne ; billet combiné avec l'aquarium. Show ttes les 20 mn et feuillet en français.* Ce musée un peu kitsch, qui sent bon la flibuste et le bois flotté, fait toute la lumière sur les pilleurs d'épaves, qui firent la fortune de Key West au XIXe s. Trésors repêchés sur des galions, objets du commerce des siècles passés, bouteilles, céramiques, sacs de café voisinent avec des objets provenant de l'*Isaac Allerton,* un paquebot échoué près de Sugarloaf Key en 1856. Les tribunaux accordèrent aux récupérateurs la moitié de la valeur des marchandises sauvées. Ce fut le sauvetage le plus fructueux de l'histoire de Key West ! Le bâtiment du musée est une copie de l'entrepôt d'Asa Tift, célèbre pilleur d'épaves de l'époque. De la tour d'observation, vue panoramique sur le quartier.

Oldest House *(zoom détachable Key West, A1) : 322 Duval St. ☎ 305-294-9501. • oirf.org • Tlj sf mer et dim 10h-16h. GRATUIT.* Siège de la *Old Island Restoration Foundation,* cette vénérable demeure en bois blanche remonte à 1829. Elle a survécu à tous les ouragans et incendies qu'a connus la ville ! On peut y jeter un coup d'œil en passant : les quatre pièces du rez-de-chaussée et la cuisine sont ouvertes à la visite. Vous noterez comme les portes arrière et avant s'alignent, pour favoriser l'aération.

Southernmost Point of the Continental USA *(plan détachable Key West, A2) :* le défilé des touristes se faisant photographier devant la borne qui marque le point géographique le plus austral des États-Unis est permanent ! Le plus amusant, c'est que l'endroit le plus au sud n'est pas exactement là, mais dans un terrain militaire situé un peu plus à l'ouest, inaccessible au public... On chipote !

The Key West Butterfly and Nature Conservatory *(plan détachable Key West, A2,* ***98****) : 1316 Duval St. ☎ 305-296-2988. • keywestbutterfly.com • Tlj 9h-17h30 (dernière entrée à 16h30). Entrée : 12 $; 8,50 $ 4-12 ans.* Ici, c'est le Hitchcock des *Oiseaux,* version papillons. Il y en a partout (en principe), voltigeant librement dans une serre de 500 m² et se posant parfois sur vous pour peu que votre odeur leur plaise. Six des 50 à 60 espèces sont élevées sur place, les autres arrivent par la poste, à l'état de chrysalides... À leurs côtés, quelque 37 sortes d'oiseaux s'ébattent en semi-liberté. Dans une première pièce, des explications bien faites sur la reproduction de ces insectes ultralégers, la migration des monarques et la différence (que l'on ne fait pas dans la langue française) entre *butterfly* (papillon de jour) et *moth* (papillon de nuit).

Eco-Discovery Center *(zoom détachable Key West, A2)* **:** *35 E Quay Rd, dans la zone portuaire, à l'extrémité de Southard St (en face du Fort Zachary Taylor Historic State Park). ☎ 305-809-4750. • floridakeys.noaa.gov • Mar-sam 9h-16h. GRATUIT.* Ce centre interactif de découverte de l'écosystème des Keys, géré par le gouvernement, met l'accent sur l'écologie des récifs, des îles et de la mangrove. Pédagogique et bien conçu. On peut voir des films, découvrir les fonds marins des Dry Tortugas en vidéo 3D et les travaux des scientifiques dans le laboratoire sous-marin *Aquarius* (17h de décompression pour remonter à la surface !).

West Martello Tower *(plan détachable Key West, B2)* **:** *1100 Atlantic Blvd. ☎ 305-294-3210. GRATUIT. Tlj 9h30-17h.* Cette ancienne fortification en brique rouge, bâtie pendant la guerre de Sécession (1862), a été réaménagée en un exquis petit jardin tropical (la température descend rarement sous 12 °C à Key West) veillé par des banyans géants. Une oasis de fraîcheur peuplée de fontaines, bancs, coins et recoins pour se poser un peu.

Fort East Martello *(plan détachable Key West, C2)* **:** *3501 S Roosevelt Blvd, à l'entrée de l'aéroport. ☎ 305-296-3913. • kwahs.org • Tlj 9h30-16h30. Entrée : 10 $; 5 $ enfant.* Pendant de la West Martello Tower, cette autre fortification en brique rouge, a été restaurée par l'association *Key West Art & Historical Society.* Objets datant de la guerre de Sécession et expos consacrées aux naufrageurs et à l'industrie du cigare y côtoient une galerie d'art présentant les œuvres d'artistes locaux.

À faire

Les plages : si vous avez quitté Miami pour venir ici à la plage, vous avez tout faux ! Les rares plages sont pour la plupart artificielles.

– **Fort Zachary Taylor Beach** *(plan détachable Key West, A2)* **:** *accès par l'extrémité de Southard St, après Thomas St, de 8h au coucher du soleil. Entrée : 4,50 $/pers en voiture (7 $ à deux) et 2 $/piéton et cycliste ; taxe additionnelle de 0,50 $/pers.* Située à l'extrémité de Key West, dans un State Park, c'est la seule vraie plage où la profondeur de la mer permet de nager. On peut y louer transats, parasols, masques et tubas (pas donné). Café de plage, mais plutôt pour boire un coup que pour manger *(**Cayo Hueso Café,** tlj 10h-18h).*

– **Higgs Beach** *(plan détachable Key West, B2)* **:** au sud de l'île, pas trop loin du centre. Cette plage publique d'accès gratuit est baignée par des eaux peu profondes qui ne permettent pas véritablement de nager. Quelques SDF viennent à l'occasion y prendre le soleil. Location de chaises longues et kayaks. Pour manger sur place, voir le resto **Salute ! On the Beach** dans la rubrique « Où manger ? » plus haut.

– **Smathers Beach** *(Municipal Beach ; plan détachable Key West, C-D2)* **:** *au sud-est de l'île, le long de S Roosevelt Blvd. Accès libre.* C'est la plage la plus longue (2 km environ) et la plus populaire. Location de planches, de matelas et de dériveurs, mais là aussi on patauge plus qu'on ne nage.

TOUT EN MUSCLE

Le 2 septembre 2013, Diana Nyad, à 64 ans, sort de l'eau, éreintée mais heureuse : elle est la première à réussir la traversée à la nage entre Cuba et Key West (140 km en 53h !). Après quatre tentatives ratées, malgré les courants, requins et méduses géantes, elle accomplit son rêve ! Sa devise ? « Ne jamais, jamais abandonner. »

Excursion vers la barrière de corail : les agences et autres kiosques de Duval Street et des abords du port vendent des tickets pour faire la balade. Plusieurs options :

– le ***glass bottom boat,*** bateau à fond de verre. On ne voit finalement pas grand-chose. Préférez plutôt le kayak à fond transparent si vous ne voulez pas vous mouiller ;
– le ***snorkeling,*** la meilleure façon d'explorer les richesses de la barrière de corail, avec palmes, masque et tuba. Les tours durent environ 3h, dont 1h30 dans l'eau. Préférez le matin, la mer est généralement plus calme et il y a moins de monde. Choisissez bien votre prestataire, autrement, c'est l'usine.

■ ***Clearly Unique Kayak Tours*** *(plan détachable Key West, A1,* ***106****) : sur le port, ponton D. ☎ 305-747-8651. • clearlyuniquecharters.com • Balade de 3h sur kayak à coque transparente env 100 $/pers, réduc ; départs à 9h et 13h (se faire préciser le point de rdv à la résa).* On rejoint le parc marin en catamaran à moteur et on met à l'eau ces drôles de kayaks à fond transparent pour explorer la barrière et la mangrove. On peut également faire du *snorkeling* (65 $). Une approche à cent lieues du prêt-à-plonger qui fait rage un peu partout en ville.

■ ***Dolphin Safari Charters*** *(plan détachable Key West, D1,* ***109****) : 7001 Shrimp Rd, à* ***Stock Island****. ☎ 305-747-0453. • safaricharters.com • À la nouvelle marina de l'hôtel* Perry *(parking gratuit à gauche de l'hôtel). Départs à 8h30, 12h et 15h en hiver, à 8h30, 12h30 et 16h30 en été. Résa 24h à l'avance conseillée. Compter 85 $/adulte ; 75 $/enfant de moins de 10 ans (pour 3h d'excursion).* Des « éco-aventures » en bateau et en petit comité (6 personnes maximum) proposées par Gary, un gars sympa originaire du... Zimbabwe et qui prend son temps. Au programme : rencontre avec des dauphins sauvages dans leur milieu naturel, sans nager avec eux ni même les toucher, juste pour le plaisir de les voir évoluer en toute liberté. Et puis un peu de *snorkeling,* histoire de varier les plaisirs.

■ ***Discount Key West :*** *par tél slt, au ☎ 305-294-7738. • discountkeywest.com • Sorties* snorkeling *dès 40 $ pour 2h et tt équipé, croisières au coucher du soleil, plongée, pêche, kayak, etc.* Tours et balades en mer vendus par tous les concurrents, mais ici à prix sacrifiés.

♀♀ ***La pêche au gros :*** vous vous en doutez, c'est absolument hors de prix *(650-1 000 $ pour 4-8h de pêche en privatisant le bateau ; souvent 150-350 $/pers en partageant).* On choisit entre la haute mer, pour traquer l'espadon et le *wahoo,* le barracuda et le *mahi-mahi* ; ou le *flats fishing,* dans les eaux peu profondes (1,30 m max) de la mangrove. Là, c'est la grande traque au *bonefish* et au tarpon, dans une barque à fond plat. Dans tous les cas, c'est du *catch & release* : une fois la photo prise, on relâche la bestiole.

■ ***Southbound Sportfishing*** *(plan détachable Key West, B1,* ***101****) : 2 Bonita Pier, Garrison Bight Marina (sur N Roosevelt Blvd). ☎ 305-747-3668. • southboundsportfishing.com • Sortie 4h, 6h ou 8h.* Parmi les nombreux prestataires de ce bout de marina (réunis sous le nom de ***Charter Fishing Boats***), le sympathique *captain,* Richard Houde, emmène les clients (pas plus de 6 à la fois) à bord de son petit bateau bien équipé. Ceux qui ne pêchent pas ne paient que le prix de la promenade. Et on vous découpe votre poisson au retour, en indiquant un resto où vous le faire cuisiner.

■ ***Dream Catcher Charters*** *(hors plan détachable Key West par D1,* ***105****) : 5555 College Rd, dans la Sunset Marina de* ***Stock Island****, côté bayside après le pont. ☎ 305-292-7212 ou 📱 786-847-3808. • dreamcatchercharters.com • Sortie à la ½ journée ou à la journée, en haute mer ou sur les flats.* Pour cette équipe de joyeux drilles très expérimentée, les habitudes des poissons n'ont plus aucun secret, notamment celles des tarpons et *bonefish.*

♀♀ ⇐ ***Survol des Keys en avion.***

■ ***Conch Republic Air Force*** *(plan détachable Key West, C2,* ***102****) : 3469 S Roosevelt Blvd, à l'extrémité gauche de l'aéroport. ☎ 305-851-8359. • keywestbiplanes.com • Fermé 15-30 sept. Survol dès 200 $ pour*

2 pers. Cette compagnie possède un joli petit biplan de 1942 pouvant accueillir 2 passagers en plus du pilote. On vole le nez et la chevelure au vent, et croyez-nous ça décoiffe ! Les tours durent au choix de 15 à 30 mn. Le plus court permet surtout de survoler la ville ; pour voir des requins, il faut pousser plus loin...

Plongée sous-marine

Si les récifs qui bordent Key West recèlent encore des trésors à fond de cale des galions ventrus qui s'y sont abîmés, ces richesses ne sauraient rivaliser avec celle de la vie sous-marine intense du *Florida Keys National Marine Sanctuary.* Plongeurs débutants et confirmés évoluent dans un univers peuplé de coraux, d'éponges, de poissons tropicaux, tortues, requins et même lamantins... Le must des Keys et de toute la Floride !

Clubs de plongée

Attention lorsque vous comparez les tarifs : de nombreux clubs annoncent des prix de départ dans les 70-75 $ qui n'incluent ni la combi ni les bouteilles ! En général, il faut ajouter 50 $.

■ ***Dive Key West*** *(plan détachable Key West, C1,* ***107****)* **:** *3128 N Roosevelt Blvd (à côté du supermarché Sears).* ☎ *305-296-3823 ou 1-800-426-0707.* • *divekeywest.com* • *Sortie snorkeling 70 $, plongée avec matos 115-160 $ selon options. Départ à 9h, 14h et avt le crépuscule (plongées de nuit).* C'est le club le plus réputé de Key West, avec un demi-siècle d'expérience à son actif. *Snorkeling* l'après-midi (équipement complet fourni). Propose également plongées au Nitrox, de nuit, sur épaves, etc.

■ ***Lost Reef Adventures*** *(plan détachable Key West, A1,* ***108****)* **:** *261 Margaret St.* ☎ *305-296-9737 ou 1-800-952-2749.* • *lostreefadventures.com* • *Départ tlj à 8h30 et 13h30. Sortie snorkeling 45 $, plongée 110 $ avec matos.* Club sérieux et pro.

■ ***SNUBA Key West*** *(plan détachable Key West, B1,* ***110****)* **:** *Garrison Bight Marina, 600 Palm Ave (slip nº 7). Résa obligatoire au* ☎ *305-292-4616 ou sur* • *snubakeywest.com* • *2 départs/j. à 9h et 13h. Plongée 110 $/pers ; 90 $ 8-12 ans.* Le *SNUBA* combine la simplicité du *snorkeling* avec la liberté de la plongée. Tout le monde peut pratiquer cette activité, même les enfants dès 8 ans et les personnes âgées, puisqu'on respire par l'intermédiaire d'un tuyau de 60 m relié à des réservoirs d'air situés sur une plate-forme pneumatique flottante.

■ ***Mel Fisher's Expeditions*** **:** ☎ *305-294-5441.* • *melfisher.com/myadventure* • Avez-vous jamais rêvé de jouer les chercheurs de trésor ? Depuis des années, l'équipe de *Mel Fisher* explore l'épave de l'*Atocha* en quête d'autres trouvailles. Désormais, les plongeurs confirmés peuvent les rejoindre pendant 2 jours à bord du bateau-base lors d'un séjour de 6 jours comprenant d'autres plongées. Avec un peu de chance, muni d'un détecteur de métal sous-marin, peut-être trouverez-vous une balle de mousquet ou une pièce... Vous aurez même droit de la garder.

Nos meilleurs spots

Vandenberg **:** au large de Key West ce navire de la marine américaine au passé glorieux et aux dimensions impressionnantes (160 m de long, soit l'équivalent de deux terrains de football américain !), a été volontairement coulé par 45 m de fond. Désormais deuxième plus grand récif artificiel au monde, il attire autant de poissons que de plongeurs, préservant ainsi la barrière de corail. Il s'adresse aux plongeurs de haut niveau ayant suivi une formation spécifique de plongée sur épave. En 2016, le vaisseau *Vandenberg* servit de galerie d'art sous-marine pour une expo de photos suspendues à flanc d'épave, judicieusement intitulée *The Sinking World* (« Le Monde immergé ») !

Sand Key Reef : *au sud-ouest de Key West.* Pour plongeurs débutants et confirmés. Déluge de vie tout autour de cet îlot corallien surmonté d'un phare, où poissons-perroquets, anges, papillons, trompettes, sergents-majors et balistes se donnent une réplique colorée (10 m de fond maximum). La plongée classique de Key West.

Nine Foot Stake : *au sud de Key West.* Idéal pour débuter. « Tout est mini » dans cette plongée fastoche où de mignons bébés poissons virevoltent joyeusement entre les coraux, les éponges et autres gorgones-plumes qui ondulent au gré de la houle (- 6 m maximum). Petits perroquets, papillons, diodons, coffres, gorettes et minilangoustes seront ici vos compagnons de plongée.

Cayman Salvor : *au sud de Key West.* Pour plongeurs confirmés (60 m de fond maximum). Jolie plongée sur l'épave de ce vieux câblier de la Navy qui, bizarrement, convoyait des armes pour Castro. Le site est aujourd'hui fréquenté par un gros poisson très laid de la taille d'une petite voiture : le *giant goliath grouper,* un mérou géant, qui partage les eaux avec des murènes de taille également respectable...

Fête et festivals

– ***Old Island Days :*** *2 j. mi- ou fin fév. Rens à la Key West Chamber of Commerce (zoom détachable Key West, A1, 1).* Un festival pour découvrir l'histoire et le patrimoine de Key West, à travers expo d'art et visites de maisons coloniales et de jardins.
– ***Conch Republic Independance Celebration :*** *10 j. fin avr.* • *conchrepublic.com* • La république des Conques fête sa pseudo-indépendance du 23 avril à grand renfort de cérémonies frelatées, courses de *drag queens* et de lits, parade déjantée, concerts et autres foldingueries locales.
– ***Key West Pride :*** *quelques j. début juin.* • *keywestpride.org* • Festival LGBT proposant de nombreuses animations (shows, soirées plus ou moins dénudées, films, visites) avec grande parade de clôture dans Duval Street, ouverte à tous.
– ***Hemingway Days :*** *1 sem autour du 21 juil.* • *fla-keys.com/hemingway-days* • En souvenir de l'anniversaire de Hemingway, spectacles, fêtes, courses de taureaux dans les rues comme à Pampelune (sauf que, là, les animaux sont en carton-pâte !) et concours du meilleur sosie de « Papa » – vêtements de safari, barbe blanche, joues bien roses et bedaine de rigueur !
– ***Fantasy Fest*** *(mini-Mardi gras) : 10 j. fin oct.* ☎ *305-295-9112.* • *fantasyfest.com* • Certainement la fête la plus populaire de Key West avec, chaque jour, d'amusantes soirées costumées et une tradition vraiment coquine : les filles montrent leurs seins pour qu'on leur glisse un collier de pacotille autour du cou, *just for fun !* Le dernier défilé, le plus spectaculaire, a lieu la nuit de Halloween. Si vous comptez y aller, réservez au moins un an à l'avance !

À voir dans les environs

Dry Tortugas et Fort Jefferson : ☎ *305-242-7700.* • *nps.gov/drto* • Les Dry Tortugas sont un petit chapelet d'îles paradisiaques plantées à 110 km à l'ouest de Key West, classées parc national depuis 1992. Elles furent découvertes par Ponce de León en 1513, qui les surnomma *Las Tortugas* à cause des nombreuses tortues qui y habitaient (en une soirée, il avait vu des locaux en capturer pas moins de 160 !). Les marins précisèrent *Dry* Tortugas, car on n'y trouve aucune eau douce. Pour contrôler la navigation dans le golfe, les Américains y entamèrent la construction de l'énorme fort Jefferson en 1846. Il servit bientôt de prison et hébergea, entre autres, le docteur Samuel Mudd, condamné pour avoir – bien involontairement – soigné la jambe de l'assassin de Lincoln... Aujourd'hui, le fort se visite, avec ses vieux canons encore pointés vers l'océan. On peut rejoindre l'île en ***bateau*** ou en ***hydravion*** et même ***camper*** sur place !

Yankee Freedom III *(plan détachable Key West, A1)* **:** *240 Margaret St.* ☎ *305-294-7009 ou 1-800-634-0939.* • *drytortugas.com* • *Le bureau est situé juste à l'orée du quai à gauche (tlj 8h-20h). Départ tlj à 7h30, retour à 17h15 ; la traversée dure env 2h30 dans chaque sens. Compter 175 $/pers l'A/R, 125 $ 4-16 ans ; entrée du parc, petit déj, lunch, visite guidée du fort et équipement de snorkeling inclus. Pour les campeurs, un peu plus cher : 195 $.* C'est le seul bateau autorisé à desservir le fort Jefferson. On passe environ 4h30 sur place, dont une intéressante visite guidée de 45 mn. En attendant le départ, vous pouvez aller jeter un coup d'œil au petit « musée » gratuit situé au bout du quai, face au bureau.

■ ***Key West Seaplane Adventures*** *(plan détachable Key West, C2,* ***102****)* **:** *3471 S Roosevelt Blvd, à l'extrémité gauche de l'aéroport (juste derrière la tour de contrôle).* ☎ *305-293-9300.* • *keywestseaplanecharters.com* • *Compter 345 $/pers pour un A/R et 4h sur place ; 275 $ 2-12 ans. 2 départs/j.* Voilà la voie royale pour rejoindre les Dry Tortugas : en hydravion. Un vol extra, qui permet d'enfiler toutes les perles du collier d'îles jusqu'au fort Jefferson, qu'on survole superbement juste avant d'amerrir.

Camper à Fort Jefferson : *compter 15 $/empl, à verser en espèces sur place.* Le camping primitif compte tout juste 10 emplacements (pouvant accueillir chacun max 3 tentes de 2 personnes) sans douche mais avec toilettes sèches. Premier arrivé, premier servi, mais en embarquant on peut déjà poser une option pour s'assurer d'avoir une place. On est abrité par quelques arbustes, au pied même des murailles du fort Jefferson, face à une superbe plage de sable blanc. Sur place, on trouve tables et barbecue, mais il faut tout apporter : les briquettes spéciales pour faire le feu (pas de feu de bois), l'eau et les vivres. Une fois installé, reste plus qu'à chausser masque et tuba pour aller saluer les poissons ! Juste en face, Bush Key n'est accessible (à la nage) que de mi-octobre à mi-janvier, avant que les quelque 100 000 sternes fuligineuses y reviennent nicher ! Un vrai petit paradis baigné par des eaux turquoise.

HOMMES, CULTURE, ENVIRONNEMENT

ARCHITECTURE

Réduire Miami à la plage et à quelques corps bronzés alanguis dans des voitures de luxe serait bien mal connaître la Magic City. Car aujourd'hui, si ce qui fut jadis une portion de terre insalubre gagnée sur le marais peut se targuer d'être la 2e ville la plus visitée des États-Unis, c'est en partie grâce à sa ***formidable unité architecturale,*** plus particulièrement à South Beach.

L'Art déco, ça vous dit quelque chose ? Cette expression des lignes et des formes, toits plats et motifs abstraits, née de la maîtrise d'un matériau aujourd'hui largement décrié : le béton ! Car oui, c'est bien ***grâce au béton*** que les architectes les plus talentueux ont pu s'exprimer. Tout a commencé avec l'Exposition internationale des Arts décoratifs qui s'est tenue à Paris en 1925 (d'où son nom) et ce courant architectural créé en réponse à l'Art nouveau qui, lui, privilégiait le floral et l'ondoyant. Aux States, nous sommes en pleines ***roaring twenties,*** période de l'Amérique insouciante qui précède la grande dépression de 1929. Fait notable, à l'été 1926, ***Miami est balayée par un ouragan sans précédent. Il faut reconstruire.*** Une poignée d'architectes, tous fondus d'Art déco, vont se mettre à l'ouvrage sur l'actuel Ocean Drive, entre la 5e et la 15e Rue. La règle de 3 et la symétrie qui caractérise le style Art déco vont leur permettre de sortir de terre un grand nombre de bâtiments (on en dénombre aujourd'hui plus de 800 dans tout Miami), ***tous peints en blanc par mesure d'économie,*** la couleur n'étant réservée qu'à souligner quelques détails. Puis cette hémorragie urbanistique s'étend aux rues adjacentes : Washington, Collins, avant d'essaimer dans d'autres quartiers de la ville comme Little Havana... Miami prend des petits airs de ville coloniale. Malgré la crise, cette fièvre durera jusqu'au début de la Seconde Guerre mondiale, quand arrivent quelques variantes comme le ***mouvement streamline,*** dopé par une Miami devenue premier port de croisière au monde. Le style emprunte alors au monde de la mer ses mâts, ses coursives, des fenêtres en forme de hublot, tandis que d'autres puiseront leur inspiration dans l'aéronautique ou le monde de l'automobile. Quelques noms sortiront de l'oubli, tels ***Henry Hohauser*** et ***L. Murray Dixon,*** deux architectes prolifiques à qui l'on doit, entre 1932 et 1940, la construction de nombreux hôtels. C'est en 1968 que le style dominant de ce quartier, longtemps passé inaperçu, délabré, est reconnu comme étant proche de l'Art déco européen mais en plus simple, en plus dépouillé et avec des variantes. En 1976, face à la menace de sa démolition, plusieurs promoteurs se regroupent au sein de la ***Miami Design Preservation League*** (● mdpl.org ●), fondée par Barbara Capitman et le designer industriel Leonard Horowitz. Grâce

UNE VILLE QUI A DU STYLE

Le style Art déco, créé en 1925 pour l'Exposition internationale des Arts décoratifs de Paris, allie la géométrie cubique à des motifs égyptiens et floraux. L'Art déco floridien est appelé Tropical Art Deco, en raison de l'apport de motifs spécifiques à la région. Tous les bâtiments furent édifiés de 1923 à 1943. Miami Beach est le seul endroit au monde qui rassemble autant d'immeubles du même style. La commission des sites historiques en a classé plus de 800 !

à des aides fiscales et à des crédits avantageux, cette association investit dans la rénovation de l'***Art Deco Historic District,*** inscrit – depuis 1979 – au Registre national des sites historiques et, surtout, lieu de la plus grande concentration de bâtiments Art déco.

Concentration, mais aussi richesse et diversité des sous-styles. Là où le ***Mediterranean Revival*** est très influencé par l'architecture italienne et la villa antique (la *Villa Vizcaya* en est un des plus beaux exemples), le ***Zigzag Moderne*** privilégie des détails ornementaux géométriques et des matériaux exotiques, tels que le bois ou la *terracotta.* Sans compter les motifs typiquement caribéens : le soleil, les palmiers, l'océan et même les flamants roses ! Pas étonnant donc que l'Art déco sauce floridienne ait été surnommé ***Tropical Deco...***

L'hétérogénéité du style n'exclut pas pour autant une cohérence évidente du quartier, que l'on doit en grande partie à Leonard Horowitz. Dans les années 1980, Horowitz imposera, malgré des controverses, le ***Deco Dazzle,*** une palette de ***tons pastel*** à respecter à chaque rénovation des peintures (encore aujourd'hui respectée), afin que SoBe soit toujours ce quartier aux façades harmonieuses. Pari réussi !

Pour se faire une idée moins théorique de ce qu'est l'Art déco à Miami, nous proposons plus haut, dans la rubrique « À voir. À faire. À Miami Beach », un itinéraire qui vous mènera vers ses plus beaux édifices.

ART CONTEMPORAIN ET DESIGN

Pour comprendre pourquoi Wynwood et Design District sont aujourd'hui devenus des incontournables, plongeons-nous un peu dans l'histoire du quartier.

À l'origine, ***Wynwood*** a été pensé comme une cité dortoir pour la classe ouvrière qui travaillait dans le quartier de la confection situé juste au sud. Sous l'impulsion de fabricants new-yorkais, le quartier connut une ***forte immigration, notamment portoricaine,*** tant et si bien qu'on le surnommait dans les années 1950 « Little San Juan ». Vient ensuite une période d'exode qui laisse le quartier en proie aux trafics en tous genres. La situation perdure jusque dans les années 1970, mais la construction de l'I95 morcèle le territoire et la classe moyenne émigre dans d'autres quartiers, laissant sur place une population déshéritée. Wynwood connaîtra des tensions raciales jusque dans les années 1980, ainsi que de sérieux problèmes de sécurité engendrés par le trafic de drogue.

Il se peut que ça soit ***l'achat d'une boulangerie par un collectif d'artistes qui soit à l'origine du Wynwood*** que l'on connaît aujourd'hui. Dès 1987, un groupe d'artistes, obligés de quitter Coconut Grove suite à l'augmentation des loyers, crée une association à but non lucratif pour acheter une ancienne boulangerie. C'est le fameux ***Bakehouse Art Complex*** qui fonctionne toujours aujourd'hui et accueille plus d'une soixantaine d'artistes en résidence. Mais les choses ne bougent pas bien vite. Jusque dans les années 1990, le quartier n'a pas bonne réputation. En 1993, la ***Rubell Family Collection*** y installe son petit musée voué au mécénat artistique, mais c'est au tournant des années 2000 que tout démarre vraiment, quand la société *Goldman Properties* flaire l'investissement immobilier et le potentiel de Wynwood. ***En 2000, la 1re galerie commerciale, la Dorsch Gallery, ouvre ses portes.*** Suivra Bernice Steinbaum, qui n'hésite pas à quitter Soho pour ouvrir sa propre galerie (fermée depuis). Puis s'établissent des restos, des bars. En 2009, Toni Goldman imagine une galerie de peinture à ciel ouvert : ***Wynwood Walls,*** dont le vernissage coïncidera avec Art Basel, initiant dans le même temps une expo d'art mensuelle appelée ***Art Walk*** (le 2e samedi du mois). Wynwood compte aujourd'hui plus de 70 galeries et collections... Et ce quartier n'en est vraisemblablement qu'à ses débuts...

Dans la même veine, l'actuel ***Design District, pratiquement abandonné jusque dans les années 1980,*** a commencé à être réhabilité dans les années 1990 grâce à l'intervention de ***Craig Robins,*** déjà à l'origine de la renaissance de South Beach

et de Lincoln Road. En quelques années, le quartier s'est doté d'installations temporaires ou permanentes d'art et de design ainsi que de nombreux show-rooms de designers. LVMH, reconnaissant le côté avant-gardiste du projet et son potentiel économique étant donné sa situation, s'associe au projet. Résultat : ***des showrooms en pagaille,*** des salles d'expo, des galeries et aujourd'hui une zone commerciale exclusivement réservée au luxe à la pointe de la technologie. ***Le Design District est certifié LEED,*** c'est-à-dire qu'il prend en compte la diminution de l'empreinte écologique dans le but de réduire la consommation en énergie. À l'instar de l'***Art Basel Miami Beach,*** « petite » sœur de celle de Bâle qui accueille depuis 2002 la plus grande foire d'art contemporain aux États-Unis, son pendant design, le ***Design Miami,*** accueille les designers du monde entier depuis 2005. Le temps d'une semaine de décembre, Miami devient donc le rendez-vous des galeristes, marchands et critiques du monde entier.
À South Beach, les hôtels conçus et décorés par les plus grands, ***vitrines de l'art contemporain,*** rivalisent de design toujours plus pointu ! On doit l'ultra-moderne *W* au cabinet canadien Yabu Pushelberg (qui a, entre autres, dessiné le *Printemps* Haussmann) et à l'Américaine Anna Busta : portes métalliques, carrelage en porcelaine, acrylique brillante, immenses baies vitrées, meubles chromés... Cet hôtel remet d'ailleurs, lors du Design Miami, le prix du *W Miami Design of the Future,* qui récompense des visionnaires prometteurs, ***originaux et avant-gardistes,*** sur un plan conceptuel mais aussi technologique. Le *Setai,* lui, a été imaginé par le Belge Jean-Michel Gaty : plus orientalisant, il s'inspire du zen et des jardins asiatiques (murs en teck, baignoires en granit noir et touches de jade). Le *Sagamore,* « *The Art Hotel* », comme il se revendique, est un véritable lieu d'exposition d'art contemporain. Client ou pas, on peut y visiter la collection privée Cricket Taplin, exceptionnel aperçu d'artistes établis ou émergeants, de l'installation vidéo à la fresque murale en passant par les photos et le mobilier. Plus récemment, le *SLS* a été designé par Starck (à qui l'on devait déjà le *Delano*). De plus en plus d'hôtels de SoBe revendiquent d'ailleurs un ***rôle de promotion artistique,*** en ouvrant des boutiques de design ou des galeries d'art. L'un des derniers-nés, *The Julia,* un hôtel Art déco de style *Mediterranean Revival* est un modèle du genre. Pensé par Stephen Buto, un designer de Seattle, il est l'expression même d'un intérieur minimaliste. Enfin pour terminer cet inventaire à la Prévert, comment ne pas parler de feue ***Zaha Hadid*** et de son ***Scorpion, son dernier gratte-ciel*** qui domine aujourd'hui la baie de Biscayne et que l'on aperçoit très bien quand on emprunte la Venetian Way à vélo.

BOISSONS

Les boissons non alcoolisées

– ***L'eau glacée :*** dans les restos, la coutume est de servir d'emblée un verre d'eau glacée à tout consommateur. Quand on dit glacée, ce n'est pas un euphémisme, donc n'hésitez pas à demander sans glaçons *(no ice please)* ou avec peu de glaçons *(with little ice).* Les Américains sont des adeptes de l'eau du robinet *(tap water)* et consomment très peu d'eau minérale au resto. D'ailleurs, une fois vide, votre verre sera immédiatement re-rempli (et avec le sourire !).

L'INVENTION DU CAFÉ SOLUBLE

C'est à un inventeur chimiste anglo-belge émigré aux États-Unis, un certain George Washington (!), que l'on doit le premier café soluble. Il fit fortune grâce aux commandes de l'armée américaine pendant la Première Guerre mondiale mais, lors du conflit suivant, les militaires préférèrent Nescafé (suisse).

– ***Le café :*** le ***café américain*** de base (*regular* ou *American coffee*) est très allongé (pour rester poli) et parfois servi à volonté *(free refills)*, en particulier au petit déjeuner. Les Américains en sirotent partout à longueur de journée, y compris dans leurs mugs thermos. Si vous voulez un café noir, précisez bien *black coffee*. Cela dit, les amateurs d'***espresso*** ne seront pas en reste, car on trouve aussi du vrai bon café en Floride grâce aux immigrés cubains et à l'émergence de *coffee roasters* artisanaux (torréfacteurs nouvelle génération) proposant des sélections de grains pointues, souvent bio. À vous maintenant de faire votre choix entre ***drip coffee*** (café passé au goutte à goutte), ***americano*** (espresso allongé d'eau chaude), ***cortado*** (espresso très serré avec micro-mousse de lait), ***cappuccino*** (espresso et mousse de lait légère dessus), ***caffe latte*** (mousse de lait plus épaisse), ***macchiato*** (espresso avec juste une pointe de mousse de lait, l'équivalent de notre noisette), ***Vietnamese coffee*** (café serré adouci par une tombée de lait concentré sucré) et ***frappuccino*** glacé l'été.

– Le ***thé*** est servi chaud *(hot tea)* ou glacé *(iced tea)*. Conseil aux amateurs, emportez avec vous quelques sachets de bon thé si vous avez du mal à vous en passer car dans de nombreux endroits, c'est *Lipton* de base ***(black tea)*** ou ***herbal tea,*** c'est à dire de l'infusion. Sinon, loin des thés glacés aromatisés et sucrés vendus en France, l'***iced tea*** est un thé normal glacé, que l'on commande *sweetened* (trop sucré), ou *unsweetened* (pas sucré du tout). Pas étonnant alors de voir les Américains ajouter trois sachets pour adoucir un peu la chose.

– ***Cocas et sodas :*** les Américains consomment des sodas *(soft drinks)* à longueur de journée, *Coca-Cola* (*Coke* comme on dit là-bas) en tête. D'ailleurs, dans certains restos de chaîne, fast-foods, *coffee shops* et autres petits restos, ceux-ci sont servis à volonté. On se sert soi-même « à la pompe » *(soda fountain)* ou on demande un *free refill*.

– ***Les smoothies :*** ce sont des cocktails de fruits et/ou légumes mixés et mélangés à du yaourt, du lait, du lait de soja/amande/noisette/riz/avoine et/ou de la glace, voire des céréales. On y ajoute parfois des compléments énergétiques. Les ***bars à jus*** fraîchement pressés ont aussi toujours le vent en poupe, surfant sur la déferlante bio.

COCARICO !

C'est un Corse, Angelo Mariani, qui est un peu, dit-on, à l'origine du Coca-Cola. Commercialisé dès 1863, son vin à base de feuilles de coca connut un succès phénoménal jusqu'à son interdiction en 1910. Il faut dire que, même s'il fut adoubé par le pape Léon XIII, le Red Bull de l'époque contenait tout de même 6 mg de cocaïne... Futé, un pharmacien américain, Pemberton, s'inspira de la recette en y ajoutant de la noix de kola du Ghana, puis en supprimant l'alcool, pour cause de Prohibition dans la ville d'Atlanta. Ainsi naquit dès 1885 le Coca-Cola, qui ne contient, à notre connaissance, plus de cocaïne.

– ***Les milk-shakes :*** boissons frappées à base de lait mixé avec de grandes louchées de glace à la vanille, à la banane, à la fraise...

– ***Les floats ou ice cream sodas :*** encore une expérience culturelle à ne pas manquer ! Il s'agit d'un verre de soda (en général du *Coke*) ou de *root beer* (ce breuvage insolite au goût de médicament qui n'a rien à voir avec de la bière) dans lequel on dépose une boule de glace à la vanille.

Les alcools

Le rapport des Américains à l'alcool n'est pas aussi simple que chez nous. La société, conservatrice et puritaine, autorise la vente des armes à feu, mais réglemente de manière stricte tout ce qui touche aux plaisirs « tabous » (sexe et alcool). L'héritage de la Prohibition et, bien sûr, les lobbies religieux n'y sont pas pour rien. ***N'oubliez pas vos papiers (ID, prononcer « aïdii »), car de nombreux bistrots, bars et boîtes de nuit les exigent à l'entrée, et ce, quel que soit votre âge !***

– ***Âge minimum :*** on ne vous servira pas d'alcool si vous n'avez pas 21 ans ou si vous ne pouvez pas prouver que vous les avez. Même accompagné de ses parents, un jeune de 20 ans devra se contenter d'un Coca.

– ***Vente et consommation surveillées :*** dans la plupart des États, notamment en Floride, il est strictement interdit de boire de l'alcool dans la rue. Alors on descend sa canette de bière dans un sachet en papier, ni vu ni connu. Les bières et le vin s'achètent dans les supermarchés et épiceries, mais les autres boissons alcoolisées ne se trouvent que dans les ***liquor stores,*** aux horaires réglementés. De même, les horaires de fermeture des bars et boîtes sont aussi fixés par l'État (à 2h, tout le monde remballe), avec possibilité d'amendement local (3h à Tampa, 24h/24 à Miami).

– ***Les bières :*** à l'image du reste des États-Unis, on trouve en Floride de plus en plus de ***microbrasseries (microbreweries)*** produisant des bières artisanales *(craft beer)* avec du caractère. Un peu de vocabulaire s'impose. Une pression se dit *draft beer.* Les *ale* sont des bières de haute fermentation, à plus haute teneur en alcool : de la moins maltée à la plus maltée, vous trouverez la *pale ale,* dont l'***IPA*** d'origine anglaise *(Indian Pale Ale),* amère et très houblonnée, l'***amber ale*** ou encore la ***brown ale.*** Les ***lagers,*** blondes ou ambrées, sont des bières de fermentation basse, les moins alcoolisées et les plus courantes. Les ***wheat*** sont des bières légères et troubles (l'équivalent des blanches), composées en grande partie de malt de blé ou de froment. On trouve aussi des ***stouts*** *(bières noires),* filtrées ou pas.

– ***Les vins :*** inutile de vous présenter les vins californiens, que vous retrouverez facilement un peu partout. Plus étonnamment, la Floride possède une vingtaine de domaines viticoles dont, il faut bien l'avouer, la réputation n'est pas excellente... On les trouve d'ailleurs rarement sur les cartes des bars et des restos. Le Sunshine State revendique pourtant le titre du « plus ancien vignoble des États-Unis » ! Les Français, installés entre 1562 et 1565 non loin de Jacksonville, furent en effet les premiers à développer la culture de la vigne, 100 ans avant l'arrivée des *Pilgrim Fathers.* De très nombreux endroits proposent du vin au verre, à des tarifs oscillant entre 8 et 15 $, donc pas donné ! ***Certains restos n'ont pas la licence d'alcool*** et appliquent le principe du *Bring Your Own Bottle* **(BYOB)** : vous avez alors le droit d'apporter votre propre bouteille de vin ou de bière. Une pratique qui a le mérite d'alléger considérablement l'addition, même si un petit droit de bouchon est généralement exigé *(corking fee).*

– ***Les cocktails :*** on assiste depuis quelques années à un retour en force des cocktails traditionnels, voire historiques, préparés dans les règles de l'art par des « ***mixologists*** ». Les ***cocktails latinos*** à base de rhum ou de tequila sont évidemment toujours très à la mode en Floride : margarita, mojito, daïquiri, etc. À l'heure du brunch, on retrouve l'incontournable ***bloody mary*** (vodka et jus de tomate épicé) et le ***mimosa*** (champagne, jus d'orange et Cointreau ou Triple sec). Au-delà de ces grands classiques, les bars les plus branchés ***mixent leurs propres recettes,*** soit inspirées de cocktails anciens, soit carrément inventées de toutes pièces, avec des alcools maison, les herbes aromatiques les plus inattendues, du piment, etc.

– ***Le bourbon*** (prononcer « beur'beun ») ***:*** impossible de passer sous silence ce whisky américain *(whiskey)* dont le Kentucky fournit une bonne moitié

LE BOURBON EST-IL UN WHISKY ?

Oui, bien qu'on utilise un mélange de céréales (et pas seulement de l'orge), dont au moins 51 % de maïs (faut bien écouler l'énorme production américaine). De plus, à la différence des Écossais ou des Irlandais, les Américains le font vieillir dans des fûts de chêne neufs noircis à la fumée. Le goût du bois est donc plus prononcé que dans le whisky, avec une note de caramel.

de la production (et le Tennessee le reste). Cette région s'appelait autrefois le « Bourbon County », histoire de remercier Louis XVI et la maison Bourbon pour leur soutien pendant la guerre d'Indépendance... C'est donc depuis 1790 (en pleine Révolution française !) que le célèbre whisky américain porte le nom de bourbon. Le *rye whiskey* est quant à lui composé de 51 % de seigle.

– ***Happy hours :*** beaucoup de bars attirent les foules après le travail, en semaine, généralement de 16h à 19h, en leur proposant moitié prix sur certains alcools, notamment les bières mais parfois aussi certains cocktails simples.

CINÉMA

Miami, sa plage, son architecture, son ensoleillement, ses communautés, sa magie, mais aussi sa violence, ses trafics : autant d'éléments riches d'inspiration pour le cinéma et la télévision, la comédie et le film noir. Mais attention, même si l'action est censée se passer à Miami, les tournages n'ont pas toujours entièrement lieu ici, alors ne les cherchez pas à tous les coins de rue, vous seriez déçu.

Filmographie sur Miami

– ***Moonlight*** (Barry Jenkins, 2016). Couvert d'éloges et récompensé par l'Oscar du meilleur film en 2017 (face à l'archifavori *La La Land !*), *Moonlight* raconte le parcours d'un jeune Noir découvrant son homosexualité dans un ghetto de Miami rongé par le trafic de drogue, au cœur des 80's. Un film en partie autobiographique dont l'action se situe à Liberty City, le quartier dans lequel le réalisateur a grandi.

– ***Scarface*** (Brian de Palma, 1983). Un film culte que l'on ne présente plus, remake du film homonyme d'Howard Hawkes (1932) qui, lui, se déroulait à Chicago. Tony Montana, petit gangster cubain émigré à Miami, devient rapidement un des plus grands trafiquants de drogue. Une évolution qui ne sera pas dépourvue de violence... Ce film marque la première collaboration entre le réalisateur et l'excellent Al Pacino.

– ***Absence de malice*** (Sydney Pollack, 1981). Un marchand d'alcool de Miami découvre avec stupeur à la une du *Miami Herald Tribune* qu'il est suspecté d'avoir tué un docker syndiqué. Innocent, il cherche alors à comprendre l'origine de cette histoire auprès de Megan Carter, la journaliste qui a écrit l'article. Corruption et manque d'éthique journalistique sont au cœur de ce drame incarné par Paul Newman et Sally Field.

– ***Mary à tout prix*** (*There's Something about Mary* ; Bobby et Peter Farrelly, 1998). Réunion des rois de la comédie américaine trash et potache mais pas bête, et de Ben Stiller et Cameron Diaz. Ted, le stéréotype du loser, est amoureux de Mary, le stéréotype de la fille parfaite. Treize ans après un premier rendez-vous on ne peut plus raté, il engage un détective privé pour la retrouver à Miami. Mais ce dernier tombe à son tour amoureux d'elle... Une des scènes a été tournée au restaurant *Big Pink*, dans l'Art Deco District (voir « Où manger ? » à Miami).

UN BON « PLAN AMÉRICAIN »

À partir des années 1940, et encore plus dans les décennies qui suivirent, la mode du « plan américain », couramment utilisé dans les films américains, envahit le cinéma européen. Ce plan consistait à cadrer les personnages entre la ceinture et les genoux. Nulle volonté esthétique dans ce choix. Il était imposé au réalisateur par la production, car dans les westerns il fallait à tout prix voir les pistolets qui pendaient à la ceinture des acteurs. Ce type de plan fut repris par les cinéastes de la Nouvelle Vague en France... sans les revolvers.

– ***L'Enfer du dimanche*** (*Any given Sunday* ; Oliver Stone, 1999). Tony d'Amato (Al Pacino encore), entraîneur des Miami Sharks, l'équipe de football américain de Miami, est très critiqué à la suite d'une série de défaites. Il prend alors le risque de recruter un débutant (Jamie Foxx) pour remplacer le *quaterback* star de l'équipe (Dennis Quaid). À travers les rivalités au sein de l'équipe et de la hiérarchie administrative, Oliver Stone livre un intéressant portrait de l'Amérique et des névroses.
– ***Deux flics à Miami*** (*Miami Vice* ; Michael Mann, 2005). Passage réussi de la série au cinéma, avec Colin Farrell et Jamie Foxx dans le rôle de deux flics de la brigade des stupéfiants de Miami-Dade de Sonny Crockett et Rico Tubbs. Trafic de drogue entre Miami, la Floride et l'Amérique latine en perspective, mais aussi une histoire d'amour impossible avec Isabella, incarnée par Gong Li. Fidèle à lui-même, Michael Mann y met en valeur l'Art Deco District, ses couleurs pastel et ses néons dans de superbes scènes de nuit et de fusillades.
– ***Le Dingue du palace*** (*The Bellboy* ; Jerry Lewis, 1960). Pour découvrir le luxueux hôtel *Fontainebleau* dans les années 1960, mais surtout pour rire. À travers plusieurs saynètes rivalisant de drôlerie et de loufoquerie, suivez les aventures de Stanley, interprété par l'excellent Jerry Lewis, un groom pour le moins surprenant !
Et au rayon des séries TV :
– ***Bloodline*** (2015-17) : produite par Netflix, cette excellente histoire de famille et policière, sur fond de critique féroce de la réussite sociale (si chère aux Républicains), a été tournée dans les Keys. Les fans retrouveront de nombreux lieux de tournage à Islamorada.
– ***Dexter*** (James Manos Jr, 2006-2013). Adaptée des polars de Jeff Lindsay, la série nous fait suivre au fil des épisodes les aventures de Dexter Morgan (Michael C. Hall, très convainquant), expert scientifique du service médico-légal de la police de Miami de jour, meurtrier de nuit. Incompatible ? Au contraire, cette double vie se révèle être une aubaine pour ce serial killer méticuleux et maniaque à l'extrême, en lui permettant une maîtrise et un contrôle constants de ses deux activités favorites... Pour les fans, l'appart de Dexter se situe à Bay Harbor Island, au nord de Miami Beach, près de Bal Harbour.
– ***Magic City*** (Mitch Glazer, 2012-2013). Plongée vers la fin des années 1950 dans le quotidien d'une riche famille et du *Miramar Playa,* un luxueux hôtel de Miami. Mafieux sans scrupules, casinos souterrains, migrants cubains, paillettes, prostitution et drogue sont au cœur de cette élégante et sombre série à l'esthétisme léché et à la sensualité assumée.
– ***Deux flics à Miami*** (Miami Vice ; Anthony Yerkovich, 1984-1989). Ringard, diront certains, indémodable, diront les autres. Toujours est-il qu'en suivant les aventures de ces deux flics décidés à faire le ménage dans la ville de la drogue et de la corruption, vous découvrirez la Miami des années 1980.

Sur Fort Lauderdale et les Keys

– ***Key Largo*** (John Huston, 1948). Guerre, gangsters et amour noir. Un huis clos en noir et blanc, adapté d'une pièce de théâtre de Maxwell Anderson. C'est un ouragan sur l'île de Key Largo en Floride qui isole le gangster Johnny Rocco dans un hôtel au moment où Frank McCloud rend visite à la veuve d'un ancien compagnon d'arme. Qui va sortir vivant ? Film noir par excellence.
– ***Where the Boys Are*** (Henry Levin, 1960). Romance *on the beach* à Fort Lauderdale, la Venise de l'Amérique. Ce n'est pas encore l'époque hippie, mais l'amour à l'adolescence donne des envies. Alors quand quatre jeunes filles partent en vacances pour le printemps... Le film nous laisse un arrière-goût moraliste dans une Amérique plutôt puritaine.

CUISINE

La cuisine américaine a longtemps été avant tout destinée à se nourrir... Mais dire que les Américains mangent mal et trop est un peu simpliste.

Certes, aucune hygiène alimentaire n'est apprise à l'école ni à la maison. Et la quantité est systématiquement trop importante. D'ailleurs, pour quelques *cents* de plus, on est souvent incité à prendre le menu « extra-large ». Comme toujours, ce sont les catégories sociales les plus défavorisées qui sont les plus touchées par l'obésité. La ***malbouffe*** coûte moins cher et, dans les quartiers pauvres des grandes villes, on trouve plus facilement un fast-food qu'un supermarché...
Cela étant dit, ***on peut très bien manger*** en Floride, à condition d'aller dans les bons endroits et d'y mettre le prix. Si le passage par la friteuse reste encore la norme, même dans certaines adresses haut de gamme, une mode du ***healthy eating*** (« ***manger sain*** ») s'est développée depuis longtemps dans les couches les plus favorisées de la population, et les aliments ***bio (organic)*** ont le vent en poupe – certes, moins en Floride que dans le nord-est du pays ou en Californie, mais quand même... Le ***phénomène « locavore »*** fait de plus en plus partie des mœurs. Ce comportement alimentaire, né à San Francisco, privilégie la consommation d'ingrédients locaux, pas nécessairement bio mais produits dans un rayon limité.
Au bout du compte, vous aurez vraiment l'embarras du choix. On trouve de tout et pour tous les budgets, du ***sandwich cubain*** vendu au coin de la rue aux ***tables gastronomiques de New American Cuisine*** mettant en scène les produits locaux en passant par les ***cabanes à seafood*** et les ***food trucks*** (camions) vendant de la ***street food*** (cuisine de rue, parfois gourmet).

À TOUTES LES SAUCES

Le fameux ketchup n'aurait pas été inventé aux États-Unis mais... en Asie ! Il s'agirait à l'origine d'une sauce de saumure de poisson, appelée ké-tsiap. Au XVIIe ou XVIIIe s, les Anglais en rapportèrent en Europe, où sa composition fut adoucie de champignons, puis de tomates (et de sucre !), et son nom occidentalisé en ke-t-chup.

Restaurant mode d'emploi

Attention au service* (gratuity) *: il faut ajouter au moins 15 % (les Américains donnent facilement 20 %), sauf si exceptionnellement le service est déjà compté, car les serveurs ne sont rétribués qu'au pourboire.

Les plats sont généralement plus copieux que chez nous sauf dans les restos chic ou branchés où les portions ont tendance à diminuer. Aucun problème pour commander seulement une entrée ou parfois un plat pour deux, à partager *(to share).* On peut aussi demander le format pour enfant *(kids menu).* Idem au petit déjeuner.

La plupart des restos sont ouverts midi et soir (11h-12h à 15h-16h, puis 17h-22h environ), parfois même sans interruption entre les deux services. Beaucoup servent le brunch le week-end et parfois aussi le petit déj en semaine.

Certains restaurants (assez rares cependant) ***n'ont pas la licence d'alcool,*** apportez donc votre « boutanche » (*BYOB* ; voir plus haut la rubrique « Boissons »), ça ne sera pas mal vu !

Pensez à réserver, surtout le soir, car les restos sont souvent pleins et l'attente est de mise.

Le *breakfast*

Ce n'est pas *Supertramp,* le groupe de rock phare des 70's, qui nous contredira : le *breakfast in America* est l'un des plus copieux que l'on connaisse. Pour les

Américains, c'est un vrai repas, particulièrement le week-end (on parle alors de brunch). Abondant et varié, plus salé que sucré, le petit déj se prend souvent au resto. Certains sont spécialisés et ne font que ça. Et puis il y a les cafétérias, les *coffee shops* et les *diners* (prononcer « daï'neur »), ces établissements populaires un peu rétros avec leurs tables en formica et banquettes en skaï calées dans des box.

La carte, souvent longue comme le bras, fait une place de choix aux œufs ***(eggs)*** cuisinés sous toutes les formes : brouillés *(scrambled)*, en omelette *(omelette)*, en *frittata* (omelette épaisse façon tortilla espagnole) ou frits *(fried)*... Sur le plat, ils peuvent être ordinaires *(sunny side up)* ou retournés et cuits des deux côtés comme une crêpe *(over easy)*, c'est-à-dire pas trop cuits. Ils peuvent également être pochés *(poached)* sur demande. Les œufs sont généralement proposés avec du ***bacon*** ou des ***saucisses,*** parfois du jambon grillé *(ham)*, des ***pommes de terre*** sautées avec des oignons ou des *hashbrowns* (galettes façon röstis suisses). En prime, vous aurez droit à des ***toasts*** beurrés ; on vous demandera probablement si vous préférez du pain de mie blanc *(white)*, complet *(brown)*, entre les deux *(wheat)* ou seigle *(rye)*. Le fin du fin, ce sont les ***eggs Benedict*** : pochés, posés sur un petit pain rond toasté (un *English muffin*) et nappés de sauce hollandaise, avec le plus souvent du jambon grillé, du bacon ou du saumon fumé, mais on en trouve de nombreuses déclinaisons.

Au rayon des spécialités du breakfast figurent toujours aussi les ***pancakes,*** ces crêpes épaisses et moelleuses arrosées de sirop d'érable – ou de sirop tout court, accompagnées au choix de fruits frais, de bacon grillé, etc. Le pain perdu, appelé ici ***French toast,*** est aussi populaire.

Dans un registre plus « continental », il faut absolument goûter aux ***bagels.*** Inventés en Pologne au XVIIe s, ces petits pains en forme d'anneau, à la mie compacte, ont suivi les émigrés juifs jusqu'à New York pour devenir incontournables. Servis traditionnellement grillés *(toasted)* puis tartinés de *cream cheese* (souvent du *Philadelphia*) ou de beurre et de confiture, ils existent en différentes versions : nature *(plain)*, avec des raisins secs et de la cannelle *(cinnamon-raisin)*, des graines de sésame ou de pavot, de l'oignon, multigrains, etc. Les *everything,* comme leur nom l'indique, ont un peu de tout dedans !

CORN FLAKES VERSUS BROMURE

John H. Kellogg était directeur d'un sanatorium. Très religieux, il prônait une alimentation végétarienne, soi-disant efficace contre... les pulsions sexuelles. Sa découverte eut lieu par hasard, en 1894, en faisant griller des flocons de maïs trop bouillis.

Il ne faut pas confondre les bagels avec les ***doughnuts (ou donuts),*** des beignets ronds, troués aussi au milieu, dont les Américains raffolent, il n'y a qu'à voir le nombre de succursales de la chaîne *Dunkin Donuts* un peu partout ! N'oublions pas les ***muffins,*** aux myrtilles, à la framboise, à la banane, etc., moelleux et délicieux, qu'on trouve surtout dans les *coffee shops* et les pâtisseries. Et le ***granola,*** mélange de céréales caramélisées, servies avec du yaourt, des fruits, etc. Dernière chose, dans les formules petits déj ou dans les brunchs, la boisson chaude est rarement incluse, le jus de fruits non plus (même en Floride). Mais si vous demandez un café *regular,* il sera en principe servi à volonté.

Le brunch

Une tradition du week-end incontournable chez les Américains. Le dimanche, et parfois aussi le samedi, de 10h-11h à 15h-16h en général, de nombreux restos et même des bars servent le brunch, c'est-à-dire des plats à mi-chemin entre le *breakfast* et le lunch, à accompagner d'une boisson chaude, d'une ***coupe de***

champagne (ou de *prosecco*) ou d'un ***cocktail*** genre ***bloody mary*** (vodka et jus de tomate épicé) ou ***mimosa*** (champagne et jus d'orange). Depuis quelques années, les brunchs « gourmets » ont le vent en poupe dans les lieux à la mode : produits de qualité et recettes élaborées, souvent inspirées des classiques américains mais revisitées avec légèreté et créativité. Revers de la médaille, les files d'attente sont longues...

Le lunch et le *dinner*

– ***Horaires :*** dans la plupart des restos (pas les fast-foods), le lunch est servi de 11h à 14h-14h30. Puis les portes se ferment pour rouvrir vers 17h. Hormis dans les grandes villes, on dîne tôt ; rien de plus normal que de se rendre au resto à partir de 17h30-18h. D'ailleurs, passé 21h-21h30 en semaine, les restos ne servent plus. Seules les chaînes de restauration font exception.

– ***La carte n'est pas la même le midi et le soir.*** Au déjeuner, elle est souvent réduite et moins chère, avec des salades, sandwichs, soupes, burgers. Le soir, les plats sont plus élaborés et les prix plus élevés aussi (parfois du simple au double). Il arrive souvent aussi que le même plat soit plus cher le soir que le midi. Cela dit, certains restos proposent des tarifs ***early bird*** (spécial couche-tôt), c'est-à-dire des plats à prix réduits ou un menu avantageux au début de leur service du soir, en général de 17h ou 17h30 à 19h.

– Les ***today's specials*** (ou juste *specials*) désignent les suggestions du jour, servies en fait plutôt le soir, que les serveurs vous encouragent à choisir. Attention, contrairement à nos « plats du jour », les *specials* sont souvent plus chers que le reste de la carte, et le prix n'est pas toujours clairement indiqué.

TOO MUCH

L'obésité touche un tiers des Américains. Les chaînes de fast-foods ont inventé les hamburgers XXL, les omelettes à quatre œufs et les cornets de frites king size. Il fallait trouver une idée pour faire consommer encore plus. C'est chose faite : la chaîne Taco Bell fait la promotion d'un 4e repas, en plus du breakfast, du lunch et du dîner... Leur slogan : live mas *(en espagnol). Tout le monde aura compris : « manger plus » ! Ben voyons.*

Lexique américain spécial resto

For here or to go ? : sur place ou à emporter ?

Appetizers : entrées.

Entrees (à prononcer presque à la française) ***:*** plats de résistance.

Are you done ? : avez-vous terminé ? ***No, I'm still working on it :*** non, je n'ai pas fini (de manger).

The check, please : l'addition, s'il vous plaît.

– ***Les salad bars :*** dans la plupart des supermarchés, on trouve une section proposant tout un choix de crudités, de salades composées, de plats cuisinés de toutes sortes, parfois des sushis, et puis des desserts, salades de fruits frais, etc., à consommer sur place ou à emporter. Il suffit de remplir une barquette et de passer à la caisse : on paie au poids (environ 8-10 $ la *pound,* soit 454 g). Vous en trouverez notamment dans les supermarchés *Publix,* très répandus en Floride, et, parmi les meilleurs, dans les magasins de la chaîne bio *Whole Foods Market,* présente à Miami, Fort Lauderdale, Palm Beach, Orlando, Tampa, Sarasota, Naples... Certains restos ont aussi leur *salad bar* : en général, l'achat d'un plat principal y donne droit à un aller-retour *(one trip)* ; il s'agit alors de bien remplir son assiette !

– ***Les food courts et food halls :*** très populaires aux États-Unis, particulièrement dans les centres commerciaux, les *food courts* sont des espaces regroupant des stands (avec généralement un espace où s'asseoir) de cuisines différentes : asiatique, mexicaine, italienne, mais aussi BBQ, bars à jus de fruits et *smoothies*, etc. Pratique, rapide, économique, pas toujours très fin, sauf dans la version *food halls* (plus actuelle !) qui renouvelle le concept avec une sélection d'enseignes gourmet.
– Certains restos proposent encore des formules buffet appelées ***all-you-can-eat*** (« tout ce que vous pouvez manger »). Pour une poignée de dollars, vous pouvez vous en mettre plein la lampe. L'abondance est garantie, la qualité beaucoup moins. Pas très raffiné et intellectuellement indéfendable.
– La plupart des bars proposent des ***happy hours*** (généralement de 16h à 19h, en semaine). En général, moitié prix sur les bières et une sélection de cocktails basiques. Parfois aussi un en-cas à prix réduit pour toute boisson consommée.
– Lire aussi la rubrique « ***Curieux, non ?*** », plus loin.

La cuisine américaine en général

– ***Le hamburger (ou burger) :*** une institution aux États-Unis, et pour cause, c'est le plat national ! Évidemment, tout dépend de la qualité du *patty* (steak haché) et des ingrédients qu'on met autour. Les chaînes de fast-foods les plus populaires (*McDo* et consorts) utilisent des viandes vraiment très bas de gamme. Évitez ces enseignes et allez plutôt dans les vrais bons restos (spécialisés ou non), qui servent d'excellentes viandes bien fraîches, *juicy*, tendres et goûteuses, prises entre deux tranches de bon pain et accompagnées d'une kyrielle d'ingrédients et de sauces qui font toute la différence. Les frites (***fries*** ou ***French fries***) doivent parfois être commandées à part.

LE HAMBURGER N'EST PAS AMÉRICAIN !

Fin d'un mythe, le hamburger est né en Allemagne... à Hambourg, comme son nom l'indique. À la fin du XIXe s, de nombreux immigrés allemands de la région affluèrent au pays de l'Oncle Sam. Le hamburger désignait alors le bifteck haché qu'on leur servait à bord des transatlantiques. C'est donc grâce aux immigrants qu'il a fait son apparition au Nouveau Monde, avant d'être récupéré en 1940 par les frères McDonald, qui le placèrent entre deux tranches de pain et le proposèrent en self-service !

– ***La viande de bœuf :*** de tout premier ordre, mais chère. La tendreté de la viande américaine provient aussi de sa découpe (perpendiculaire aux fibres du muscle), différente de celle des bouchers français. D'où la difficulté de traduire les noms des différents morceaux que l'on retrouve sur les cartes des restos américains : le ***filet mignon*** (rien à voir avec un filet mignon de porc, c'est un pavé dans le filet), le ***sirloin*** (faux-filet), le ***ribeye*** (entrecôte), le ***New York Strip*** (partie haute du rumsteck) et le célèbre ***T-bone,*** c'est-à-dire la double entrecôte avec l'os en T. Le très tendre ***prime rib*** (côte de bœuf) a aussi ses adeptes (à ne pas confondre avec les populaires *spare ribs,* qui désignent du travers de porc sauce BBQ).
Enfin, un peu de vocabulaire concernant la ***cuisson de la viande*** : *medium* = à point ; *medium rare* = à point tendance saignant ; *rare* = saignant ; *well done* = bien cuit.
– ***Le barbecue :*** une tradition du Sud des États-Unis mais qui fait un carton partout dans le pays. Sachez-le, le vrai BBQ se mange avec les doigts, servi avec du *corn bread* (pain de maïs), du *coleslaw,* des *mac & cheese* (macaronis au fromage), des *collard greens* (sorte de chou vert coupé menu et cuisiné à l'étouffée avec des épices)... Et le secret de cette viande juteuse et fondante, c'est la cuisson, longue et à tout petit feu *(slow-cooked).* Le ***poulet frit*** est également l'une des bases du menu américain.

– ***Les salades :*** les Américains sont les champions des salades composées, fraîches, appétissantes et copieuses. Aux côtés des classiques ***Caesar salad*** (romaine, parmesan râpé et croûtons, accompagnée, en version *deluxe,* de poulet ou de grosses crevettes) et ***Cobb salad*** (salade verte, tomate, bacon grillé, poulet, avocat, œuf dur et roquefort), servies avec tout un cortège de ***sauces (dressings),*** on trouve des déclinaisons variées, souvent sucrées-salées, notamment la ***kale salad*** (au chou frisé), plat emblématique de la cuisine bobo-bio.
– ***Les pâtisseries :*** parmi les desserts traditionnels figurent le ***cheese-cake*** (gâteau au fromage blanc, parfois agrémenté de fruits, de chocolat, etc.), le ***carrot cake*** (aux carottes et aux noix, sucré et épicé, nappé d'un glaçage crémeux, un délice), les ***layer cakes*** (gâteaux « à étages » garnis de crème au chocolat, à la noix de coco...), la ***pecan pie*** (aux noix de pécan, très répandue en Floride), les ***pies*** (excellentes tartes) aux fruits de saison, à la mode de grand-mère... En Floride et plus encore dans les Keys, la ***Key lime pie*** est incontournable : cette tarte au citron (le *lime* est un petit citron vert) à base de lait concentré sucré, parfois meringuée, peut être renversante quand elle est réussie, mais gare aux calories... Sans oublier les toujours très populaires ***cupcakes*** (petits gâteaux ronds genre génoise, nappés d'un glaçage au beurre sucré et souvent coloré) ni les ***whoopie pies*** (sorte de minisandwich de gâteau en forme de soucoupe volante, avec une garniture crémeuse au milieu).
– ***Les glaces (et dérivés) :*** les Américains ont l'habitude de les agrémenter de toutes sortes de garnitures ***(toppings),*** solides ou liquides : *M&M's,* noix, céréales, cacahuètes, caramel, *hot fudge* (chocolat fondu)... Outre la glace classique (plutôt chère), il existe aussi le ***frozen yogurt*** (yaourt glacé), un peu plus léger en matières grasses, à la texture onctueuse.

Les spécialités de Floride

Aux côtés des classiques américains, la mer et les marais offrent des produits plus ou moins inhabituels, dont le plus étonnant est sans doute l'***alligator*** (d'élevage), au goût entre le poulet et le porc, mais en plus ferme. Parmi la kyrielle de ***poissons,*** les meilleurs sont le ***red snapper*** (vivaneau), le ***grouper*** (mérou), le ***pompano*** (carangue) et le ***mahi-mahi*** (dorade coryphène). Le *lionfish* (rascasse), une espèce invasive, est préparé par certains restaurateurs, tout comme l'excellent ***hogfish*** (labre capitaine). Les *wahoo* (thazard), *marlin* et *swordfish* (espadon) se trouvent plus rarement depuis qu'ils sont systématiquement relâchés par les pêcheurs au gros. Dans tous les cas, vous aurez du mal à voir les poissons entiers dans l'assiette : les Américains sont friands de beignets, de friture, de panure... et le poisson n'y échappe pas. C'est aussi vrai pour l'alligator, le poulet, les coquillages, le fromage... Le poisson est également servi en filet mariné et poêlé, et ça c'est délicieux, surtout en salade. À goûter également, les ***conch*** (à prononcer « conk »), spécialité des Keys, sont préparées en soupe *(chowder)* ou frites façon accras *(fritters).* Les ***pinces de crabe,*** elles, sont servies avec du beurre fondu ou une sauce à la moutarde (la saison du *stone crab* s'étend d'octobre à mai). Sa chair est le plus souvent accommodée en ***crabcakes,*** des sortes de croquettes. On trouve aussi des ***huîtres*** *(oysters)* aux coquilles épaisses, plus souvent cuites que crues.
À la variété des produits de Floride s'ajoute la diversité des influences ethniques. Mention spéciale pour la ***cuisine cubaine,*** généralement bon marché, avec ses grillades de porc accompagnées de bananes plantain frites, de riz et de haricots noirs. Un des meilleurs plats, à ne pas louper : la *ropa vieja,* du bœuf effiloché aux oignons et poivrons. Autre incontournable bon marché : le ***sandwich cubain,*** *super popular* à Miami, servi souvent chaud et garni de jambon, rôti de porc (parfois aussi salami), fromage (fondu, donc) et pickles.

La *street food*

Un succès phénoménal, exporté chez nous d'ailleurs. Né à Los Angeles à la suite de la crise économique et très populaire aussi à New York, les ***carts,*** ces petits stands ambulants de cuisine de rue pas toujours reluisants qui peuplent les quartiers d'affaires, ont fini par débarquer en Floride. Pas étonnant quand on considère le plaisir des Américains à manger sur le pouce. La *street food* s'est sophistiquée et des cohortes de ***food trucks*** (camions gourmets) rutilants et colorés proposent désormais leurs spécialités à tous les coins de rue. Chaque *truck* a la sienne, mais la majorité propose de la ***cuisine latino*** : burgers d'inspiration cubaine, sandwichs colombiens, tacos et *burritos* mexicains, mais aussi *spring rolls* thaïs, glaces, *cupcakes,* jus de fruits frais... Attention, *street food* n'est pas *junk food,* rien à voir avec les chariots à hot-dogs ou bretzels qu'on trouve un peu partout ; là, on vous parle (parfois) de cuisine de qualité, produits locaux et tout le tremblement.

Les restaurants et fast-foods de chaîne

Aux États-Unis, les chaînes ont toujours la cote auprès des locaux. Quand on est sur la route, il faut reconnaître que ça dépanne bien !
Voici, dans cet objectif, une sélection de nos enseignes préférées. Amis végétariens, les buffets à volonté de ***Souplantation & Sweet Tomatoes*** sont pour vous ! Pour un prix dérisoire (12 $ max le soir, encore moins le midi et grosse réduc enfant), vous ferez le plein de crudités, soupes, pâtes, pizzas et desserts.
Pour un bon gros burger traditionnel avec des frites fraîches, direction ***Five Guys,*** dont Barack Obama est un inconditionnel (attention, le cadre est nul en revanche), quand Donald Trump, lui, préfère McDo. Gros avantage, ils sont souvent implantés aussi en centre-ville. Pour le petit déj enfin (version saine), on aime beaucoup ***Corner Bakery*** : bons pains, porridge aux fruits *(oatmeal),* etc.

CURIEUX, NON ?

– ***How are you today ?*** C'est la question qui vous accueille partout dans ce pays, dans les boutiques comme dans les restos et autres. Même dans une grande ville comme Miami, ***on se dit facilement bonjour*** dans la rue, même si on ne se connaît pas, et on engage couramment la conversation avec des inconnus, au resto avec les voisins de table et dans les ascenseurs aussi !
– ***Do you need help ? Are you lost ?*** Deux petites phrases que vous entendrez dès que vous ouvrirez un plan ou votre guide préféré dans la rue. Avec une spontanéité touchante, les Américains se mettent en quatre pour venir en aide aux touristes.
– ***Au resto : l'attente,*** presque toujours de mise, le ***bruit*** ambiant, entre les gens qui parlent fort (même si c'est vide !) et le fond musical souvent présent, les ***serveurs*** qui vous apportent l'addition avant que vous ayez commandé un café ou un dessert, le ***pourboire (tip)*** qui n'est pas compris (comme les taxes) mais obligatoire ! Même dans les adresses un peu populaires (type *diners*), on ne s'assied pas à n'importe quelle table, sauf si l'écriteau « *Please seat yourself* » vous invite à le

STUPIDA LEX, SED LEX

La juridiction floridienne réserve quelques lois pour le moins... surprenantes ! Ainsi, s'il vous prenait l'envie d'attacher votre éléphant à un horodateur, sachez qu'il vous faudra payer sa place de parking. Toujours dans le domaine animal, il est interdit d'avoir des relations sexuelles avec un porc-épic. Sacrés puritains ! Quant à vous, mesdames les célibataires, divorcées ou veuves, interdit de sauter en parachute le dimanche. Parité oblige, ces messieurs peuvent porter une robe, mais seulement avec bretelles. Et la liste est encore longue...

faire ; on attend d'***être placé.*** Ne vous attendez pas à un ***service à l'européenne,*** du genre nappe, serviette, petite cuillère pour le café, etc. Ici, c'est efficacité et rendement.

– Toujours étonnant aussi de voir du monde ***manger à toute heure*** dans les restos. Difficile parfois de deviner si les gens en sont encore au déjeuner ou déjà au dîner... D'ailleurs, les restos commencent à proposer la carte du soir vers 17h et dans certains endroits, le petit déj est servi toute la journée !

– ***Les sandwichs*** servis au resto n'ont rien à voir avec nos casse-croûte avalés sur le pouce. Ce sont de vrais repas chauds (comme les burgers), servis avec des frites, des chips ou une salade.

– Au petit déj, ***les omelettes sont souvent à 3 œufs.***

– Dans les ***bars*** et les ***boîtes,*** les ***papiers d'identité (ID)*** sont demandés à l'entrée, même si vous avez 40 piges !

– De plus en plus, ***iPads et smartphones remplacent les terminaux de paiement*** dans les boutiques et restos. Les reçus imprimés se raréfient mais on peut vous les envoyer par e-mail sur demande.

LA MORT À TOUT PRIX

Aux États-Unis, un nouveau business morbide se développe : le commerce de cadavres en pièces détachées ! Des « body brokers » *proposent à des familles endeuillées défavorisées de leur acheter une partie du corps du défunt (compter 500 $ pour une tête, 300 $ pour un pied...), profitant ainsi de leur précarité financière. Pour ces gens, c'est la seule façon de payer des funérailles à un proche. Les cadavres sont ensuite revendus à des chercheurs ou étudiants en médecine. Une faille juridique rend le procédé totalement légal aux US.*

– La ***clim*** est toujours poussée à fond la caisse dans tous les lieux publics (transports compris) et dans les chambres d'hôtel, même quand il n'y a personne dedans...

– ***Le courant électrique est en 110,*** étonnant au pays de l'hyper technologie.

– ***Embrasser*** fougueusement son amoureux ou son amoureuse dans la rue ne se fait pas. Le *PDA (Public Display of Affection)* est même très mal vu ! Dans le même ordre d'idées, les Américains se font ***rarement la bise.*** Quand on se connaît peu, on se dit juste « *Hi !* » (prononcer « Haïe ! »), qui veut dire « Salut, bonjour ! ». Et quand on est plus proches, c'est le « ***hug*** » (l'accolade) qui prévaut. Il s'agit de s'enlacer en se tapant dans le dos, gentiment avec les femmes, avec de grandes bourrades pour les hommes.

– De nombreux ***médicaments,*** vendus sur ordonnance chez nous, sont ***en vente libre*** aux États-Unis.

– ***Les journaux sont en libre-service dans les rues.*** Vous prenez un exemplaire et vous insérez vos pièces dans une urne. Personne ne fraude.

– Aux États-Unis, le ***décompte des étages*** est différent : le *1st floor* correspond au rez-de-chaussée, le *2nd floor* au 1er étage pour nous, etc. Et les ***immeubles*** ne disposent que très rarement d'un ***13e étage.*** Ce chiffre porte malheur depuis que Judas fut le 13e convive lors de la Cène du Christ.

– Dans les ***Visitor Centers,*** ce sont souvent des ***retraités*** qui renseignent les touristes. Aux États-Unis, les personnes âgées font des petits boulots pour améliorer leur retraite.

– Le concept de ***liberté individuelle*** reste une valeur sacro-sainte du mode de vie américain. Nombreux sont ceux qui sont opposés, par principe, aux obligations de sécurité routière : port

LA MAIN SUR LE CŒUR

Naguère, les Américains avaient coutume de saluer leur drapeau en tendant le bras droit, en souvenir des légions romaines. Malheureusement, ce geste ressemblait trop au salut nazi. En 1942, le président Roosevelt décida de le remplacer par la main sur le cœur.

du casque à moto, ceinture dans les voitures... Ils pensent que c'est le domaine de la responsabilité de chaque individu d'assumer les risques s'il veut les prendre. Ils sont donc rarement sanctionnés.

– Les ***professions libérales*** ont la possibilité de faire ***leur propre publicité,*** ainsi les autoroutes sont bordées d'immenses panneaux avec la photo d'avocats, de juristes, médecins et dentistes avec les coordonnées pour les contacter.

ÉCONOMIE

« **Croyez-vous au rêve américain ? Non, mais je crois qu'on peut en tirer profit.** »

Andy Warhol

L'économie américaine s'appuie sur la dalle de granit du ***libéralisme absolu,*** un credo qui tient en quelques principes simples : voir les choses en grand, laisser faire les « lois » du marché (plutôt l'absence de lois), ne jamais contrarier la liberté des financiers, travailler sans relâche, être à la pointe de l'innovation technologique, payer le moins possible d'impôts... Avec un minimum d'intervention des autorités publiques... sauf quand ça va mal. Et, avec la ***crise des subprimes*** en 2007, menaçant le système financier de s'écrouler comme un château de cartes, c'est allé plus que mal. L'État fédéral a dû engloutir des centaines de milliards de dollars pour renflouer les banques alors que des dizaines de milliers d'Américains étaient jetés dans la rue, leurs maisons saisies.

Certes, ces dernières années, l'économie repart. Elle a même retrouvé son ***niveau d'emploi d'avant la crise,*** le chômage retombant à son niveau le plus bas depuis 2008 (environ 6 %). Avec plusieurs bémols tout de même : la plupart des emplois créés sont peu qualifiés, et mal payés, près de 40 % des Américains en âge de travailler ne cherchent même plus d'emploi et sont sortis des statistiques du chômage. Quant aux dirigeants des groupes cotés en Bourse, ils ont vu leur rémunération bondir. En moyenne, ils gagnent aujourd'hui 257 fois le salaire moyen américain, contre « seulement » 183 fois au plus fort de la crise... Les inégalités restent donc fortes et le nombre de personnes vivant ***sous le seuil de pauvreté*** est estimé à 15 % de la population, soit 45 millions de personnes.

D'OÙ VIENT LE DOLLAR ?

*Le dollar vient... de Bohême. Au XVI*e *s, le* thaler, *né dans la vallée* (thal) *de Saint-Joachim, devint la monnaie de référence des échanges commerciaux en Europe centrale. Il se répandit en Espagne grâce aux Habsbourg, puis gagna les colonies d'Amérique du Sud. Là-bas, on prononçait* tolar, *puis* dólar. *L'importance de cette devise était telle qu'on l'utilisa jusqu'aux États-Unis. Sur les pièces espagnoles, un bandeau en forme de S s'enroulait autour de deux piliers verticaux symbolisant les colonnes d'Hercule... C'est là que le sigle $ trouve son origine.*

L'économie côté Floride

L'histoire de la Floride est très récente, son développement économique aussi. Et si vous regardez de plus près son drapeau, vous comprendrez tout de suite que sa principale ressource est ***le soleil !*** Cet ensoleillement idéal, associé à une bonne humidité, s'avère une aubaine pour l'***agriculture.*** La Floride est un important producteur de canne à sucre, de bétail laitier, de fruits et de légumes. Elle se place au 3e rang mondial pour les oranges (dont elle tire principalement du jus), toutefois assez loin derrière le Brésil et la Chine. Et si le secteur primaire reste important de par les liens qu'il entretient avec l'industrie des engrais (phosphates) et avec l'agro-industrie, sa contribution au PIB floridien n'est que marginale.

CRÉSUS DANS LES ÎLES

Au XIXe s, Key West, malgré sa situation géographique très particulière, devint la ville la plus riche des États-Unis grâce à une activité originale et lucrative : le pillage d'épaves ! Une loi américaine permettait alors aux gens qui trouvaient une épave de conserver la moitié des biens récupérés.

L'essor économique de l'État n'a vraiment commencé qu'avec l'arrivée du ***milliardaire Henry Flagler,*** dont on peut dire qu'il a créé la Floride d'aujourd'hui. À la toute fin du XIXe s, il construisit des palaces luxueux qu'il relia par un réseau ferroviaire, donnant l'impulsion première du ***tourisme*** sur la côte orientale, puis jusqu'à Miami et dans les Keys. Actuellement, le Sunshine State est la première destination touristique des États-Unis et aussi l'une des premières au monde, avec près de 117 millions de visiteurs en 2017 ! ***L'installation à Orlando de Disney*** (premier employeur de la Floride centrale), suivi par d'autres, n'est pas étrangère au phénomène. La capitale des parcs d'attractions, véritable usine à produire du loisir, est aujourd'hui l'un des sites les plus visités de la planète. Et si la Floride a aussi souffert de la crise économique, le tourisme est parvenu à maintenir son bon niveau – maintien d'autant plus important que près de 1,4 million de travailleurs floridiens en dépendent directement. Ainsi, les retraités et les familles américaines, les vacanciers canadiens (4 millions par an !) et européens viennent toujours plus nombreux, attirés par la douceur du climat, les plages, l'aura de Miami Beach et, pour les étrangers, le fantasme de l'*American way of life.* Leur impact économique est estimé à 67 milliards de dollars.

Plaque tournante du commerce maritime étatsunien avec les Caraïbes et l'Amérique latine, Miami devrait par ailleurs profiter de l'agrandissement du canal de Panamá, dont le nouveau passage a été inauguré en 2016. Désormais, 98 % des plus gros porte-conteneurs du monde peuvent y passer, soit 3 fois plus qu'avant. La quatrième puissance économique du pays et 20e puissance économique du monde attire parallèlement de nombreux ***investissements étrangers,*** du fait de sa politique fiscale avantageuse – il n'existe aucun impôt sur le revenu ni impôt sur la fortune au niveau de l'État de Floride ! Si les technologies de pointe ont le vent en poupe, c'est la ***spéculation immobilière*** qui est (re)devenue le sport national : c'est à qui achètera et revendra le plus de condominiums, ces immeubles en copropriété qui, au plus fort de 2009, se retrouvèrent tous vides... Aujourd'hui, Chinois (soucieux de planquer leurs économies), Latinos, mais aussi de nombreux Européens investissent en masse. Les ***Français*** sont là, aussi. Près de la moitié des plus de 30 000 *froggies* résidant en Floride ont passé leur diplôme d'agent immobilier !

Déjà, à Miami, les prix sont remontés en flèche, même s'ils restent abordables pour une grande métropole. Du coup, les projets fleurissent un peu partout : pas moins de 170 chantiers majeurs sont annoncés dans le cadre de Miami 2020 ! Le Scorpion, le dernier gratte-ciel de feu Zaha Hadid, s'élève aujourd'hui au-dessus de la baie de Biscayne. La tour ***SkyRise Miami*** (prévue pour 2020), située sur le port, ambitionne de devenir la tour Eiffel de Miami (302 m de haut annoncés). Les quartiers de ***Wynwood*** et de ***Design District*** connaissent une ***frénésie immobilière*** sans précédent. Un projet de plus d'un milliard de dollars prévoit à terme 120 boutiques de luxe dans Design District. Les investisseurs comptant sur la dynamique liée au tourisme, dans un pays où les achats de luxe sont encore réalisés à 80 % par des Américains. Design District, situé à 10 mn de la zone portuaire où accostent les bateaux de croisière, compte bien infléchir cette tendance en permettant aux riches du monde entier, et notamment à ceux en provenance d'Amérique latine, d'accéder aux griffes absentes ou surtaxées dans leur propre pays. Tout cela fait boule de neige : les perspectives encourageantes attirent plus que jamais de nouveaux venus.

ENVIRONNEMENT

La Floride est un pays plat, constitué de ***grands espaces sauvages ponctués de plus de 30 000 lacs*** – le plus grand étant l'*Okeechobee lake* (1 900 km²), le 7ᵉ du pays, situé en plein centre de la péninsule. Ce vaste plan d'eau collecte les pluies et les redistribue vers les terres basses du sud de l'État, où s'étendent les immenses marais et terres humides des ***Everglades.*** Ces derniers sont protégés depuis 1947 par le plus vaste des parcs nationaux floridiens et le troisième des États-Unis en superficie, après ceux de *Death Valley* et *Yellowstone* (6 100 km², soit l'équivalent d'un département français). Au-delà, 160 parcs d'État font aussi résonner l'appel de la nature !

Si l'écologie et le réchauffement de la planète n'ont jamais été au cœur des préoccupations américaines, l'État de Floride fait quand même fort. ***Dirigé par un climato-sceptique pur et dur,*** les expressions « réchauffement climatique » ou « élévation du niveau de la mer » ont été carrément bannis du langage administratif (certains fonctionnaires ont même été inquiétés pour les avoir employés !). L'équipe à la tête du pays ne risque malheureusement pas de changer la donne. Pourtant le sujet devrait préoccuper les édiles d'un territoire de plaine littorale et d'îles coralliennes hautes de quelques mètres seulement au-dessus du niveau de la mer. Les dernières études dans le domaine montrent que si rien n'est fait pour réduire la consommation en énergies fossiles d'ici l'an 2100, la planète verra les eaux monter entre 4,3 et 9,90 m. Quand bien même on construirait des digues, Miami, ville basse construite sur un sol calcaire, ne pourrait être protégée de la montée des eaux. Seule une action décisive qui consisterait à abaisser les émissions en CO_2 en 2050 à un niveau proche de ce qu'elles étaient en 1950, serait à même d'inverser la tendance.

En attendant, la météo continue de défier la chronique. ***Miami et la Golden Coast ont été balayées par l'ouragan Irma*** en septembre 2017, plongeant plus de 5 millions de personnes dans un black-out total le temps d'un week-end, faisant 3 morts et des millions de dollars de dégâts. En janvier 2018, le *Sunshine State* a connu une tempête de neige qui a sérieusement affecté le trafic routier. Dans ce contexte, ***le retrait des États-Unis (en juin 2016) des accords de Paris de 2015*** (suite à la COP21) est proprement hallucinant. Les plus optimistes se diront qu'il y a un délai de carence de 3 ans avant que ce retrait soit contractuellement effectif. Le temps d'espérer un changement climatique à la tête des États-Unis !

Everglades menacées

Classé réserve de la biosphère et Patrimoine mondial par l'Unesco, cet écosystème unique au monde couvrait, avant l'urbanisation du XXᵉ s, une superficie totale de 11 000 km². Si, au sud du Tamiami Trail (route 41), il a largement conservé sa virginité, il n'a cessé d'être rogné aux entournures pour favoriser le développement de l'agriculture et l'assèchement des terres. À l'est, l'extension continue de Miami menace. En l'espace de 25 ans, la pression démographique dans le comté de Miami a augmenté de 60 % ! La consommation d'eau, due en majeure partie à l'agriculture, est trois fois plus élevée ici qu'en Europe – où elle n'est déjà pas faible ! Une réglementation plus stricte d'utilisation de l'eau par les particuliers a certes permis à la Floride du Sud de réduire sa consommation de 20 % (soit 8 milliards de litres d'eau par an !). Un temps classé sur la liste du Patrimoine de l'humanité en danger, les Everglades en ont été retirées suite à cet effort... puis remises en 2010. En effet, les rejets de phosphates utilisés dans la culture de la canne à sucre et le déficit en eau perdurent, perturbant les équilibres écologiques et limitant la croissance des plantes et, par voie de conséquence, des poissons et des oiseaux qui s'en nourrissent. Le taux de nidification des espèces peuplant les Everglades a été divisé par 10 par rapport aux années 1940. La ***panthère de Floride*** est par ailleurs en voie de disparition.

Le plan de restauration peine à atteindre ses objectifs. Or, sous couvert de vouloir sauver les Everglades, on canalise en réalité les eaux de certains cours d'eau vers des terres agricoles qui en manquent. Les lobbies agricoles et industriels applaudissent ! Le marais moins car, faute d'apport en eau claire, il se meurt peu à peu. La chaîne alimentaire est déséquilibrée et même les alligators ont perdu en moyenne 20 % de leur poids. Une menace pour l'espèce à terme.

L'emprise du monde moderne

La cohabitation de l'homme, en constante expansion, avec certaines espèces pose problème. Ainsi, le ***lamantin*** *(manatee)* et le ***dauphin*** sont condamnés à partager les eaux floridiennes avec de nombreux bateaux de plaisance. Ils sont souvent victimes de leur hélice. Tout comme les ***tortues marines,*** qui se retrouvent trop souvent au *Turtle Hospital* de Marathon (Keys) avec une carapace brisée. Les chenaux sont généralement balisés et la vitesse très réglementée afin d'enrayer ce carnage. Tant mieux. Par ailleurs, beaucoup d'animaux souffrent aussi de l'ingestion de déchets plastiques, confondus avec des méduses (une de leurs proies favorites) et de tumeurs favorisées par la pollution des eaux marines.
À cet égard, le ***Florida Reef,*** qui forme la troisième plus longue barrière corallienne du monde (570 km), reste très menacé malgré son classement en *National Maritime Sanctuary* en 1990. Principales sources d'inquiétude, la ***pollution,*** le réchauffement et l'acidification des eaux. C'est inexorable, la barrière est en rapide déclin et se désintègre. L'impact des millions de plongeurs, adeptes de *snorkeling* et pêcheurs qui fréquentent les récifs chaque année est important. Mais les rejets des activités terrestres sont encore plus dévastateurs, en particulier ceux de l'agriculture, dont les composants chimiques favorisent le développement des algues et l'appauvrissement des eaux en oxygène. Même constat pour les fosses septiques, dont les effluents s'infiltrent dans la table corallienne poreuse. Partout, les coraux souffrent. Là où on devrait en compter 30 à 40 % de vivants sur les récifs, le chiffre est tombé à 3 %. En de nombreux d'endroits, déjà, les coraux durs, très exigeants en terme de propreté de l'océan, ont été remplacés par des coraux mous et des éponges, plus tolérants à la turbidité des eaux.

Marée noire

Comme si cela ne suffisait pas, la marée noire provoquée par l'explosion de la plate-forme pétrolière exploitée par BP le 20 avril 2010, au large des côtes de Louisiane, a fragilisé l'écosystème marin de toute cette partie du golfe du Mexique. Si les côtes de Floride ont été globalement épargnées par la nappe de pétrole, quelque 800 millions de litres de pétrole se sont déversés, ainsi que 7 millions de litres de dispersants chimiques. La faune en a été fortement affectée, et particulièrement le phytoplancton, premier maillon de la chaîne alimentaire marine. Le taux de mortalité des mammifères marins a très fortement augmenté dans la région. Que représentent les 18,7 $ milliards versés par BP pour compenser les tragiques conséquences de la catastrophe, face à la multiplication par 4 des dauphins échoués, par 8 pour les tortues ? Des pêcheurs croisent même parfois des requins à deux têtes, des crevettes sans yeux et des crabes sans pinces ! Bon appétit.

Note positive

Dans ce sombre bilan, un animal tire son épingle du jeu : l'***alligator.*** Autrefois menacé de disparition, en raison d'une chasse intensive, il a reconquis tous les marais de Floride, jusque dans les lacs urbains et, parfois même... les égouts et canalisations. Aujourd'hui présent dans les 67 comtés de Floride, il atteint une population d'environ 1,3 million d'animaux. Cette réussite, bien sûr, ne fait pas que des heureux... Certains commencent même à parler de surpopulation. Pour gérer les inévitables conflits de territoire avec les habitants, la *Florida Fish and Wildlife Conservation Commission* accrédite des équipes de trappeurs pour supprimer les bestioles de plus de quatre pieds (1,22 m). Pour plus d'informations, vous pouvez consulter le site officiel de l'Agence pour la protection de l'environnement en Floride : ● *dep.state.fl.us* ●

L'ALLIGATOR VA DEVENIR SYMPATHIQUE

Les biologistes ont découvert que le sang d'alligator contient des globules blancs extraordinaires, capables de synthétiser une protéine qui combat virus et bactéries (dont le méchant staphylocoque doré, résistant aux antibios classiques) sans même avoir jamais été en contact avec eux. Ce puissant système immunitaire permet aux sauriens de cicatriser rapidement après de violents combats. Une vraie révolution en perspective, notamment pour les grands brûlés.

FÊTES, FESTIVALS ET JOURS FÉRIÉS

Voici les jours fériés américains valables pour l'ensemble du territoire (presque toutes les boutiques sont fermées ces jours-là). Pour une liste des festivités locales, reportez-vous aux sections concernées de chaque chapitre.

– ***New Year's Day :*** *le 1er janv.*

– ***Martin Luther King Jr's Birthday :*** *le 3e lun de janv,* celui le plus proche de son anniversaire, le 15 janvier. Un jour très important pour la communauté noire américaine.

– ***President's Day :*** *le 3e lun de fév,* pour honorer la naissance du président Washington, le 22 février 1732.

– ***Easter*** *(Pâques)* **:** ce n'est pas une fête officielle, mais les boutiques sont souvent fermées le dimanche et certaines aussi le lundi.

– ***Memorial Day :*** *le dernier lun de mai.* En souvenir de tous les morts au combat. Correspond au début de la saison touristique.

– ***Independence Day :*** *le 4 juil,* fête nationale qui commémore l'adoption de la Déclaration d'indépendance en 1776.

– ***Labor Day :*** *le 1er lun de sept,* la fête du Travail. Marque la fin de la saison touristique.

– ***Columbus Day :*** *le 2e lun d'oct,* en souvenir de la « découverte » de l'Amérique par Christophe Colomb.

– ***Halloween :*** *la nuit du 31 oct au 1er nov.* Cette tradition celte, importée par les Écossais et les Irlandais, est célébrée avec une grande ferveur aux États-Unis. Sorcières ébouriffées, fantômes et morts vivants envahissent les rues, tandis que les enfants, déguisés eux aussi, font du porte-à-porte chez les voisins en demandant : « *Trick or treat ?* » (« Farce ou friandise ? »), et repartent les poches pleines de bonbecs.

– ***Veteran's Day :*** *le 11 nov.*

– ***Thanksgiving Day :*** *le 4e jeu de nov.* Fête typiquement américaine commémorant le repas donné par les premiers immigrants (les pères pèlerins) en

TRAVAILLEURS DE TOUS LES PAYS...

Dans le monde entier, la fête internationale des Travailleurs se tient le 1er mai, jour commémorant une grève massive des ouvriers... américains, débutée le 1er mai 1886 et réprimée dans le sang à Chicago. Dans le monde entier sauf... aux États-Unis (et au Canada), qui la célèbrent bizarrement le 1er lundi de septembre !

remerciement à Dieu et accessoirement aux Indiens pour leur avoir permis de survivre à leur premier hiver dans le Nouveau Monde. Fête familiale et chômée par à peu près tout le monde. L'occasion de dévorer une dinde rôtie gigantesque avec sa sauce aux canneberges et une tarte au potiron *(pumpkin pie)* en dessert !
– ***Christmas Day :*** *le 25 déc.*

Festivals à Miami

Pour une liste complète, penser à consulter le *Time Out* (● *timeout.com/miami* ●).
– ***Art Deco Weekend :*** *2e ou 3e w-e de janv.* ● *artdecoweekend.com* ● La Miami Design Preservation League organise dans l'Art Deco Historic District des conférences, balades accompagnées, séances de cinéma et concerts sur la plage.
– ***Wynwood Life Festival :*** *3 j. fin janv.* ● *wynwoodlife.com* ● Art, mode, design, musique live et cuisine *(food trucks)* à l'honneur dans le quartier branché de Wynwood.
– ***Coconut Grove Arts Festival :*** *2e ou 3e w-e de fév.* ● *cgaf.com* ● Programmation très éclectique et complète pour cette célébration des arts, visuels, culinaires ou encore scéniques.
– ***Miami International Boat Show :*** *mi-fév.* ● *miamiboatshow.com* ● Avez-vous jamais rêvé de voguer à bord d'un yacht de 10 millions de dollars ? Si vous avez le cash, c'est le moment de faire vos emplettes... Il y a aussi des coques de noix et des *street performers* !
– ***South Beach Wine & Food Festival (SOBEWFF) :*** *4-5 j. fin fév.* Dégustations, conférences et rencontres avec les meilleurs chefs du moment.
– ***Winter Party Festival :*** *début mars.* ● *winterparty.com* ● Le rendez-vous de la communauté gay de Miami. Une semaine de fête, de techno, de danse, de cinéma dans les hôtels et discothèques de SoBe.
– ***Miami Film Festival :*** *env 10 j. début mars.* ● *miamifilmfestival.com* ● Festival de cinéma international, plutôt orienté vers les productions latino-américaines, organisé par le *Miami Dade College*. Diverses projections dans Downtown.
– ***Carnaval Miami et Calle Ocho :*** *10 j. début mars.* ● *carnavalmiami.com* ● Le carnaval de la communauté latino de Miami fête le début du printemps dans Little Havana : défilé sur la très longue Calle Ocho, concours de beauté, concerts, salsa, merengue et dégustations.
– ***Masters de Miami (Miami Open) :*** *pdt env 12 j. entre mi-mars et début avr.* ● *miamiopen.com* ● Les meilleurs tennismen s'affrontent sur les terrains de Key Biscayne.
– ***Miami Beach Gay Pride :*** *3 j. début avr.* ● *miamibeachgaypride.com* ● Célébration de la journée de la fierté gay à Miami. Festival, défilé traditionnel sur Ocean Drive et quelques jours de célébration dans la ville.
– ***Design Miami :*** *5 j. mi-juin.* ● *designmiami.com* ● Version design de la foire d'Art Basel, l'événement réunit là encore créateurs, galeristes et passionnés venus du monde entier.
– ***Miami Spice :*** *août et sept.* De nombreux restos de Miami proposent des menus trois plats à environ 25 $ au déjeuner et 40 $ au dîner. L'occasion de se faire une bonne table.
– ***White Party Week :*** *fin nov-début déc à SoBe.* ● *whiteparty.org* ● Une semaine de soirées dont les bénéfices vont à la recherche sur le sida. Vêtu de blanc, venez danser sur des rythmes techno enivrants. Très fréquenté par la communauté gay du coin.
– ***Art Basel Miami Beach :*** *en général la 1re sem de déc.* ● *artbasel.com* ● La plus grande foire américaine d'art contemporain et de design réunit plus de 200 des galeristes les plus réputés, artistes et marchands du monde entier. Expos, conférences et soirées sont alors au rendez-vous. La manifestation surfe sur une vague d'engouement sans précédent, mais « sur un créneau mode plutôt que présentant un art qui s'inscrit dans l'histoire de l'art », modèrent les spécialistes...

– **Art Miami :** *au même moment que l'Art Basel Miami Beach. • art-miami.com •* Cette foire d'art contemporain, avec un accent mis sur l'art américain, expose les œuvres de plus de 120 galeries juste au nord de Downtown.

GÉOGRAPHIE

La Floride forme une longue péninsule située à l'extrême sud-est des États-Unis, bordée à l'est par l'océan Atlantique et à l'ouest par le golfe du Mexique. Ses côtes, étirées sur près de 2 900 km, ne comptent pas moins de 1 900 km de plages !
Autrefois, le territoire se réduisait pour l'essentiel à de ***vastes marécages*** envahis de moustiques. Le développement de l'agriculture et le peuplement rapide de la région entamés dans la seconde moitié du XIXe s ont engendré de sacrées transformations. Les travaux d'assainissement des zones humides, le creusement de voies navigables et la construction de digues pour lutter contre l'ensablement ont fait pousser des villes comme des champignons dès la fin de la grande récession de 1929. ***Miami*** en est la principale. Située à la pointe sud-est, au bord de l'océan, elle bénéficie d'une situation idéale sur la baie de Biscayne, qui en a fait une plaque tournante du trafic vers les Caraïbes et l'Amérique latine. À ses portes, le ***parc national des Everglades*** rappelle à la Floride son lointain passé de terres envahies par les eaux. Ici, la faune et la flore règnent encore en maîtres sur plus de 6 000 km^2.
En direction du sud s'étire le long ***archipel des Keys,*** formé de quelque 1 700 îles et îlots, en grande partie inhabités. Il est souligné, au sud, par les récifs du Florida Reef, l'un des plus grands au monde (le troisième, dit-on ici), ancré à quelques kilomètres au large. Une route mythique, l'*Overseas Highway,* s'élance ici en mer en direction de Key West, au gré de 42 ponts. C'est le point le plus au sud des États-Unis, situé à tout juste 150 km de Cuba (plus près que Miami !).
La métropole de Miami, ***Great Miami,*** regroupe le comté de Miami-Dade ainsi qu'un chapelet d'îles important, dont ***Key Biscayne*** et Miami Beach, qui la protègent des aléas climatiques que sa situation littorale pourrait générer. La ville de Miami est divisée en de nombreux quartiers, caractérisés par la prédominance d'une certaine communauté et, parfois, une fonction particulière (quartier résidentiel ou d'affaires...).

HISTOIRE

Quelques dates

– ***Vers 5000 av. J.-C. :*** premières traces de peuplement en Floride le long de la St Johns River.
– ***1513 :*** Ponce de León découvre la Floride pour les Espagnols.
– ***1763 :*** traité de Paris, la Grande-Bretagne acquiert la Floride et rend Cuba aux Espagnols.
– ***1783 :*** second traité de Paris, la Grande-Bretagne reconnaît l'indépendance américaine, gagne les Bahamas et Gibraltar, et rend la Floride à l'Espagne.
– ***1785-1821 :*** accrochages frontaliers fréquents entre Espagnols et Américains.
– ***1819 :*** pour rembourser une dette de 5 millions de dollars envers les États-Unis, l'Espagne leur cède tous ses territoires à l'est du Mississippi, dont la Floride.
– ***1824 :*** le village indien de Talasi est choisi comme site de la capitale du nouvel État sous le nom de Tallahassee.
– ***1832 :*** traité de Payne's Creek ; 15 chefs séminoles cèdent leurs terres aux États-Unis et acceptent de partir vers l'ouest.
– ***1836 :*** mise en marche du premier chemin de fer en Floride.

– ***1852 :*** la Floridienne Harriet Beecher Stowe publie *La Case de l'oncle Tom.*
– ***1861-1865 :*** guerre de Sécession.
– ***1865 :*** Abraham Lincoln proclame l'abolition de l'esclavage.
– ***1886 :*** Flagler entame la construction du *Florida East Coast Railroad.*
– ***1918 :*** début de la Prohibition en Floride.
– ***1926 :*** ouragan sur les Everglades et Miami *(The Big Blow).*
– ***1929 :*** krach de Wall Street le 24 octobre.
– ***1931 :*** Hemingway acquiert une maison à Key West.
– ***1939 :*** Al Capone se retire dans sa propriété de Palm Island à Miami.
– ***1941-1945 :*** Seconde Guerre mondiale ; les États-Unis se rangent du côté des Alliés contre les forces de l'Axe.
– ***1945 :*** la disparition d'un avion donne naissance à la légende du triangle des Bermudes.
– ***1958 :*** la sonde *Explorer 1* est lancée par la NASA, qui vient de s'établir à Cape Canaveral pour développer son programme de lancement de fusées.
– ***1959 :*** prise du pouvoir par Fidel Castro à Cuba, et exode de 300 000 Cubains pour la Floride. Première édition des *200 Miles* de Daytona.
– ***1962 :*** crise des missiles de Cuba.
– ***1963 :*** assassinat de John F. Kennedy à Dallas le 22 novembre.
– ***1964 :*** début de la guerre du Vietnam. Martin Luther King est arrêté et emprisonné à Saint Augustine.
– ***1968 :*** assassinat de Martin Luther King le 4 avril.
– ***1971 :*** ouverture du parc Disneyland à Orlando.
– ***1973 :*** le comté de Miami-Dade (anciennement comté de Dade) devient officiellement bilingue (anglais et espagnol).
– ***1976 :*** la Floride est le premier État à rétablir la peine de mort (après sa suspension provisoire en 1972).
– ***1977 :*** reconnaissance de l'éligibilité locale des homosexuels par les États-Unis.
– ***1980 :*** l'opération *Mariel* ordonnée par Fidel Castro oblige 125 000 Cubains à émigrer en Floride.
– ***1982 :*** protestant contre les autorités américaines, Key West se proclame « République Conch » pendant 1 semaine.
– ***1992 :*** l'ouragan Andrew ravage le sud de la Floride.
– ***1994 :*** nouvel afflux de Cubains en Floride.
– ***1997 :*** assassinat à Miami du styliste italien Gianni Versace.
– ***1998 :*** Jeb Bush est élu gouverneur de Floride pour le Parti républicain. Il est respectivement le fils et le frère des deux anciens présidents George H. W. Bush et George W. Bush.
– ***2000 :*** les condamnés à mort de Floride ont désormais le choix entre l'injection létale et la chaise électrique. Lors de l'élection présidentielle, Al Gore est battu de très peu par George Bush Jr, les résultats du scrutin de Floride sont un temps suspectés d'irrégularités.
– ***2003 :*** explosion de la navette *Columbia* à son entrée dans l'atmosphère.
– ***2004 :*** George W. Bush est réélu président en novembre, face à John Kerry. Six ouragans font plus de 40 milliards de dollars de dégâts en Floride.
– ***2005 :*** fin août, le cyclone Katrina, l'un des plus dévastateurs de l'histoire américaine, frappe le sud de la Floride mais sans conséquence dans cet État.
– ***2008 :*** une crise économique et financière sans précédent frappe les États-Unis. Le démocrate Barack Obama succède à George W. Bush et devient le premier président noir à entrer à la Maison Blanche.
– ***2010 :*** Barack Obama réussit à faire passer auprès du Congrès sa réforme du système de santé. En avril, une plate-forme pétrolière de la *British Petroleum (BP)* sombre au large de la Louisiane et provoque l'une des plus grandes marées noires que les États-Unis aient jamais connues.
– ***2012 :*** en novembre, réélection d'Obama à l'issue de la campagne présidentielle la plus coûteuse de l'histoire.

– ***2013 :*** George Zimmerman est acquitté dans l'affaire du meurtre du jeune Noir Trayvon Martin, tué en Floride en février 2012. Le verdict du jury relance le débat sur la discrimination raciale aux États-Unis. Le 1er octobre, entrée en vigueur du premier volet de l'*Obamacare* (assurance santé).
– ***2015 :*** au printemps, rétablissement des relations diplomatiques entre les États-Unis et Cuba après un demi-siècle d'embargo. En juin, la Cour suprême autorise le mariage homosexuel sur tout le territoire américain. Grande victoire pour l'égalité pour tous. Le 17 juin, tuerie de Charleston, en Caroline du Sud ; neuf personnes afro-américaines abattues dans une église par un suprématiste blanc.
– ***2016 :*** le 12 juin, tuerie revendiquée par Daech dans une boîte gay d'Orlando (49 morts). Le 8 novembre, Donald Trump remporte l'élection présidentielle face à la démocrate Hillary Clinton.
– ***2017 :*** en septembre, l'ouragan Irma balaie violemment les Caraïbes et n'épargne pas le sud de la Floride. Le producteur Harvey Weinstein, poids lourd d'Hollywood, est accusé de viol et de harcèlement par des dizaines de femmes : onde de choc dans le monde entier.
– ***2018 :*** l'année commence avec une vague de froid sans précédent depuis 1989, accompagnée d'inédites chutes de neige. En février, fusillade dans un lycée au nord de Fort Lauderdale (17 victimes, élèves et professeurs), qui relance à nouveau le débat sur le contrôle des armes.

De la Floride précolombienne aux premiers contacts

En Floride, les premières traces retrouvées de peuplement semi-permanent datent de 5000 av. J.-C. environ, le long de la St Johns River. Le passage de tribus nomades à une société plus sédentarisée date du Ier millénaire av. J.-C.

À l'arrivée de l'homme blanc, la Floride est habitée par environ 350 000 personnes réparties dans plus d'une centaine de tribus, dont les Apalachee (au nombre de 50 000 et organisés politiquement) et les Timucua (dont les dialectes étaient parlés par près de 150 000 individus), au nord, et les Myami, les Calusa ou les Tequesta, au sud.

Dans le prolongement de la découverte des Amériques par Christophe Colomb et Amerigo Vespucci en 1492, ***l'Espagnol Ponce de León « découvre » la Floride, le 2 avril 1513.*** La découverte ayant lieu le jour des Rameaux, *La Pascua Florida* en espagnol (« Pâques des fleurs »), le navigateur donne au nouveau territoire le nom de « Florida ». L'exploration aura lieu un peu plus tard, avec l'expédition organisée en 1528 par Pánfilo de Narváez, puis, en 1539, avec celle de l'explorateur et conquistador espagnol Hernando de Soto.

LA ROUTE DES DINDES

N'étant pas très fort en géographie, Christophe Colomb était persuadé d'avoir découvert l'Inde quand il débarqua en Amérique. D'où le nom de ces poules locales qu'il rapporta. Les Anglais, qui ne font jamais comme les autres, appellent ces bestiaux... turkey ! Ils avaient vu des volatiles similaires en Turquie.

Vingt ans plus tard, en 1559, Tristan de Luna y Arellano fonde la première colonie espagnole floridienne à Pensacola (nord-ouest de la Floride), mais l'aventure ne dure finalement que 2 ans.

L'arrivée des Français

En 1562, le Français Jean Ribaut est envoyé outre-Atlantique pour fonder un établissement huguenot français en Amérique. Dans une baie du nord de la Floride, il fonde Charlesfort (du nom du roi de France Charles IX) et y installe une garnison avant de retourner en France. Durant son absence,

la garnison se mutine et laisse le fort à l'abandon. Au printemps 1564, une armée espagnole finit par le détruire.
L'année suivante, un autre Français, Laudonnière, est chargé de construire un nouveau bastion, Fort Caroline (toujours Charles IX, du latin *Carolus*), près de l'actuelle Jacksonville. Mais l'incursion de protestants français sur le sol de Floride ne plaît définitivement pas aux « très catholiques » Espagnols, qui s'emparent du fort et en massacrent les occupants.
En 1568, le Gascon Dominique de Gourgues détruit quelques forts espagnols (dont Fort Caroline, rebaptisé San Mateo par les Espagnols), mais c'est le dernier épisode de la présence française en Floride si l'on exclut une brève occupation de Pensacola de 1719 à 1722.

Les Anglais s'en mêlent

Après l'évincement des Français, les Espagnols, dont l'établissement principal est San Augustín (futur Saint Augustine), doivent faire face à l'appétit des Anglais. En 1585, le conflit religieux en Europe s'aggrave et entraîne l'Angleterre dans une guerre opposant protestants et catholiques. Dès 1586, le conflit s'exporte aux Amériques. L'explorateur et corsaire anglais Francis Drake pille San Augustín.
Dans la foulée, ***l'Angleterre entame sa colonisation du Nouveau Monde.*** En 1607, 144 personnes débarquent sous le commandement de John Smith. Grâce à sa liaison avec la princesse indienne Pocahontas, le commandant comprend l'intérêt de la culture du « blé indien », ou maïs, pour l'installation durable des Anglais en Amérique. Dès lors, la colonie peut s'étendre rapidement.
Tout au long du XVIIe s, les nouveaux établissements anglais en Virginie puis en Caroline ne feront que repousser les frontières des possessions espagnoles vers le sud. ***En 1763, la Floride, presque dépeuplée, est finalement cédée aux Anglais par le premier traité de Paris,*** à l'issue de la guerre dite « de Sept ans » et en échange de Cuba.
L'installation des Anglais en Floride est difficile. Elle est marquée par la ***migration d'une importante partie d'Indiens creek, qui formeront la nation séminole,*** et, en 1768, par une tentative hasardeuse de peuplement dans l'actuelle ville de New Smyrna.
Durant la guerre d'Indépendance, la Floride, très peu peuplée, reste en retrait des événements. Elle n'échappe pas, en revanche, aux convoitises des Espagnols et des Français, établis sur le Mississippi, et alliés aux Américains. ***Au second traité de Paris, en 1783, les Espagnols récupèrent finalement le territoire au détriment des Anglais et des Américains.***

La seconde domination espagnole

Durant leur seconde période de domination, les Espagnols sont peu présents en Floride. Ils l'ouvrent à l'immigration et en font une terre d'accueil pour les esclaves en fuite et pour les Indiens. Cette politique est très vite dénoncée par les États-Unis, fraîchement constitués, qui y voient une menace pour leur équilibre. À partir de 1810, ils vont donc procéder à une politique d'annexions progressives des territoires floridiens, qui débute avec l'incorporation à l'actuelle Louisiane des régions de l'Ouest en rébellion.
En 1817, les Indiens séminoles de Floride se rebellent et organisent des raids sur la Géorgie. La réponse américaine est immédiate : les troupes du général Andrew Jackson s'engagent, en plein territoire espagnol, dans une guerre punitive qui leur permet également d'occuper la quasi-totalité du territoire. ***En 1821, ayant perdu pratiquement toute autorité, les Espagnols finissent par céder la Floride aux Américains pour 5 millions de dollars.***
Andrew Jackson devient le premier gouverneur du territoire de Floride avant d'être élu, 8 ans plus tard, à la présidence des États-Unis (fonction qu'il occupa jusqu'en 1837).

L'intégration aux États-Unis et l'expulsion des Indiens

L'annexion de la Floride aux États-Unis, son passage du statut de territoire à celui d'État, se fait en plusieurs étapes. Tout d'abord l'attribution d'une ***capitale administrative à Tallahassee,*** idéalement placée à mi-chemin entre Saint Augustine à l'est et Pensacola à l'ouest. Dans un second temps, le gouvernement américain cherche à pallier le problème que lui posent les Indiens séminoles qui continuent d'accepter au sein des leurs des groupes d'esclaves en fuite. En 1832, par le traité de Payne's Landing, certains chefs séminoles acceptent d'exiler leurs tribus plus à l'ouest en échange de terres. Ceux qui font le choix de rester sont rapidement contraints à la résistance armée contre des colons qui ne veulent plus entendre parler d'eux. Cette nouvelle ***guerre séminole*** dure 7 ans, de 1835 à 1842, et se conclut par l'exil forcé de 3 000 Séminoles vers l'ouest.

Le 3 mars 1845, une fois le capitole de Tallahassee achevé, la Floride, dont la population est formée pour moitié d'esclaves noirs exploités dans les plantations, devient officiellement le ***27e État des États-Unis d'Amérique.***

La guerre de Sécession

L'aspect immoral de l'esclavage d'un homme n'est pas la vraie raison du déclenchement de la guerre de Sécession, qui opposa les États unionistes et abolitionnistes du Nord, aux États séparatistes et esclavagistes du Sud, dits « confédérés ». Il s'agit d'abord pour le Nord de défendre une Union indivisible, fracturée suite à l'élection d'Abraham Lincoln. ***Abraham Lincoln n'a que peu de sympathie pour la « cause noire »,*** la libération des esclaves ne s'inscrivant alors que dans le cadre du combat contre le Sud. Il déclare à ce sujet : « Mon objectif essentiel dans ce conflit est de sauver l'Union... Si je pouvais sauver l'Union sans libérer aucun esclave, je le ferais... »

Le conflit dure de 1861 à 1865, et c'est un véritable massacre (environ 630 000 morts et 400 000 blessés). Deux profonds changements dans la société américaine sont issus de cette guerre civile : le premier est l'***abolition de l'esclavage le 18 décembre 1865,*** et le second sera la ***volonté de l'Union de représenter et de garantir une nouvelle forme de démocratie. Lincoln,*** le président américain dont l'élection a tout déclenché, en sort grandi et devient un héros national... avant d'être assassiné.

LA FIN D'UN MYTHE

En souvenir du roman antiesclavagiste de Harriet B. Stowe, les Américains furent fiers de découvrir l'authentique case de l'Oncle Tom. Les travaux de rénovation du site dépassèrent allègrement les 3 millions de dollars. Puis on se rendit compte qu'il ne s'agissait que d'une modeste cuisine où le héros ne vécut jamais.

État esclavagiste par excellence, la Floride est l'un des quatre membres fondateurs des États confédérés d'Amérique. Les États du Nord établirent un véritable embargo sur les principaux ports de cet important fournisseur de ressources pour l'armée confédérée. Mais, à part quelques exceptions, l'État resta néanmoins épargné par les combats. Une fois la guerre terminée, la Floride sera finalement admise à réintégrer les États-Unis en juillet 1868, et les esclaves des plantations obtiennent leur liberté, ce qui fait s'écrouler les bases de l'économie floridienne.

Mais si les Noirs américains acquirent leur liberté au sortir de la guerre, ils durent encore se battre un siècle de plus contre la ***ségrégation,*** jusqu'à conquérir, dans les années 1960, des droits civiques équivalents à ceux des Blancs. Encore aujourd'hui, l'exclusion raciale passée (et parfois présente) a pour conséquence ***le paupérisme et l'exclusion d'une majorité des Noirs américains.***

La reconstruction

Au sortir de la guerre civile, la Floride, ruinée, reconstruit son économie en misant avec succès sur le ***développement du tourisme.*** S'appuyant sur des capitaux du Nord, les ***magnats des chemins de fer Henry Plant et Henry Flagler*** entreprennent ***la restauration et l'amélioration des réseaux ferroviaires et hôteliers*** dès la fin des années 1870. L'intérieur et autour de Tampa pour Plant, de Jacksonville à Key West pour Flagler. De son côté, l'industriel Hamilton Disson fait l'acquisition des Everglades en 1881. Il y fait creuser des canaux et y implante un système hôtelier qu'il fait relier par *steamboats* (bateaux à vapeur). ***La Floride se transforme en havre pour touristes fortunés.*** Sa tranquillité est à peine troublée par la ***Première Guerre mondiale,*** à laquelle les États-Unis prennent part en 1917.

CRISE DE L'ARME

Selon la journaliste Corine Lesnes du Monde, *les civils détiennent des armes depuis la guerre de Sécession. Quand la paix revint, les gouvernements ne récupérèrent pas les Winchester comme en France en 1944. Ce furent les Indiens qui en firent les frais. La culture des armes est très forte dans les zones pauvres où la sécurité est moins évidente.*

Les années de boom et la guerre

Au lendemain de la guerre de 1914-1918, la suprématie européenne est en déclin et les États-Unis, moyennement meurtris et très enrichis, deviennent une puissance importante sur l'échiquier mondial. Ce sont les « ***années Boom*** », caractérisées par une ***très forte croissance économique,*** notamment dans le domaine de l'immobilier. L'automobile, rendue plus accessible, permet à de nombreux Américains de partir en vacances. Et les investisseurs floridiens s'en frottent les mains, car ***de nouvelles villes sont créées*** dans ce dessein, ***telles Miami et Palm Beach.*** Néanmoins, l'inflation galopante dans le secteur de l'immobilier entraîne une première crise en 1925, suivie du passage d'un violent ouragan en 1926. Les prix chutent, les faillites pleuvent... si bien que la ***Grande Dépression,*** déclenchée par le krach boursier de Wall Street en 1929, atteint moins la Floride, dont la crise est déjà bien avancée ! Celle-ci passée, les investisseurs reviennent et entreprennent la ***construction des premiers parcs à thème,*** dont Cypress Gardens près de Winter Haven (1936) et Marineland près de Saint Augustine (1938). Néanmoins, l'État ne retrouvera la cote économique qu'au sortir de la guerre.

La ***Seconde Guerre mondiale,*** justement (décembre 1941-août 1945 pour les Américains), mobilise la nation entière et transforme cet État côtier en important lieu stratégique. ***La Floride accueille ainsi de nombreuses bases militaires, navales ou aériennes*** (par exemple : Jacksonville, Mayport, Cecil Field, Homestead...), et assure sa prospérité économique en servant également de base d'entraînement pour de nombreuses unités.

Tourisme, missiles, cigares et jus d'orange

Après la guerre, les bases militaires ferment peu à peu et ***la Floride redevient une destination touristique de premier choix.*** La région exploite habilement ***son principal atout : le soleil*** ! L'équation « centaines de kilomètres de plages de sable fin + ***ouverture à Orlando des parcs d'attractions » (Walt Disney World Resort en 1971 et Universal au début des années 1980)*** achève de dynamiser le tourisme en ouvrant la région à un public plus large. Les retraités s'y plaisent et sont nombreux à s'y installer. Miami est même surnommée « la salle d'attente de Dieu »...

Le climat subtropical du Sunshine State est aussi propice à la ***culture des agrumes*** (oranges, pamplemousses, citrons, etc.) ***et du tabac,*** qui en font, grâce au développement de l'industrie agroalimentaire, le deuxième producteur mondial.
Paradoxe à l'américaine, la Floride fait aussi partie de la ***Sun Belt,*** la région dynamique du sud des États-Unis qui attire ingénieurs et hommes d'affaires du monde entier. Les industries de haute technologie (aérospatiale, aéronautique, etc.) s'y développent rapidement, notamment avec la ***construction du Kennedy Space Center à Cape Canaveral.*** Surnommée ***Space Coast*** (la « côte spatiale »), la zone voit le lancement du ***premier homme sur la Lune en 1969.***
La guerre froide entre les États-Unis et l'URSS va aussi modifier le visage de la Floride avec l'***arrivée massive d'immigrés cubains*** suite au renversement du dictateur Batista par Fidel Castro en 1956 (300 000 rien que la première année, puis par vagues successives jusqu'à aujourd'hui...). Cette importante vague d'immigration cubaine achève de dynamiser la région. Partis de peu, ils forment aujourd'hui une communauté influente et toujours grandissante en Floride (environ 1,2 million d'individus) et s'organisent pour aider leurs familles restées à Cuba.

L'État Bush

Politiquement conservateur (trop de jus d'orange, peut-être ?), l'État floridien s'est illustré dans son passé par un certain nombre de mesures au message politique clair. En 1976, il est ainsi ***le premier à réinstaurer la peine de mort après sa suspension temporaire en 1972.*** C'est aussi ***le premier État américain à avoir interdit, en 1977, l'adoption d'enfants par les couples homosexuels,*** alors que ce droit leur est garanti par la Constitution américaine.
Ainsi, bien que la (sainte ?) famille Bush soit originaire du Texas, elle trouve en Floride une terre d'accueil. En 1999, le républicain Jeb Bush, qui s'est établi à Miami dans les années 1980, accède au poste de gouverneur de Floride. Un an plus tard, George Jr, son grand frère, est élu président des États-Unis d'Amérique. Une élection qui crée la polémique après que l'adversaire démocrate de Bush, Al Gore, conteste la validité du scrutin de Floride le soir de l'élection. On parle de milliers d'électeurs traditionnellement démocrates privés de vote, de machines truquées, d'urnes détournées... Après 1 mois de péripéties politico-judiciaires, la Cour suprême des États-Unis (majoritairement républicaine et dirigée par un ami personnel de George Bush Senior) intronise finalement ***George W. Bush 43e président des États-Unis,*** décidant de sa victoire par seulement 537 voix d'avance dans l'élection floridienne.
En 2002, Jeb Bush est réélu gouverneur, son frère aussi, l'année suivante. En 2006, il passe la main à un autre républicain, Charlie Crist, fils d'immigrés grecs.

POURQUOI LA FLORIDE EST UN ÉTAT CLÉ

Avec ses 29 grands électeurs sur un total de 538, la Floride pèse lourd dans la balance électorale. Le plus gros des swing States (États bascule) est aussi le plus courtisé car tous les 4 ans, ou presque, la Floride change de camp ! Il faut dire que l'afflux permanent de nouveaux habitants change la donne d'une élection à une autre.

Yes, we can ?

En 2007, emportée par l'élan national en faveur du futur premier président noir, ***la Floride vote Obama*** et, malgré les attentes en partie déçues, lui renouvelle sa confiance 4 ans plus tard. En 8 ans de pouvoir démocrate, elle va se faire l'écho des grands enjeux qui traversent le pays. Déjà, alors que le président tente de réaliser une de ses promesses phares de campagne, la ***couverture santé universelle,*** la Floride se choisit en 2010 pour gouverneur le républicain Rick Scott, ex-PDG de la plus grosse entreprise privée d'assurance-maladie des USA, fondateur d'un groupe de pression militant pour que le système de santé reste privé. Mais c'est une autre promesse qui va être douchée en Floride, une promesse que l'élection de Barack Obama contenait en creux. Non, élire un président noir n'a pas suffi à balayer des siècles d'esclavage, de ségrégation, de racisme structurel. En 2012, un jeune Afro-Américain, ***Trayvon Martin,*** qui avait la malchance de passer par là, est abattu par George Zimmerman, un simple habitant effectuant une ronde dans une résidence privée de Sanford, dans le centre de l'État. La raison ? Zimmerman avait trouvé l'adolescent suspect. Plaidant la légitime défense, il n'est même pas arrêté. Face aux manifestations qui prennent de l'ampleur, il sera finalement inculpé, et acquitté. L'affaire fait grand bruit et marque l'acte de naissance du mouvement ***Black Lives Matter*** (« les vies noires comptent »), dénonçant l'impunité des meurtres d'Afro-Américains. Rien que durant les 6 premiers mois de 2016, 123 Noirs ont été abattus par des policiers.

La Floride n'échappe pas non plus aux soubresauts meurtriers qui agitent le monde. En juin 2016, ***un homme abat au hasard 49 personnes dans une boîte gay d'Orlando.*** Une tuerie effroyable, revendiquée à posteriori par Daech.

Mais les années Obama sont aussi celles de l'ouverture. En 2015, ***les relations diplomatiques avec Cuba sont rétablies*** après 54 ans de gel. Acte historique s'il en est, le président américain se rend en personne sur l'île serrer la pogne à Raul. Quelques mois plus tard, Fidel passe l'arme à gauche. Une page se tourne, riche de promesses pour les centaines de milliers de Cubains de Floride. Du moins si le successeur de Barack Obama ne remet pas l'ouverture en cause, comme il l'a promis...

De Mickey à Donald

Depuis janvier 2017, la Floride n'est plus seulement le pays de Mickey. C'est aussi celui d'un Donald qui, s'il est aussi colérique que son homonyme le canard, est en revanche bien moins attachant. On attendait pour la première fois une femme (en l'occurrence ***Hillary Clinton***), mais c'est un milliardaire qui a bâti une fortune dans l'immobilier sans avoir jamais exercé de mandat politique qui endosse le costume de 45e président des États-Unis. Son slogan « ***Make America great again*** », martelé au cours de meetings hyper médiatisés, a sonné juste aux oreilles d'une partie de la classe moyenne.

RETOUR À L'ENVOYEUR

Bâtie en 1927 sur 8 hectares en bord de mer, la résidence de Mar-e-Lago, à Palm Beach, avait été léguée dans les années 1970 au gouvernement américain pour en faire une retraite présidentielle. L'État la revendit pourtant à Donald Trump en 1985, qui la transforma en club privé (100 000 $ l'adhésion !). Aujourd'hui, devenu à son tour président, il vient y passer ses week-ends (aux frais du contribuable...).

Alors que les sondages le désignent rapidement comme ***le président le plus impopulaire de l'histoire des États-Unis,*** Trump s'offre dès le début de son mandat de bons moments d'autosatisfaction médiatique en tentant d'imposer, si ce n'est sa vision politique, à tout le moins sa vision de LA politique en cassant quelques décrets de son prédécesseur. L'abrogation de l'***Obamacare*** est une de ses obsessions mais la fameuse réforme de santé lui résiste... L'homme s'efforce aussi de diminuer le rôle de l'État en tant que régulateur ou protecteur pour tout ce qui touche à ***la politique environnementale.*** Cumulant par là-même, par maladresse ou par provocation, moult impairs et vilipendant quiconque ose s'attaquer à lui, le président des États-Unis, celui par qui tout peut arriver. On pense notamment au très critiqué ***décret anti-immigration*** qui interdisait à certaines nationalités l'entrée sur le

territoire et qui fut suspendu par la justice car il était contraire à la Constitution *(sic !)*. Aucune loi majeure portant sa marque n'a d'ailleurs encore été votée au Congrès...
Donald Trump ne fait pas dans la dentelle quand il s'agit de ***twitter tout et n'importe quoi*** sur l'actualité du moment, de prendre des décisions controversées et de claironner ses déclarations offensantes sur tous les médias. Le très sérieux *Washington Post* comptabilise scrupuleusement ***le nombre de mensonges*** proférés depuis son accession à la fonction suprême : 2 000 rien qu'au cours de sa 1re année ! Affabulations, autocongratulations et boniments de mauvais goût émaillent les ondes : politique migratoire au regard des « Pays de merde », soutien à la lutte contre l'avortement, remise en cause des accords de Paris sur le réchauffement climatique, copinage avec Poutine, séduction du lobby des armes et titillage en règle du président nord-coréen...
Décrié par une opposition farouchement hostile à sa politique, tant dans son propre pays qu'en Europe, notamment dans les milieux universitaires, chez les experts et dans les médias. Rien ne semble l'ébranler ! Pas même les hostilités de ses amis républicains qui commencent à lui tourner le dos. Celui qui se considère comme « un génie parfaitement stable » persiste et signe en affirmant une chose un jour pour soutenir mordicus son contraire le lendemain.
Pourtant, force est de constater que ce champion du monde du retournement de veste toutes catégories à l'égo surdimensionné n'a pas révolutionné la politique pour autant, et encore moins celle des États-Unis sur le plan international. Il y a bien eu des décisions malheureuses mais globalement, ***les dégâts sont limités.*** Faut-il y voir un brassage d'air géant ? Peut-être. Question politique intérieure, quand bien même l'homme paraît bien peu sensible à la ***pauvreté croissante*** qui ronge son pays, Trump peut se targuer d'un ***bilan plutôt flatteur*** quand il s'agit d'aligner des chiffres. Au terme de sa 1re année de mandat, le chômage tournait autour de 4,1 % (le taux le plus bas depuis 17 ans), la croissance économique dépassait les 3 % et Wall Street se portait comme un charme. Un bilan plutôt satisfaisant d'un point de vue économique, alors que ***la plupart des experts (Prix Nobel d'économie en tête) prévoyaient exactement l'inverse*** au lendemain de son élection ! Déroutant tout ça...

MÉDIAS

La presse écrite

À l'échelle nationale, les ***quotidiens*** les plus importants sont *The New York Times* (journal progressiste de qualité, plus d'un million d'exemplaires vendus chaque jour, près d'un million et demi le dimanche), *The Washington Post* et *Los Angeles Times* (inspiration politique plutôt libérale). Également *The Wall Street Journal* (sérieux et conservateur) et *USA Today* (très grand public et de qualité médiocre). Et encore plein de journaux locaux concentrés sur les faits divers et les manifestations culturelles, le plus lu en Floride étant *The Miami Herald.* Il y a aussi les tabloïds (appelés ainsi à cause de leur format), *Daily News* et compagnie, souvent gratuits et sans contenu de fond ; on se contente des nouvelles locales, et le reste de l'actualité n'est traité que sous forme de dépêches.
Pas de kiosques, les journaux s'achètent dans des ***distributeurs*** automatiques dans la rue.
Les francophones s'intéresseront au journal gratuit *Le Soleil de la Floride* (*• lesoleildelafloride.com •*), édité par des Québécois à Hollywood, près de Fort Lauderdale (infos locales, agendas, contacts, etc.). On peut aussi consulter le portail Québec-Floride : *• portailquebecfloride.com •*

Votre TV en français : TV5MONDE, la première chaîne culturelle francophone mondiale

Avec ses 11 chaînes et ses 14 langues de sous-titrage, TV5MONDE s'adresse à 360 millions de foyers dans plus de 198 pays du monde par câble, satellite et sur IPTV. Vous y retrouverez de l'information, du cinéma, du divertissement, du sport, des documentaires...
Grâce aux services pratiques de son site voyage ● *voyage.tv5monde.com* ●, vous pouvez préparer votre séjour, et une fois sur place, rester connecté avec les applications et le site ● *tv5monde.com* ● Demandez à votre hôtel le canal de diffusion de TV5MONDE et contactez ● *tv5monde.com/contact* ● pour toutes remarques.

La télévision

C'est LE moyen d'information principal de la population, notamment la moins éduquée (c'est bien simple, elle est souvent allumée en permanence). La plupart des chaînes traitent le sensationnel avant (part d'audience oblige), rarement la géopolitique. Il existe cinq réseaux nationaux : *ABC, CBS, NBC, FOX* et *PBS* (la chaîne publique financée par l'État et les particuliers, sans pub, proposant les meilleures émissions mais pas pour autant les plus regardées). Chaque État possède pléthore de chaînes locales ou régionales. À ces réseaux hertziens vient s'ajouter le câble. Citons les chaînes d'informations en continu comme *CNN* (plutôt démocrate) et *FOX* (clairement républicaine, axée sur les *trash news* – scandales), sans compter les thématiques : pour les enfants, la météo, les films historiques, le sport, la musique, le téléachat, sans oublier les programmes religieux, qu'il faut avoir vus au moins une fois ! Terminons par *HBO,* qui diffuse films et séries (l'équivalent de Canal+). Le plus insupportable étant l'omniprésence de la pub : 18 mn 30 s en moyenne par heure de diffusion !

La radio

Il y en a pléthore, toutes différentes. Nombreuses radios locales, essentiellement musicales. On les retrouve sur la bande FM. En écoutant la radio, on retrouve la « couleur » de l'État dans lequel on est. Latino en Floride, country dans le Sud... Les stations de radio portent des noms en quatre lettres, commençant soit par W (à l'est du Mississippi), soit par K (à l'ouest).
Le réseau public américain, le NPR *(National Public Radio),* propose des programmes d'une qualité supérieure.

Liberté de la presse

Aux États-Unis, la liberté de la presse, inscrite dans le marbre du ***Premier amendement à la Constitution de 1787,*** a dû faire face ces dernières années à des obstacles majeurs, mais la première année de mandat de ***Donald Trump*** a définitivement confirmé un déclin en matière de ***droit des journalistes.*** Le président américain a fustigé la presse comme étant « l'ennemie du peuple américain » à plusieurs reprises lors d'attaques verbales contre des journalistes. Il a également tenté de restreindre l'accès à la Maison Blanche à plusieurs rédactions et a systématiquement qualifié de « fausses informations » les articles et reportages critiques à son égard. Il a même demandé à ce que des autorisations d'antenne soient retirées à certains organes de presse. Cette ***violente rhétorique anti-média émanant du sommet de l'État*** s'est couplée à une hausse des violations en matière de liberté de la presse au niveau local. Désormais, les journalistes courent le risque d'être arrêtés pour avoir couvert des manifestations ou pour avoir simplement tenté de poser une question à des

représentants de l'État. Des reporters ont par ailleurs été l'objet d'agressions physiques alors qu'ils étaient en train de travailler. Force est de constater que l'arrivée au pouvoir de Trump n'a fait qu'aggraver la situation en matière de liberté de la presse, alors même que celle-ci avait été laissée dans un piètre état par la précédente administration. Les lanceurs d'alertes risquent des poursuites dans le cadre de la loi ***Espionage Act*** s'ils révèlent des informations d'intérêt public. Les journalistes ne bénéficient toujours pas d'une « ***loi bouclier*** » *(shield law)* leur permettant de protéger leurs sources. De plus, des ***fouilles prolongées*** de journalistes et de leur matériel ont encore lieu aux frontières des États-Unis et certains journalistes étrangers sont toujours interdits de voyage dans le pays en raison de leur couverture de certains sujets sensibles, comme les Farc en Colombie ou le Kurdistan.
Ce texte a été réalisé en collaboration avec ***Reporters sans frontières.*** Pour plus d'informations sur les atteintes aux libertés de la presse, n'hésitez pas à les contacter.

■ ***Reporters sans frontières :*** *CS 90247, 75083 Paris Cedex 02.* | ☎ *01-44-83-84-84.* ● *rsf.org* ●

PERSONNAGES

Cinéma

– ***Mickey Rourke*** *(né en 1952)* **:** une enfance à Miami marquée par un beau-père violent pousse le jeune Mickey à se réfugier dans la boxe. Après des études de cinéma à New York, il finit par percer en 1983 grâce à son rôle de motard dans *Rusty James,* de Coppola. Alors icône du cinéma américain, il travaille avec des réalisateurs aussi brillants que polémiques : *L'Année du Dragon,* de Michael Cimino, *9 semaines et demi,* d'Adrian Lyne, *Barfly,* de Barbet Schroeder... Mais alcoolisme, violence et mauvais choix lui valent une longue traversée du désert. Ruiné, il devient boxeur professionnel, en témoigne son visage transformé par les coups et les chirurgies successives. Retour sur les écrans très remarqué en 2008, avec le rôle sur mesure d'un catcheur sur le déclin dans *The Wrestler,* de Darren Aronofsky, pour lequel il obtient le Golden Globe du meilleur acteur.
– ***Andy García*** *(né en 1956)* **:** suite au débarquement de la baie des Cochons en 1961, l'acteur quitte La Havane pour Miami. Après de petits rôles TV, il accède à la reconnaissance en 1987 avec *Les Incorruptibles* (Brian de Palma) dans le rôle d'un inspecteur du FBI recruté pour combattre Al Capone. Essai confirmé en 1990 dans *Le Parrain 3,* de Francis Ford Coppola, pour lequel il prend la succession de Don Corleone. Ça y est, Andy García fait partie de la mafia du cinéma ! Suivent des films mineurs, puis la trilogie des *Ocean's Eleven* (2001-2007)... Fier de ses origines, il réalise deux hommages à la culture cubaine : *Cachao* (1993), un documentaire consacré à l'inventeur du mambo, et *Adieu Cuba* (2007), une saga familiale sur fond de révolution castriste.
– ***Eva Mendes*** *(née en 1974)* **:** née à Miami de parents cubains, elle s'installe rapidement à Los Angeles et tente sa chance au cinéma. Après des débuts classiques (clips et séries TV), vient la superproduction *2 Fast 2 Furious* (2003). Sa carrière est lancée, tout comme son statut de sex-symbol ! Son jeu est charnel, mais pas seulement, et, surtout, ses choix de rôles sont osés et variés. Les cinéphiles la retiendront pour *La nuit nous appartient* (2007 ; James Gray), *The Spirit* (2008 ; Frank Miller), *Bad Lieutenant* (2009 ; Werner Herzog) et *Holy Motors* (2012), pour le rôle imaginé par l'esprit torturé et génial du Français Leos Carax, un personnage entre mannequin voilé et Vierge à l'Enfant... Son compagnon Ryan Gosling l'a choisie pour tourner dans son premier long métrage, *Lost River* (2014).

– ***Sidney Poitier*** *(né en 1927)* **:** ce grand acteur et cinéaste est né (un peu par hasard) à Miami, dans le quartier de Coconut Grove. Après une enfance aux Bahamas, passionné par le septième art, il émigre à New York et intègre l'American Negro Theater. Il jouera dans une cinquantaine de films, dont *Devine qui vient dîner ?* et *Dans la chaleur de la nuit* (1967), qui dénoncent tous deux le racisme imprégnant les États-Unis. Il fut par ailleurs le premier Afro-Américain à remporter l'oscar du meilleur acteur, en 1963, pour *Le Lys des champs,* de Homer Smith.

Littérature

– ***Ernest Hemingway*** *(1899-1961)* **:** l'un des romanciers et des nouvellistes les plus connus de la première moitié du XXᵉ s. *Le soleil se lève aussi* (1926) le fait connaître, *Le Vieil Homme et la Mer* (1952) lui vaut le prix Pulitzer. En 1954, il reçoit le prix Nobel de littérature. Hemingway puise son inspiration dans ses voyages et sa vie d'aventures ; il est blessé en Italie en 1918 *(L'Adieu aux armes),* couvre la guerre d'Espagne (*Pour qui sonne le glas,* qu'il écrit dans sa maison de Key West), assiste à des corridas à Pamplona, voit la libération de Paris, s'écrase en avion en Afrique... et se suicide, comme son père.

– ***Patricia Cornwell*** *(née en 1956)* **:** née à Miami, descendante de Harriet Beecher Stowe (l'auteure de *La Case de l'oncle Tom*), elle est, après le divorce de ses parents, élevée dans une famille d'accueil très stricte et religieuse du Tennessee. Enfance et adolescence difficiles justifient sans doute son intérêt précoce pour l'écriture. D'abord journaliste pour *The Charlotte Observer,* spécialisée dans les faits divers criminels, elle publie son premier roman en 1990. Depuis cette date, elle a vendu plus de 100 millions de livres ! La clé de son succès : le personnage féminin récurrent de Kay Scarpetta, médecin légiste née, elle aussi, à Miami.

Mode, musique

– ***Gianni Versace*** *(1946-1997)* **:** ce couturier italien crée à Milan, en 1978, sa marque de haute couture. Une griffe toujours luxueuse, souvent provocante, jamais discrète ! Dans les années 1980 et 1990, le succès est immense, et le couturier se lance peu à peu dans le parfum et les accessoires. Au sommet de sa gloire, le 15 juillet 1997, Gianni est assassiné par Andrew Cunanan, devant la villa qu'il occupait depuis 1992 à Miami Beach, au nº 1116 d'Ocean Drive. Décorée à l'image de son propriétaire qui souhaitait en faire une réplique de l'*Alcázar* de Christophe Colomb, la *Casa Casuarina* ne se visite pas, on l'aperçoit juste derrière les grilles.

– ***Pitbull*** *(Armando Christian Pérez ; né en 1981)* **:** né à Miami, Pitbull est un des rappeurs les mieux payés du monde. Son premier album, *M.I.A.M.I. (Money Is A Major Issue),* sorti en 2004, est inspiré par ses origines cubaines comme le suivant, *El Mariel,* une référence aux bateaux transportant les réfugiés cubains dans les années 1980. En 2010, il connaît un succès planétaire avec le tube *Give me Everything* et, 4 ans plus tard, c'est lui qui est choisi par la FIFA pour interpréter l'hymne officiel de la Coupe du monde de foot à Rio. Mordu de foot et très investi dans le club de Miami, l'artiste-entrepreneur s'est vu remettre les clés de la ville par le maire, lors de sa fête d'anniversaire en 2015. Il a ouvert récemment un resto à la mode sur Ocean Drive.

– ***Gloria Estefan*** *(née en 1957)* **:** née à La Havane (encore une !), elle s'installe à Miami avec sa famille dans les années 1960. À 20 ans, Gloria rencontre son futur mari, Emilio Estefan, le leader et pianiste des Miami Latin Boys. Avec l'arrivée de la chanteuse, le groupe prend le nom de Miami Sound Machine, un mélange de musique latine populaire, de pop et de disco. Véritable succès, ils sortent plus de 10 albums dans les années 1980 et 1990. Depuis 1989, la *Queen Latin of Pop* s'est également lancée dans une carrière solo avec des tubes comme *Don't Wanna Lose You* ; carrière récompensée par sept Grammy Awards. Doué en musique et en business, le couple produit de nombreux artistes et possède des entreprises en Floride et au Mexique, dont quelques restos cubains et l'hôtel *Cardozo* à Miami.

Société

– ***Henry Flagler*** *(1830-1913)* **:** cet homme d'affaires averti, grand pote de Rockefeller, avec qui il fonda la Standard Oil Company, tomba sous le charme de Saint Augustine où il était venu passer l'hiver, mais le niveau hôtelier et les transports ne lui convenaient pas (le *Routard* n'existait pas encore...). C'est ainsi qu'il construisit, l'année d'après, le *Ponce de León Hotel,* avec 540 chambres, ainsi qu'une ligne de chemin de fer, la Florida East Coast Railway. De quoi faire de Flagler l'initiateur du tourisme en Floride.

– ***Julia Tuttle*** *(1849-1898)* **:** née à Cleveland, la jeune femme rend, en 1875, visite à son père, propriétaire d'une orangeraie autour de Biscayne Bay. Le climat aidant, elle tombe instantanément sous le charme de la région. Mais il faut attendre les décès successifs de son mari et de son père (1891) pour qu'elle s'y installe définitivement. Avec l'argent de la vente de la fonderie de son mari, elle achète un terrain de 640 acres sur la rive nord de la Miami River. Rapidement, Julia décide de s'investir dans le développement de Miami et convainc Henry Flagler de relier la ville à la ligne de chemin de fer préexistante. Ce rôle lui valut le surnom de *Mother of Miami.*

POPULATION

La ville de Miami est la 43e plus grande ville des États-Unis et la deuxième de Floride après Jacksonville, ***la Floride étant le 3e État le plus peuplé des États-Unis*** après la Californie et le Texas et New York. Selon le dernier recensement, la ville seule compte plus de 440 000 habitants, le comté de Miami-Dade en compte plus de 2,7 millions et la Floride 21 millions.

Les ***Hispaniques*** forment la principale minorité, avec un peu moins de 25 % de la population globale de l'État, jusqu'à environ 70 % à Miami. Une majorité d'entre eux est ***d'origine cubaine,*** dont beaucoup de *balseros,* des immigrants ayant fui le régime castriste sur des bateaux de fortune. On trouve aussi un nombre important de Centre-Américains (Mexicains, Honduriens, Nicaraguayens), Portoricains et Sud-Américains. Les ***Noirs*** (19 %) se trouvent plutôt dans le nord de l'État et les zones rurales, ainsi que dans la région de Miami, où la ***communauté haïtienne*** est très importante (les chiffres du recensement font état d'environ 200 000 personnes, mais ils sont sans doute plus nombreux). Les descendants des peuples ***amérindiens*** ont, eux, presque disparu. Tout juste compte-t-on ***2 500 Séminoles et Miccosukee,*** installés pour la plupart aux abords du Tamiami Trail (route 41), sur sept réserves où l'on trouve... autant de casinos ! De manière générale, l'État tout entier est une grande terre d'accueil, un véritable melting-pot.

LES SÉMINOLES, UN PEUPLE INVAINCU

Originaire de Floride, la nation séminole est composée d'Indiens mais aussi d'Afro-Américains de Géorgie (les Séminoles noirs). Tandis que 3 000 Séminoles étaient déportés, 500 d'entre eux combattirent l'armée fédérale autour des Everglades, causant la mort de 1 500 soldats américains. Aucun traité de paix ne leur ayant été proposé, ils ne se sont jamais rendus au gouvernement. Aujourd'hui, ils disposent de la souveraineté sur leurs terres, et leur économie est fondée sur le tabac, le tourisme et le jeu.

De manière générale, Miami est une grande terre d'accueil, une véritable mosaïque multiculturelle !

RELIGIONS ET CROYANCES

Pour comprendre l'importance de la religion aux États-Unis, il faut la replacer dans son contexte historique. Tout a commencé avec l'***implantation des premiers colons, pour qui l'Amérique du Nord représentait un nouveau monde – au sens littéral du terme – et dans lequel ils allaient enfin pouvoir pratiquer leur religion sans être persécutés.*** En effet, les conséquences de la réforme protestante au début du XVIe s s'étaient traduites par une mise au ban, voire une persécution, des non-conformistes, et c'est en partie pour fuir la vindicte des autorités que les candidats à l'émigration optèrent pour le grand voyage. L'Amérique leur offrait un espoir de survie et la possibilité de réaliser leurs objectifs religieux. C'est donc dans cet état d'esprit que débarquèrent les premiers colons du *Mayflower* en 1620.

L'Amérique du Nord devint donc un refuge pour nombre de communautés persécutées dans l'Ancien Monde. Le ***Massachusetts*** accueillit des ***puritains*** et des ***calvinistes.*** La ***Virginie,*** identifiée à l'origine avec la nouvelle Église d'Angleterre, reçut par la suite ***baptistes*** et ***calvinistes.*** Le ***Maryland*** devint terre des ***catholiques. L'État de New York et la Pennsylvanie*** accueillirent ***William Penn et ses quakers,*** ainsi que des ***luthériens et divers protestants allemands*** (les Amish d'aujourd'hui). Le pays grandit, et, sous l'influence de nouveaux flux d'émigrants, le paysage religieux se modifia. ***Au XIXe s, l'arrivée massive d'Irlandais augmenta considérablement le poids de la communauté catholique*** ; tendance qui s'accentua avec l'arrivée d'Espagnols, d'Italiens, de Grecs et de Polonais. ***En provenance d'Europe de l'Est, une partie de la diaspora juive débarqua à son tour. Ce n'est qu'au milieu des années 1960 que la communauté musulmane s'étoffa,*** grâce notamment à l'afflux de « cerveaux » en provenance du Pakistan, d'Inde, du Bangladesh, du Liban ou de Syrie. Parallèlement aux obédiences conventionnelles se développèrent de ***nombreuses sectes et Églises dissidentes*** permettant à chaque Américain d'embrasser le corpus dogmatique le plus proche de ses aspirations. Dans son analyse de la société américaine, Tocqueville précise que cette pluralité de l'offre religieuse a sans doute permis à l'Amérique de ne jamais tomber dans l'opposition entre le spirituel et le politique. Ainsi la notion de secte ne revêt pas le même sens qu'en Europe.

Si l'Amérique ne s'est pas dotée dès le départ d'une religion d'État, c'est en partie en raison du grand nombre de ces sectes protestantes qui gouvernaient les idées de l'époque, et dont aucune n'était prédominante. La devise nationale des États-Unis, *E pluribus Unum* (« de plusieurs, un »), en est l'expression même.

Séparation de l'Église et de l'État

C'est en ***Virginie,*** où l'Église anglicane était la religion établie, que ***s'est jouée la bataille décisive de la séparation de l'Église et de l'État.*** Cette victoire occupe une place fondamentale dans l'histoire des États-Unis. À la ratification du ***Premier amendement de la Constitution américaine en 1791,*** soit 15 ans après la Déclaration d'indépendance, les privilèges de toutes les Églises anglicanes (à l'exception du Maryland) avaient été abolis. En protégeant le libre exercice de la religion tout en interdisant l'établissement d'une religion officielle, le Premier amendement de la Constitution américaine fait des États-Unis le pays le plus religieux de la planète. George Washington affirmait : « Chaque pas qui nous fait avancer dans la voie de l'indépendance nationale semble porter la marque de l'intervention providentielle. » Ce ***sentiment d'être investi d'une mission divine,*** en partie dû au puritanisme enraciné dans le calvinisme, n'a jamais cessé d'émailler les discours politiques des présidents américains. Pas étonnant que Bush, protestant méthodiste, ait appelé à une croisade contre « l'axe du Mal » au lendemain du *September Eleven.*

Incontournable religion

Aujourd'hui, ***les Américains continuent d'accorder un rôle essentiel à la religion dans la vie sociale et politique de leur pays.*** Depuis l'école où les élèves prêtent serment au drapeau « sous les auspices de Dieu » au serment du président sur la Bible, la religion s'immisce dans tous les aspects de la vie civile, comme les grands sujets de société tels l'avortement ou l'homosexualité (même si, en juin 2015, la Cour suprême a autorisé le mariage homosexuel sur tout le territoire). La radio, la télévision et surtout Internet sont devenus les composants majeurs de l'outil religieux. L'explosion de la visibilité permet aux sectes, même mineures, de s'épanouir. ***La population est en prise directe et permanente avec le contenu religieux.*** À titre d'exemple, chaque semaine, le nombre d'Américains célébrant un office religieux est supérieur à celui assistant à une rencontre sportive. Une grande majorité d'Américains est affiliée à une paroisse, et le choix de résidence est le plus souvent assujetti à l'emplacement d'un lieu de culte. Le moindre bled compte tout une tripotée d'églises (souvent alignées côte à côte), se concurrençant les unes et les autres à coups de slogans publicitaires (jusqu'au basique mais efficace *« our god is the best »* !), et pour cause, toutes vivent des dons de leurs fidèles. Le ***phénomène des « megachurches »*** est un exemple probant de l'instrumentalisation de la religion au service des idéaux libéraux. Dans son étude de la société américaine au début du XXe s, Max Weber, l'un des fondateurs de la sociologie moderne, soulignait déjà le rapport étroit entre l'éthique protestante et le capitalisme. Ces ***établissements conceptuels du « tout religieux »*** dépassent largement le cadre du simple lieu de culte. On y trouve des garderies, des bibliothèques, des salles de spectacle et même des terrains de sport. Tout a été pensé pour le confort intellectuel du croyant, ce qui incite les familles à venir y passer leur temps libre.

Les religions en quelques chiffres

Les États-Unis forment donc un ***véritable patchwork de religions.*** Sur les 76 % d'Américains qui se déclaraient croyants en 2017, on comptait environ 45 % de protestants, 20 % de catholiques, 2 % de juifs, 2 % de mormons et 1 % de musulmans. Mais cette répartition n'est pas constante. Chaque année, de nombreux Hispaniques, à l'origine catholiques, quittent leur religion pour embrasser une ***Église évangélique comme le pentecôtisme*** par exemple. Ces Églises ont connu une croissance importante depuis les années 1970.

SITE INSCRIT AU PATRIMOINE MONDIAL DE L'UNESCO

Organisation des Nations Unies pour l'éducation, la science et la culture · En coopération avec le Centre du patrimoine mondial

Pour figurer sur la liste du Patrimoine mondial, les sites doivent avoir une valeur universelle exceptionnelle et satisfaire à au moins un des 10 critères de sélection. La protection, la gestion, l'authenticité et l'intégrité des biens sont également des considérations importantes.
Le patrimoine est l'héritage du passé dont nous profitons aujourd'hui et que nous transmettons aux générations à venir. Nos patrimoines culturel et naturel sont deux sources irremplaçables de vie et d'inspiration. Ces sites appartiennent à tous les peuples du monde, sans tenir compte du territoire sur lequel ils sont situés. Pour plus d'informations : ● *whc.unesco.org* ●
Un seul site inscrit en Floride : le ***parc national des Everglades*** (1979), qui figure également sur la liste du ***Patrimoine mondial en péril,*** en raison de la dégradation continue de son écosystème.

SPORTS ET LOISIRS

À Miami, comme partout aux États-Unis, on ne plaisante pas avec le sport ! ***Baseball, hockey sur glace, football américain*** et ***basket-ball,*** chaque sport américain emblématique est ici bien représenté : les *Florida Marlins* à la batte, les *Florida Panthers* à la crosse, les *Miami Dolphins* sous leur casque grillagé et les *Miami Heat* au panier. Ne pas oublier non plus le ***golf,*** orgueil de la Floride, qui crie haut et fort avoir le plus grand nombre de terrains au kilomètre carré, avec des émissions de télé en boucle sur les compétitions qui s'y déroulent quotidiennement. Ni le ***tennis*** – les meilleurs tennismen mondiaux se réunissant en mars à Key Biscayne à l'occasion des Masters de Miami –, ni le ***jai alai,*** une variante de la pelote basque typiquement floridienne qui serait, selon les fans, le sport le plus rapide au monde...

Mais le loisir favori de Miami reste bel et bien le ***culte du corps.*** Une balade le long de la plage suffira pour vous faire une idée de l'importance accordée par les Floridiens à leur *body,* qu'ils n'hésitent pas à exhiber... pour le plus grand plaisir de certain(e)s !

les ROUTARDS sur la FRANCE 2019-2020

(dates de parution sur • *routard.com* •)

Découpage de la FRANCE par le ROUTARD

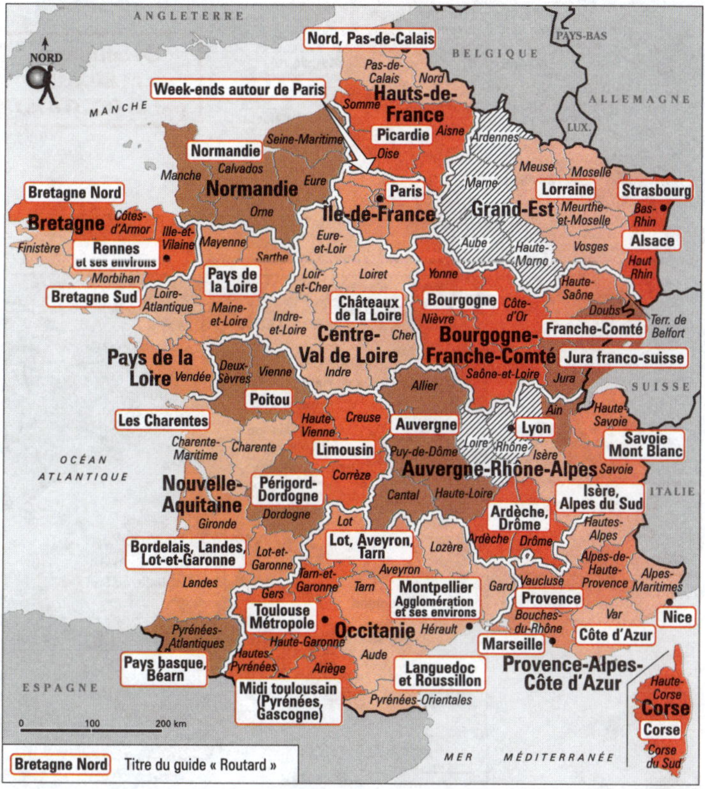

Autres guides sur la France

- Hébergements insolites en France
- Canal des 2 mers à vélo
- La Loire à Vélo
- Paris Île-de-France à vélo
- La Vélodyssée (Roscoff-Hendaye)
- Nos meilleurs campings en France
- Nos meilleures chambres d'hôtes en France
- Nos meilleurs restos en France
- Les visites d'entreprises en France

Autres guides sur Paris

- Paris
- Paris balades
- Paris exotique
- Restos et bistrots de Paris
- Le Routard des amoureux à Paris
- Week-ends autour de Paris

les ROUTARDS sur l'ÉTRANGER 2019-2020

(dates de parution sur • **routard.com** •)

Découpage de l'ESPAGNE par le ROUTARD

Découpage de l'ITALIE par le ROUTARD

Autres pays européens

- Allemagne
- Angleterre, Pays de Galles
- Autriche
- Belgique
- Bulgarie
- Crète
- Croatie
- Danemark, Suède
- Écosse
- Finlande
- Grèce continentale
- Hongrie
- Îles grecques et Athènes
- Irlande
- Islande
- Madère
- Malte
- Norvège
- Pays baltes : Tallinn, Riga, Vilnius
- Pologne
- Portugal
- République tchèque, Slovaquie
- Roumanie
- Suisse

Villes européennes

- Amsterdam et ses environs
- Berlin
- Bruxelles
- Budapest
- Copenhague
- Dublin
- Lisbonne
- Londres
- Moscou
- Naples
- Porto
- Prague
- Saint-Pétersbourg
- Stockholm
- Vienne

les ROUTARDS sur l'ÉTRANGER 2019-2020

(dates de parution sur • *routard.com* •)

Découpage des ÉTATS-UNIS par le ROUTARD

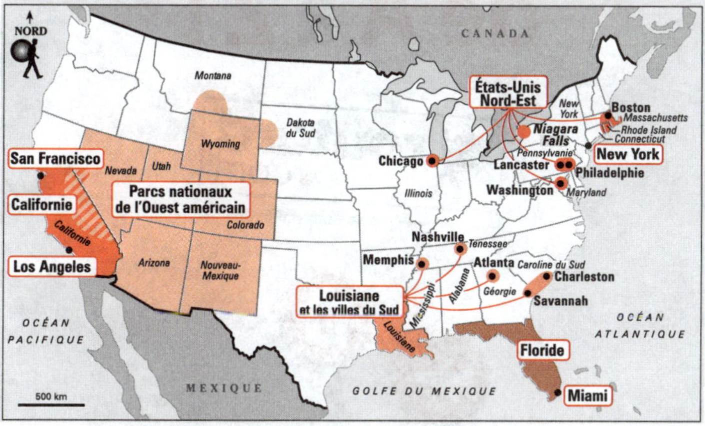

Autres pays d'Amérique

- Argentine
- Brésil
- Canada Ouest
- Chili et île de Pâques
- Colombie
- Costa Rica
- Équateur et les îles Galápagos
- Guatemala, Belize
- Mexique
- Montréal
- Pérou, Bolivie
- Québec et Ontario

Asie et Océanie

- Australie côte est + Red Centre
- Bali, Lombok
- Bangkok
- Birmanie (Myanmar)
- Cambodge, Laos
- Chine
- Hong-Kong, Macao, Canton
- Inde du Nord
- Inde du Sud
- Israël et Palestine
- Istanbul
- Jordanie
- Malaisie, Singapour
- Népal
- Shanghai
- Sri Lanka (Ceylan)
- Thaïlande
- Tokyo, Kyoto et environs
- Turquie
- Vietnam

Afrique

- Afrique du Sud
- Égypte
- Kenya, Tanzanie et Zanzibar
- Maroc
- Marrakech
- Sénégal
- Tunisie

Îles Caraïbes et océan Indien

- Cuba
- Guadeloupe, Saint-Martin, Saint-Barth
- Île Maurice, Rodrigues
- Madagascar
- Martinique
- République dominicaine (Saint-Domingue)
- Réunion

Guides de conversation

- Allemand
- Anglais
- Arabe du Maghreb
- Arabe du Proche-Orient
- Chinois
- Croate
- Espagnol
- Grec
- Italien
- Japonais
- Portugais
- Russe
- G'palémo (conversation par l'image)

Livres-photos Livres-cadeaux

- L'éphéméride du Routard (septembre 2018)
- Voyages
- Voyages : Italie (octobre 2018)
- Road Trips (40 itinéraires sur les plus belles routes du monde ; octobre 2018)
- Nos 120 coins secrets en Europe
- Les 50 voyages à faire dans sa vie
- 1 200 coups de cœur dans le monde
- 1 200 coups de cœur en France
- Nos 52 week-ends dans les plus belles villes d'Europe
- Nos 52 week-ends coups de cœur en France (octobre 2018)
- Cahier de vacances du Routard (nouveauté)

Nous tenons à remercier tout particulièrement Loup-Maëlle Besançon, Thierry Bessou, Gérard Bouchu, François Chauvin, Grégory Dalex, Fabrice Doumergue, Cédric Fischer, Carole Fouque, Guillaume Garnier, Nicolas George, Michelle Georget, David Giason, Claude Hervé-Bazin, Emmanuel Juste, Dimitri Lefèvre, Fabrice de Lestang, Romain Meynier, Éric Milet, Pierre Mitrano, Jean-Sébastien Petitdemange et Thomas Rivallain pour leur collaboration régulière.

Jean-Jacques Bordier-Chêne
Laura Charlier
Agnès Debiage
Coralie Delvigne
Jérôme Denoix
Tovi et Ahmet Diler
Clélie Dudon
Sophie Duval
Alain Fisch
Bérénice Glanger
Adrien et Clément Gloaguen
Bernard Hilaire et Pepy Frenchy Kupang
Sébastien Jauffret
Alexia Kaffès
Jacques Lemoine
Caroline Ollion
Martine Partrat
Odile Paugam et Didier Jehanno
Céline Ruaux
Prakit Saiporn
Jean-Luc et Antigone Schilling
Jean Tiffon
Caroline Vallano

Direction : Nathalie Bloch-Pujo
Contrôle de gestion : Jérôme Boulingre et Adeline Cazabat Barrere
Secrétariat : Catherine Maîtrepierre
Direction éditoriale : Hélène Firquet
Édition : Matthieu Devaux, Olga Krokhina, Gia-Quy Tran, Julie Dupré, Emmanuelle Michon, Pauline Janssens, Amélie Ramond, Margaux Lefebvre, Laura Belli-Riz, Amélie Gattepaille, Lisa Pujol et Elvire Tandjaoui
Ont également collaboré : Aurélie Joiris-Blanchard, Marion Sergent, Isabelle Chotel
Cartographie : Frédéric Clémençon et Aurélie Huot
Fabrication : Nathalie Lautout et Audrey Detournay
Relations presse France : COM'PROD, Fred Papet. ☎ 01-70-69-04-69.
• *info@comprod.fr* •
Direction marketing : Adrien de Bizemont, Clémence de Boisfleury et Charlotte Brou
Informatique éditoriale : Lionel Barth
Couverture : Clément Gloaguen et Seenk
Maquette intérieure : le-bureau-des-affaires-graphiques.com, Thibault Reumaux et npeg.fr
Relations presse : Martine Levens (Belgique) et Maureen Browne (Suisse)
Contact Partenariats et régie publicitaire : Florence Brunel-Jars
• *fbrunel@hachette-livre.fr* •

INDEX GÉNÉRAL

LISTE DES CARTES ET PLANS

IMPORTANT : DERNIÈRE MINUTE

Sauf rare exception, le *Routard* bénéficie d'une parution annuelle à date fixe. Entre deux dates, des événements fortuits (formalités, taux de change, catastrophes naturelles, conditions d'accès aux sites, fermetures inopinées, etc.) peuvent intervenir et modifier vos projets de voyage. Pour éviter les déconvenues, nous vous recommandons de consulter la rubrique « Guide » par pays de notre site • ***routard.com*** • et plus particulièrement les dernières ***Actus voyageurs.***

Remarque importante aux hôteliers et restaurateurs

Les enquêteurs du Routard travaillent dans le plus strict anonymat. Aucune réduction, aucun avantage quelconque, aucune rétribution n'est jamais demandé en contrepartie. Face aux aigrefins, la loi autorise les hôteliers et restaurateurs à porter plainte.

Avis aux lecteurs

Le Routard, ce n'est pas comme le bon vin, il vieillit mal. On ne veut pas pousser à la consommation, mais évitez de partir avec une édition ancienne. Les modifications sont souvent importantes.

Les réductions accordées à nos lecteurs ne sont jamais demandées par nos rédacteurs afin de préserver leur indépendance. Les hôteliers et restaurateurs sont sollicités par une société de mailing, totalement indépendante de la rédaction, qui reste donc libre de ses choix. De même pour les autocollants et plaques émaillées.

Avec routard.com, choisissez, organisez, réservez et partagez vos voyages !

✓ Rejoignez la plus grande communauté francophone de voyageurs : **plusieurs millions d'internautes.**

✓ Échangez avec les routarnautes : forums, photos, avis d'hôtels.

✓ Retrouvez aussi toutes les informations actualisées pour choisir et préparer vos voyages : plus de 300 guides destinations, une centaine de dossiers pratiques et un magazine en ligne pour découvrir tous les secrets de votre destination.

✓ Enfin, comparez les offres pour organiser et réserver votre voyage au meilleur prix.

Les **Routards** *parlent aux* **Routards**

Faites-nous part de vos expériences, de vos découvertes, de vos tuyaux et de vos coups de coeur. Aidez-nous à remettre l'ouvrage à jour. Indiquez-nous les renseignements périmés. Faites profiter les autres de vos adresses nouvelles, combines géniales... On adresse un exemplaire gratuit de la prochaine édition à ceux qui nous envoient les meilleurs courriers, pour la qualité et la pertinence des informations.

Quelques conseils cependant :

– Envoyez-nous votre courrier le plus tôt possible afin que l'on puisse insérer vos tuyaux sur la prochaine édition.

– N'oubliez pas de préciser l'ouvrage que vous désirez recevoir, ainsi que votre adresse postale.

– Vérifiez que vos remarques concernent l'édition en cours et notez les pages du guide concernées par vos observations.

– Quand vous indiquez des hôtels ou des restaurants, pensez à signaler leur adresse précise et, pour les grandes villes, les moyens de transport pour y aller. Si vous le pouvez, joignez la carte de visite de l'hôtel ou du resto décrit.

En tout état de cause, merci pour vos nombreux mails.

122, rue du Moulin-des-Prés, 75013 Paris

● *guide@routard.com* ● *routard.com* ●

Routard Assurance *2019*

Enrichie année après année par les retours des lecteurs, *Routard Assurance* est devenue une assurance voyage incontournable. Tout est compris : frais médicaux, assistance rapatriement, bagages, responsabilité civile... Vous avez besoin d'un médecin, d'un conseil médical ou d'une prise en charge dans un hôpital ? Appelez simplement le plateau *AVI Assistance* disponible 24h/24, leur réseau est l'un des plus complets actuellement. Vous avez eu des frais de santé en voyage ? Envoyez les factures à votre retour, *AVI* vous rembourse sous une semaine. Avant votre départ, n'hésitez pas à les appeler pour des conseils personnalisés. Et téléchargez l'appli mobile pour garder le contact avec l'assistance 24h/24 et disposer de l'un des meilleurs réseaux médicaux à travers le monde. *40, rue Washington, 75008 Paris.* ☎ *01-44-63-51-00.* ● *avi-international.com* ● Ⓜ *George-V.*

Édité par Hachette Livre (58, rue Jean-Bleuzen, CS 70007, 92178 Vanves Cedex, France)
Photocomposé par Jouve (rue de Monbary, 45140 Ormes, France)
Imprimé par Lego SPA Plant Lavis (via Galileo Galilei, 11, 38015 Lavis, Italie)
Achevé d'imprimer le 5 octobre 2018
Collection n° 13 - Édition n° 01
20/7840/7
I.S.B.N. 978-2-01-626727-1
Dépôt légal : octobre 2018

PAPIER À BASE DE FIBRES CERTIFIÉES